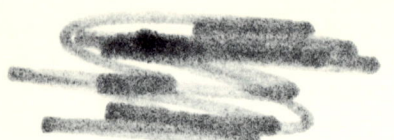

JOSÉ ORTEGA Y GASSET

DIE HAUPTWERKE

JOSÉ
ORTEGA Y GASSET

DER AUFSTAND
DER MASSEN

_____

ÜBER DIE LIEBE

Meditationen

ULLSTEIN

Ein Gelbes Ullstein Buch
Lizenzausgabe mit freundlicher Genehmigung der
Deutschen Verlags-Anstalt GmbH, Stuttgart
Alle Rechte vorbehalten
© 1983 Deutsche Verlags-Anstalt GmbH, Stuttgart

Der Band enthält folgende Werke von José Ortega y Gasset:
»Der Aufstand der Massen«, Titel des spanischen
Originals LA REBELIÓN DE LAS MASAS
Copyright 1930 by Revista de Occidente, Madrid
Autorisierte Übersetzung von Helene Weyl
Alle deutschen Rechte bei der
Deutschen Verlags-Anstalt GmbH, Stuttgart

Der Band Essays »Über die Liebe« erschien
1933 in deutscher Sprache vor der
spanischen Buchausgabe
Alle Beiträge Copyright by Revista de Occidente,
Madrid
Unter Mitwirkung von Ulrich Weber aus dem
Spanischen übersetzt und herausgegeben
von Helene Weyl

Gesamtherstellung Ebner Ulm
Printed in Germany 1983
ISBN 3 550 06021 1

DER AUFSTAND DER MASSEN

JOSÉ ORTEGA Y GASSET

DER AUFSTAND
DER MASSEN

Titel des spanischen Originals
LA REBELIÓN DE LAS MASAS
Copyright 1930 by Revista de Occidente, Madrid
Autorisierte Übersetzung von
Helene Weyl

Alle deutschen Rechte bei der
Deutschen Verlags-Anstalt GmbH, Stuttgart

INHALT

I

DIE TATSACHE DER ÜBERFÜLLUNG

Es gibt eine Tatsache, die das öffentliche Leben Europas in der gegenwärtigen Stunde – sei es zum Guten, sei es zum Bösen – entscheidend bestimmt: das Heraufkommen der Massen zur vollen sozialen Macht. Da die Massen ihrem Wesen nach ihr eigenes Dasein nicht lenken können noch dürfen und noch weniger imstande sind, die Gemeinschaft zu regieren, ist damit gesagt, daß Europa heute in einer der schwersten Krisen steht, die über Völker, Nationen, Kulturen kommen kann. Eine Krisis solcher Art ist mehr als einmal in der Geschichte eingetreten. Ihre Kennzeichen und Folgen sind bekannt. Sie heißt der Aufstand der Massen.

Zum Verständnis des ungeheuren Vorgangs ist es gut, daß man von vornherein vermeidet, den Worten „Aufstand", „Massen", „soziale Macht" einen ausschließlich oder vorzüglich politischen Sinn beizulegen. Das öffentliche Leben ist nicht nur politisch, es ist zugleich, ja zuvor geistig, sittlich, wirtschaftlich, religiös; es umfaßt alle Kollektivbräuche und schließt die Art der Kleidung wie des Genießens ein.

Wir nähern uns dieser historischen Erscheinung vielleicht am besten, wenn wir uns auf eine visuelle Erfahrung stützen und einen Zug unserer Zeit herausheben, der „mit Augen zu sehen" ist.

Er ist leicht aufzuweisen, wenn auch nicht leicht zu analysieren; ich nenne ihn die Tatsache der Anhäufungen, der Überfüllung. Die Städte sind überfüllt mit Menschen, die Häuser mit Mietern, die Hotels mit Gästen, die Züge mit Reisenden, die Cafés mit Besuchern; es gibt zu viele Passanten auf der Straße, zu viele Patienten in den Wartezimmern berühmter Ärzte; Theater und Kinos, wenn sie nicht ganz unzeitgemäß sind, wimmeln von Zuschauern, die Badeorte von Sommerfrischlern. Was früher kein Problem war, ist es jetzt unausgesetzt: einen Platz zu finden.

Das ist alles. Gibt es ein einfacheres, bekannteres, alltäglicheres Vorkommnis in unserem Leben? Wir wollen jetzt durch die Oberfläche dieser schlichten Tatsache hindurchstoßen und werden überrascht aus ihr einen Springquell aufsteigen sehen, der das weiße Licht des Tages, dieses gegenwärtigen Tages, zu dem ganzen Reichtum seines verborgenen Farbenspiels zerbricht.

Was wir sehen, und woher unsere Überraschung? Wir sehen die Menge als solche im Besitz der von der Zivilisation geschaffenen Einrichtungen und Geräte. Doch kaum haben wir uns ein wenig bedacht, so überrascht uns unsere Überraschung. Wie denn? Ist nicht dies der Idealzustand? Die Eisenbahn hat ihre Sitze, das Theater seine Plätze, das Hotel seine Zimmer, damit sie besetzt werden. Zweifellos; dennoch ist es Tatsache, daß früher solche Anstalten und Verkehrsmittel nicht voll zu sein pflegten, während sie heute die Fülle nicht fassen und Menschen, die sich gerne ihrer bedienten, umkehren müssen. So folgerichtig und natürlich die Erscheinung aussieht, es läßt sich nicht leugnen, daß sie bisher unbekannt war, daß somit ein Wechsel, eine Veränderung vorgefallen ist, die unser Erstaunen wenigstens im ersten Augenblick rechtfertigt.

Überraschung, Verwunderung sind der Anfang des Begreifens. Sie sind der eigenste Sport und Luxus des geistigen Menschen. Darum ist seine Zunftgebärde, die Welt aus staunend geweiteten Augen zu betrachten. Alles in der Welt ist merkwürdig und wunderbar für ein paar wohl geöffnete Augen. Dies eben, das Sich-wundern, ist eine Götterfreude, die dem Fußballspieler versagt ist, den Denker aber im unaufhörlichen Rausch des Schauenden durch die Welt treibt. Sein Zeichen sind die starrenden Augen. Darum gaben die Alten Minerven die Eule bei, den Vogel, der immer geblendet ist.

Menschenansammlungen, Überfülltheit waren früher nicht häufig. Warum sind sie es jetzt?

Diese Mengen sind nicht aus dem Nichts aufgetaucht. Es leben heute ungefähr ebenso viele Menschen wie vor fünfzehn Jahren. Nach dem Kriege hätte die Zahl eher abnehmen sollen. Hier stoßen wir auf die erste wichtige Bemerkung. Die Individuen, die diese Mengen bilden, gab es vorher, aber nicht als Menge. In kleinen Gruppen oder einzeln über die Welt verteilt führten sie offenbar ein uneiniges, ungeselltes, getrenntes Leben. Ein jeder – Individuum oder kleine Gruppe – nahm einen Platz, vielleicht seinen eigenen, auf dem Lande, im Dorf, in der Stadt, im Großstadtviertel ein. Jetzt plötzlich erscheinen sie zu Verbänden zusammengefaßt, und unsere Augen sehen überall nur Mengen. Überall? Nein; gerade an den vornehmsten Stellen, die, als verhältnismäßig verfeinerte Schöpfungen der menschlichen Kultur,

13

vorher ausgewählten Gruppen, mit einem Wort den Eliten vorbehalten waren.

Die Menge ist auf einmal sichtbar geworden und nimmt die besten Plätze der Gesellschaft ein. Früher blieb sie, wenn sie vorhanden war, unbemerkt; sie stand im Hintergrund der sozialen Szene. Jetzt hat sie sich an die Rampe vorgeschoben; sie ist Hauptperson geworden. Es gibt keinen Helden mehr; es gibt nur noch den Chor.

Der Begriff der Menge ist quantitativ und visuell. Wir wollen ihn, ohne ihn zu verändern, in die soziologische Terminologie übertragen. Dann kommen wir zu dem Begriff der sozialen Masse. Die Gesellschaft ist immer eine dynamische Einheit zweier Faktoren, der Eliten und der Massen. Die Eliten sind Individuen oder Individuengruppen von spezieller Qualifikation; die Masse ist die Gesamtheit der nicht besonders Qualifizierten. Man verstehe darum unter Masse nicht nur und nicht in erster Linie die „Arbeitermassen". Masse ist der Durchschnittsmensch. So verwandelt sich, was vorher nur Anzahl war – die Menge –, in eine Beschaffenheit: die allen gemeine Beschaffenheit nämlich; das sozial Ungeprägte; der Mensch, insofern er sich nicht von anderen Menschen abhebt, sondern einen generellen Typus in sich wiederholt. Was haben wir mit dieser Verwandlung einer Quantität in eine Qualität gewonnen? Sehr einfach: mit Hilfe dieser wird uns der Ursprung jener klar. Es ist einleuchtend, ja trivial, daß die Entstehung einer Menge normalerweise Übereinstimmung der Wünsche, Ideen, Lebensformen bei den Individuen voraussetzt, die zu ihr gehören.

Man wird sagen, daß dies bei jeder gesellschaftlichen

14

Gruppe der Fall ist, so exklusiv sie immer sei. Allerdings, aber mit einem wesentlichen Unterschied. Bei den Gruppen, die als auserlesene gekennzeichnet sind, erstreckt sich die tatsächliche Übereinstimmung ihrer Mitglieder auf einen Wunsch, eine Idee, ein Ideal, das vermöge seines eigenen Wesens die große Zahl ausschließt. Um eine Elite, sei sie wie immer, zu bilden, ist es notwendig, daß sich zuvor jeder einzelne aus *besonderen*, verhältnismäßig persönlichen Gründen von der Menge trennt. Sein Anschluß an die Gruppe ist sekundär und nachträglich gegenüber der Tatsache, daß er sich vereinzelt hat, und geschieht darum zum guten Teil aus Übereinstimmung im Nicht-übereinstimmen. Es gibt Fälle, in denen der distanzierende Charakter der Gruppen offen zutage tritt; etwa bei den englischen Sekten, die sich „Non-conformists" nennen, das heißt Gemeinschaft derjenigen, die einander nur in bezug auf ihre Meinungsverschiedenheit mit der großen Masse gleichen. Dieser eigentümliche Zug, daß die wenigen sich zusammentun, gerade um sich von den vielen zu trennen, haftet der Bildung jeder Elite an. Mallarmé, als er einmal von dem spärlichen Publikum sprach, das einem erlesenen Musiker zuhörte, sagte mit Feinheit, jenes Publikum betone durch die kleine Zahl der Anwesenden die große Menge der Abwesenden.

Streng genommen läßt sich das Masse-sein als psychische Tatsache definieren, ohne daß dazu die Individuen in Mengen auftreten müßten. Man kann von einer einzigen Person wissen, ob sie Masse ist oder nicht. Masse ist jeder, der sich nicht selbst aus besonderen Gründen – im Guten oder im Bösen – einen besonderen

15

Wert beimißt, sondern sich schlechtweg für Durchschnitt hält, und dem doch nicht schaudert, der sich in seiner Haut wohlfühlt, wenn er merkt, daß er ist wie alle. Man stelle sich vor, ein einfacher Mensch würde sich fragen, ob ihn besondere Eigenschaften auszeichnen, ob er für dies oder das Talent hat, ob er irgendwie hervorragt, und er müßte sich gestehen, daß er in keinem Betracht ungewöhnlich ist. Dieser Mensch wird sich mittelmäßig und alltäglich, schlecht begabt vorkommen; aber er wird sich nicht als Masse fühlen.

Wenn von auserwählten Gruppen die Rede ist, pflegt gewohnheitsmäßige Heuchelei den Sinn dieses Wortes zu verdrehen, indem sie tut, als sei ihr unbekannt, daß nicht der Anmaßende, der sich den anderen überlegen glaubt, der auserwählte Mensch ist, sondern jener, der mehr von sich fordert als die anderen, auch wenn er in seiner Person diese höheren Forderungen nicht zu erfüllen vermag. Man kann die Menschheit einteilen – und diese Unterscheidung trifft etwas sehr Wesentliches – in solche, die viel von sich fordern und sich selbst mit Schwierigkeiten und Pflichten beladen, und andere, die nichts Besonderes von sich fordern, die sich begnügen, von einem Augenblick zum anderen zu bleiben, was sie schon sind, ohne Drang über sich hinaus – Bojen, die im Winde treiben.

Das erinnert mich daran, daß der orthodoxe Buddhismus zwei verschiedene Religionen kennt, eine strenger und tiefer; bequemer und platter die andere: den Mahayana – großer Wagen oder große Bahn – und den Hinayana – kleiner Wagen, unterer Weg. Das Entscheidende ist, ob wir unser Leben auf den einen oder anderen Wagen stellen, auf möglichst viele oder möglichst wenig Ansprüche.

Die Einteilung der Gesellschaft in Masse und Elite ist daher keine Einteilung nach sozialen, sondern nach menschlichen Kategorien; sie braucht nicht mit der Rangordnung der höheren und niederen Klassen zusammenzufallen. Es ist klar, daß man in den höheren Klassen, wenn sie es gerade geworden sind und solange sie es in Wahrheit sind, mit mehr Wahrscheinlichkeit Menschen findet, welche den „großen Wagen" erwählt haben, während sich die niederen normalerweise aus undifferenzierten Individuen zusammensetzen werden. Aber streng genommen gibt es in jeder sozialen Klasse eine echte Masse und eine echte Elite. Wie wir später sehen werden, ist die Vorherrschaft der Masse und des Gewöhnlichen selbst in den Gruppen von exklusiver Tradition ein Merkmal unserer Zeit. So macht sich im geistigen Leben, das seinem innersten Wesen nach spezielle Gaben fordert und voraussetzt, der zunehmende Triumph der unqualifizierten, unqualifizierbaren und durch ihre besondere Anlage gerade nicht qualifizierten Pseudointellektuellen geltend. Ebenso in den noch erhaltenen Gruppen des „Adels" bei Männern und Frauen. Dagegen findet man heute nicht selten unter den Arbeitern, die sonst als reinstes Beispiel dessen gelten konnten, was wir Masse genannt haben, Menschen von hervorragender seelischer Zucht.

Es gibt aber in der Gesellschaft Geschäfte, Tätigkeiten, Ämter verschiedenster Art, die ihrer inneren Natur nach speziell sind und sonach nur von einer ebenfalls speziellen Begabung gut besorgt werden können.

17

Zum Beispiel gewisse Lebens- und Kunstgenüsse, oder auch die Aufgaben der Regierung und des politischen Urteils über öffentliche Angelegenheiten. Früher wurden solche Spezialberufe von berufenen – wenigstens dem Anspruch nach dazu berufenen – Minderheiten ausgeübt. Die Masse verlangte keinen Anteil daran; sie verhehlte sich nicht, daß sie, wenn sie sich einmischen wollte, auch jene besonderen Fertigkeiten erwerben, das heißt aufhören mußte, Masse zu sein. Sie kannte ihre Rolle in einem gesunden sozialen Kräftespiel.

Wenn wir nun auf die zu Anfang ausgesprochenen Tatsachen zurückkommen, so werden wir in ihnen unzweideutige Anzeichen für einen Haltungswechsel der Masse erkennen. Es geht aus ihnen hervor, daß die Masse entschlossen in den Vordergrund der Gesellschaft vorrückt; sie besetzt die Lokale, benutzt die Geräte, genießt die Vergnügungen, die ehedem nur den wenigen zustanden. Daß zum Beispiel die Lokale nicht für die Massen bestimmt waren, ist klar, denn sie sind viel zu klein; das Volk überbordet sie beständig und demonstriert damit ad oculos, in der anschaulichsten Weise, die neue Tatsache, daß sich die Masse, ohne daß sie aufhörte, Masse zu sein, an die Stelle der Eliten setzt.

Gewiß wird es niemand beklagen, daß die Leute sich in größerer Zahl und höherem Maße amüsieren, wenn sie nun einmal Lust und Mittel dazu haben. Schlimm ist nur, daß diese Usurpation sich nicht allein im Bereich der Vergnügungen abspielt und abspielen kann, sondern eine allgemeine Haltung der Zeit ist. So glaube ich – vorwegnehmend, was wir später sehen werden –, daß die politischen Umwälzungen der jüngsten Jahre nichts anderes als ein Imperium der Massen bedeuten. Die alte Demokratie wurde durch eine kräftige Dosis Liberalismus und Verehrung für das Gesetz gemildert. Wer diesen Grundsätzen diente, war verpflichtet, bei sich selber eine strenge Zucht aufrechtzuerhalten. Unter dem Schutz des liberalen Prinzips und der Rechtsnorm konnten die Minoritäten leben und wirken. Demokratie und Gesetz, legale Lebensgemeinschaft, waren Synonyma. Heute wohnen wir dem Triumph einer Überdemokratie bei, in der die Masse direkt handelt, ohne Gesetz, und dem Gemeinwesen durch das Mittel des materiellen Drucks ihre Wünsche und Geschmacksrichtungen aufzwingt. Es ist falsch, die neue Lage so zu deuten, als sei die Masse der Politik überdrüssig und betraue spezielle Personen mit ihrer Ausübung. Das war früher der Fall, und das war die Demokratie. Damals war die Masse überzeugt, daß schließlich und endlich trotz all ihrer Fehler und Mängel die Politiker etwas mehr von den öffentlichen Fragen verstünden als sie. Jetzt dagegen glaubt sie, es sei ihr gutes Recht, ihre Stammtischweisheiten durchzudrücken und mit Gesetzeskraft auszustatten. Ich bezweifle, daß es noch eine geschichtliche Epoche gegeben hat, in der die Masse so umweglos regierte wie in unserer Zeit. Darum spreche ich von einer Hyperdemokratie.

Dasselbe geschieht auf den übrigen Gebieten, ganz besonders auf dem intellektuellen. Vielleicht unterliege ich einem Irrtum; aber der Schriftsteller, wenn er die Feder zur Hand nimmt, um über einen Gegenstand zu schreiben, den er lange erwogen hat, kann nicht umhin, zu denken, daß mittelmäßige Leser, die sich nie mit diesen Fragen beschäftigten, wenn sie ihn lesen, es nicht tun, um etwas von ihm zu lernen, sondern im Gegenteil, um über ihn abzuurteilen, sobald er nicht mit den Plattheiten übereinstimmt, die sie im Kopf haben. Wenn die einzelnen, aus denen die Masse besteht, sich für besonders begabt hielten, hätten wir es nur mit einem Fall persönlicher Täuschung, aber nicht mit einer soziologischen Umwälzung zu tun. *Charakteristisch für den gegenwärtigen Augenblick ist es jedoch, daß die gewöhnliche Seele sich über ihre Gewöhnlichkeit klar ist, aber die Unverfrorenheit besitzt, für das Recht der Gewöhnlichkeit einzutreten und es überall durchzusetzen.* Wie es in Nordamerika heißt: Anderssein ist unanständig. Die Masse vernichtet alles, was anders, was ausgezeichnet, persönlich, eigenbegabt und erlesen ist. Wer nicht „wie alle" ist, wer nicht „wie alle" denkt, läuft Gefahr, ausgeschaltet zu werden. Und es ist klar, daß „alle" eben nicht alle sind. „Alle" waren normalerweise die komplexe Einheit aus Masse und andersdenkenden, besonderen Eliten. Heute sind „alle" nur noch die Masse.

II

DAS STEIGEN DES HISTORISCHEN NIVEAUS

Dies ist die ungeheure Tatsache unserer Zeit, geschildert ohne Beschönigung ihres brutalen Aussehens. Sie ist überdies eine beispiellose Neuheit in der Geschichte unserer Zivilisation, die in ihrem ganzen Verlauf nichts Ähnliches aufzuweisen hat. Sollten wir ein Analogon dafür finden, so müßten wir in einen von dem unseren völlig verschiedenen Lebenskreis eintauchen; wir hätten uns in die antike Welt und in die Stunde ihres Niedergangs zu versetzen. Auch die Geschichte des römischen Reiches ist die Geschichte der Erhebung und Herrschaft der Massen, welche die führenden Minderheiten absorbieren und auflösen, um selbst ihre Stelle einzunehmen. In jener Zeit tritt gleichfalls die Erscheinung der Ansammlungen, der Überfüllung auf. Sie mußte darum, wie Spengler sehr gut beobachtet hat, nicht anders als unsere eigene, kolossale Bauten aufführen. Das Zeitalter der Massen ist das Zeitalter des Massigen.[1]

Wir leben unter der brutalen Herrschaft der Massen. Ausgezeichnet; schon zweimal haben wir diese Herr-

---

[1] Das Bedenkliche an diesem Vorgang war, daß gleichzeitig mit der Entstehung solcher Zusammenballungen die Entvölkerung des platten Landes einsetzte, notwendig herbeigeführt durch den absoluten Rückgang der Einwohnerzahl des Reiches.

schaft „brutal" genannt; dem Gott der Gemeinplätze
wäre sein Tribut entrichtet; das Billett in der Hand,
könnten wir nun wohlgemut weiter in den Gegenstand
eindringen und uns das Schauspiel von drinnen betrachten. Oder glaubte man, ich würde mich mit dieser
vielleicht treffenden, aber äußerlichen Beschreibung begnügen, die nur die Ansicht, die Seite wiedergibt, unter
welcher sich die gewaltige Tatsache von der Vergangenheit her darstellt? Wenn ich an dieser Stelle das Thema
verließe und meine Untersuchung ohne weiteres ab-
bräche, bliebe dem Leser sehr zu Recht der Eindruck,
daß mir das fabelhafte Heraufkommen der Massen an
die Oberfläche der Geschichte nichts als ein paar übel-
launige und verächtliche Vokabeln, ein Quentchen Ab-
scheu und ein wenig Widerwillen entlockte, mir, der
bekanntlich für eine radikal aristokratische Deutung der
Geschichte eintritt. Radikal aristokratisch; denn ich habe
nicht gesagt, daß die menschliche Gesellschaft aristokratisch sein *soll*. Ich habe vielmehr gesagt und halte
mit immer stärkerer Überzeugung daran fest, daß die
menschliche Gesellschaft, ob sie will oder nicht, durch
ihr Wesen selbst aristokratisch *ist*, und das so unentrinnbar, daß sie genau so sehr Gesellschaft ist, wie sie
aristokratisch ist, und aufhört, es zu sein, in dem Maße,
wie sie diesen Charakter verliert. Wohl verstanden, ich
spreche von der Gesellschaft, nicht vom Staat. Kein
Mensch kann meinen, daß es angesichts dieses gewaltigen Aufbäumens der Massen aristokratisch wäre, sich
mit einem kurzen, gezierten Achselzucken zu begnügen
wie ein Kavalier aus Versailles. Versailles – man verstehe recht, das Versailles des gezierten Achselzuckens –

ist nicht aristokratisch; es ist das gerade Gegenteil: es ist der Tod und die Verwesung einer herrlichen Aristokratie. Wahrhaft aristokratisch war an jenen Geschöpfen nur noch die anmutige Würde, mit der sie auf ihrem Hals den Besuch der Guillotine zu empfangen verstanden; sie empfingen sie wie die Geschwulst das Messer. Nein, wer die hohe Aufgabe der Aristokratien fühlt, wird durch das Schauspiel der Masse gespornt und entflammt wie der Bildhauer von der Gegenwart jungfräulichen Marmors. Die echte Aristokratie einer Gesellschaft gleicht in nichts jener beschränkten Gruppe, die den Namen der „Gesellschaft" für sich allein in Anspruch nimmt, die sich selbst „die Gesellschaft" nennt und schlechthin davon lebt, sich einzuladen oder nicht einzuladen. Da alles in der Welt seine Tugend und Bestimmung hat, kommt in unserer großen Welt auch dieser kleinen „eleganten Welt" die ihrige zu, aber sie ist sehr untergeordnet und nicht zu vergleichen mit den herkulischen Geschäften der echten Aristokratien. Ich hätte nichts dagegen, über den Sinn des scheinbar so sinnlosen Lebens dieser Eleganten zu sprechen; aber unser Gegenstand ist jetzt ein anderer, von größeren Verhältnissen. Denn auch diese vornehme Gesellschaft selbst geht offenbar mit der Zeit. Eine tonangebende junge Dame, ganz Jugend und Gegenwart, ein Stern erster Größe am Zodiakus der Madrider Eleganz, machte mich sehr nachdenklich, da sie zu mir sagte: „Ich mag keinen Ball, zu dem nicht mindestens achthundert Personen geladen sind." Aus dieser Äußerung sah ich, daß der Stil der Massen jetzt in allen Lebensschichten triumphiert und sich selbst an jenen äußersten

Enden durchsetzt, die den happy few vorbehalten schienen.

Ich lehne darum jede Interpretation unserer Zeit, die den positiven Sinn hinter der Herrschaft der Massen übersieht, genau so ab wie alle jene Deutungen, welche diese Herrschaft friedlich und unbesorgt ohne einen Schauder des Entsetzens hinnehmen. Jedes Schicksal ist in seinem tiefsten Grund spannungs- und leidvoll. Wem nicht die Gefahr der Zeit auf den Nägeln gebrannt hat, der ist nicht ins innere Gehäuse des Schicksals gedrungen, er hat nur seine kränkliche Wange berührt. Uns bedroht die moralische Erhebung der Massen, die hemmungslos, gewalttätig, unlenkbar und zweideutig ist wie jedes Schicksal. Wohin führt sie uns? Ist sie ein radikal Böses oder ein mögliches Gut? Sie ist da, ungeheuer über unserer Zeit aufgerichtet wie ein Riese, ein kosmisches Fragezeichen, dessen ewig zweideutige Gestalt halb an Richtblock und Galgen, aber halb auch an etwas gemahnt, das sein Triumphbogen sein möchte.

Die Tatsache, die wir sezieren müssen, läßt sich unter folgenden zwei Gesichtspunkten betrachten: Erstens, die Lebensmöglichkeiten, die heute den Massen offenstehen, decken sich zum großen Teil mit denen, die früher ausschließlich den wenigen vorbehalten schienen. Zweitens, gleichzeitig lassen sich die Massen von den Eliten nicht mehr führen, sie verweigern ihnen Gehorsam, Gefolgschaft, Respekt, sie tun sie ab und nehmen selbst ihren Platz ein.

Mit der ersten Behauptung soll ausgedrückt werden, daß die Massen an den Genüssen teilhaben und sich der

Geräte bedienen, die von auserwählten Gruppen erfunden wurden und früher nur diesen zu Gebote standen. Sie haben Neigungen und Bedürfnisse erworben, die bisher für verfeinert galten, weil sie das Vorrecht der wenigen waren. Ein einfaches Beispiel: 1820 gab es in Paris keine zehn Badezimmer in Privathäusern; man lese daraufhin die Memoiren der Comtesse de Boigne. Aber mehr noch: die Massen kennen und üben heute viele Techniken verhältnismäßig gut, die früher nur Einzelne handhabten.

Und nicht nur materielle, sondern, was wichtiger ist, auch politische und soziale Techniken. Im 18. Jahrhundert machten gewisse kleine Gruppen die Entdeckung, daß jedes menschliche Wesen vermöge der bloßen Tatsache seiner Geburt und ohne die Notwendigkeit irgendwelcher besonderen Befähigung gewisse grundlegende politische Rechte, die sogenannten Menschen- und Bürgerrechte, besitze und daß streng genommen diese allen gemeinsamen Rechte die einzigen seien, die es überhaupt gebe. Jedes andere Recht, das sich an besondere Gaben heftet, wurde als Vorrecht verdammt. Es war dies zunächst ein bloßer Lehrsatz und Einfall einiger weniger; dann begannen diese wenigen, von ihrer Idee praktischen Gebrauch zu machen, sie durchzusetzen und besagte Rechte zu beanspruchen; es handelte sich um die vornehmsten Eliten. Für das Bewußtsein der Masse jedoch waren jene Rechte während des ganzen 19. Jahrhunderts, wenn sie sich auch mehr und mehr dafür als für ein Ideal begeisterte, nichts, was ihr zukam; sie übte sie nicht aus und machte sie nicht geltend; ihr Leben und ihr Gefühl von sich selbst blieb unter den demokratischen Gesetzgebungen dasselbe wie unter dem alten Regime. Das Volk – wie man es damals nannte – das Volk wußte, daß es souverän war, aber es glaubte nicht daran. Heute ist jenes Ideal Wirklichkeit geworden, noch nicht in den Gesetzgebungen, die äußerliche Schemata des öffentlichen Lebens sind, aber im Herzen jedes einzelnen, wie er immer stehen möge, einschließlich des Reaktionärs; *das heißt selbst für denjenigen, welcher die Institutionen verletzt und mit Füßen tritt, in denen jene Rechte anerkannt werden.* Wer die wunderliche sittliche Lage der Massen nicht erfaßt hat, kann nach meiner Meinung nichts von dem verstehen, was heute in der Welt geschieht. Die Souveränität des unqualifizierten Individuums, des Menschen als solchen, die früher eine Idee oder ein legislatives Ideal war, ist jetzt als wesentlicher Inhalt in das Bewußtsein des Durchschnittsmenschen eingegangen. Und man merke wohl: wenn etwas, das ein Ideal war, zum Bestandstück der Wirklichkeit wird, hört es unerbittlich auf, Ideal zu sein. Die Würde und magische Höhe, welche Attribut des Ideals ist und ihm seine Macht über den Menschen gibt, verfliegt. Die gleichmachenden Rechte, die jene großherzige demokratische Erleuchtung entdeckte, sind aus Zielen und Idealen Ansprüche und unbewußte Voraussetzungen geworden.

Nun wohl, jene Rechte hatten nur den einen Sinn: die Menschenseelen ihrer inneren Knechtschaft zu entreißen und in ihnen ein Gefühl der Freiheit und Würde aufzurichten. War es nicht dies, was man wollte? Dem Durchschnittsmenschen das Bewußtsein geben, daß er Herr seiner selbst und seines Lebens sei? Man hat es erreicht.

26

Warum beklagen sich die Liberalen, die Demokraten, die Fortschrittler von vor dreißig Jahren? Sollten sie etwa wie Kinder die Sache gewollt haben, aber nicht ihre Folgen? Man wollte den Durchschnittsmenschen zum Herrn machen. Dann darf man sich nicht wundern, wenn er nach seinem eigenen Gutdünken handelt, wenn er alle Genüsse verlangt, entschlossen seinen Willen durchsetzt, jede Unterordnung verweigert und auf niemanden hört, wenn er seine Person und seine Liebhabereien pflegt und sich sorgfältig kleidet; es sind dies einige der ständigen Begleiterscheinungen des Herrenbewußtseins. Jetzt finden wir sie in dem Durchschnittsmenschen wieder.

Wir sahen, daß dem Durchschnittsmenschen heute ein vitales Repertorium zur Verfügung steht, wie es jetzt für die höchsten Schichten kennzeichnend war. Nun stellt aber der Durchschnittsmensch den Boden dar, über dem sich die Geschichte jedes Zeitalters bewegt; er ist in der Geschichte, was das Meeresniveau in der Geographie. Wenn also das mittlere Niveau jetzt da liegt, wohin sonst nur die Eliten gelangten, besagt das schlicht und einfach, daß sich das geschichtliche Niveau plötzlich erhöht hat – nach langen unterirdischen Vorbereitungen, aber in seinen Äußerungen plötzlich, mit einem Sprung, in einer Generation. Die menschliche Lebenshaltung als Ganzes ist gestiegen. Der Soldat von heute, möchte man sagen, hat vieles vom Hauptmann; die menschliche Heerschar besteht schon aus lauter Hauptleuten. Man braucht nur die Energie, die Entschiedenheit und Unbekümmertheit anzusehen, mit der sich heute irgendein beliebiger Mensch durch das Dasein bewegt, den

Genuß, der sich bietet, ergreift und seinen Willen durchsetzt.

Alles Gute und alles Böse der Gegenwart und unmittelbaren Zukunft haben ihre Ursache und Wurzel in diesem allgemeinen Steigen des historischen Pegelstandes.

Hier öffnet sich uns ein unerwarteter Ausblick. Daß heute das mittlere Lebensniveau dem der alten Minoritäten entspricht, ist neu für Europa; aber es bestimmte von vornherein die Gestaltung Amerikas. Man denke, um ein konkretes Beispiel zu nehmen, an den Grundsatz der Gleichheit vor dem Gesetz. Das Bewußtsein, Herr seiner selbst und jedem anderen gleich zu sein, ist eine Lebensstimmung, zu der in Europa nur hervorragende Gruppen gelangten; in Amerika herrscht sie seit dem 18. Jahrhundert, also praktisch von Anfang an. Und eine neue, noch merkwürdigere Übereinstimmung: Wie diese seelische Verfassung in dem europäischen Durchschnittsmenschen auftritt und seine allgemeine Lebenshaltung steigt, nimmt das Dasein auf dem alten Kontinent in all seinen Ordnungen plötzlich eine Form und Färbung an, die viele zu der Äußerung veranlaßte, Europa amerikanisiere sich. Die das sagten, maßen der Erscheinung keine besondere Bedeutung bei; sie glaubten, es handle sich um einen leichten Wechsel der Sitten und Gebräuche, um eine Mode, die sie, durch den äußeren Anschein irregeführt, irgendeinem Einfluß Amerikas auf Europa zuschrieben. Damit hat man nach meiner Meinung die Frage verflacht, die viel verästelter, überraschender und tiefer ist.

Die Galanterie möchte mich jetzt verleiten, den Menschen über dem Meer zu sagen, Europa habe sich in der

Tat amerikanisiert und es sei dies einem Einfluß Amerikas auf Europa zu danken. Doch nein, die Wahrheit kollidiert mit der Höflichkeit, und sie muß siegen. Europa hat sich nicht amerikanisiert. Es hat noch keinen nennenswerten Einfluß von Amerika empfangen. Eins wie das andere nimmt, wenn überhaupt, erst jetzt seinen Anfang; die jüngste Vergangenheit jedoch, der Keimboden der Gegenwart, weiß nichts davon. Wir stoßen hier auf ein hoffnungsloses Gewirr schiefer Vorstellungen, die uns, Amerikanern und Europäern, den Blick trüben. Der Triumph der Massen und die darauf folgende gewaltige Hebung des vitalen Niveaus sind in Europa aus inneren Gründen nach zwei Jahrhunderten fortschreitender Erziehung der Massen und einer damit gleichlaufenden wirtschaftlichen Bereicherung der Gesellschaft entstanden. Nur das Ergebnis fällt mit dem entscheidenden Zug des amerikanischen Lebens zusammen; und aus diesem Grund, weil der moralische Zustand des europäischen Durchschnittsmenschen jetzt mit dem des Amerikaners übereinstimmt, versteht er zum erstenmal das amerikanische Leben, das ihm solange dunkel und rätselhaft war. Es handelt sich also nicht um einen Einfluß, der ein wenig verwunderlich, der eher ein Rückfluß wäre, sondern um etwas, woran man am wenigsten dachte: es handelt sich um einen Ausgleich. Schon immer kam es den Europäern so vor, als ob in Amerika der durchschnittliche Lebensstandard höher wäre als auf dem alten Kontinent. Diese nicht gerade tief eindringende, aber einleuchtende Erkenntnis gab zu der nie in Zweifel gezogenen Meinung Anlaß, daß Amerika die Zukunft sei. Man begreift, daß ein so verbreiteter und verankerter Glaube nicht in der Luft hing – wie Orchideen, die der Sage nach ohne Wurzeln im Raum wachsen. Sein Grund war eben die vage Überzeugung von einem höheren Lebensstandard jenseits des Ozeans, der übrigens in Widerspruch zu dem, am europäischen gemessen niedrigen, Niveau der amerikanischen Eliten stand. Aber die Geschichte nährt sich wie die Landwirtschaft von den Tälern und nicht von den Gipfeln, von der durchschnittlichen Höhe der Gemeinschaft und nicht von ihren Spitzen.

Wir leben in der Zeit des Ausgleichs; die Vermögen gleichen sich aus. Die Kultur der verschiedenen Gesellschaftsklassen gleicht sich aus, die Geschlechter gleichen sich aus. Nun wohl: es gleichen sich auch die Kontinente aus. Und da der Europäer vital tiefer stand, hat er bei dieser Nivellierung nur gewonnen. Von dieser Seite gesehen, bedeutet der Aufstand der Massen einen unermeßlichen Zuwachs an Lebenskraft und -möglichkeiten, gerade das Gegenteil also von dem, was wir so oft über den Niedergang Europas hören. Eine unklare und grobe Wendung, bei der man nicht recht weiß, worauf sie sich bezieht, auf die europäischen Staaten, die europäische Kultur oder, was diesem allem zugrunde liegt und unendlich viel schwerer wiegt: auf die europäische Vitalität. Von den Staaten und der Kultur Europas werden wir später ein Wörtlein reden, und für sie gilt vielleicht die zitierte Wendung; was aber die Lebenskraft angeht, so müssen wir von vornherein feststellen, daß von ihrem Abstieg zu sprechen, ein krasser Irrtum wäre. Anders ausgedrückt wird meine Behauptung vielleicht überzeugender oder doch weniger unwahrscheinlich wirken;

ich meine, daß sich heute ein durchschnittlicher Deutscher, Spanier, Italiener in seiner Lebensführung weniger von einem Amerikaner oder Argentinier unterscheidet als vor dreißig Jahren. Und das ist eine Tatsache, welche die Amerikaner nicht vergessen sollten.

III

DIE HÖHE DER ZEIT

Die Herrschaft der Massen hat insofern eine positive Seite, wie sie eine Hebung des gesamten historischen Niveaus bedeutet. Das Leben kann demnach – das kommt uns hiermit zum Bewußtsein – verschiedene Höhe haben, und die Redensart von der „Höhe der Zeit", die so oft gedankenlos hingesagt wird, birgt einen guten Sinn. Wir müssen bei diesem Punkt verweilen, denn er gibt uns ein Mittel an die Hand, um einen der überraschendsten Züge unseres Jahrrhunderts festzuhalten.

Man sagt etwa, daß dies oder jenes der Höhe der Zeit nicht entspricht. In der Tat; nicht die abstrakte Zeit der Chronologie, die vollkommen eben ist, wohl aber die gelebte Zeit, diejenige, welche jede Generation „ihre Zeit" nennt, hat immer eine gewisse Höhe, sie steigt oder sinkt oder bleibt auf dem Niveau von gestern. Und jedes Individuum fühlt mit größerer oder geringerer Klarheit die Beziehung, in der sein eigenes Leben zu der Höhe seiner Zeit steht. Mancher kommt sich in den gegenwärtigen Verhältnissen wie ein Wrack vor, das nicht flott werden kann. Das Tempo, in dem man heute lebt, die Unternehmungslust und Energie, mit der alles angepackt wird, beängstigen den Menschen von altertümlicher Gemütsart, und seine Angst mißt den Niveauunterschied zwischen der Höhe der Zeit und der Höhe seines Pulses. Andererseits hat jemand, der ganz und gern in den Formen der Gegenwart lebt, ein Bewußtsein von der Beziehung zwischen dem Niveau seines Jahrhunderts und dem vergangener Zeiten. Welcher Art ist diese Beziehung?

Es wäre irrig, anzunehmen, daß der Mensch einer Epoche die früheren, einfach als frühere, immer für niedriger hielte als seine eigene. Erinnern wir uns nur der Weisheit des Jorge Manrique, welcher klagte:

Cualqiera tiempo pasado
fué mejor.[1]

Aber auch das gilt nicht unbedingt. Es haben sich weder alle Zeiten irgendeiner vergangenen unterlegen gefühlt, noch haben sie auf alles, was war und woran sie sich erinnerten, hinuntergeblickt. Jede historische Epoche zeigt ein anderes Gefühl gegenüber dieser sonderbaren Erscheinung der vitalen Höhe, und es überrascht mich, daß Philosophen wie Historiker eine so offenkundige und belangvolle Tatsache noch immer übersehen haben.

Der Eindruck, den Jorge Manrique ausspricht, war sicher der allgemeinste, wenigstens grosso modo genommen. Die meisten Epochen dünken sich nicht anderen, älteren überlegen. Im Gegenteil, gewöhnlich ver-

---

[1] Anmerkung des Übersetzers. „Jede vergangene Zeit war besser." — Jorge Manrique (1440—1478) ist berühmt durch das noch heute lebendige und viel zitierte Gedicht auf den Tod seines Vaters „Coplas de Jorge Manrique a la muerte de su padre", dem diese Zeilen entnommen sind.

muteten die Menschen in einer fernen Vergangenheit bessere Zeiten, ein volleres Leben. „Das goldene Zeitalter" sagen wir, die wir von Griechenland und Rom erzogen sind; die „Alcheringa" sagen die australischen Wilden. Das verrät, daß solchen Zeiten ihre eigenen Lebenspulse mehr oder weniger dürftig erscheinen, zu schwach, um die Adern alle zu schwellen. Darum verehrten sie die Vergangenheit, die „klassischen" Zeiten, deren Dasein ihnen kühner, reicher, edler und gefahrvoller vor Augen stand als ihr eigenes. So wächst im Rom der Kaiser seit dem Jahre 150 n. Chr. beständig der Eindruck des Schrumpfens der Lebenskräfte, des Niedergangs und Pulsverlustes. Schon Horaz hatte gesungen: Das Väteralter, schlechter als die Großväter, trug uns, die Geringeren, die wir bald eine entartete Nachkommenschaft zeugen werden (Oden III, 6).

> Aetas parentum peior avis tulit
> nos nequiores, mox daturos
> progeniem vitiosorem.

Zwei Jahrhunderte später gab es in dem ganzen Imperium nicht mehr genug Italiker, die einigermaßen zur Besetzung der Zenturionenstellen getaugt hätten; man mußte Dalmatiner und bald Barbaren von der Donau und dem Rhein für dieses Amt mieten. Indessen wurden die Weiber unfruchtbar, und Italien entvölkerte sich.

Wir wenden uns jetzt anderen Zeitaltern zu, deren Lebenseindruck dem eben geschilderten scheinbar so entgegengesetzt wie möglich ist. Es handelt sich um ein höchst sonderbares Phänomen, das zu beschreiben uns sehr am Herzen liegt. Wenn vor kaum dreißig Jahren die Politiker zu der großen Menge sprachen, pflegten sie diese oder jene Regierungsmaßnahme, diese oder jene Ausschreitung mit der Begründung zu verwerfen, daß sie nicht auf der Höhe der Zeit sei. Der gleiche Ausdruck taucht – eine bemerkenswerte Übereinstimmung – in dem berühmten Brief des Trajan an Plinius auf, wo er ihm empfiehlt, die Christen nicht auf anonyme Verdächtigungen hin zu verfolgen: Nec nostri saeculi est. Also gab es Epochen, die von sich meinten, sie seien zur letzten, endgültigen Höhe gelangt; Zeiten, in denen man sich am Ziel einer Reise wähnte, in denen eine uralte Hoffnung sich erfüllt und eine Sehnsucht gestillt wird. Dies ist die „Fülle der Zeit", die volle Reife des geschichtlichen Lebens. Vor dreißig Jahren glaubte der Europäer in der Tat, das menschliche Dasein sei das geworden, was es sein sollte, was man seit vielen Generationen erstrebte, was es eigentlich immer hätte sein müssen. Erfüllte Zeiten fühlen sich stets als Endzustand nach vielen anderen vorbereitenden Epochen, anderen unerfüllten, tieferstehenden Zeitaltern, über denen sich diese wohlgewachsene Stunde erhebt. Von ihrer Höhe sieht es aus, als hätten jene vorbereitenden Generationen nur von Sehnsucht und gescheiterter Hoffnung gelebt; Zeiten der unbefriedigten Wünsche, der glühenden Vorläufer, des Noch-nicht, des quälenden Gegensatzes zwischen einem klar gesehenen Ziel und der Wirklichkeit, die ihm nicht entspricht. So sieht das 19. Jahrhundert das Mittelalter. Endlich erscheint ein Tag, da sich jener alte, manchmal tausendjährige Wunsch zu erfüllen scheint; die Wirklichkeit nimmt ihn auf und fügt sich ihm. Wir sind auf die Höhe gelangt, die uns vorschwebte, an das gesteckte Ziel, auf den Gipfeln der Zeit. Dem Noch-nicht ist das Endlich gefolgt.

Dies ist das Gefühl, das unsere Väter und ihr ganzes Jahrhundert von ihrem eigenen Leben hatten. Man vergesse nicht, dieser unserer Zeit ging eine Zeit der Erfüllung vorauf. Darum muß, wer dem anderen Ufer, dem gerade vergangenen, gestillten Gestern verhaftet blieb und die Welt von dorther betrachtet, der optischen Täuschung unterliegen, daß ihm die Gegenwart als ein Heruntersteigen aus jener Höhe erscheint, als ein Niedergang.

Aber ein alter Liebhaber der Geschichte, ein geschworener Pulsfühler der Zeiten kann sich nicht vom Glanz dieser sogenannten Vollkommenheiten blenden lassen.

Wesentlich für die Existenz einer „erfüllten Zeit" ist es – wie wir sahen –, daß ein alter Wunsch, der sich sehnend und drängend durch die Jahrhunderte schleppte, endlich eines Tages befriedigt ist. Und in der Tat, diese erfüllten Zeiten sind zufrieden, zuweilen, wie im Fall des 19. Jahrhunderts, überzufrieden mit sich selbst.[1] Aber nun geht uns auf, daß diese Jahrhunderte, die so arriviert, so wohlgelungen waren, innerlich tot sind. *Die echte Fülle des Lebens besteht nicht in der Zufriedenheit, der Wohlgelungenheit, der Ankunft.* Cervantes

---

[1] Auf den Prägestöcken Hadrianischer Münzen liest man Inschriften wie diese: Italia Felix. Saeculum aureum. Tellus stabilita. Temporum felicitas. Man vergleiche neben der großen numismatischen Sammlung Cohens einige Münzen, die bei Rostowzeff: The social and economic history of the Roman Empire, 1926, Tafel LII und 588, 6 abgebildet sind.

wußte, daß „der Weg immer besser ist als die Herberge". Eine Zeit, die ihrem Verlangen, ihrem Ideal genuggetan hat, begehrt nichts mehr; ihr ist die Quelle des Wünschens versiegt. Das bedeutet, daß die berühmte Fülle in Wahrheit ein Ende ist. Es gibt Jahrhunderte, die ihre Wünsche nicht zu erneuern wissen und an Zufriedenheit sterben, wie die beglückte Drohne nach dem Hochzeitsflug.[1]

Daher der überraschende Umstand, daß die Zeiten sogenannter Erfüllung auf ihrem Grund immer einen Bodensatz wunderlicher Traurigkeit bergen.

Die Strebungen, die so langsam ausgetragen wurden und sich im 19. Jahrhundert endlich zu verwirklichen schienen, gaben sich selbst den Namen der „modernen Kultur". Der Name schon ist beunruhigend: daß eine Zeit sich selbst „modern" nennt, das heißt abschließend, endgültig, so daß alle anderen im Verhältnis zu ihr bloße Vergangenheiten, bescheidene Vorbereitungen, ein Auf-sie-hin sind, kraftlose Pfeile, die das Ziel verfehlen![2]

Rührt man nicht hier schon an den wesentlichen Unterschied zwischen unserer Zeit und jener, die soeben unter den Horizont gesunken ist? Unsere Zeit dünkt

---

[1] Man unterlasse nicht, die wunderbaren Seiten Hegels über die zufriedenen Zeitalter in der „Philosophie der Geschichte" nachzulesen.

[2] Der ursprüngliche Sinn von „modern", die „Moderne", wie die jüngst vergangenen Zeiten sich selbst getauft haben, spricht sehr scharf das Gefühl von der „Höhe der Zeit" aus, das ich hier analysiere. Modern ist, was nach dem „Modus", der Art ist; man verstehe, der neuen Art, der Modifikation oder Mode, die in der jeweiligen Gegenwart an Stelle der

sich wahrhaftig nicht endgültig; im Gegenteil, sie findet in ihrem tiefsten Grund dunkel die Einsicht vor, daß es keine endgültigen, gesicherten, für immer auskristallisierten Zeiten gibt, daß vielmehr der Anspruch eines Lebenstypus – der sogenannten „modernen Kultur" – auf Endgültigkeit eine unglaubliche Trübung und Verengung des Sehfeldes verrät. Und wenn wir so empfinden, spüren wir eine wunderbare Erleichterung, als wären wir einem engen, geschlossenen Raum entkommen und stünden wieder unter den Gestirnen, in der echten, tiefen, schrecklichen, unvorhersehbaren und unerschöpflichen Welt, in der alles möglich ist: alles Gute und alles Böse.

Es war ein trauriger Glaube, der Glaube an die moderne Kultur; er besagte, daß alles Wesentliche morgen aussehen werde wie heute, daß der Fortschritt einzig darin bestehe, in alle Ewigkeit denselben Weg fortzuschreiten, den man schon unter den Füßen hatte. Ein solcher Weg ist eher ein Gefängnis, das sich dehnt; er führt nicht ins Freie.

Wenn in den Anfängen des römischen Kaiserreichs ein kultivierter Provinziale – Lucan vielleicht oder Seneca – nach Rom kam und die gewaltigen kaiserlichen Bauten, Sinnbilder einer endgültigen Macht, sah, zog sich ihm wohl das Herz zusammen. Es konnte nichts

---

alten, überlieferten, in der Vergangenheit gangbaren Moden aufgekommen ist. Das Wort „modern" drückt also das Bewußtsein eines neuen, dem ehemaligen überlegenen Lebens und zugleich das Gebot aus, auf der Höhe der Zeit zu sein. Der Unmoderne ist, nach dem Urteil des „Modernen", nicht auf der Höhe des gegenwärtigen historischen Niveaus.

Neues mehr in der Welt geschehen. Rom war ewig. Und wenn es eine Melancholie der Ruinen gibt, die aus ihnen aufsteigt wie Nebel aus toten Gewässern, so spürte der sensible Provinziale eine nicht weniger lastende Schwermut, wenn auch von umgekehrtem Vorzeichen: die Melancholie der ewigen Bauten.

Gleicht nicht neben einem solchen Gemütszustand das Lebensgefühl unserer Epoche eher der fröhlichen Ausgelassenheit von Kindern, die der Schule entwischt sind? Wir wissen heute nicht mehr, was morgen alles in der Welt passieren mag, und das freut uns heimlich; denn unvorhersehbar und ein immer offener Horizont von Möglichkeiten zu sein, ist das Wesen des echten Lebens, die wahrhafte Fülle des Lebens.

Diese Feststellung, der allerdings noch ihre Kehrseite fehlt, steht in Widerspruch zu den Untergangs-Klageliedern, die in den Büchern so vieler Zeitgenossen angestimmt werden. Sie beruhen auf einer optischen Täuschung, die vielfältige Ursachen hat. Später werden wir einigen davon begegnen; aber ich möchte hier die handgreiflichste vorwegnehmen: Diese Schwarzseherei rührt davon her, daß man, getreu einer nach meiner Ansicht überlebten Ideologie, von der Geschichte einzig die Politik oder die Kultur berücksichtigt und nicht merkt, daß dies nur ihre Oberfläche ist; daß die geschichtliche Wirklichkeit in einer früheren und tieferen Schicht eine biologische Potenz ist, die reine Lebenskraft, der Vorrat kosmischer Energie im Menschen; nicht die gleiche Kraft, die das Meer bewegt, das Tier befruchtet, die Blüte treibt, aber ihr schwesterlich verwandt.

Den Dekadenzdiagnosen gegenüber empfehle ich folgende Überlegung: Der Begriff des Abstiegs, das ist klar, setzt einen Vergleich voraus. Man steigt von einem höheren zu einem niederen Zustand hinunter. Nun wohl: dieser Vergleich läßt sich von denkbar verschiedenen Gesichtspunkten her anstellen. Für einen Fabrikanten von Bernsteinmundstücken geht es abwärts mit der Welt, weil man nur noch selten aus Bernsteinmundstücken raucht. Andere Gesichtspunkte mögen respektabler sein, aber streng genommen sind sie nicht weniger einseitig, willkürlich und äußerlich im Hinblick auf das Leben selbst, dessen Wert geprüft werden soll. Es gibt nur einen berechtigten und natürlichen Gesichtspunkt: daß man sich in dies Leben hineinversetzt, es von drinnen betrachtet und nachsieht, ob es selber fühlt, daß es im Niedergang ist, das heißt, daß es dürftiger, schwächer, schaler wird.

Aber auch wenn man es von drinnen betrachtet, woran soll man erkennen, ob ein Leben sich verbraucht vorkommt oder nicht? Für mich besteht kein Zweifel über das entscheidende Symptom. Ein Zeitalter, das die eigene Gegenwart allen Vergangenheiten vorzieht, kann in keinem ernsthaften Sinn dekadent genannt werden. Hierauf kam mein ganzer Exkurs über das Problem der „erfüllten Zeiten" hinaus. Denn nun finden wir, daß gerade unsere Generation zu dieser Frage eine sehr merkwürdige Stellung einnimmt, die meines Wissens bis jetzt in der bekannten Geschichte einzig dasteht.

In den Salons des vergangenen Jahrhunderts erschien unausweichlich eine Stunde, da die Damen und ihre gewandten Dichter einander die Frage stellten: „Zu welcher Zeit möchten Sie gelebt haben?" Und alsbald begann ein jeder in der Imagination die historischen Wege zu durchschweifen auf der Suche nach einer Zeit, der er den Umriß seines Daseins nach Gefallen einpassen könnte. Obgleich oder weil es sich in der Fülle wähnte, war dieses 19. Jahrhundert in Tat und Wahrheit an die Vergangenheit gebunden, auf deren Schultern es zu stehen meinte; es erlebte sich im Grunde nur als den Gipfel der Vergangenheit. Daher glaubte es noch an klassische Perioden – an das Jahrhundert des Perikles, an die Renaissance –, in denen sich die geltenden Werte ausgebildet hatten. Das allein würde genügen, um uns argwöhnisch gegen die vollkommenen Zeitalter zu machen; sie haben das Gesicht nach hinten gedreht, sie blicken auf die Vergangenheit, die sich in ihnen erfüllt.

Nun wohl: was würde ein beliebiger Repräsentant unserer Zeit ehrlich antworten, wenn man ihm eine ähnliche Frage stellte? Ich glaube, darüber kann kein Zweifel sein; jede Vergangenheit ohne Ausnahme würde ihm wie ein enges Gelaß vorkommen, in dem er nicht atmen könnte. Das heißt, die augenblickliche Menschheit fühlt, daß ihr Leben mehr Leben ist als irgendein früheres: oder umgekehrt ausgedrückt, dem Gegenwärtigen ist die ganze Vergangenheit zu klein geworden. Dies Bewußtsein des heutigen Lebens macht in seiner elementaren Klarheit alle Dekadenztheorien hinfällig, wenn sie nicht sehr behutsam zuwege gehen.

Unser Jahrhundert findet von vornherein seine Größenverhältnisse allen früheren überlegen. Wie sollte es sich für abgetan halten? Ganz im Gegenteil; in Wahrheit ist ihm, rein weil es sich als das stärkere Leben fühlt, aller Respekt und alle Rücksicht für die Vergangenheit abhanden gekommen. Darum haben wir in unserer eigenen zum erstenmal eine Epoche vor uns, die mit allem Klassizismus gründlich aufräumt, die nichts Vergangenes als mögliches Vorbild oder Norm anerkennt und, obgleich sie am Ende so vieler Jahrhunderte einer ununterbrochenen Entwicklung auftritt, doch ein Anfang, eine Morgenröte, eine Kindheit zu sein scheint. Wir blicken zurück, und die berühmte Renaissance kommt uns muffig, krähwinklig – sagen wir es getrost –, reichlich aufgedonnert vor.

Ich resümierte einmal eine ähnliche Situation folgendermaßen: „Dies entscheidende Auseinandertreten von Vergangenheit und Gegenwart ist eine allgemeine Tatsache unserer Epoche, und das mehr oder minder verworrene Gefühl davon erzeugt die merkwürdige Bestürzung des Lebens in diesen gegenwärtigen Jahren. Wir fühlen, wir Heutigen, auf einmal, daß wir allein auf der Welt sind, daß die Toten nicht im Scherz starben, sondern unwiderruflich, daß sie uns nicht mehr beistehen können. Der Geist der Tradition ist bis auf den letzten Rest entflohen. Vorbilder, Normen, feste Formen nützen uns nichts. Wir haben unsere Probleme – seien sie künstlerisch, wissenschaftlich oder politisch – ohne die tätige Mitarbeit der Vergangenheit in voller Gegenwart zu lösen. Der Europäer steht allein, ohne lebende Tote neben sich; wie Peter Schlemihl hat er seinen Schatten verloren. So geschieht es, wenn der hohe Mittag kommt."

Fassen wir zusammen: wie steht es um das Niveau unserer Zeit?

Sie gehört nicht zu den gestillten Zeiten und fühlt sich doch allen gewesenen Epochen überlegen und über alle bekannten Erfüllungen hinausgewachsen. Es ist nicht leicht, die Meinung in Worte zu fassen, welche unsere Zeit von sich selbst hat. Sie dünkt sich mehr als die anderen und weiß zugleich, daß sie ein Anfang ist. Welches Wort sollen wir wählen? Vielleicht dieses: mehr als alle anderen und weniger als sie selbst. Stark und zugleich ihres Schicksals nicht gewiß. Stolz auf ihre Kräfte und zugleich in Furcht vor ihnen.

IV

WACHSTUM DES LEBENS

Die Herrschaft der Massen und das Steigen des Lebensniveaus, die Höhe der Zeit, die es anzeigt, sind ihrerseits nur Symptome einer allgemeineren und umfassenderen Tatsache, die gerade in ihrer schlichten Offenkundigkeit beinah grotesk und unglaubhaft wirkt. Wir meinen einfach den Umstand, daß die Welt über Nacht gewachsen ist und in ihr und mit ihr das Leben. Über Nacht ist es wahrhaft weltweit geworden. Das heißt, der Lebensinhalt eines Menschen von mittlerer Art ist heute der ganze Planet; jeder einzelne erlebt gewohnheitsmäßig die ganze Erde. Vor etwa einem Jahr verfolgten die Sevillaner Stunde um Stunde in ihren Volkszeitungen, was einigen Menschen am Pol zustieß; über den glühenden Hintergrund der Guadalquivirlandschaft trieben Eisberge. Kein Stück Erde ist mehr in den geometrischen Grenzen seines Ortes eingeschlossen; es übt mannigfache Wirkungen auf das Leben an anderen Stellen des Planeten. Nach dem physikalischen Gesetz, daß die Dinge da sind, wo sie wirken, müssen wir heute jedem Punkt des Globus die einflußreichste Allgegenwärtigkeit zugestehen. Diese Nähe des Fernen, diese Gegenwart des Abwesenden hat den Horizont jedes Lebens in fabelhaftem Ausmaß geweitet.

Und die Welt ist auch zeitlich gewachsen. Prähistorie und Archäologie haben geschichtliche Gebiete von phantastischer Ausdehnung entdeckt. Ganze Zivilisationen und Reiche, von denen man bis vor kurzem nicht einmal den Namen ahnte, sind wie neue Kontinente für unsere historische Erinnerung erobert worden. Illustrierte Zeitung und Film haben alle diese entlegenen Stücke Welt dem Volk unmittelbar vor Augen gebracht.

Der raumzeitliche Zuwachs des Universums würde jedoch an sich nichts bedeuten. Physikalischer Raum und physikalische Zeit sind das schlechthin Geistlose in der Welt. Darum ist der Kult der reinen Geschwindigkeit, den unsere Zeitgenossen vorübergehend treiben, gerechtfertigter, als man gewöhnlich glaubt. Die Geschwindigkeit, da sie aus Raum und Zeit gemacht ist, ist nicht weniger geistlos als ihre Elemente; aber sie dient dazu, jene aufzuheben. Eine Dummheit kann nur durch eine andere bezwungen werden. Es war für den Menschen eine Ehrensache, über den kosmischen Raum und die wirkliche Zeit, die jedes Sinnes bar sind, zu triumphieren,[1] und man braucht sich nicht zu wundern, wenn es uns ein kindliches Vergnügen macht, die leere Geschwindigkeit spielen zu lassen, die den Raum verschlingt und Zeit tötet. Indem wir Raum und Zeit aufheben, verlebendigen wir sie, nutzen wir sie vital aus. Wir können an mehr Orten sein als früher, Ankunft

---

[1] Weil die Lebensdauer des Menschen beschränkt, weil er sterblich ist, muß er die Entfernung im Raum und das Säumen der Zeit besiegen. Für einen Gott, dessen Dasein unsterblich ist, hätte das Automobil keinen Sinn.

und Abreise öfter genießen und in kürzere kosmische Zeit mehr gelebte zusammendrängen.

Aber letzten Endes besteht das wesentliche Wachstum der Welt nicht in der Vergrößerung ihres Umfangs, sondern darin, daß sie mehr Gegenstände umschließt. Jeder Gegenstand – man nehme das Wort im weitesten Sinn – ist etwas, was man wünschen, beabsichtigen, erschaffen, vernichten, finden, genießen oder verwerfen kann; lauter Namen, die ein vitales Tun bezeichnen.

Irgendeine menschliche Tätigkeit diene als Beispiel, etwa das Einkaufen. Man stelle sich zwei Menschen vor, einen jetzt lebenden und einen aus dem 18. Jahrhundert, die im Verhältnis zum jeweiligen Geldwert dasselbe Vermögen haben, und vergleiche den Vorrat verkäuflicher Dinge, die sich dem einen und dem anderen bieten. Der Unterschied ist ungeheuer. Die Möglichkeiten für den heutigen Käufer sind praktisch unbegrenzt. Es ist nicht leicht, einen Gegenstand auszudenken, den es nicht auf dem Markt gibt, und umgekehrt kann kein Mensch alles ausdenken und begehren, was zum Kauf angeboten wird. Man wird einwenden, daß mit einem verhältnismäßig gleich großen Vermögen der heutige Käufer nicht mehr erwerben kann als der des 18. Jahrhunderts. Das ist falsch. Man kann heute viel mehr kaufen, weil die Industrie fast alle ihre Erzeugnisse verbilligt hat. Aber es störte mich auch nicht, wenn es richtig wäre; was ich zu sagen beabsichtige, würde dadurch eher noch deutlicher werden.

Die Tätigkeit des Kaufens endet damit, daß man sich für einen Gegenstand entscheidet; aber eben darum ist sie vorher eine Wahl, und die Wahl beginnt damit, daß man sich über die Möglichkeiten unterrichtet, die der Markt bietet. Daraus folgt, daß unser Dasein in seiner Abwandlung „Kaufen" zunächst aus dem Erlebnis der Kaufmöglichkeiten als solcher besteht. Wenn wir an unser Leben denken, vergessen wir gewöhnlich, was mir sehr wesentlich scheint, daß es in jedem Augenblick und vor allem Bewußtsein des uns Möglichen ist. Stünde uns nur eine einzige Möglichkeit offen, so hätte es keinen Sinn, sie „Möglichkeit" zu nennen: sie wäre reine Notwendigkeit. Aber unser Leben, dies höchst wunderbare Phänomen, besitzt die Grundverfassung, daß sich immer mehrere Ausgänge vor ihm auftun, die, weil es mehrere sind, den Charakter von Möglichkeiten annehmen, unter denen wir zu entscheiden haben.[1] Leben heißt in eine Umwelt von bestimmten Möglichkeiten hineingestellt sein. Diese Umwelt pflegt man die Umstände zu nennen. Alles Leben findet sich innerhalb des Umstehenden oder der Welt vor.[2] Denn dies ist der ursprüngliche Sinn des Wortes „Welt". Die Welt ist der Inbegriff unserer Lebensmöglichkeiten. Sie ist also nichts von unserem Leben Abgesondertes, ihm Fremdes, sondern der prinzipielle Umfang seiner Reichweite. Sie stellt dar, was wir sein können, das heißt unser Leben seiner Potenz nach. Diese

---

[1] Im schlimmsten Fall, wenn die Welt auf einen einzigen Ausgang beschränkt scheint, gibt es immer noch zwei: diesen und den aus der Welt heraus. Aber der Ausgang aus der Welt ist ein Teil von ihr, wie die Tür Teil eines Zimmers ist.

[2] In „Atlantiden" (vgl. „Die Aufgabe unserer Zeit" S. 215) erscheint derselbe Gegenstand unter dem Namen „Horizont".

muß sich näher bestimmen, um wirklich zu werden; oder anders gewendet: wir werden immer nur zum geringsten Teil das, war wir sein könnten. Darum erscheint uns die Welt so ungeheuer und wir uns in ihr so winzig. Die Welt oder unser mögliches Leben ist immer mehr als das Schicksal oder unser tatsächliches Leben.

Jetzt kam es mir jedoch nur darauf an, zu zeigen, wie das Leben des Menschen nach der Dimension seiner Potentialität hin gewachsen ist. Es rechnet mit einem gegen früher phantastisch vergrößerten Feld von Möglichkeiten. Auf geistigem Gebiet findet es mehr Wege zur Ideenbildung, mehr Probleme, mehr Material, mehr Wissenschaften, mehr Gesichtspunkte vor. Wenn die Ämter oder Laufbahnen in primitiven Zuständen sich fast an den Fingern einer Hand herzählen lassen – Hirt, Jäger, Krieger, Zauberer –, ist die Reihe möglicher Beschäftigungen heute unabsehbar. Ähnlich steht es um die Vergnügungen, wenn hier das Repertoire – und die Erscheinung ist ernster, als man meint – auch nicht so reichhaltig ist wie in den anderen Ordnungen des Lebens. Doch für den durchschnittlichen Menschen, der in der Großstadt wohnt – und die Großstädter sind die Repräsentanten des gegenwärtigen Daseins –, haben sich auch die Genußmöglichkeiten im Laufe von kaum einem Jahrhundert ungeahnt vermehrt.

Aber die Steigerung des Lebens beschränkt sich nicht auf das bisher Erwählte. Es ist in einem noch unmittelbareren und geheimnisvolleren Sinn gewachsen. Auf physischem und sportlichem Gebiet werden heute bekanntlich Leistungen erzielt, die alles aus der Vergangenheit Bekannte in den Schatten stellen, Es genügt nicht, jede einzeln zu bewundern und den Rekord, den sie aufstellt, zu buchen; man muß den Eindruck beachten, den ihre Häufigkeit in uns hinterläßt: sie bringt uns die Überzeugung bei, daß der menschliche Organismus heute über Fähigkeiten und Kräfte verfügt wie nie zuvor. Denn etwas Ähnliches geschieht in der Wissenschaft. Einige Jahrzehnte – nicht länger – brauchte die Forschung, um ihren kosmischen Horizont unwahrscheinlich auszudehnen. Einsteins Physik bewegt sich in so weiten Räumen, daß die alte Newtonsche darin nur eine Bodenkammer einnimmt.[1] Und dies äußere Wachsen wurde durch ein inneres, durch die Erhöhung der wissenschaftlichen Schärfe möglich. Einsteins Physik berücksichtigt kleinste Unterschiede, die früher übersehen und nicht in Rechnung gestellt wurden, da sie belanglos schienen. Das Atom endlich – gestern die Grenze der Welt – hat sich heute zu einem ganzen Planetensystem aufgebläht. Ich erwähne dies alles nicht wegen der Bedeutung, die es für die Entwicklung der Kultur haben mag – das interessiert mich im Augenblick nicht –, sondern als Beweis für die Zunahme der psychischen Kräfte, die es voraussetzt. Ich lege den Ton nicht darauf, daß Einsteins Physik exakter ist als Newtons, sondern daß der Mensch Einstein von größerer

---

[1] Newtons Welt war unendlich; aber diese Unendlichkeit war keine Größenbestimmung, sondern eine leere Verallgemeinerung, eine abstrakte, kraftlose Utopie. Einsteins Welt ist endlich, aber in all ihren Teilen erfüllt und konkret; sie ist darum reicher an Gegenständen und tatsächlich von größerem Format.

Geistesschärfe und -freiheit ist als der Mensch Newton;[1] genau wie der Boxer heute Faustschläge von besserem Kaliber austeilt als alle seine Vorgänger.

Wie Kino und Illustrationen dem Durchschnittsmenschen die entferntesten Orte des Planeten vor Augen führen, so vermitteln ihm Zeitungen und Gespräche die Kunde dieser geistigen Leistungen, welche die neu erfundenen technischen Apparate von den Schaufenstern her bestätigen. Das alles rinnt in seiner Seele zu dem Eindruck gewaltiger Machtvollkommenheit zusammen.

Mit dem Gesagten soll nicht behauptet werden, daß das menschliche Leben heute besser ist als zu anderen Zeiten. Ich habe nicht von seiner Wertbeschaffenheit gesprochen, sondern von seiner Steigerung, seiner quantitativen und intensiven Zunahme. Ich glaube hiermit das Bewußtsein des augenblicklichen Menschen genau geschildert zu haben, seine Lebensstimmung, für die es wesentlich ist, daß er sich mit mehr Möglichkeiten ausgerüstet fühlt als je und daß ihm die ganze Vergangenheit an Zwergwuchs zu kranken scheint.

Diese Schilderung war notwendig, um dem Gerede über den Niedergang und besonders den Niedergang des Abendlandes zu begegnen, das im letzten Jahrzehnt unter uns umging. Man erinnere sich der Überlegung,

---

[1] Die Freiheit des Geistes, das heißt die Kraft des Verstandes bemißt sich nach der Fähigkeit, überlieferungsmäßig untrennbare Begriffe zu scheiden. Begriffe scheiden kostet viel mehr Mühe als sie verbinden, wie W. Köhler in seinen Untersuchungen über das Denkvermögen der Schimpansen gezeigt hat. Und der menschliche Verstand besaß niemals größere Scheidekraft als heute.

die ich anstellte und die mir so einfach wie einleuchtend scheint. Es ist nicht angängig, von einem Niedergang zu reden, bevor man nicht genau gesagt hat, was es denn ist, das niedergeht. Bezieht sich das düstere Wort auf die Kultur? Liegt eine Dekadenz der europäischen Kultur vor? Liegt vielleicht nur ein Verfall der nationalen Organisationen Europas vor? Gesetzt, dem wäre so; würde das genügen, um von dem Untergang des Abendlandes zu sprechen? Durchaus nicht. Denn solche Schwächen sind Teilmängel und beziehen sich auf geschichtliche Gegenstände zweiter Ordnung – Kultur, Nationen. Es gibt nur einen bedingungslosen Niedergang; er besteht in einem Schwinden der vitalen Kräfte und liegt nur vor, wenn er erlebt wird. Aus diesem Grunde habe ich bei der Betrachtung einer Erscheinung verweilt, die gewöhnlich übersehen wird: bei dem Bewußtsein oder Gefühl, das jedes Zeitalter von seiner vitalen Höhe hat.

Das brachte uns darauf, von der Fülle zu sprechen, welche einige Jahrhunderte im Gegensatz zu anderen fühlten, denen umgekehrt ihr Dasein als Abstieg von den Höhen eines ehemaligen goldenen Zeitalters erschien. Und ich schloß damit, daß unsere Zeit durch eine sonderbare Anmaßung ausgezeichnet ist, die sich mehr dünkt als jede Vergangenheit, ja das Gewesene nicht beachtet, keine klassischen und normativen Epochen anerkennt, sondern sich selbst als ein neues, allem Früheren überlegenes und nicht darauf zurückführbares Leben ansieht.

Ich zweifle, daß man unser Jahrhundert verstehen kann, wenn man sich nicht eingehend mit dieser Tatsache beschäftigt. Denn eben hier liegt sein Problem. Wenn es von seinem Niedergang überzeugt wäre, fühlte es sich anderen Epochen unterlegen, das heißt, es schätzte und bewunderte sie und verehrte die Prinzipien, die jene formten. Es hätte klare, feste Ideale, wenn es auch unfähig wäre, sie zu verwirklichen. Statt dessen leben wir in einer Zeit, die gewaltige Kräfte in sich spürt und nicht weiß, was sie damit machen soll. Sie beherrscht die Welt, aber sich selbst nicht. Sie fühlt sich verloren in ihrem eigenen Überfluß. Mit mehr Mitteln, größerem Wissen, ausgebildeterer Technik ist die gegenwärtige Generation unseliger als alle vergangenen, allen Winden preisgegeben.

Daher der wunderliche Zwiespalt zwischen Machtgefühl und Unsicherheit, der in der zeitgenössischen Seele haust. Es geht ihr wie dem Herzog von Orleans, von dem man während seiner Regentschaft für Ludwig XV. sagte, daß er alle Talente besitze außer dem einen, sie zu benutzen. Dem 19. Jahrhundert, das fest zu seinem Fortschrittsglauben stand, erschien schon vieles unmöglich. Heute ist uns, rein weil wir alles zulassen, als könnte auch das Schlimmste, auch Rückschritt, Barbarei, Niedergang, möglich sein.[1] An sich wäre das kein übles Zeichen; es bedeutete, daß wir wieder die allem Leben wesentliche Unsicherheit spürten, die zugleich lust- und schmerzvolle Unruhe, die jede Minute in sich birgt, wenn wir sie bis in ihren Kern, bis an ihre kleine,

---

[1] Das ist der letzte Ursprung der Dekadenzdiagnosen. Nicht daß wir dekadent wären, sondern daß wir in unserer Bereitwilligkeit, jede Möglichkeit zuzulassen, auch die der Dekadenz nicht ausschließen.

blutvolle Schlagader zu erleben wissen. Gewöhnlich schrecken wir vor dem Ertasten jenes beängstigenden Pulsschlages zurück, der aus jedem wahrhaft gelebten Augenblick ein winziges, vorüberwallendes Herz macht, und trachten danach, uns in Sicherheit zu bringen, uns für die tiefen Spannungen unseres Schicksals unempfindlich zu machen, indem wir Gewohnheit, Sitten, Redensarten – alle Sorten von Chloroform – darüber schütten. So ist es heilsam, wenn uns zum erstenmal nach fast drei Jahrhunderten wieder zum Bewußtsein kommt, daß wir nicht wissen, was morgen geschehen wird.

Wer dem Leben ernst und verantwortungsbereit gegenübersteht, wird eine gewisse Art des Mißtrauens kennen, die ihn treibt, auf seiner Hut zu bleiben. Die römische Felddienstordnung schrieb vor, daß der Wachtposten der Legion den Zeigefinger an die Lippen legte, um der Schläfrigkeit zu widerstehen und aufmerksam zu bleiben. Die Gebärde ist nicht übel. Scheint sie doch dem Schweigen der Nacht tieferes Schweigen zu gebieten, damit das heimliche Wachsen der Zukunft hörbar wird. Die Sicherheit der erfüllten Zeiten – so im vergangenen Jahrhundert – beruht auf einer optischen Täuschung und führt dazu, daß man sich nicht um die Zukunft kümmert, mit deren Gestaltung der Mechanismus des Universums betraut wird. Der fortschrittliche Liberalismus wie der Marxsche Sozialismus setzen voraus, daß sich, was sie als beste Zukunft ersehnen, unabwendbar, mit einer Notwendigkeit ähnlich der astronomischen, verwirklichen wird. Durch diese Theorie vor ihrem eigenen Gewissen gedeckt, ließen sie das Steuer der Geschichte fahren, blieben nicht länger in Bereitschaft und büßten Beweglichkeit und Tatkraft ein. So entschlüpfte ihnen das Leben unter den Händen, wurde ganz und gar unbotmäßig und treibt heute führerlos, und keiner kennt das Ziel. Unter der Maske seiner großzügigen Zukunftsbezogenheit tut der Fortschritt nichts für den kommenden Tag; überzeugt, daß es keine Überraschungen noch Geheimnisse, keine Wendungen noch wesentlichen Neuerungen gibt, sicher, daß die Welt geradeaus gehen wird, ohne Umwege oder Rückschritte, zieht er seine Unruhe aus der Zukunft zurück und siedelt sich in einer endgültigen Gegenwart an. Kein Wunder, wenn die Welt heute leer von Plänen, Zielsetzungen und Idealen ist. Niemand befaßte sich damit, sie bereitzuhalten. Das ist die Fahnenflucht der Eliten, die immer die Kehrseite zum Aufstand der Massen darstellt.

Aber es ist an der Zeit, daß wir zu unserem Gegenstand zurückkehren. Wir haben nachdrücklich auf den günstigen Aspekt hingewiesen, den der Triumph der Massen bietet, und müssen uns nun seiner anderen, gefährlicheren Seite zuwenden.

V

EINE STATISTISCHE TATSACHE

Diese Untersuchung möchte die mutmaßliche Diagnose unserer Zeit, unseres gegenwärtigen Lebens aufstellen. Ihr erster Abschnitt ist beendet; er läßt sich folgendermaßen zusammenfassen: Als Vorrat von Möglichkeiten ist unser Zeitalter prachtvoll, allen historisch bekannten überlegen. Aber durch sein ungewöhnliches Format ist es über alle ihm von der Überlieferung vermachten Regulierungen, Prinzipien, Normen, Ideale hinausgetreten. Es ist mehr Leben als alles frühere Leben und eben darum problematischer. Es kann sich nicht an der Vergangenheit orientieren.[1] Es muß sein Schicksal selbst entdecken.

Doch nun haben wir die Diagnose zu vervollständigen. Leben ist vor allem der Inbegriff dessen, was wir sein können, mögliches Leben; aber es ist auch Wahl unter den Möglichkeiten, Entscheidung für das, was wir tatsächlich werden. Umstände und Entscheidung sind die beiden grundlegenden Elemente, aus denen sich das Leben aufbaut. Die Umstände – die Möglichkeiten –

---

[1] Wir werden aber sehen, daß es geboten ist, von der Vergangenheit, wenn auch keine positive Führung, so doch gewisse negative Ratschläge anzunehmen. Die Vergangenheit kann uns nicht sagen, was wir tun, wohl aber, was wir lassen müssen.

sind das Gegebene und uns Auferlegte an unserem Leben. Sie bilden unsere Welt. Das Leben wählt seine Welt nicht; es findet sich von vornherein in einer bestimmten, unvertauschbaren, in dieser gegenwärtigen Welt vor. Unsere Welt ist die schicksalhaft bestimmte Komponente, die in unser Leben eingeht. Aber diese vitale Bestimmung gleicht nicht der physikalischen. Wir sind nicht in das Dasein abgeschnellt wie die Gewehrkugel, deren Bahn vollkommen festgelegt ist. Die Bestimmung, in die wir eintreten, wenn wir in diese Welt eintreten – die Welt ist immer *diese,* diese gegenwärtige –, verhält sich genau entgegengesetzt. Statt uns Eine Bahn aufzuerlegen, erlegt sie uns mehrere auf und zwingt uns folglich – zu wählen. Wunderbare Verfassung unseres Lebens, das zur *Freiheit bestimmt* ist, zur Entscheidung darüber, was es in dieser Welt sein wird! Keinen Augenblick ist es unserer Entschlußkraft gegönnt zu ruhen. Selbst wenn wir verzweifelt geschehen lassen, was geschieht, haben wir beschlossen, nicht zu beschließen.

Es ist also falsch, daß im Leben die „Umstände entscheiden". Im Gegenteil, die Umstände sind der immer neue Kreuzweg, an dem wir uns zu entscheiden haben. Und der entscheidet, ist unser Charakter.

Alles dies gilt auch für das Gemeinschaftsleben. Auch in ihm liegt zunächst ein Horizont von Möglichkeiten vor und dann ein Entschluß, der wählt und über die tatsächliche Art des Kollektivdaseins entscheidet. Dieser Entschluß entspringt dem Charakter der Gesellschaft oder, was dasselbe ist, des Menschentypus, der in ihr herrscht. In unserer Zeit herrscht der Massenmensch; er ist es, der entscheidet. Man sage nicht, so sei es schon in der Epoche der Demokratie und des allgemeinen Stimmrechts gewesen. Das allgemeine Stimmrecht gab der Masse nicht das Recht zu entscheiden, sondern die Entscheidung der einen oder anderen Elite gutzuheißen. Diese legten ihr „Programm" vor – ein ausgezeichnetes Wort. Die Programme waren in der Tat Programme gemeinschaftlichen Lebens; in ihnen wurde die Masse aufgefordert, einem Lösungsvorschlag zuzustimmen.

Was heute geschieht, ist hiervon grundverschieden. Prüft man das öffentliche Leben derjenigen Staaten, in denen der Triumph der Masse am weitesten fortgeschritten ist – es sind dies die Mittelmeerländer –, so ergibt sich überraschenderweise, daß man dort politisch in den Tag hineinlebt. Die Erscheinung ist frappierend. Die öffentliche Macht liegt in den Händen eines Vertreters der Massen, die so mächtig sind, daß sie jede Opposition unterdrückt haben. Sie sind in derart unangreifbarer und gesteigerter Weise die Herren im Staat, daß man schwerlich in der Geschichte eine gleich unumschränkte Regierung finden wird. Und dennoch lebt die öffentliche Macht, die Regierung, in den Tag hinein. Keine Zukunft kündigt sich in ihr an; sie erscheint nicht als ein Anfang, dessen weitere Entwicklung man sich vorstellen könnte. Mit einem Wort, sie lebt ohne Lebensplan; sie hat nichts vor. Sie weiß nicht, wohin sie geht, weil sie streng genommen überhaupt nicht geht; sie hat keinen vorgezeichneten Weg, keine zu durchlaufende Bahn. Wenn diese öffentliche Macht sich rechtfertigen will, erwähnt sie mit keinem Wort die Zukunft, sondern beschränkt sich auf die Gegenwart und sagt mit vollendeter Ehrlichkeit: „Ich bin ein Ausnahmezustand, der von den Umständen erzwungen ist." Das heißt, von der Gegenwartsnot, nicht von Zukunftsplänen. Dies der Grund, daß sich ihre Tätigkeit darauf beschränkt, dem Konflikt der Stunde auszuweichen; sie löst ihn nicht, sondern flieht ihn zunächst unter Benutzung jedes beliebigen Mittels, selbst auf die Gefahr hin, dadurch größere Schwierigkeiten für die nächste Stunde aufzuhäufen. Solcher Art war immer die öffentliche Macht, wenn die Massen sie unmittelbar ausübten: allmächtig und vergänglich. Der Massenmensch ist der Mensch, der ohne Ziel lebt und im Winde treibt. Darum baut er nichts auf, obgleich seine Möglichkeiten und Kräfte ungeheuer sind.

Und dieser Typus Mensch entscheidet in unserer Zeit. Wir haben also Grund genug, uns mit seinem Charakter vertraut zu machen.

Den Schlüssel dieser Analyse finden wir, wenn wir, zum Anfang unserer Ausführungen zurückkehrend, uns die Frage stellen: Woher kamen die Mengen, von denen die historische Szene heute erfüllt und überfüllt ist?

Vor einigen Jahren wies Sombart auf eine höchst einfache Tatsache hin, die sich jeder gegenwärtig halten sollte, der sich mit zeitgenössischen Angelegenheiten beschäftigt. Diese schlichte Tatsache genügt für sich allein, um unsere Vorstellung von dem gegenwärtigen Europa zu klären; und genügt sie nicht, so bringt sie uns doch auf die Fährte jeder Erklärung. Ich meine folgendes: Seit dem Beginn der europäischen Geschichte im 6. Jahrhundert bis 1800 – also zwölf Jahrhunderte lang – beträgt die Einwohnerzahl Europas nie mehr als 180 Millionen. Von 1800 bis 1914 – also in wenig mehr als einem Jahrhundert – steigt die europäische Bevölkerung von 180 auf 460 Millionen! Die Gegenüberstellung dieser beiden Zahlen, denke ich, läßt keinen Zweifel hinsichtlich der Zeugungskräfte des vorigen Jahrhunderts. In drei Generationen hat es massenweise menschlichen Rohstoff hervorgebracht, der sich wie ein Gießbach auf das Feld der Geschichte ergoß, es überschwemmend. Diese Tatsache – ich wiederhole es – würde hinreichen, um den Triumph der Massen und was alles sich in ihm ausdrückt und ankündigt, zu verstehen. Andererseits muß sie zu dem Wachstum des Lebens, das ich oben feststellte, als greifbarster Summand hinzuaddiert werden.

Aber zugleich zeigt sie uns, wie unbegründet die Bewunderung ist, die wir dem Aufblühen neuer Länder wie der Vereinigten Staaten zollen. Wir staunen ihre wachsende Einwohnerzahl an, die in einem Jahrhundert auf 100 Millionen stieg, während das wahrhaft Erstaunliche die Fruchtbarkeit Europas ist. Ich erblicke hierin ein weiteres Argument zur Zerstörung jenes Trugbildes von der Amerikanisierung Europas. Nicht einmal der Zug, der am bezeichnendsten für Amerika erscheinen könnte – die Schnelligkeit seiner Bevölkerungszunahme –, ist ihm eigentümlich. Europa ist im vorigen Jahrhundert viel mehr gewachsen als Amerika. Amerika ist von dem Überschuß Europas gemacht.

Aber wenn die von Sombart errechnete Zahl auch nicht so bekannt ist, wie sie sein sollte, so war die allgemeine Tatsache der bedeutenden Bevölkerungszunahme Europas doch zu verbreitet, als daß sie hier besonderer Hervorhebung bedurft hätte. Es kommt mir denn auch weniger auf die Bevölkerungszunahme selbst als auf ihre schwindelnde Schnelligkeit an, die aus der Gegenüberstellung der betreffenden Angaben hervorgeht. Denn dieser schwindelnden Schnelligkeit ist es zuzuschreiben, wenn Massen und Massen von Menschen mit so beschleunigtem Tempo in die Geschichte hineingestoßen wurden, daß es kaum möglich war, ihnen die überlieferte Kultur zu vermitteln.

Und in der Tat ist der durchschnittliche Typus des gegenwärtigen europäischen Menschen von viel gesunderer und kräftigerer, aber auch viel einfacherer Geistesart als der des vorigen Jahrhunderts. Dies der Grund, daß er zuweilen den Eindruck eines Wilden macht, der unvermutet inmitten einer uralten Zivilisation auftaucht. Die Schulen, auf die das vergangene Jahrhundert so stolz war, konnten den Massen nur die Handgriffe des modernen Lebens beibringen; sie zu erziehen, gelang ihnen nicht. Man gab ihnen Werkzeuge, um intensiver zu leben, aber kein Verständnis für die großen historischen Aufgaben; man pflanzte ihnen eilig den Stolz auf die Macht der modernen Mittel ein, aber nicht den Geist. Mit dem Geist haben sie darum nichts im Sinn, und die neuen Generationen ergreifen die Herrschaft der Welt, als wäre die Welt ein Paradies ohne die Fußspuren der Vergangenheit, ohne althergebrachte, verworrene Rätsel.

Auf dem 19. Jahrhundert ruht der Ruhm und die Verantwortung, die großen Massen auf das Reich der Geschichte losgelassen zu haben. Darum liefert dieser Umstand den geeignetsten Gesichtspunkt zur gerechten Beurteilung der jüngst vergangenen Zeit. Irgend etwas

Ungewöhnliches und Einzigartiges muß an ihr gewesen sein, wenn in ihrem Klima solche Menschenernten gedeihen konnten. Es ist leichtfertig und töricht, den Grundlagen irgendeiner anderen geschichtlichen Epoche den Vorzug zu geben, solange man sich nicht über eine so außerordentliche Erscheinung klar ist und sie zu verarbeiten versucht hat. Die Geschichte gleicht einem ungeheuren Laboratorium, wo alle erdenklichen Versuche angestellt werden, um die für die Pflanze Mensch günstigste Form des öffentlichen Lebens zu finden. Und über alle Sophismen triumphierend, tritt uns hier die Erfahrungstatsache entgegen, daß sich die europäische Spezies, wenn man sie mit den beiden Methoden der liberalen Demokratie und der Technik behandelt, in einem einzigen Jahrhundert verdreifacht.

Ein so schlagendes Ergebnis zwingt uns, wenn wir keine Narren sein wollen, zu folgenden Schlüssen: Erstens, daß die liberale Demokratie, die sich auf technische Schöpfungen gründet, die höchste der bis jetzt bekannten Formen des öffentlichen Lebens darstellt. Zweitens, daß dieser Lebenstypus nicht der beste denkbare sein mag, daß aber jeder bessere seine wesentlichen Grundsätze zu bewahren haben wird. Drittens, daß jede Rückkehr zu Lebensformen, die unter denen des 19. Jahrhunderts stehen, Selbstmord ist.

Haben wir dies mit aller Klarheit, die von der Klarheit des Phänomens selbst gefordert wird, einmal erkannt, so liegt es uns nunmehr ob, uns gegen das 19. Jahrhundert zu wenden. Wenn es unstreitig mit außerordentlichen und unvergleichlichen Kräften begabt war, so muß es andererseits nicht minder evidenter-

61

maßen an gewissen Radikalübeln, an gewissen Unzulänglichkeiten der Anlage gelitten haben, da es eine Menschenkaste – die aufsässigen Massenmenschen – erzeugen konnte, welche die Grundsätze, denen sie ihr Leben dankten, in unmittelbare Gefahr brachten. Bleibt dieser Menschentypus weiter Herr in Europa, gibt er endgültig den Ausschlag, so werden dreißig Jahre genügen, damit unser Erdteil in die Barbarei zurückfällt. Die technische Beherrschung der Materie und des Organisationsapparates wird mit derselben Leichtigkeit verloren gehen, mit der so oft im Laufe der Geschichte Herstellungsgeheimnisse in Vergessenheit geraten sind.[1] Das ganze Leben wird schrumpfen. Der augenblickliche Überfluß an Möglichkeiten wird sich in ausgesprochenen Mangel, Not, beklemmendes Unvermögen, in einen wahrhaften Niedergang verwandeln. Denn der Aufstand der Massen ist dasselbe, was Rathenau den „vertikalen Einfall der Barbarei" genannt hat.

Es ist also nicht unwichtig, den Massenmenschen aus dem Grunde zu kennen, denn er birgt die Möglichkeit zu größtem Heil wie größtem Unheil in sich.

---

[1] Hermann Weyl, einer der großen modernen Physiker, sagte einmal im persönlichen Gespräch, wenn eine Generation lang die spezifisch physikalische Begabung aussetzte, wäre es nicht undenkbar, daß der komplizierte Bau der gegenwärtigen Physik verfiele und späteren Geschlechtern nur noch als skurrile Spekulation erschiene. Eine Vorbereitung von vielen Jahrhunderten war nötig, um das Instrument des Verstandes an die komplizierte Abstraktheit der theoretischen Physik anzupassen. Irgendein Ereignis kann eine so wunderbare menschliche Fähigkeit, die außerdem die Grundlage der zukünftigen Technik bildet, wieder verschütten.

VI

ES BEGINNT DIE ANALYSE
DES MASSENMENSCHEN

Wie ist dieser Massenmensch, der heute das öffentliche Leben, das politische und das nichtpolitische, beherrscht? Warum ist er, wie er ist, das heißt, wie ist er entstanden?

Es ist ratsam, beide Fragen miteinander zu beantworten, denn sie beleuchten sich gegenseitig. Der Mensch, der sich heute an die Spitze des europäischen Lebens stellen möchte, ist sehr verschieden von jenem, der im 19. Jahrhundert die Führung hatte; aber seine Entstehung und Entwicklung fällt in das 19. Jahrhundert. Um 1820, 1850, 1880 konnte jeder scharfsinnige Kopf vermöge einer einfachen Überlegung a priori den Ernst der gegenwärtigen Lage voraussehen. Und es geschieht heute in der Tat nichts, was nicht vor hundert Jahren prophezeit worden wäre. „Die Massen rücken vor", sagte Hegel apokalyptischen Tones. „Ohne eine neue geistige Macht wird unser Zeitalter, das ein Zeitalter des Umsturzes ist, einer Katastrophe zutreiben", verkündete Auguste Comte. Und von einem Fels des Engadins her rief Nietzsche aus: „Ich sehe die Flut des Nihilismus steigen." Es ist falsch, daß die Geschichte nicht vorhersehbar wäre. Unzählige Male ist sie prophezeit worden. Böte die Zukunft der Prophetie keinen Angriffspunkt, so könnte sie auch nicht verstanden und gedeutet werden, wenn sie sich erfüllt und endlich Vergangenheit wird. Der Gedanke, daß der Geschichtsschreiber ein umgekehrter Prophet ist, faßt die ganze Philosophie der Geschichte zusammen. Gewiß, es ist nur möglich, die allgemeine Struktur der Geschichte vorwegzunehmen; aber sie ist es auch allein, die wir in Wahrheit an der Vergangenheit und Gegenwart verstehen. Wer seine Zeit recht sehen will, soll sie daher von ferne betrachten. Wie fern? Sehr einfach, genau so weit, daß er die Nase der Kleopatra nicht mehr erkennt.

Welchen Aspekt bietet das Leben den Menschenmengen, die das 19. Jahrhundert in immer steigender Fülle erzeugte? Zunächst den einer durchgängigen materiellen Unbeschwertheit. Niemals hat der Durchschnittsmensch sein ökonomisches Problem in solcher Muße lösen können. Während die großen Vermögen verhältnismäßig zurückgingen und das Leben des Industriearbeiters härter wurde, öffnete sich der wirtschaftliche Horizont für den Durchschnittsmenschen immer freier. Immer neue Luxusgewohnheiten nahm er in seinen Lebensstandard auf; immer sicherer und von fremder Willkür unabhängiger wurde seine Stellung. Was man vorher als eine Gnade des Schicksals angesehen hätte, die in demütiger Dankbarkeit hingenommen wurde, betrachtete man jetzt als ein Recht, für das man nicht dankt, das man fordert.

Seit 1900 beginnt auch der Arbeiter sein Leben sicherer zu gestalten. Doch muß er darum kämpfen. Ihm wird das Wohlleben nicht wie den Mittelklassen von einer Gesellschaft und einem Staat, die ein Wunder an Organisation sind, fürsorglich vor die Füße gelegt.

Dieser wirtschaftlichen gesellt sich die physische Sicherheit und Mühelosigkeit: der Komfort und die öffentliche Ordnung. Das Leben läuft auf glatten Schienen, Erschütterungen und Gefahren sind unwahrscheinlich.

Bei einer so freien, unbeengten Lebenslage mußte notwendig in die tiefsten Schichten jener Durchschnittsseelen ein Lebensgefühl einsickern, das sich mit einer anmutigen und treffenden Wendung unseres alten Volkes ausdrücken ließe: ancha es Castilla, groß ist Kastilien. In all diesen elementaren und entscheidenden Ordnungen lag das Leben völlig *hindernislos* vor dem neuen Menschen. Die ganze Tragweite dieser Tatsache wird klar, wenn man bedenkt, daß eine solche Lebensfreiheit dem gemeinen Mann vergangener Epochen vollkommen abging. Ihm war im Gegenteil das Leben – wirtschaftlich wie physisch – ein drückendes Schicksal. Er erlebte es von Geburt an als eine Kette von Hemmungen, die hingenommen werden mußten; es gab keine andere Möglichkeit, als sich ihnen zu beugen, sich in der Enge, die sie ließen, einzurichten.

Aber noch klarer wird der Gegensatz, wenn wir uns nach der materiellen nun der bürgerlichen und moralischen Sphäre zuwenden. Seit der Mitte des 19. Jahrhunderts gibt es für den Durchschnittsmenschen keine sozialen Schranken. Das heißt, auch in den Domänen des öffentlichen Lebens bewegt er sich ohne Fesseln und Beschränkungen, nichts zwingt ihn, sich zu bescheiden; auch hier ist „Kastilien groß". Es gibt weder „Stände" noch „Klassen", es gibt keine rechtlich Privilegierten. Der Durchschnittsmensch weiß, daß vor dem Gesetz alle Menschen gleich sind.

Niemals in der ganzen Geschichte war der Mensch in eine Umwelt oder vitale Umgebung hineingestellt, welche der heutigen auch nur entfernt glich. Es ist in der Tat eine radikale Neuerung, die das 19. Jahrhundert im Schicksal der Menschheit heraufgeführt hat; in moralischer und sozialer Hinsicht hat es einen neuen Lebenshintergrund für das menschliche Dasein geschaffen. Drei Prinzipien machten die neue Welt möglich: die liberale Demokratie, die experimentelle Naturwissenschaft und der Industrialismus. Die beiden letzten lassen sich zu einem zusammenfassen, der Technik. Keines dieser Prinzipien wurde vom 19. Jahrhundert erfunden, sie stammen aus den beiden vorhergehenden Jahrhunderten. Dem 19. kommt nicht der Ruhm ihrer Erfindung, wohl aber der ihrer Durchführung zu. Niemand verkennt das. Aber die bloße Feststellung der Tatsache genügt nicht; wir müssen uns auch mit ihren unabweislichen Folgen vertraut machen.

Das 19. Jahrhundert war seinem Wesen nach revolutionär. Allerdings ist sein Rebellentum weniger auf der Walstatt der Barrikadenkämpfe zu suchen, die nur anekdotische Schnörkel sind, als in der grundstürzenden Neuheit der Existenzbedingungen, in die es den Durchschnittsmenschen versetzte. Es stellte das öffentliche Leben auf den Kopf. Revolution ist nicht Auflehnung gegen die bestehende Ordnung, sondern Aufrichtung einer neuen, welche die überlieferte stürzt. Es ist darum keine übertriebene Behauptung, daß der Mensch, den

66

das 19. Jahrhundert schuf, für die Zwecke des öffentlichen Lebens eine Sonderstellung in der ganzen Menschheit einnimmt. Gewiß unterscheidet sich ein Repräsentant des 18. von einem typischen Vertreter des 17. und 16. Jahrhunderts; aber sie alle sind untereinander verwandt, ähnlich, selbst gleich in wesentlichen Zügen, wenn man ihnen den neuen Menschen gegenüberstellt. Für das „Volk" aller Zeiten bedeutete „Leben" vor allem Begrenzung, Verpflichtung, Abhängigkeit, mit einem Wort, Druck. Wenn man will, sage man Bedrückung, unter der Bedingung, daß darunter Bedrükkung nicht nur durch Recht und Gesellschaft, sondern auch durch die Natur verstanden sei. Denn an dieser gebrach es niemals, bis vor hundert Jahren der Aufschwung der wissenschaftlichen Technik, der physikalischen und der organisatorischen, begann, die praktisch unbegrenzt ist. Vorher war auch für den Reichen und Mächtigen die Welt ein Name für Armut, Kampf, Gefahr.[1]

Die Welt, die den neuen Menschen von Geburt an umgibt, zwingt ihn zu keinem Verzicht in irgendeiner Beziehung; sie stellt ihm kein Verbot, keine Hemmung entgegen; im Gegenteil, sie reizt seine Gelüste, die prinzipiell ins Ungemessene wachsen können. Denn es kommt

[1] So reich ein einzelner auch im Vergleich zu den anderen war, die Erleichterungen, die ihm sein Reichtum verschaffen konnte, blieben doch, da die Welt als Ganzes arm war, in bescheidenen Grenzen. Der gewöhnliche Mensch lebt heute leichter, bequemer und sicherer als früher der Mächtigste. Was schert es ihn, daß er nicht reicher ist als andere, wenn die Welt es ist und ihm Straßen, Eisenbahnen, Hotels, Telegraph, körperliche Sicherheit und Aspirin zur Verfügung stellt?

dazu – und das ist belangvoll –, daß diese Welt des 19. und beginnenden 20. Jahrhunderts nicht bloß die Weite und Vollkommenheit hat, die sie tatsächlich besitzt, sondern ihren Bewohnern überdies die feste Überzeugung beibringt, daß sie morgen noch reicher, vollkommener und weiter sein wird, als erfreue sie sich eines unerschöpflichen Wachstums aus eigener Kraft. Noch heute, trotz einiger Vorzeichen, die eine kleine Bresche in diesen runden Glauben zu schlagen beginnen, noch heute zweifeln sehr wenige Menschen daran, daß in fünf Jahren die Automobile noch viel bequemer und billiger sein werden als jetzt. Man glaubt daran wie an den nächsten Sonnenaufgang. Das Gleichnis trifft. Denn der gewöhnliche Mensch, der sich in dieser technisch und gesellschaftlich so vollkommenen Welt vorfindet, glaubt in der Tat, daß die Natur sie hervorgebracht hat, und denkt niemals an die genialen Anstrengungen ausgezeichneter Männer, durch die sie geschaffen wurde. Noch weniger wird er zugeben, daß auch der Fortbestand dieser Errungenschaften von gewissen seltenen Tugenden des Menschen abhängt, deren geringster Ausfall den herrlichen Bau sehr rasch ins Wanken bringen würde.

Das veranlaßt uns, in dem psychischen Diagramm des Massenmenschen die ersten beiden Linien einzutragen: die ungehemmte Ausdehnung seiner Lebenswünsche und darum seiner Person; und die grundsätzliche Undankbarkeit gegen alles, was sein reibungsloses Dasein ermöglicht hat. Man kennt die beiden Züge aus der Psychologie des verwöhnten Kindes und wird in der Tat kaum fehlgehen, wenn man diese als Bezugssystem bei der Untersuchung der Massenseele benutzt. Erbe einer langen, genialen Vergangenheit – genial durch Erleuchtungen und Bemühungen –, ist das neue Volk von seiner Umwelt verwöhnt worden. Jemanden verwöhnen heißt, seine Wünsche nicht beschneiden, ihm den Eindruck geben, daß er alles darf und zu nichts verpflichtet ist. Ein Mensch, der unter solchen Bedingungen aufwächst, hat seine eigenen Grenzen nicht erfahren. Weil ihm jeder Druck von außen, jeder Zusammenprall mit anderen Wesen erspart blieb, glaubt er schließlich, er sei allein auf der Welt, und lernt nicht, mit anderen zu rechnen, vor allem nicht, mit ihnen als Überlegenen zu rechnen. Die Erfahrung fremder Überlegenheit hätte ihm nur jemand verschaffen können, der, stärker als er selbst, ihn gezwungen hätte, sich zu bescheiden, sich Einhalt zu tun. So wäre er auf die wesentliche Einsicht gestoßen: hier ende ich und beginnt ein anderer, der mir über ist. Den Durchschnittsmenschen anderer Zeiten lehrte seine Umwelt täglich diese elementare Weisheit, denn sie war so primitiv organisiert, daß Katastrophen häufig hereinbrachen und nichts sicher, reichlich und beständig war. Die Lebenslandschaft der neuen Massen dagegen bietet tausend Möglichkeiten und Sicherheit obendrein, und alles fix und fertig, zu ihrer Verfügung, unabhängig von einer vorherigen Bemühung ihrerseits, wie die Sonne am Himmel steht, ohne daß wir sie auf die Schulter gehoben hätten. Kein Mensch dankt dem anderen für die Luft, die er atmet; denn die Luft hat niemand gemacht. Sie gehört zu der Gesamtheit dessen, was „da ist", wovon wir sagen, daß es „natürlich" ist, weil es nie mangelt. Die verwöhnten Massen nun sind harmlos genug, zu glauben, daß diese materielle und soziale Organisation, die ihnen zur Verfügung steht wie die Luft, desselben Ursprungs ist, da sie, scheinbar, auch nie versagt und fast so vollkommen ist wie Naturdinge.

Meine Behauptung ist also diese: Eben die Vollkommenheit der Organisation, die das 19. Jahrhundert gewissen Lebensordnungen gegeben hat, ist Ursache davon, daß die Massen, denen sie zugute kommt, sie nicht als Organisation, sondern als Natur betrachten. So läßt sich der absurde Seelenzustand, den sie verraten, zugleich erklären und beschreiben: nichts beschäftigt sie so sehr wie ihr Wohlbefinden, und zugleich arbeiten sie den Ursachen dieses Wohlbefindens entgegen. Da sie in den Vorteilen der Zivilisation nicht wunderwürdige Erfindungen und Schöpfungen erblicken, die nur mit großer Mühe und Umsicht erhalten werden können, glauben sie, ihre Rolle beschränke sich darauf, sie mit lauter Stimme zu fordern, als wären sie angeborene Rechte. Bei Hungerrevolten pflegen die Volksmassen Brot zu suchen, und zu dem Zweck zerstören sie die Bäckereien. Das kann als Gleichnis für die Art und Weise dienen, wie sich in größeren und verwickelteren Verhältnissen die heutigen Massen gegenüber der Zivilisation aufführen, die sie ernährt.[1]

---

[1] Ihrem eigenen Trieb überlassen, neigt die Masse, sie sei wie sie sei, plebejisch oder „aristokratisch", immer dazu, aus Lebensbegierde die Grundlagen ihres Lebens zu zerstören. Als eine anmutige Karikatur dieses propter vitam vitae perdere causas erschien mir immer, was sich in Nijar, einem Flecken nahe Almeria, zutrug, als Karl III. am 13. September 1759 zum

König ausgerufen wurde. Die Proklamation erfolgte auf dem Marktplatz. „Darauf wurde angeordnet, daß man jener ganzen großen Versammlung zu trinken gebe, und sie leerten 77 Arroben Wein und vier Schläuche Branntwein, davon sie sich so erhitzten, daß sie sich unter wiederholten Hochrufen in das Vorratshaus begaben, allwo sie allen Weizen, der dort lag, und neunhundert Reale aus den Schatztruhen zu den Fenstern hinauswarfen. Von dort zogen sie zur Tabaksniederlage und befahlen, die Monatsgelder und den Tabak hinauszuwerfen. In den Läden trieben sie es ebenso und ließen, um dem Fest mehr Ansehen zu leihen, was sich an Trinkbarem und Eßbarem dort vorfand, ausschütten. Der geistliche Stand lieh seine Hilfe zu gleichem Ende, denn er forderte mit lauter Stimme die Weiber auf, sie sollten alles hinauswerfen, was es in ihren Häusern gebe, wozu sie sich mit größter Uneigennützigkeit bereitfanden, denn es blieb ihnen weder Brot, Weizen, Mehl noch Teller, Schüsseln, Mörser, Stühle darinnen, so daß die besagte Stadt gänzlich zerstört wurde."

Nach einem Bericht aus jener Zeit im Besitz von Herrn Sánchez de Toca, den Manuel Danvila in „Reinado de Carlos III." zitiert, Bd. II, S. 10, Anm. 2. Seiner Königstreue freudigen Ausdruck zu leihen, vernichtete dies Dorf sich selbst. Preiswürdiges Nijar! Dein ist die Zukunft.

VII

EDLES LEBEN UND GEMEINES LEBEN,
ODER ENERGIE UND TRÄGHEIT

Zunächst sind wir, was unsere Welt uns einlädt zu sein, und die Grundzüge unserer Seele sind ihr von ihrer Umgebung wie von einer Form eingeprägt. Natürlich, denn Leben ist nichts anderes als der Umgang mit der Welt. Das Antlitz, das sie uns in großen Umrissen entgegenhält, wird in großen Umrissen das Antlitz unseres Lebens sein. Darum weise ich so nachdrücklich darauf hin, daß die Welt, in welche die Massen heute hineingeboren werden, eine in der Geschichte prinzipiell neue Physiognomie trägt. Während in der Vergangenheit das Leben für den Durchschnittsmenschen gleichbedeutend war mit Schwierigkeiten, Gefahren, Nöten, Schicksalsenge und Abhängigkeit auf allen Seiten, erscheint die neue Welt gesichert, als ein Bereich praktisch unbegrenzter Möglichkeiten, wo niemand von niemandem abhängt. Dieser erste und dauernde Eindruck formt jede zeitgenössische Seele, wie der entgegengesetzte unsere Vorfahren formte. Denn dieser Grundeindruck verwandelt sich gleichsam in eine innere Stimme, die unablässig einige Worte im Tiefsten der Person murmelt und ihr, stetig höhlend, eine Definition des Lebens einprägt, die zugleich ein Imperativ ist. Und wenn der alte Spruch lautete: „Leben heißt begrenzt sein und also mit dem rechnen müssen, was uns begrenzt", so schreit der neueste: „Leben heißt nirgends auf Grenzen stoßen und sich darum getrost sich selbst überlassen. Praktisch ist nichts unmöglich und grundsätzlich niemand niemandem überlegen."

Diese fundamentale Erfahrung verwandelt die überkommene, tausendjährige Verfassung des Massenmenschen von Grund auf. Denn er fühlte sich bisher unabänderlich in ein Gefüge materieller Beschränkungen und höherer gesellschaftlicher Mächte eingeordnet. Das war in seinen Augen das Leben. Wenn es ihm gelang, seine Lage zu verbessern, wenn er sozial aufstieg, schrieb er es einem glücklichen Zufall zu, der gerade ihn begünstigt hatte. Und wenn nicht diesem, so einer ungeheuren Anspannung, von der er nur allzu gut wußte, was sie ihn gekostet hatte. Im einen wie im anderen Fall handelte es sich um eine Ausnahme vom gewöhnlichen Lauf des Lebens und der Welt, die als solche einer besonderen Ursache zu danken war.

Für die neue Masse jedoch ist die volle vitale Bewegungsfreiheit der natürliche und gesicherte Zustand, der keiner besonderen Ursache bedarf. Nichts Äußeres treibt sie, sich Grenzen zu setzen, und in jedem Augenblick mit anderen Instanzen, besonders mit anderen höheren Instanzen zu rechnen. Der chinesische Arbeiter glaubte bis vor kurzem, das Wohl seines Lebens hinge von den persönlichen Tugenden ab, die der Kaiser zu besitzen geruhte. Er stand daher in dauernder Abhängigkeit von jener höchsten Stelle, die sein Wohl und Wehe bestimmte. *Aber der Mensch, den wir analysieren, ist daran gewöhnt, niemals von sich fort auf eine*

73

Instanz außer ihm zu blicken. Er ist zufrieden mit sich, so wie er ist. Naiv, ohne daß er darum eitel zu sein brauchte, wird er als das Natürlichste von der Welt alles bejahen, was er in sich vorfindet – Ansichten, Triebe, Gesinnungen, Neigungen –, und es gutheißen. Warum nicht? – wenn ihm, wie wir gesehen haben, nichts und niemand zu der Erkenntnis verhilft, daß er ein Mensch zweiter Klasse ist, außerordentlich beschränkt und unfähig, auch nur die Organisation zu schaffen und zu erhalten, welche seinem Dasein jene Weite und Befriedigung gibt, auf die er eine solche Einschätzung seiner Person gründet.

Der Massenmensch hätte niemals an etwas außerhalb seiner appelliert, wenn ihn die *Umstände* nicht mit Gewalt dazu gezwungen hätten. Da die Umstände ihn heute nicht zwingen, verzichtet er, in Einklang mit seiner Anlage, auf jede Befragung und fühlt sich als Herr seines Lebens. Den auserlesenen oder hervorragenden Menschen dagegen kennzeichnet die innere Notwendigkeit, von sich fort zu einer höheren objektiven Norm aufzublicken, in deren Dienst er sich freiwillig stellt. Man erinnere sich, wie wir im Anfang den edlen Menschen von dem gemeinen unterschieden, indem wir sagten, daß jener viel von sich verlangt und dieser, von sich selbst entzückt, sich mit dem begnügt, was er ist.[1]

---

[1] Wer sich angesichts irgendeines Problems mit den Gedanken zufrieden gibt, die er ohne weiteres in seinem Kopf vorfindet, gehört intellektuell zur Masse. Elite dagegen ist derjenige, der gering schätzt, was ihm mühelos zufällt, und nur seiner würdig erachtet, was über ihm ist und mit einem neuen Ansprung erreicht werden muß.

Entgegen der landläufigen Annahme ist es nicht die Masse, sondern der große Einzelne, der seinem Wesen nach in Dienstbarkeit lebt. Sein Leben ist ihm schal, wenn er es nicht im Dienst für etwas Höheres verbraucht. Er sieht in der Notwendigkeit des Dienens keine Last. Wenn er zufällig ihrer enträt, ergreift ihn Unruhe, und er erfindet neue schwierigere und anspruchsvollere Normen, um sich ihnen zu beugen. Das ist Leben als Zucht, adeliges Leben. Adel erkennt man am Anspruch an sich selbst, an den Verpflichtungen, nicht an den Rechten. – Noblesse oblige.

> Nach seinem Sinne leben, ist gemein;
> der Edle strebt nach Ordnung und Gesetz[1].

Die Vorrechte des Adels sind ursprünglich nicht Zugeständnisse oder Vergünstigungen, sondern Eroberungen; und ihre Aufrechterhaltung setzt im Prinzip voraus, daß der Privilegierte sie in jedem Augenblick neu zu erobern vermöchte, wenn es nötig wäre und jemand sie ihm streitig machte. Die persönlichen Rechte oder Privi-legien sind also nicht ruhender Besitz, in dessen Genuß man schlechtweg ist; sie stellen vielmehr die Grenzen dar, bis zu denen die Anstrengung einer Person vorgestoßen ist. Die allgemeinen Rechte dagegen wie die des „Menschen und Bürgers" sind passives Eigentum, bloße Nutznießung und Pfründe, eine großmütige Gabe des Schicksals an alle, der keine Bemühung entspricht, es sei denn die, daß man atmet und nicht geistesgestört ist.

---

[1] Goethe: „Natürliche Tochter", Schema der Fortsetzung.

Es ist ärgerlich, daß ein so beschwingtes Wort wie „Adel" im gewöhnlichen Sprachgebrauch so entartet ist. Denn indem es für viele den Blutsadel, den erblichen Adel bedeutet, bekommt es Ähnlichkeit mit den allgemeinen Menschenrechten und wird etwas Statisches und Passives, das man empfängt und weitergibt wie ein lebloses Ding. Aber in den romanischen Sprachen ist das Etymon des Wortes für Adel – noblesse, nobleza ... – durch und durch dynamisch. Nobilis bedeutet den Bekannten; man verstehe recht, den in aller Welt Bekannten, den Berühmten, der sich bekannt gemacht hat, weil er aus der namenlosen Masse herausragte. Adel (nobilitas = Bekanntheit) setzt also eine ungewöhnliche Leistung voraus, die den Ruhm rechtfertigt. Der Adel oder Ruhm des Sohnes ist schon ein bloßes Beneficium. Der Sohn ist bekannt, weil sein Vater zu Ruhm gelangte. Sein Ruhm ist reflektiert, und in der Tat hat der erbliche Adel einen indirekten Charakter, er ist gespiegeltes Licht, Mondlicht, ein Mondscheinadel, Totenwerk. Lebendig, echt, dynamisch ist an ihm nur der Ansporn, den er dem Nachkommen gibt, sich auf dem Energieniveau zu halten, das sein Vorfahr erreichte. Immer, auch noch in diesem verblaßten Sinn „verpflichtet der Adel"; der ursprünglich Adelige verpflichtet sich selbst, den erblich Adeligen verpflichtet das Erbe. Aber ein gewisser Widerspruch liegt in jedem Fall in dem Übergang des Adels von dem Gründer auf seine Nachfolger. Folgerichtiger drehen die Chinesen die Erbfolge um; nicht der Vater adelt den Sohn, sondern der Sohn, der den Adel erwirbt, teilt ihn seinen Vorfahren mit und zeichnet seinen niederen Stamm durch seine Leistung aus. Bei der Verleihung des Adels-ranges stuft man ihn daher nach der Anzahl der rückwärtigen Generationen ab, auf die er übergeht; es gibt Söhne, die nur ihren Vater adeln, und solche, deren Ruhm sich bis ins fünfte oder zehnte Glied zurückerstreckt. Die Vorfahren leben von dem gegenwärtigen Menschen, dessen Adel wirklich und wirkend ist, der mit einem Wort adelig *ist,* nicht *war.*[1]

Für mich ist Adel gleichbedeutend mit gespanntem Leben, Leben, das immer in Bereitschaft ist, sich selbst zu übertreffen, von dem, was es erreicht hat, fortzuschreiten zu dem, was es sich als Pflicht und Forderung vorsetzt. So stellt sich edles Leben dem gemeinen oder tatlosen gegenüber, das sich bewegungslos in sich selbst verschließt und zu dauerndem In-sich-Beharren verurteilt ist, wenn eine äußere Kraft es nicht zwingt, aus sich herauszugehen. Dies der Grund, warum wir die Menschenart, mit der wir es hier zu tun haben, „Masse" nennen; nicht weil sie zahlreich, sondern weil sie träge ist.

Wenn man im Leben fortschreitet, bemerkt man bis zum Überdruß, wie wenig Menschen zu einer Anstrengung imstande sind, die ihnen nicht als genaue Antwort auf eine äußere Notwendigkeit auferlegt wird. Darum haften die wenigen, die wir einer spontanen, freiwilligen Tat fähig fanden, noch herausgehobener

---

[1] Da es sich hier nur darum handelt, den ursprünglichen Sinn des Wortes „Adel", der Erblichkeit ausschließt, wiederherzustellen, bietet sich keine Gelegenheit zur Untersuchung der Tatsache, warum in der Geschichte so oft ein „Blutsadel" auftritt. Diese Frage bleibt also unberührt.

und gleichsam monumentalisiert in unserem Gedächtnis. Sie sind die Ausgezeichneten, die Edlen, die einzigen Aktiven, nicht nur Reaktiven, für welche das Leben eine ständige Spannung, ein unaufhörliches Training ist. Training = askesis. Sie sind die Asketen.

Man wundere sich nicht über diese scheinbare Abschweifung. Um den heutigen Massenmenschen zu schildern, der ebensosehr Masse ist wie der aller Zeiten, aber den Platz der Eliten besetzen möchte, mußten wir ihn den beiden reinen Formen gegenüberstellen, die sich in ihm mischen, der normalen Masse und dem wahrhaft Edlen, dem Energiegeladenen.

Jetzt können wir rascher vorwärtsgehen, denn wir halten nun den Schlüssel oder die psychologische Gleichung des heute herrschenden Menschentypus in Händen. Im weiteren wird es sich um Folgerungen und Zusätze zu dieser Grundstruktur handeln, die wir noch einmal kurz zusammenfassen: Die vom 19. Jahrhundert organisierte Welt hat einen neuen Menschen geschaffen, in den sie gewaltige Gelüste und mächtige Mittel zu ihrer Befriedigung legte – wirtschaftliche, körperliche (Hygiene, durchschnittliche Gesundheit besser als irgendwann), politische und technische (ich verstehe hierunter die gewaltige Masse von praktisch verwertbaren Spezialkenntnissen, die der Durchschnittsmensch heute zum erstenmal besitzt). Nachdem es ihn mit all diesen Fähigkeiten ausgestattet hatte, überließ ihn das 19. Jahrhundert sich selbst, worauf er sich, seiner natürlichen Artung folgend, gegen äußere Einflüsse verhärtete. So ist die Masse, mit der wir es zu tun haben, stärker als in irgendeiner anderen Zeit, aber im Unterschied zu der

78

traditionellen durch nichts und niemand aus ihrer Verkapselung herauszulocken, sich selbst genug – mit einem Wort unbelehrbar. Geht es weiter wie bisher, so wird es in Europa – und rückwirkend in der ganzen Welt – von Tag zu Tag deutlicher werden, daß die Massen in jeder Beziehung unlenkbar sind. In den schweren Stunden, die für unseren Erdteil heraufziehen, ist es möglich, daß sie, plötzlich verängstigt, einen Augenblick lang den guten Willen haben werden, in gewissen besonders drückenden Angelegenheiten die Führung überlegener Gruppen anzunehmen. Aber selbst dieser gute Wille wird scheitern. Denn die Grundverfassung ihrer Seele ist Unzugänglichkeit und Unbelehrbarkeit; es ist ihr angeborener Fehler, nichts zu berücksichtigen, was außerhalb ihres Horizontes ist, seien es Tatsachen, seien es Personen. Sie werden einem Führer zu folgen wünschen und werden es nicht können. Sie werden hören wollen und entdecken, daß sie taub sind.

Andererseits ist es vergeblich, zu hoffen, der tonangebende Durchschnitt werde, so sehr sich sein Lebensniveau gehoben haben mag, imstande sein, aus eigener Kraft den Gang der Zivilisation zu leiten. Ich sage den Gang, noch nicht den Fortgang. Einfach die Aufgabe der Aufrechterhaltung unserer Zivilisation ist außerordentlich verwickelt und verlangt ungewöhnlichen Scharfsinn. Wie soll ihr der Durchschnittsmensch gewachsen sein, der wohl die Werkzeuge der Zivilisation gebrauchen lernte, sich aber durch gründliche Unkenntnis ihrer Prinzipien auszeichnet?

Ich wiederhole für den Leser, der mir geduldig bis hier gefolgt ist, er möge meine Ausführungen nicht so verstehen, daß sie von vornherein einen politischen Sinn erhalten. Die politische Tätigkeit, die wirksamste und sichtbarste im öffentlichen Leben, ist dagegen ihrer Entstehung nach die letzte, die Folge anderer, tiefer liegender und weniger greifbarer. Die politische Unbelehrbarkeit wäre denn auch nicht so schwerwiegend, wenn sie nicht aus einer innerlicheren und entscheidenderen geistigen Unbelehrbarkeit stammte. Darum wird, solange wir diese nicht untersucht haben, der hier vertretenen Theorie die letzte Klarheit fehlen.

VIII

WARUM DIE MASSEN IN ALLES EINGREIFEN, UND WARUM SIE NUR MIT GEWALT EINGREIFEN

Wir stellten fest, daß sich etwas überaus Paradoxes, aber im Grunde ganz Natürliches zugetragen hat: rein weil dem Mittelmäßigen Welt und Leben offen standen, hat sich seine Seele geschlossen. Nun wohl; diese Verhärtung der Durchschnittsseelen, behaupte ich, hat den Aufstand der Massen verschuldet, der seinerseits das schwerste Problem bedeutet, das der heutigen Menschheit aufgegeben ist.

Ich weiß, daß manche, die mich lesen, anders denken als ich. Auch das ist sehr natürlich und bestätigt die Theorie. Denn würde sich meine Ansicht am Ende selbst als irrig erweisen, so bleibt doch immer die Tatsache, daß viele dieser Andersmeiner keine fünf Minuten über eine so verwickelte Frage nachgedacht haben. Wie sollten sie also mit mir übereinstimmen? Aber indem sie sich eine Meinung über einen Gegenstand anmaßen, ohne daß sie sich vorher die Mühe genommen hätten, sich eine zu bilden, verraten sie ihre Zugehörigkeit zu jener absonderlichen Spielart von Menschen, die ich die aufständische Masse nannte. Genau das meinte ich, wenn ich von verstockten, verrammelten Seelen sprach. In diesem Fall würde es sich um intellektuelle Verstocktheit handeln. Der Mensch hat einen gewissen Ideenvorrat in sich; er findet, es sei daran genug und er geistig vollkommen ausgestattet. Da er nichts vermißt, was über seinen Horizont geht, richtet er sich endgültig mit diesem Vorrat ein. Das ist der Mechanismus der Verstockung.

Der Massenmensch findet sich vollkommen. Der hervorragende Mensch muß, um sich vollkommen zu finden, ausgesprochen eitel sein. Die Überzeugung von seiner Vollkommenheit ist ein Fremdkörper in seinem Wesen; sie ist nicht ursprünlich in ihm, sondern ein Produkt seiner Eitelkeit und trägt sogar für ihn selbst einen vorgetäuschten, scheinhaften und fragwürdigen Charakter. Darum braucht der Eitle die anderen, damit sie ihm die Meinung, die er gern von sich selber hätte, bestätigen. So daß der Edle auch in diesem krankhaften Fall, auch verblendet durch Eitelkeit, nicht zum rechten Glauben an seine Vollkommenheit gelangen kann. Dem mittelmäßigen Menschen unserer Tage, dem neuen Adam, dagegen fällt es nicht ein, an seiner Gottähnlichkeit zu zweifeln. Sein Selbstvertrauen ist paradiesisch wie Adams; es hindert ihn daran, sich mit anderen zu vergleichen, was die erste Bedingung für die Entdeckung seiner Unzulänglichkeit wäre. Er müßte dazu eine Weile aus seinem eigenen Leben hinaus- und in das seines Nächsten hinüberwandern. Aber die gemeine Seele versteht sich nicht auf Seelenwanderungen – den sublimsten Sport.

Wir haben es hier mit demselben Unterschied zu tun, der seit Ewigkeiten den Narren vom Weisen trennt. Dieser ertappt sich selbst immer zwei Finger breit von einer Torheit; darum bemüht er sich, der ständig lauernden zu entkommen, und in dieser Bemühung liegt seine

Klugheit. Der Einfältige aber ist ohne Arg gegen sich selbst; er dünkt sich gewaltig gescheit, und daher die beneidenswerte Genügsamkeit, mit der sich Beschränkte in ihrer eigenen Geistesarmut zur Ruhe setzen. Wie jene Insekten, die man auf keine Weise aus ihren Löchern ausräuchern kann, läßt sich der Dumme nicht aus seiner Dummheit werfen; unmöglich, ihn ein Weilchen ohne Scheuklappen umherzuführen und ihn zu zwingen, daß er sein dumpfes Weltbild mit anderen feineren Arten des Sehens zusammenhält. Dummheit ist lebenslänglich und hoffnungslos. Darum meinte Anatole France, sie sei verhängnisvoller als Bosheit; denn Bosheit setzt manchmal aus, Dummheit nie.[1]

Nicht daß der Massenmensch dumm wäre. Im Gegenteil, der gegenwärtige ist gescheiter, hat größere intellektuelle Fähigkeiten als irgendeiner in der Vergangenheit. Aber diese Fähigkeiten helfen ihm nicht; im Grunde hilft ihm das undeutliche Bewußtsein ihres Besitzes nur dazu, daß er sich noch hermetischer in sich verschließt und sie erst recht nicht gebraucht. Den Wust von Gemeinplätzen, Vorurteilen, Gedankenfetzen oder schlechtweg leeren Worten, den der Zufall in ihm aufgehäuft hat, spricht er ein für allemal heilig und probiert mit einer Unverfrorenheit, die sich nur durch ihre

---

[1] Ich habe mir oft folgende Frage gestellt: Wie ist es möglich, da doch die Berührung, der Zusammenstoß mit der Dummheit von jeher für viele Menschen zu den qualvollsten Leiden ihres Lebens gehört haben muß, wie ist es möglich, daß dennoch — so viel ich weiß — niemals eine Studie über sie, ein *„Essay über die Dummheit"* geschrieben wurde? Denn die Seiten des Erasmus tun dem Gegenstand nicht genug.

Naivität erklärt, diesem Unwesen überall Geltung zu verschaffen. Das ist es, was ich im ersten Kapitel als das Kennzeichen unserer Epoche hinstellte: nicht daß der gewöhnliche Mensch glaubt, er sei außerordentlich und nicht gewöhnlich, sondern daß er das Recht auf Gewöhnlichkeit und die Gewöhnlichkeit als Recht proklamiert und durchsetzt.

Nichts an der gegenwärtigen Situation ist so neu und unvergleichbar mit irgendeinem Geschehen der Vergangenheit wie die Herrschaft, welche die geistige Plebs heute im öffentlichen Leben ausübt. In der europäischen Geschichte wenigstens hat sich bis zum heutigen Tag das Volk noch niemals eingebildet, „Ideen" über irgend etwas zu haben. Es hatte Glaubenslehre, Überlieferungen, Erfahrungen, Sprichwörter, Denkgewohnheiten; aber es dünkte sich nicht im Besitz theoretischer Einsichten in das Sein oder Sollsein der Dinge – in Politik etwa oder Literatur. Was der Politiker plante oder tat, erschien ihm gut oder schlecht; es stimmte für oder gegen; aber es beschränkte sich darauf, im einen oder anderen Sinn den Resonanzboden für die schöpferische Tat anderer abzugeben. Den „Ideen" des Politikers seine eigenen gegenüberzustellen, ja sie auch nur vor das Tribunal anderer „Ideen" zu ziehen, die es zu besitzen glaubte, wäre ihm niemals eingefallen. Und ebenso in der Kunst und den übrigen Ordnungen des öffentlichen Lebens. Ein angeborenes Gefühl für seine Begrenztheit, seine Uneignung zu theoretischem Denken hinderte es daran.[1] Die selbstverständliche Folge war,

---

[1] Man versuche nicht, die Frage zu umgehen: jedes Meinen ist theoretisches Denken.

daß das Volk auch nicht entfernt daran dachte, auf irgendeinem Gebiet der öffentlichen Tätigkeiten, die größtenteils theoretischer Art sind, Entscheidungen zu treffen.

Heute dagegen hat der Durchschnittsmensch die deutlichsten Vorstellungen von allem, was in der Welt geschieht und zu geschehen hat. Dadurch ist ihm der Gebrauch des Gehörs abhanden gekommen. Wozu hören, wenn er schon alles, was not tut, selber weiß? Es ist nicht mehr an der Zeit zu lauschen, sondern zu urteilen, zu befinden, zu entscheiden. Im öffentlichen Leben gibt es keine Frage, in die er sich, taub und blind wie er ist, nicht einmischte, seine Ansichten durchsetzend.

Aber ist das nicht ein Vorteil? Bedeutet es nicht einen gewaltigen Fortschritt, wenn die Massen „Ideen" haben, das heißt gebildet sind? Ganz und gar nicht. Die „Ideen" dieses durchschnittlichen Menschen sind keine echten Ideen, noch ist ihr Besitz Bildung. Die Idee ist ein Schach, das man der Wahrheit bietet. Wer Ideen haben will, muß zuerst die Wahrheit wollen und sich die Spielregeln aneignen, die sie auferlegt. Es geht nicht an, von Ideen oder Meinungen zu reden, wenn man keine Instanz anerkennt, welche über sie zu Gericht sitzt, keine Normen, auf welche man sich in der Diskussion berufen kann. Diese Normen sind die Grundlagen der Kultur. Es kommt mir nicht auf ihren Inhalt an. Was ich sagen will, ist, daß es keine Kultur gibt, wenn es keine Normen gibt, auf die wir und unsere Gegner zurückgreifen können. Es gibt keine Kultur, wenn es keine Prinzipien des bürgerlichen Rechts gibt. Es gibt keine Kultur, wenn es keine Ehrfurcht vor gewissen Grundwahrheiten der Erkenntnis gibt.[1] Es gibt keine Kultur, wo die wirtschaftlichen Beziehungen von keiner Verkehrsordnung beherrscht werden, unter deren Schutz man sich stellen kann. Es gibt keine Kultur, wo ästhetische Polemiken es nicht für notwendig erachten, das Kunstwerk zu rechtfertigen.

Wo dies alles fehlt, gibt es keine Kultur; es herrscht im genauesten Sinn des Wortes Barbarei. Und Barbarei ist es, geben wir uns keinen Täuschungen hin, die dank der zunehmenden Aufsässigkeit der Massen in Europa anzubrechen droht. Der Reisende, der in ein barbarisches Land kommt, weiß, daß dort keine Bindungen gelten, auf die er sich verlassen kann. Barbarische Normen im eigentlichen Verstand gibt es nicht. Barbarei ist die Abwesenheit von Normen und Berufungsinstanzen.

Der Grad der Kultur bemißt sich nach der Genauigkeit der Normen. Wo sie gering ist, ordnen sie das Leben nur im Groben; wo sie groß ist, durchdringen sie bis ins einzelne die Ausübung aller Lebensfunktionen.[2]

Niemand kann sich dem Eindruck entziehen, daß in Europa seit Jahren seltsame Dinge vor sich gehen. Als greifbares Beispiel möchte ich gewisse politische Be-

---

[1] Wenn sich unser Partner in der Diskussion nicht darum kümmert, ob er bei der Wahrheit bleibt, wenn er nicht den Willen zur Wahrheit hat, ist er ein geistiger Barbar. So verhält sich aber praktisch genommen der Massenmensch, wenn er spricht, Vorträge hält oder schreibt.

[2] Die Dürftigkeit der spanischen intellektuellen Kultur zeigt sich nicht darin, daß einer mehr oder weniger weiß, sondern in dem gewohnheitsmäßigen Mangel an Behutsamkeit und Sorgfalt in der Berücksichtigung der wahren Sach-

wegungen wie den Syndikalismus und den Faschismus nennen. Man sage nicht, daß sie seltsam erscheinen, einfach weil sie neu sind. Die Begeisterung für das Neue ist dem Europäer in solchem Maße eingeboren, daß er sich das bewegteste von allen historischen Schicksalen bereitet hat. Wenn also diese neuen Begebenheiten sonderbar anmuten, ist es nicht, weil sie neu, sondern weil sie höchst befremdlich geartet sind. Unter den Marken des Syndikalismus und Faschismus erscheint zum erstenmal in Europa ein Menschentypus, der *darauf verzichtet, Gründe anzugeben und Recht zu haben,* der sich schlechtweg entschlossen zeigt, seine Meinung durchzusetzen. Das ist neu: das Recht darauf, nicht recht zu haben, Grundlosigkeit als Grund. Die neue Einstellung der Masse manifestiert sich nach meiner Meinung am sinnfälligsten in ihrem Anspruch, die Gesellschaft zu führen, ohne dazu fähig zu sein. Aber wenn die Struktur der neuen Seele auch nirgends so grob und unverhüllt zutage tritt wie in ihrem politischen Gebaren, der Schlüssel liegt doch in ihrer geistigen Absperrung. Der durchschnittliche Mensch entdeckt „Gedanken" in sich, aber er kann nicht denken. Er ahnt nicht einmal, wie scharf und rein die Luft ist, in der Gedanken leben. Er will „meinen", aber er will die Bedingungen und Voraus-

---

verhalte, der bei allen Redenden und Schreibenden offenbar wird. Nicht also darin, ob man recht hat oder nicht – die Wahrheit ist nicht in unserer Hand —, sondern in der Kritiklosigkeit, die dazu führt, daß man die elementaren Voraussetzungen des Rechthabens nicht erfüllt. Wir sind noch immer der ewige Dorfpfarrer, der triumphierend den Manichäer widerlegt, bevor er sich damit befaßt hat, die Gedanken des Manichäers in Erfahrung zu bringen.

setzungen alles Meinens nicht anerkennen. Darum sind seine Gedanken in Wahrheit nur Triebe in logischer Verkleidung.

Man ist nur dann im Besitz einer Idee, wenn man im Besitz ihrer Gründe zu sein glaubt, wenn man demnach an Begründbarkeit überhaupt, an die Existenz eines Reiches einsichtiger Wahrheiten, glaubt. Es gibt kein Denken noch Meinen, das nicht an eine solche Instanz appelliert, sich ihr beugt, ihren Kodex und Wahrspruch anerkennt und also die überlegenste Form menschlicher Beziehungen in dem Zwiegespräch sieht, in dem die Vernunftgründe unserer Gedanken erwogen werden. Aber der Massenmensch wäre verloren, wenn er sich in Diskussionen einließe; instinktiv schreckt er zurück vor der Nötigung, diese höchste objektive Instanz anzuerkennen. Das Neueste in Europa ist es daher, „mit den Diskussionen Schluß zu machen", und man verabscheut jede Form geistigen Verkehrs, die, vom Gespräch über das Parlament bis zur Wissenschaft, ihrem Wesen nach Ehrfurcht vor objektiven Normen voraussetzt. Das heißt, man verzichtet auf ein kultiviertes Zusammenleben, das ein Zusammenleben unter Normen ist, und fällt in eine barbarische Gemeinschaft zurück. Der Massenmensch verachtet alle normalen Zwischenstufen und schreitet unmittelbar zur Durchsetzung seiner Wünsche. Die Unzugänglichkeit seiner Seele, die ihn, wie wir sahen, anstachelt, sich in alle öffentlichen Angelegenheiten zu mischen, führte ihn auch unausweichlich zu einem einzigen Interventionsverfahren: der „direkten Aktion".

Wenn man später einmal die Anfänge unserer Zeit zu rekonstruieren versucht, wird man finden, daß die ersten Takte ihrer eigentümlichen Melodie um 1900 bei jenen syndikalistischen und realistischen Gruppen in Frankreich erklangen, die das Wort und die Sache der „action directe" erfanden. Der Mensch hat immer wieder seine Zuflucht zur Gewalt genommen; zuweilen war dieser Rekurs schlechthin ein Verbrechen und geht uns nichts an. Aber zuweilen war die Gewalt das Mittel, zu dem er griff, wenn vorher alle anderen versagt hatten. Man mag es beklagen, daß die menschliche Natur gelegentlich zu Gewalttaten führt; aber sind sie nicht im Grunde die schönste Ehrenbezeigung vor Vernunft und Gerechtigkeit? Denn was ist Gewalt anders als Vernunft, die verzweifelt; als „ultima ratio"? Törichterweise ist diese Wendung, die doch die vorangegangene Unterwerfung der Gewalt unter die Norm der Vernunft sehr gut veranschaulicht, meist ironisch verstanden worden. Zivilisation ist der Versuch, die Gewalt zur ultima ratio zu machen. Das wird uns jetzt nur allzu klar, denn die direkte Aktion dreht die Ordnung um und proklamiert die Gewalt als prima ratio, genauer als unica ratio. Sie ist die Norm, die jede Norm aufhebt, die alle Zwischenglieder zwischen unserem Vorsatz und seiner Durchführung ausschaltet. Sie ist die Magna Charta der Barbarei.

Wir erinnern daran, daß die Masse, sooft sie aus diesem oder jenem Grund handelnd in das öffentliche Leben eingriff, es in Form der direkten Aktion getan hat, die also immer die natürliche Art des Vorgehens für sie war. Und die These dieses Buches wird kräftig durch die offenkundige Tatsache gestützt, daß gerade jetzt, da die Führung des öffentlichen Lebens durch die Massen aus einem zufälligen und gelegentlichen zum gewöhnlichen Zustand geworden ist, die direkte Aktion von Rechts wegen und als anerkannte Norm auf der Szene erscheint.

Die neue Ordnung, welche die vermittelnden Instanzen unterdrückt, ergreift schon das ganze Gemeinschaftsleben. Der gesellige Verkehr verzichtet auf die gute Erziehung. Literatur als direkte Aktion besteht aus Schmähungen. Die Beziehungen zwischen den Geschlechtern vereinfachen ihre Präliminarien.

Verhandlungen, Normen, Höflichkeit, Rücksichten, Gerechtigkeit, Vernunft! Warum erfand man das alles? Wozu der ganze Umstand? All das läßt sich in dem Wort der Zivilisation zusammenfassen, das durch den Begriff des civis, des Bürgers, hindurch seinen Ursprung enthüllt. Es dient dazu, die civitas, die Gemeinschaft, das Zusammenleben, zu ermöglichen. Wenn wir in diese Hilfsmittel der Zivilisation hineinleuchten, finden wir darum in allen den gleichen Kern. Sie alle bekunden den ursprünglichen und fortwirkenden Wunsch jedes Individuums, mit allen übrigen zu rechnen. Zivilisation ist in erster Linie Wille zur Gemeinschaft. Man ist so unzivilisiert und barbarisch, wie man rücksichtslos gegen seinen Nächsten ist. Die Barbarei ist die Neigung zur Auflösung der Gesellschaft. Darum waren alle barbarischen Epochen Zeiten der menschlichen Vereinzelung, eines Gewimmels kleinster, getrennter und feindlicher Gruppen.

Die politische Form, die den höchsten Willen zur Gemeinschaft verkörpert hat, ist die liberale Demokratie. Sie zeigt die Bereitschaft zur Anerkennung des

Mitmenschen in vollster Entfaltung und ist das Urbild der indirekten Aktion. Der Liberalismus ist das politische Rechtsprinzip, nach welchem die öffentliche Gewalt, obgleich sie allmächtig ist, sich selbst begrenzt und, sei es auch auf ihre eigenen Kosten, in dem Staat, den sie beherrscht, eine Stelle für jene frei läßt, die anders denken und fühlen als sie, das heißt als die Starken, als die Majorität. Der Liberalismus – wir dürfen das heute nicht vergessen – ist die äußerste Großmut; er ist das Recht, das die Majorität der Minorität einräumt, und darum die edelste Losung, die auf dem Planeten erklungen ist. Er verkündet den Entschluß, mit dem Feind, mehr noch: mit dem schwachen Feind zusammenzuleben. Die Wahrscheinlichkeit war gering, daß die Menschheit eine so schöne, geistreiche, halsbrecherische und widernatürliche Sache erfinden würde. So ist es kein Wunder, wenn nun diese selbe Menschheit entschlossen scheint, sie aufzugeben. Ihre Ausübung ist allzu schwierig und verwickelt, als daß sie auf dieser Erde Wurzel schlagen könnte.

Mit dem Feind zusammenleben! Mit der Opposition regieren! Ist eine solche Humanität nicht fast schon unbegreiflich? Nichts verrät die Beschaffenheit der Gegenwart schonungsloser als die Tatsache, daß die Zahl der Länder, wo es eine Opposition gibt, immer mehr abnimmt. Fast überall lastet eine gleichförmige Masse auf der Staatsgewalt und erdrückt jede oppositionelle Gruppe. Die Masse – wer würde es denken beim Anblick ihrer Dichte und Zahl – wünscht keine Gemeinschaft mit dem, was nicht zu ihr gehört; sie hat einen tödlichen Haß auf alles, was nicht zu ihr gehört.

IX

PRIMITIVISMUS UND TECHNIK

Mir liegt viel an der Feststellung, daß die Situation –
unsere gegenwärtige –, in deren Analyse wir hier begriffen sind, ihrem Wesen nach zweideutig ist. Darum
wies ich im Anfang darauf hin, daß alle Züge der
Zeit und besonders der Aufstand der Massen zwei Seiten haben. Sie ertragen nicht nur, sie verlangen eine
doppelte Deutung, eine positive und eine negative.
Und diese Zweideutigkeit haftet nicht an unserem Urteil, sondern an der Wirklichkeit selbst. Nicht daß sie
uns von einem Gesichtspunkt gut und von einem anderen schlecht erschiene, aber sie trägt zwei Gesichter, des
Sieges und des Todes.

Ich kann diesen Essay nicht mit einer ganzen Metaphysik der Geschichte belasten. Aber es ist klar, daß
er auf den unterirdischen Fundamenten meiner philosophischen Überzeugungen ruht, die anderswo dargestellt oder angedeutet sind. Ich glaube nicht an die absolute Determiniertheit der Geschichte. Ich glaube im
Gegenteil, daß jedes Leben, und also auch das historische, sich aus reinen Augenblicken zusammensetzt,
deren jeder durch den voraufgegangenen nicht ein-
deutig festgelegt ist, so daß in ihm die Wirklichkeit
zögert, piétine sur place, und nicht recht weiß, ob sie
sich für diese oder jene unter verschiedenen Möglich-

keiten entscheiden soll. Diese metaphysische Unschlüssigkeit teilt allen Lebensdingen jenes Vibrieren und unverwechselbare Erschauern mit.

Die Rebellion der Massen *kann* den Übergang zu einer neuen, ungeahnten Ordnung des menschlichen Lebens, aber sie *kann* ebensogut eine Katastrophe im Leben der Menschheit bedeuten. Daß ein Fortschritt gemacht ist, läßt sich nicht leugnen; aber ihn für gesichert zu halten, erscheint uns unbesonnen. Die Tatsachen sprechen dafür, daß jeder Fortschritt unsicher, jede Entwicklung von Stillstand und Rückschlag bedroht ist. In der Geschichte ist alles möglich – triumphierender, unendlicher Fortschritt, wie periodische Rückläufigkeit. Denn das Leben, sei es individuell oder kollektiv, persönlich oder historisch, ist das einzige Sein in der Welt, dessen Wesen Gefahr ist. Es besteht aus Peripetien. Es ist im genauen Sinn des Wortes Drama.[1]

Dies ist eine allgemeine Wahrheit, die in kritischen Momenten wie dem gegenwärtigen erhöhte Bedeutung erhält. So *können* die Anzeichen einer neuen Gebarung, die sich unter der Herrschaft der Massen bemerklich

---

[1] Man braucht es kaum noch zu sagen, daß fast niemand diese Ausführungen ernst nehmen und die Bestgesinnten sie für bloße Metaphern, vielleicht für herzbewegende, halten werden. Nur hier und da wird ein unbefleckter Leser, der noch nicht aus dem Grunde zu wissen glaubt, was das Leben ist, oder wenigstens was es nicht ist, sich durch den ursprünglichen Sinn dieser Sätze gewinnen lassen, und gerade er wird sie — seien sie nun wahr oder falsch — *verstehen*. Unter den übrigen wird die herzlichste Übereinstimmung herrschen, mit dem einzigen Unterschied, daß die einen meinen, das Leben sei *„im Ernst"* ein realer Ablauf von

machen und von uns unter dem Namen der „direkten Aktion" zusammengefaßt wurden, auch künftige Vollkommenheiten ankündigen. Es ist klar, daß jede alte Kultur im Fortschreiten entartete Gewebe und ein gut Teil Hornhaut ansetzt, Überbleibsel, die das Leben stören und vergiften. Es gibt abgestorbene Institutionen, überlebte und schon sinnlose Werte und Kulte, ungebührlich schwerfällige Lösungen, Normen, die ihre Gegenstandslosigkeit erwiesen haben. Alle diese Stützen der *indirekten Aktion,* der Zivilisation, machen eine Periode der Vereinfachungswut dringend nötig. Frack und Vatermörder der Romantik verlangen nach Rache, die wir jetzt mit déhabillé und Hemdärmligkeit nehmen. In diesem Fall ist die Vereinfachung hygienisch und geschmackvoller, daher eine bessere Lösung, wie immer, wenn mit weniger Mitteln mehr erreicht wird. Auch der Baum der romantischen Liebe mußte gestutzt werden; allzuviel falsche Blumen staken in seinem Gezweig, und durch den Schwall der Lianen, Voluten, Schnörkel und Verschlingungen drang kein Sonnenstrahl mehr zu ihm.

Seelenzuständen, während die anderen es für eine Aufeinanderfolge chemischer Reaktionen halten. Ich glaube nicht, daß es meine Lage verbessert, wenn ich so superklugen Lesern, eine ganze Denkweise zusammenfassend, erkläre, daß die *ursprüngliche und wesentliche* Bedeutung des Wortes „Leben" nur an den Tag kommt, wenn man es im Sinn von Biographie, nicht von Biologie gebraucht. Aus dem schlagenden Grund, daß alle Biologie letzten Endes nur ein Kapitel aus bestimmten Biographien ist, nämlich das, was die Biologen während ihres Lebens machen. Alles andere ist Abstraktion, Phantasie, Mythos.

94

Dem öffentlichen Leben im allgemeinen, besonders dem politischen, tat eine Besinnung auf das Eigentliche dringend not; die europäische Menschheit wird den kühnen Sprung, den Vertrauensvolle von ihr erwarten, kaum tun können, wenn sie sich nicht vorher bis auf ihr nacktes Wesen entkleidet, sich wieder mit sich selbst zur Deckung gebracht hat. Die Begeisterung, die ich für diese Kur der Nacktheit und Echtheit empfinde, das Bewußtsein, daß sie unvermeidlich ist, wenn wir uns den Weg in eine würdige Zukunft öffnen wollen, treibt mich, allem Vergangenen gegenüber Gedankenfreiheit zu fordern. Die Zukunft muß über die Vergangenheit herrschen; sie gibt uns das Stichwort für unsere Stellung zu dem, was war.[1]

Aber wir müssen uns vor der Todsünde derer hüten, die das 19. Jahrhundert beherrschten: vor ihrem mangelnden Verantwortungsbewußtsein. Sie vergaßen, wachsam und auf dem Posten zu bleiben. Wer sich von der Strömung eines günstigen Laufs der Ereignisse forttreiben läßt, unempfindlich gegen die Gefahr und Drohung, die noch in der heitersten Stunde lauern, versagt vor der Verantwortung, zu der er berufen ist.

---

[1] Die Forderung der Bewegungsfreiheit gegenüber der Vergangenheit ist keine anmaßende Rebellion, sondern im Gegenteil eine klar erfaßte Pflicht jeder „kritischen Epoche". Wenn ich den Liberalismus des 19. Jahrhunderts gegen die Massen verteidige, die ihn rücksichtslos angreifen, besagt das nicht, daß ich mich im geringsten der Freiheit gegenüber eben diesem Liberalismus begebe. Umgekehrt: der Primitivismus, der in dieser Untersuchung von seiner schlimmsten Seite erscheint, ist andererseits in gewissem Sinn die Bedingung jedes großen historischen Fortschritts.

Heute wird es notwendig, in denen, die sie fühlen können, eine Überempfindlichkeit für Verantwortung zu wecken; darum ist es dringende Pflicht, die offenkundig verhängnisvollen Seiten der neuen Symptome zu betonen.

Unzweifelhaft überwiegen bei einer Beurteilung des Jahrhunderts, die nicht so sehr an den gegenwärtigen Stand der Dinge denkt, wie an das, was sich darin ankündigt und vorbereitet, die bedenklichen Faktoren bei weitem die günstigen.

Alle Bereicherung der konkreten Lebensmöglichkeiten läuft Gefahr, sich selbst aufzuheben beim Zusammenstoß mit dem beklemmendsten Problem, das je im Schicksal Europas aufgetaucht ist; ich formuliere es noch einmal: Der Führung in der Gesellschaft hat sich ein Menschentypus bemächtigt, den die Prinzipien der Kultur kalt lassen. Nicht dieser oder jener Kultur, sondern – soweit man heute beurteilen kann – jeder Kultur überhaupt. Was ihm am Herzen liegt, sind offenbar Automobile, Anästhetika und ein paar andere Dinge. Aber das bestätigt seine vollständige Gleichgültigkeit gegen die Kultur. Denn diese Dinge sind nur Produkte der Kultur, und der Eifer, mit dem man sich ihnen widmet, läßt die Verständnislosigkeit für die Prinzipien, aus denen sie stammen, noch krasser hervortreten. Es genügt, auf folgende Tatsache hinzuweisen: Seit es die nuove scienze, die Naturwissenschaften, gibt – das heißt seit der Renaissance –, hat die Bewunderung für sie im Lauf der Jahrhunderte stetig zugenommen. Deutlicher gesagt: die Zahl der Menschen, die sich diesen reinen Untersuchungen zuwandten, wuchs im Verhältnis zur Gesamtbevölkerung von einer Generation zur anderen. Der erste – ich wiederhole, relative – Rückschritt ist in der Generation aufgetreten, die heute zwischen zwanzig und dreißig steht. Die Institute der reinen Wissenschaft beginnen an Anziehungskraft für die Studenten zu verlieren. Und das geschieht, während die Industrie ihre höchste Blüte erreicht und das Publikum rege Kauflust für die von der Wissenschaft geschaffenen Apparate und Heilmittel zeigt.

Wäre es nicht zu weitschweifig, so könnten wir eine ähnliche Unstimmigkeit in Politik, Kunst, Moral, Religion und in den Bereichen des täglichen Lebens aufzeigen.

Was bedeutet eine so widerspruchsvolle Lage? Diese Untersuchung behauptet, die Antwort auf die Frage zu wissen. Sie bedeutet, daß der heute herrschende Mensch ein Primitiver, ein Naturmensch ist, der inmitten einer zivilisierten Welt auftaucht. Die Welt ist zivilisiert, aber ihre Bewohner sind es nicht; sie sehen nicht einmal die Zivilisation an ihr, sondern benutzen sie, als wäre sie Natur. Der neue Mensch will das Automobil und genießt es, aber er glaubt, es wächst von selbst an einem Paradiesbaum. Im Grunde seiner Seele weiß er nichts von dem künstlichen, fast unwahrscheinlichen Charakter der Zivilisation und wird niemals seine Begeisterung für die Apparate auf die Theorien ausdehnen, die sie ermöglichen. Als ich an einer früheren Stelle, ein Wort Rathenaus umformend, von dem „Vertikaleinfall der Barbarei" sprach, konnte man glauben – wie man meist tut –, es handle sich nur um eine „Phrase". Jetzt sieht man, daß die Wendung, mag sie nun eine Wahrheit oder einen Irrtum aussprechen, jedenfalls das Gegenteil einer Phrase ist, nämlich eine sinnerfüllte Benennung, in der sich vielfältige Untersuchungen niedergeschlagen haben. Der Massenmensch unserer Zeit ist in der Tat ein Primitiver, der durch die Kulissen auf die alte Szene der Zivilisation geschlüpft ist.

Immerfort wird jetzt von den fabelhaften Fortschritten der Technik gesprochen, aber ich höre nirgends, auch nicht bei den Besten, daß man sich mit ihrer doch hinreichend spannenden Zukunft beschäftigt. Spengler selbst, der scharfe und tiefe, wenn auch besessene Geist, scheint mir in diesem Punkt allzu vertrauensvoll. Denn er glaubt, daß auf die „Kultur" ein Zeitalter der „Zivilisation" folgen wird, worunter er vor allem die Technik versteht. Die Idee, die Spengler von der „Kultur" und der Geschichte im allgemeinen hat, ist von der hier vorausgesetzten so entfernt, daß es für uns nicht leicht ist, seine Schlüsse heranzuziehen, sei es auch nur, um sie zu berichtigen. Nur wenn man sich über Unterschiede und präzise Wortbedeutungen hinwegsetzt, um beide Gesichtspunkte auf den gleichen Nenner zu bringen, ließe sich die Abweichung dahin festlegen, daß Spengler glaubt, die Technik könnte weiterleben, wenn das Interesse für die Prinzipien der Kultur erloschen ist. Mir will es nicht gelingen, an derlei zu glauben. Technik ist ihrem Wesen nach durch Wissenschaft bedingt, und Wissenschaft existiert nicht, wenn sie nicht in ihrer Reinheit und um ihrer selbst willen interessiert, und sie kann nicht interessieren, wenn die Menschen nicht mehr um die allgemeinen Grundlagen der Kultur bemüht sind. Wird dieser Eifer stumpf – wie es zu geschehen

98

scheint –, so kann die Technik nur eine Weile weiterleben, nämlich solange die Trägheit des Kulturimpulses dauert, der sie schuf. Man lebt mittels der Technik, aber nicht aus ihr. Sie nährt und spornt sich nicht selbst, sie ist nicht causa sui, sondern der nützliche praktische Niederschlag unnützer und unpraktischer Beschäftigungen.[1]

Ich gelange also zu der Feststellung, daß das momentane Interesse für die Technik ihren Fortschritt oder Fortbestand auf keine Weise verbürgt. Zu Recht betrachtet man die Technik als einen der bezeichnendsten Züge der „modernen Kultur"; das heißt einer Kultur, in der eine praktisch verwertbare Gattung Wissenschaft betrieben wird. Darum blieben mir, als ich das radikal Neue an dem vom 19. Jahrhundert geschaffenen Leben zusammenfaßte, nur diese beiden Züge in der Hand: die liberale Demokratie und die Technik.[2] Aber man vergißt nur zu gern, wenn man von der Technik spricht, daß ihre Lebensader die reine Wissenschaft ist und die

---

[1] Darum ist nach meiner Meinung nichts damit gesagt, wenn man Nordamerika vermittels seiner „Technik" definiert. Eines der Dinge, die das europäische Bewußtsein am ärgsten verwirren, ist der Komplex kindischer Urteile über Nordamerika, die man selbst von den Gebildetsten verteidigen hört. Hier liegt ein Sonderfall des Mißverhältnisses zwischen der Verschränktheit der gegenwärtigen Probleme und der Beschränktheit der Geister vor, auf das ich später hinweisen werde.

[2] Streng genommen sind liberale Demokratie und Technik so eng verflochten und aufeinander angewiesen, daß die eine nicht ohne die andere denkbar ist und daher ein dritter allgemeinerer Ausdruck erwünscht wäre, der beide umfaßte. Er wäre der wahrhafte Name, das Kennwort des vorigen Jahrhunderts.

Bedingungen ihrer Fortdauer an diejenigen gebunden sind, die reine Wissenschaftsübung möglich machen. Hat man an alles gedacht, was in den Seelen lebendig bleiben muß, damit es weiter „Männer der Wissenschaft" geben kann? Glaubt man im Ernst, es gebe Wissenschaft, solange es Dollars gibt? Dieser Gedanke, bei dem sich viele beruhigen, ist nur ein neuer Beweis für die Simplizität des Jahrhunderts.

Als wäre es ein Kinderspiel, all die widerstreitenden Elemente zusammenzubrauen und umzuschütteln, die zu dem Cocktail der physikochemischen Wissenschaft gehören. Selbst wenn wir das Thema nur leicht und oberflächlich ins Auge fassen, springt der Umstand hervor, daß in der ganzen zeiträumlichen Ausdehnung der Erde und ihrer Geschichte die Physikochemie einzig in dem kleinen Viereck entstehen und zu voller Entfaltung kommen konnte, das durch die vier Punkte London, Paris, Rom, Berlin bezeichnet wird. Und auch dort nur im 19. Jahrhundert. Das beweist, daß die Experimentalwissenschaft eines der unwahrscheinlichsten Erzeugnisse der Geschichte ist. Zauberer, Priester, Krieger und Hirten hat es immer und überall gegeben. Aber diese Fauna des experimentierenden Menschen fordert augenscheinlich zu ihrer Entstehung ein Zusammentreffen von Bedingungen, noch ungewöhnlicher als jene, die das Einhorn hervorbringen. Ein so seltenes, spärliches Vorkommen hätte wohl zu einigem Nachdenken über die äußerst flüchtige Art dieser speziellen Begabung veranlassen dürfen.[1] Ein glänzender Einfall in der Tat, daß Nord-

---

[1] Wir wollen nicht von mehr internen Fragen sprechen. Die meisten Forscher haben selbst nicht die leiseste Ahnung von

amerika, wenn Europa verschwinden sollte, die Wissenschaft *fortführen* könnte.

Es wäre von großer Bedeutung, den Gegenstand erschöpfend zu behandeln und mit aller Sorgfalt im einzelnen darzulegen, welches die lebenswichtigen historischen Voraussetzungen der Experimentalwissenschaften und damit der Technik sind. Aber man hoffe nicht, den Massenmenschen zu überzeugen, selbst wenn die Frage geklärt wäre. Er kümmert sich nicht um Vernunftgründe; er muß seine Erfahrungen am eigenen Leibe machen.

Eine Beobachtung macht mich skeptisch in bezug auf die Wirksamkeit solcher Philippiken, die ihres wissenschaftlichen Charakters wegen nicht ganz auf Feinheit verzichten können. Ist es nicht unbegreiflich, daß sich bei diesem Stand der Dinge der durchschnittliche Mensch nicht aus freien Stücken und ohne Ermahnungen mit höchstem Eifer auf jene Wissenschaften und ihre biologischen Schwesterdisziplinen wirft? Denn man vergegenwärtige sich die heutige Lage: während alle anderen Kulturdinge fragwürdig geworden sind – Politik, Kunst, die gesellschaftlichen Normen, die Moral selbst –, gibt es eines, das täglich unanfechtbarer und in einer für den Massenmenschen eindrucksvolleren Art seine Kraft erweist: die empirische Wissenschaft. Täglich macht sie neue Erfindungen, die der Durchschnittsmensch benützt; täglich bringt sie ein neues schmerzstillendes Mittel, einen neuen Impfstoff hervor, der dem Durchschnittsmenschen zugute kommt. Jedermann weiß, daß sich,

---

der ernsten und gefährlichen inneren Krisis, die ihre Wissenschaft augenblicklich durchmacht.

wenn die wissenschaftliche Inspiration nicht nachläßt, bei Verdreifachung oder Verdoppelung der Laboratorien Reichtum, Bequemlichkeit, Gesundheit, Wohlbefinden vervielfachen würden. Kann man sich eine wirksamere und schlagendere Propaganda für ein Lebensprinzip vorstellen? Wie ist es möglich, daß die Massen trotzdem auch nicht im Traum bereit sind, ein Geld- und Sympathieopfer für die bessere Dotierung der Wissenschaft zu bringen? daß die Nachkriegszeit im Gegenteil den Gelehrten zum Paria der Gesellschaft gemacht hat? Und dabei spreche ich von Physikern, Chemikern, Biologen – nicht von den Philosophen. – Die Philosophie braucht weder Schutz noch Beachtung noch Sympathie von der Masse. Sie pflegt mit Fleiß den Anschein ihrer völligen Nutzlosigkeit[1] und befreit sich damit von jeder Rücksicht auf den Durchschnittsmenschen. Sie weiß sich selbst ihrem Wesen nach problematisch und nimmt heiter ihr freies Schicksal als Singvogel Gottes auf sich, ohne von irgend jemandem zu verlangen, daß er sich um sie kümmere, ohne sich anzupreisen, ohne sich zu verteidigen. Wenn sie jemandem von ungefähr zu etwas nützt, so freut es sie aus schlichter Menschenliebe. Aber sie lebt nicht davon, Fremden zu nützen; sie beabsichtigt und erwartet es nicht. Wie sollte sie den Anspruch erheben, daß jemand sie ernst nimmt, wenn sie mit dem Zweifel an ihrer eigenen Existenz beginnt, wenn sie nur in dem Maße lebt, wie sie sich selbst bekämpft, wie sie sich selber fraglich ist? Lassen wir also die Philosophie aus dem Spiel, sie ist ein Abenteuer von anderem Range.

---

[1] Aristoteles, Metaphysik, 893, a, 10.

Aber die Experimentalwissenschaften bedürfen der Masse wie die Masse ihrer – bei Todesstrafe; denn die heute lebende Zahl von Menschen kann auf einem Planeten ohne Physikochemie nicht existieren.

Welche theoretischen Überlegungen könnten bewirken, was das Automobil nicht bewirkt, in dem diese Leute herumfahren, was die Pantoponeinspritzung nicht bewirkt, die wie *durch ein Wunder* ihre Schmerzen stillt?

Das Mißverhältnis zwischen den dauernden und offenkundigen Diensten, die ihnen die Wissenschaft leistet, und der Teilnahme, die sie ihr entgegenbringen, ist zu groß, als daß man sich selbst betrügen und von jemanden, der sich so beträgt, etwas anderes als Barbarei erwarten könnte. *Besonders wenn, wie wir sehen werden, diese Gleichgültigkeit gegen die Wissenschaft als solche vielleicht unverhüllter als irgendwo bei der Masse der Techniker selbst, bei Ärzten, Ingenieuren usw. auftritt,* die ihren Beruf meistens in der gleichen Einstellung ausüben, in der man sich eines Automobils bedient oder eine Tube Aspirin kauft – ohne die geringste innere Verbundenheit mit dem Schicksal der Wissenschaft, mit der Kultur.

Andere Zeichen der auftauchenden Barbarei, die – von positiver Art, bestehend in einem Tun, nicht einem Unterlassen – mehr in die Augen springen und sich zur Schau stellen, mögen auf manche noch erschreckender wirken; für mich ist das Unverhältnis zwischen dem Vorteil, den der Durchschnittsmensch aus der Wissenschaft zieht, und der Erkenntlichkeit, die er ihr entgegenbringt – ihr vielmehr nicht entgegenbringt –, das

Besorgniserregendste.[1] Ich kann mir diese Undankbarkeit nur damit erklären, daß auch die Neger in Innerafrika Automobil fahren und Aspirin schlucken. Der Europäer, der jetzt zu herrschen *beginnt* – das ist meine Hypothese –, ist *im Verhältnis zu der verwickelten Kultur, in die er hineingeboren wird,* ein Barbar, ein Wilder, der aus der Versenkung auftaucht, ein „vertikaler Eindringling".

---

[1] Wie monströs der Fall ist, zeigt sich besonders daran, daß, wie ich sagte, alle anderen Lebensprinzipien – Politik, Recht, Kunst, Moral, Religion – in einer selbstverschuldeten Krisis stehen und, wenigstens vorübergehend, versagen. Nur die Wissenschaft versagt nicht, sondern erfüllt, was sie verspricht, und mehr als sie verspricht. Sie hat also keinen Nebenbuhler; man kann die Teilnahmslosigkeit des Durchschnittsmenschen für sie nicht mit seiner Beanspruchung durch irgendeine andere geistige Leidenschaft entschuldigen.

X

PRIMITIVISMUS UND GESCHICHTE

Die Natur ist immer da; sie erhält sich selbst. In ihr, in der Wildnis können wir ungestrafte Wilde sein. Wir können uns sogar dabei beruhigen, es immer zu bleiben, ohne ein weiteres Risiko als die Ankunft anderer Geschöpfe, die es nicht sind. Im Prinzip sind dauernd primitive Völker möglich. Es gibt sie; Breysig hat sie die „Völker der ewigen Morgenröte" genannt; sie verharren in einer stehengebliebenen, gefrorenen Dämmerung, die keinem Mittag weicht.

Das mag in einer Welt gehen, die nur Natur ist; aber es geht nicht in einer zivilisierten Welt wie der unsrigen. Die Zivilisation ist nicht da, erhält sich nicht selbst. Sie ist künstlich und bedarf eines Künstlers. Wenn Sie sich die Vorteile der Zivilisation zunutze machen, sich aber nicht damit abgeben wollen, die Zivilisation zu erhalten ... haben Sie sich gründlich geirrt. Im Handumdrehen werden Sie ohne Zivilisation dasitzen. Ein wenig Gehenlassen, und wenn Sie um sich schauen, ist alles verflogen. Als seien die Teppiche fortgezogen, welche die reine Natur verhüllten, und es erschiene, jungfräulich wie zu Anbeginn, der Urwald. Urwald ist immer primitiv, und umgekehrt: alles was primitiv ist, ist Urwald.

Die Romantiker aller Zeiten fühlten sich durch jene

Vergewaltigungsszenen erregt, in welchen die untermenschliche Natur wieder den bleichen Menschenleib des Weibes deckt; und sie malten den Schwan, wie er auf Leda erbebt, den Stier mit Pasiphae und Antiope unter dem Bock. Allgemein entdeckten sie ein Schauspiel von sublimerer Lüsternheit in der Landschaft mit Ruinen, wo der behauene, geometrische Stein in der Umarmung des wilden Pflanzenwuchses vergeht. Wenn ein rechter Romantiker ein Gebäude von weitem sieht, suchen seine Augen an Giebeln und Dächern zuerst Efeuranken und Moos. Sie verkünden, daß im Grunde alles Erde ist, daß überall wieder der Urwald wuchert.

Es wäre töricht, über den Romantiker zu lachen. *Auch der Romantiker hat recht.* Hinter diesen Bildern von unschuldiger Verderbnis lauert ein gewaltiges und ewiges Problem: das Problem der Beziehungen zwischen der Kultur und dem, was hinter ihr blieb, der Natur, zwischen dem vernünftigen und dem kosmischen Prinzip. Ich behalte es mir vor, bei anderer Gelegenheit diesen Zusammenhängen nachzugehen und, zur rechten Stunde, Romantiker zu sein.

Jetzt bin ich in dem entgegengesetzten Geschäft begriffen. Es handelt sich darum, den Einbruch des Urwalds aufzuhalten. Dem „guten Europäer" ist heute eine ähnliche Aufgabe gestellt wie den australischen Staaten, deren schwerste Sorge es bekanntlich ist, zu verhindern, daß die Kaktusfeige sich weiter ausbreitet und den Menschen ins Meer wirft. In den vierziger Jahren des vorigen Jahrhunderts brachte ein Einwanderer aus den Mittelmeerländern, der sich nach seiner Heimat – Malaga? Sizilien? – sehnte, einen Scherben mit einem

Kaktusableger nach Australien. Heute sind die Budgets von Ozeanien mit drückenden Posten für den Krieg gegen die Kaktusfeige belastet; sie hat den Erdteil überfallen und gewinnt alljährlich beträchtlich an Boden.

Der Massenmensch glaubt, daß die Zivilisation, in der er zur Welt kam und die er benutzt, ursprünglich und selbstverständlich ist wie die Natur, und wird ipso facto zum Primitiven. Die Zivilisation stellt sich ihm als Urwald dar. Ich sagte es schon; doch wollen wir jetzt diese Tatsache etwas schärfer zu fassen suchen.

Die Grundlagen, auf denen die zivilisierte Welt, die es zu erhalten gilt, ruht, existieren für dies Geschlecht nicht. Die fundamentalen Werte der Kultur sind ihm gleichgültig; es fühlt sich nicht mit ihnen verbunden, nicht geneigt, sich in ihren Dienst zu stellen. Wie kam es dazu? Aus manchen Gründen; aber ich will hier nur einen herausheben.

Je weiter die Zivilisation fortschreitet, um so verwickelter und schwieriger wird sie. Die Probleme, die sie heute aufgibt, sind höchst verzwickt. Immer kleiner wird die Zahl der Menschen, deren Geist auf der Höhe solcher Aufgaben ist. Der Nachkrieg bietet hierfür ein recht gutes Beispiel. Die Wiederherstellung Europas ist eine allzu komplizierte Angelegenheit, als daß der gemeine Europäer ihr gewachsen wäre. Nicht daß Mittel zur Lösung fehlten. Es fehlen Köpfe. Genauer, es gibt ein paar Köpfe; aber der Leib Zentraleuropas hat keine Lust, sie sich aufzusetzen.

Dies Mißverhältnis zwischen der Subtilität der Probleme und der Intelligenzen wird, wenn man nicht Abhilfe schafft, ständig zunehmen; und hier rühren wir an die tiefste Tragik der Zivilisation. Einfach weil die Prinzipien, die ihr zugrunde liegen, fruchtbar und gesichert sind, wächst ihr Ertrag an Umfang und Genauigkeit, bis er das Fassungsvermögen des normalen Menschen übersteigt. Ich glaube nicht, daß sich etwas dergleichen jemals in der Vergangenheit zugetragen hat. Alle Zivilisationen sind an der Unzulänglichkeit ihrer Prinzipien zugrunde gegangen. Die europäische droht dem entgegengesetzten Übel zu erliegen. In Griechenland und Rom scheiterte nicht der Mensch, sondern seine Prinzipien. Das Imperium Romanum liquidierte mangels Technik. Als es zum Großstaat geworden war und ein so weitläufiger Verband die Lösung gewisser drängender materieller Probleme heischte, die nur die Technik finden konnte, begann der Abstieg und Verfall der antiken Welt.

Aber jetzt ist es der Mensch, der scheitert, weil er mit dem Fortschritt seiner eigenen Zivilisation nicht Schritt halten kann. Es ist haarsträubend, wenn man die verhältnismäßig Gebildetsten über die einfachsten Tagesfragen sprechen hört. Sie wirken wie grobe Bauern, die mit steifen, dicken Fingern eine Nähnadel vom Tisch zu klauben suchen. Politische und soziale Fragen etwa werden mit dem schwerfälligen Begriffsapparat behandelt, mit dem man vor zweihundert Jahren zweihundertmal weniger zugespitzten Situationen gegenübertrat.

Vorgerückte Zivilisation ist gleichbedeutend mit harten Problemen. Darum ist der Fortschritt je größer, um so gefährdeter. Das Leben wird immer angenehmer, aber immer verwickelter. Es ist klar, daß sich mit der wachsenden Kompliziertheit der Probleme auch die

Mittel zu ihrer Lösung vervollkommnen. Aber jede neue Generation muß sich in den Besitz dieser verfeinerten Mittel setzen. Unter ihnen nennen wir – um etwas konkreter zu werden – eines, das trivialerweise mit dem Vorrücken einer Zivilisation verbunden ist; es besteht darin, daß sich hinter ihr Vergangenheit anhäuft, Erfahrung, mit einem Wort Geschichte. Historisches Wissen ist eine Technik ersten Ranges zur Erhaltung und Fortsetzung einer gereiften Zivilisation. Nicht weil es positive Lösungen für die neuen Konflikte des Lebens lieferte – das Leben ist immer wieder anders, als es war –, sondern weil es verhindert, daß die naiven Irrtümer früherer Zeiten wiederbegangen werden. Aber wenn man, nicht genug damit, daß man alt ist und das Leben schwieriger zu werden beginnt, das Gedächtnis verloren hat und keinen Gewinn aus seinen Erfahrungen zieht, so ist alles verloren. Und in dieser Lage, glaube ich, ist Europa. Die gebildetsten Zeitgenossen leiden an einer unglaublichen historischen Ignoranz. Ich behaupte, daß der führende Europäer von heute weit weniger Geschichte weiß als der des 18., ja des 17. Jahrhunderts. Das historische Wissen der damals herrschenden Eliten – herrschend im weitesten Sinn – machte den wunderbaren Fortschritt des 19. Jahrhunderts möglich. Ihre Politik – die des 18. Jahrhunderts – war ausdrücklich daraufhin gedacht, die Irrtümer aller älteren Politiken zu vermeiden, sie war „in Hinblick auf" jene Irrtümer geschaffen und faßte in ihren wesentlichen Teilen eine lange Erfahrung zusammen. Aber schon das 19. Jahrhundert begann an „historischer Kultur" zu verlieren, obgleich in seinem Verlauf die Spezialisten die Historie als Wissenschaft beträchtlich förderten.[1] Dies Nachlassen verschuldete zum guten Teil seine charakteristischen Fehler, an denen wir heute tragen. In seinem letzten Drittel begann, noch unterirdisch, die Wendung, der Rückfall in die Barbarei, das heißt in die Unbeschriebenheit und Primitivität eines Wesens, das keine Vergangenheit hat oder sie vergaß.

Darum sind Bolschewismus und Faschismus, die beiden „neuen" politischen Versuche, die augenblicklich in Europa und seinen Grenzgebieten angestellt werden, deutliche Beispiele eines entschiedenen Rückschritts. Nicht so sehr wegen des positiven Inhalts ihrer Lehren, der für sich genommen natürlich ein Korn Wahrheit enthält – wer auf der Welt hätte nicht ein klein wenig recht? –, als wegen der geschichtsfeindlichen, anachronistischen Art und Weise, mit der sie ihren Teil Wahrheit behandeln. Typische Massenbewegungen, die wie alle ihrer Art von mittelmäßigen, zeitfremden Männern ohne altes Gedächtnis und historischen Sinn geführt werden, benehmen sie sich von Anfang an, als wären sie schon Vergangenheit, als gehörten sie, die doch zu dieser Stunde vorfallen, einer verflossenen Fauna an.

Es handelt sich nicht darum, ob man Bolschewist ist oder nicht. Ich streite nicht über das Credo. Das Unbegreifliche und Zeitwidrige ist, daß ein Kommunist von 1917 eine Revolution anzettelt, die genau so verläuft wie alle früheren und deren Schwächen und Irr-

---

[1] Schon hier begegnet uns der Unterschied, der uns noch beschäftigen wird, zwischen dem Zustand der Wissenschaft eines Zeitalters und dem Zustand seiner Kultur.

tümer auch nicht im geringsten verbessert. Darum sind die Vorgänge in Rußland historisch belanglos; darum sind sie das gerade Gegenteil von einem Neuanfang des menschlichen Lebens. Eine eintönige Wiederholung aller Revolutionen von jeher sind sie, der vollendete Gemeinplatz einer Revolution. Und das in solchem Maße, daß es keine stehende Redensart gibt unter den vielen, welche die alte Menschenerfahrung über Revolutionen geprägt hat, die nicht hier eine klägliche Bestätigung fände. „Die Revolution verschlingt ihre eigenen Kinder." „Die Revolution fängt gemäßigt an, geht dann an die Extremen über und nimmt sehr bald eine rückläufige Bewegung auf eine Restauration zu." Und so weiter. Solchen ehrwürdigen Binsenwahrheiten könnte man ein paar andere weniger bekannte, aber nicht weniger treffende hinzufügen wie etwa diese: Eine Revolution währt nicht über fünfzehn Jahre, nämlich die Zeit, die eine Generation am Ruder ist.[1]

---

[1] Eine Generation wirkt rund dreißig Jahre; aber ihre Wirksamkeit zerfällt in zwei Abschnitte und nimmt zwei Formen an: etwa während der ersten Hälfte dieser Periode betreibt die neue Generation die Propaganda ihrer Ideen, Gesinnungen, Neigungen, die sich endlich durchsetzen und während der zweiten Hälfte ihrer Laufbahn gelten. Aber die nächste, unter ihrer Herrschaft erzogene Generation bringt schon andere Ideen, Gesinnungen, Neigungen mit, welche die Atmosphäre des öffentlichen Lebens allmählich verändern. Wenn die Ideen, Gesinnungen, Neigungen der herrschenden Generation extrem und also revolutionär sind, ist die neue Generation gemäßigt und bewahrend, das heißt prinzipiell der Restauration zugeneigt. Allerdings darf man unter Restauration nicht einfach „Rückkehr zum Alten" verstehen, was die Restaurationen niemals gewesen sind.

Wer den Ehrgeiz hat, eine wahrhaft neue Gesell-
schafts- oder Staatsordnung zu schaffen, muß vor allem
darauf sehen, daß die Lage, die er heraufbeschwört,
diese anspruchslosesten Gemeinpläße der geschichtlichen
Erfahrung hinfällig macht. Ich für mein Teil möchte
das Prädikat genial jenem Staatsmann vorbehalten,
der, kaum daß er zu handeln beginnt, alle Geschichts-
lehrer aus der Fassung bringt, weil vor ihren Augen
die Geseße ihrer Wissenschaft überrannt, aufgehoben
und zum alten Eisen geworfen werden.

Ähnliches läßt sich, nur mit dem entgegengeseßten
Vorzeichen, von dem Faschismus sagen. Weder Bolschewismus noch Faschismus sind „auf der Höhe der Zeit",
tragen die ganze Vergangenheit in perspektivischer Ver-
kürzung in sich – die unumgängliche Bedingung zu ihrer
Überwindung. Mit dem Gewesenen kämpft man nicht
Leib gegen Leib. Die Zukunft besiegt es, weil sie es
verschlingt. Wenn sie etwas davon übrig läßt, ist sie
verloren.

Bolschewismus und Faschismus sind einer wie der
andere falsche Morgenröten; sie führen keinen neuen
Morgen herauf, sondern den Morgen eines archaischen
Tages, der schon allzuoft aufging; sie sind Rückfälle
in die Barbarei. Und das werden alle Bewegungen sein,
die, einfältig genug, einen Faustkampf mit diesem oder
jenem Teil der Vergangenheit aufnehmen, anstatt sich
die ganze fortschreitend zu assimilieren.

Kein Zweifel, daß der Liberalismus des 19. Jahrhunderts überwunden werden muß. Aber der Faschist,
der sich für antiliberal erklärt, ist dazu gerade nicht
imstande. Denn antiliberal oder nicht-liberal war der

Mensch vor dem Liberalismus. Und da dieser einmal triumphierte, wird sich sein Sieg beständig wiederholen, oder es wird alles – Liberalismus und Antiliberalismus – mit der Vernichtung Europas enden. Es gibt eine unerbittliche Chronologie des Lebens. In ihr ist der Liberalismus später als der Antiliberalismus oder, was dasselbe ist, mehr „Leben" als dieser, wie die Kanone mehr „Waffe" ist als die Lanze.

Auf den ersten Blick scheint eine Stellungnahme „gegen etwas" später zu sein als dieses Etwas, da sie ja eine Reaktion darauf bedeutet und somit sein Dasein voraussetzt. Aber das Neue an jedem „Anti" erschöpft sich in einer leeren Gebärde der Verneinung, und sein positiver Gehalt ist nur – eine Antiquität. Wenn sich jemand gegen Pedro erklärt, so heißt das auf die bejahende Form gebracht, daß er sich für eine Welt erklärt, in der es keinen Pedro gibt. Eben das war aber der Fall, bevor Pedro zur Welt kam. Anstatt sich zeitlich hinter Pedro zu stellen, versetzt der Pedro-Gegner sich vor ihn; er läßt den ganzen Film an jener vergangenen Weltstelle noch einmal beginnen, von der aus er doch gnadenlos Pedros Wiederauftritt entgegenrollt. All diesen Anti geht es wie nach der Legende dem Konfuzius, der auf natürliche Weise nach seinem Vater zur Welt kam. Aber o Wunder! er wurde mit achtzig Jahren geboren, während sein Erzeuger nur dreißig zählte. Ein Anti ist nichts anderes als ein simples, hohles *Nein*.

Es wäre alles sehr einfach, wenn wir mit einem runden *Nein* die Vergangenheit begraben könnten. Aber die Vergangenheit ist ihrem Wesen nach ein revenant. Wenn man sie hinauswirft, kommt sie wieder, unab-

113

änderlich. Darum kann man sie nur wahrhaft abtun, wenn man sie nicht hinauswirft, sondern mit ihr rechnet, sich mit dem Blick auf sie bewegt, damit man ihr aus dem Wege gehen kann, kurz wenn man auf „der Höhe der Zeit" lebt mit feinstem Gefühl für historische Gelegenheiten.

Die Vergangenheit hat Recht, ihr eigenes Recht. Gibt man es ihr nicht, so kommt sie wieder, um es zu fordern, und fordert es bei der Gelegenheit auch da, wo sie es nicht hat. Der Liberalismus hatte in gewisser Weise recht, das muß man ihm lassen, per saecula saeculorum. Aber er hatte nicht ganz recht, und wo er irrt, soll man ihm widersprechen. Europa muß das Wesentliche an seinem Liberalismus bewahren; nur unter dieser Bedingung kann es ihn überwinden.

Wenn ich hier den Faschismus und Bolschewismus betrachtete, geschah es nur indirekt, da ich mich lediglich mit seinen unzeitgemäßen Zügen befaßte. Ein solcher Anachronismus haftet nach meiner Meinung allem an, was heute zu triumphieren scheint. Denn heute triumphiert der Massenmensch, und nur Bestrebungen, die von ihm ausgehen und denen er den Stempel seiner Primitivität aufgedrückt hat, können einen sichtbaren Sieg feiern. Darüber hinaus jedoch will ich den eigentlichen Inhalt beider Bewegungen hier nicht erörtern, wie ich auch keinen Anspruch darauf erhebe, in dem ewigen Kampf zwischen Umsturz und Entwicklung ein entscheidendes Wort zu sprechen. Das Äußerste, was diese Untersuchung zu fordern wagt, ist, daß Revolution und Evolution historisch und nicht anachronistisch seien.

Der Gegenstand, dem ich auf diesen Blättern nach-
gehe, ist politisch neutral, denn er berührt tiefere
Schichten als die Politik und ihre Zwistigkeiten. Der
Konservative ist nicht mehr und nicht weniger Masse
als der Radikale, und dieser Unterschied, der in jeder
Epoche sehr oberflächlich war, verhindert es ganz und
gar nicht, daß beide von gleichem Schlag sind, auf-
ständisches Volk.

Für Europa ist keine Hoffnung, wenn sein Schicksal
nicht in die Hände wahrhaft „zeitgemäßer" Menschen
gelegt wird, die den Herzschlag der ganzen historischen
Vergangenheit spüren, die gegenwärtige Höhe des Lebens kennen und jede archaische und primitive Gebärde
verabscheuen. Wir bedürfen der Geschichte in ihrem
vollen Umfang, wenn wir ihr entfliehen und nicht in
sie zurückfallen wollen.

XI

DIE EPOCHE DES
„ZUFRIEDENEN JUNGEN HERRN"

Zusammenfassung: Wir handeln hier von der neuen gesellschaftlichen Tatsache, daß die europäische Geschichte zum erstenmal von den Entscheidungen des gewöhnlichen Menschen als solchen abhängt. Oder aktiv ausgedrückt: der gewöhnliche Mensch, solange der Geführte, hat beschlossen, die Welt zu regieren. Dieser Beschluß, in den sozialen Vordergrund zu rücken, ist von selbst in ihm entstanden, kaum daß der neue Typus Mensch, den er darstellt, zur Reife gelangt war. Untersucht man die psychische Verfassung dieser neuen Massenmenschenart hinsichtlich ihrer Rückwirkungen auf das öffentliche Leben, so findet man 1. eine unbefangene Gewißheit, daß das Leben leicht, reichlich, ohne schicksalsbestimmte Grenzen ist. Darum ist jedes durchschnittliche Einzelwesen von einem Herrscher- und Siegesgefühl durchdrungen, das es bestimmt, 2. sich selbst, wie es da ist, zu bejahen, seine sittliche und geistige Habe für gut und vollständig zu erklären. Diese Selbstzufriedenheit führt es dazu, keine Autorität neben seiner eigenen anzuerkennen, auf nichts und niemanden zu hören, seine Meinungen nicht in Zweifel zu ziehen und die Existenz des fremden Du zu ignorieren. Das innere Gefühl von Machtvollkommenheit reizt den homo vulgaris unausgesetzt, sein Übergewicht geltend zu machen. Er wird also handeln, als gebe es auf der Welt nur ihn selbst und seinesgleichen, und wird 3. in alles hineinreden und ohne Rücksichten, Überlegungen, Vorbereitungen seine banalen Überzeugungen durchsetzen, gemäß einer „Taktik der starken Hand".

Dies Gesamtbild ließ uns an gewisse niedere Arten des Menschseins denken, an das verzogene Kind und den rebellischen Wilden, den Barbaren. (Der normale Wilde ist im Gegenteil höheren Mächten gegenüber, der Religion, den Tabus, gesellschaftlicher Überlieferung, Sitten und Gebräuchen, das gefügigste Wesen der Welt.) Man wundere sich nicht, wenn ich diese menschliche Figur mit Schmähworten bedenke. Dies Büchlein ist nur ein erster Angriff auf den Triumphator des Jahrhunderts und die Ankündigung, daß ein paar Europäer sich entschieden gegen seine Tyrannenallüren aufzulehnen gedenken. Jetzt handelt es sich um ein Vorhutgeplänkel, weiter nichts; der Hauptangriff wird bald, vielleicht sehr bald und in wesentlich anderer Form erfolgen. Der Hauptangriff muß so erfolgen, daß der Massenmensch nicht auf ihn gefaßt ist, daß er ihn vor sich sieht und nicht weiß, daß eben dies der Hauptangriff ist.

Das Geschöpf, das sich heute überall breit macht und seine innere Unkultur durchsetzt, ist in der Tat das Hätschelkind der menschlichen Geschichte. Hätschelkind ist der Erbe, der nichts als Erbe ist. Heute ist das Erbteil die Zivilisation mit all ihren Vorteilen – Bequemlichkeit, Sicherheit usw. Nur in dem behaglichen Leben, das sie in der Welt geschaffen hat, kann, so sahen wir, ein Mensch dieser Art aufkommen. Er gehört

117

zu den zahlreichen Mißbildungen, wie sie der Überfluß an der menschlichen Materie hervorbringt. Man glaubt gern, ein Leben, das in eine überreiche Welt hineingeboren ist, sei besser, das heißt mehr Leben als eines, dessen Hauptinhalt der Kampf gegen die Not ist. Aber das ist nicht der Fall – aus strengen und wesentlichen Gründen, die darzulegen hier nicht der Ort ist. Uns genügt statt jener Gründe die Erinnerung an die oft erwähnte Tatsache, die der Tragödie jedes erblichen Adels zugrunde liegt. Dem Erben sind gewisse Lebensbedingungen zugeteilt, die er nicht geschaffen hat, die also nicht in organischem Zusammenhang mit seinem eigenen persönlichen Leben entstehen. Er sieht sich von vornherein durch seine Geburt, ohne zu wissen, warum, im Besitz seiner Reichtümer und Vorrechte. Er selbst hat innerlich nichts damit zu schaffen, weil sie nicht von ihm stammen. Sie sind die gewaltige Rüstung einer anderen Person, seines Vorfahrs. Und ihm fällt zu, „als Erbe" zu leben; das heißt in der Rüstung eines anderen Geschlechts. Was geschieht? Welches Leben wird der Erbe des Adels leben, seines oder das des edlen Stifters? Keins von beiden. Er ist verurteilt, den anderen *darzustellen,* das heißt nicht der andere und auch nicht er selbst zu *sein.* Sein Leben geht unerbittlich der Echtheit verlustig und verwandelt sich in bloße Darstellung oder Vortäuschung eines fremden Daseins. Der Überfluß der Mittel, die er zu verwalten gezwungen ist, erlaubt ihm nicht, sein eigenes Schicksal zu erfüllen; sein Leben verkümmert. *Jedes Leben kämpft und müht sich um seine Selbstverwirklichung.* Gerade die Schwierigkeiten, auf die es hierbei stößt, wecken und schmeidigen seine Tatlust und seine Fähigkeiten. Wenn mein Körper nicht schwer wäre, könnte ich nicht gehen. Wenn die Luft nicht auf mich drückte, empfände ich meinen Leib als etwas Vages, Schwammiges, Gespenstiges. So verwischt sich mangels Gebrauchs und vitaler Kraftanspannung allmählich die ganze Person des durch Erbe Adeligen. Das Ergebnis ist jene besondere Vertrottelung alter Geschlechter, die mit nichts Ähnlichkeit hat und eigentlich von niemandem in ihrem inneren tragischen Mechanismus beschrieben worden ist – dem inneren tragischen Mechanismus, der jede erbliche Aristokratie ihrer unabänderlichen Entartung zutreibt.

Es sollte dies nur der naiven Annahme entgegengehalten werden, daß der Überfluß der Mittel eine Begünstigung des Lebens bedeutet. Eine allzugut ausgestattete Welt[1] bringt zwangsläufig jene schweren Deformationen und fehlerhaften menschlichen Typen hervor, die sich unter der allgemeinen Kategorie des „Erben" vereinigen lassen; der „Aristokrat" ist nur ein Spezialfall davon, ein anderer ist das verwöhnte Kind,

---

[1] Man verwechsle die Zunahme und selbst die Fülle der Mittel nicht mit dem Überfluß. Im 19. Jahrhundert wird das Leben immer leichter, und davon rührt seine überraschende – quantitative und qualitative – Steigerung her, auf die wir früher hingewiesen haben. Aber es gab einen Augenblick, wo die zivilisierte Welt, verglichen mit der Aufnahmefähigkeit des Durchschnittsmenschen, einen Zug *übermäßigen und überflüssigen* Reichtums annahm. Ein einziges Beispiel dafür: die Sicherheit, die der Fortschritt (i. e. die stetig wachsende Zunahme vitaler Vorteile) zu gewähren schien, verdarb den gewöhnlichen Menschen, indem sie ihm ein Selbstvertrauen einflößte, das übertrieben und daher hemmend und töricht ist.

119

ein anderer, weit umfassenderer und grundsätzlicher in seiner Bedeutung, der Massenmensch unserer Zeit. Andererseits sollte man den Vergleich mit dem „Aristokraten" mehr im einzelnen ausnützen und zeigen, wie viele der Züge, die in allen Völkern und Zeiten für ihn charakteristisch sind, sich der Anlage nach in dem Massenmenschen wiederfinden. Zum Beispiel: die Neigung, Spiel und Sport zur Hauptlebensaufgabe zu machen; die Lust am eigenen Leib (hygienische Lebensweise, Sorgfalt in der Wahl der Kleidung); mangelnde Romantik in der Beziehung zur Frau; daß man sich an dem Gelehrten ergötzt, ihn im Grunde aber verachtet und von den Lakaien oder Sbirren auspeitschen läßt; daß man lieber unter einer absoluten Gewalt als im freien Meinungsaustausch miteinander lebt usw.[1]

Ich betone nochmals mit aufrichtigem Bedauern, daß

---

[1] Hierin wie in anderen Dingen scheint die englische Aristokratie eine Ausnahme zu bilden. Aber man braucht sich nur die allgemeinen Umrisse der englischen Geschichte zu vergegenwärtigen, um zu erkennen, daß ihr höchst bewundernswerter Fall nur die Ausnahme ist, welche die Regel bestätigt. Entgegen der gewöhnlichen Meinung hat der englische Adel seltener im Überfluß und dauernder in Gefahr gelebt als irgendeiner in Europa. Und weil er immer in Gefahr lebte, hat er sich in Respekt zu setzen gewußt – was unermüdliche Kampfbereitschaft voraussetzt. Man vergißt den wesentlichen Umstand, daß England bis weit ins 18. Jahrhundert hinein das ärmste Land Europas war. Eben das rettete den Adel. Da er nicht mit Reichtümern gesegnet war, mußte er sich von vornherein zu kaufmännischer und industrieller Tätigkeit verstehen, was auf dem Kontinent für unedel galt; das heißt, er entschloß sich sehr rasch, wirtschaftlich produktiv zu leben und sich nicht an seine Privilegien zu klammern.

dieser Mensch voll ungeschliffener Neigungen, dieser neueste Barbar ein Erzeugnis der modernen Zivilisation, besonders jener Form ist, welche sie im 19. Jahrhundert annahm. Er ist nicht von außen in die zivilisierte Welt eingebrochen wie die „großen weißen Barbaren" des 5. Jahrhunderts; er ist auch nicht durch geheimnisvolle Urzeugung in ihr entstanden wie nach Aristoteles die Kaulquappen im Teich; er ist ihre natürliche Frucht. Man kann ein Gesetz aufstellen, welches Paläontologie und Biogeographie bestätigen, nämlich daß sich menschliches Leben nur dann gebildet und fortentwickelt hat, wenn die Mittel, über die es verfügte, mit den Problemen, die es in sich trug, im Gleichgewicht waren. Das stimmt in der geistigen wie in der physischen Welt. So gedeiht, um ein sehr konkretes Beispiel aus dem körperlichen Leben zu nennen, die menschliche Spezies am besten in jenen Gegenden des Planeten, wo der heißen Jahreszeit durch scharfe Kälte das Gleichgewicht gehalten wird. In den Tropen entartet das Menschentier, und umgekehrt sind die niedrigen Völker, wie zum Beispiel die Pygmäen, von nach ihnen geborenen, aber höher stehenden Rassen in die Tropen gedrängt worden.[1]

Die Zivilisation des 19. Jahrhunderts nun ist von solcher Art, daß sie dem Durchschnittsmenschen gestattet, sich in einer Welt des Überflusses einzurichten, von der er nur die Üppigkeit der Mittel, aber nicht die Schwierigkeiten sieht. Er findet bequeme Gesetze, vorsorgende Staaten, fabelhafte Apparate, heilkräftige

[1] Vgl. K. Olbricht: Klima und Entwicklung. Versuch einer Bioklimatik des Menschen und der Säugetiere. Jena 1923.

Medizinen vor. Aber er weiß nicht, wie schwer es ist,
die Medizinen und Apparate zu erfinden und ihre Her-
stellung für die Zukunft zu sichern; er merkt nicht,
wie unsicher die Organisation des Staates ist, und kaum,
daß er irgendeine Verpflichtung in sich fühlt. Dieser
Ausfall verfälscht und verdirbt ihn an der Wurzel seines
Daseins, denn er bringt ihn um die Fühlung mit der
Substanz des Lebens, welche letzte Gefahr und radikale
Fragwürdigkeit ist. Die widerspruchsvollste menschliche
Gestalt, die das Leben hervorbringen kann, ist der „zufriedene junge Herr". Wenn er zur tonangebenden Figur wird, ist es notwendig, Alarm zu blasen und zu
verkünden, daß der Menschheit Entartung droht. Das
vitale Niveau ist im heutigen Europa höher als irgendwann in der menschlichen Vergangenheit; aber es ist zu
fürchten, daß es in der Zukunft seinen Stand weder
wahren noch steigern, sondern im Gegenteil auf tiefere
Zustände zurücksinken wird.

In hinreichender Deutlichkeit kommt das meiner
Meinung nach an jeder monströsen Erscheinung zum
Ausdruck, die ich den „zufriedenen jungen Herrn" zu
nennen pflege. Der „junge Herr" ist ein Mensch, der
zur Welt gekommen ist, um das zu tun, wozu er Lust
hat. Denn damit ist tatsächlich die Vorstellung charakterisiert, die sich der Familiensohn vom Leben macht.
Wir wissen, warum: In der Familie kann alles bis zu
den schwersten Verbrechen letzten Endes unbestraft
bleiben. Die Familienatmosphäre ist verhältnismäßig
künstlich und duldet viele Handlungen, die für den
Täter in der Gesellschaft, in der Luft der Straße, un-
ausbleiblich schlimme Folgen nach sich zögen. Aber der

„junge Herr" meint, daß er sich außerhalb des Hauses genau so benehmen kann wie zu Hause, daß nichts verhängnisvoll, endgültig und unwiderruflich ist, kurz, daß er tun kann, was ihm eben einfällt.[1]

Er befindet sich im Irrtum. Vossa mercê irá a onde o leven (Euer Gnaden gehen, wohin man Sie führt), wie man in der portugiesischen Fabel dem Papageien zu verstehen gibt. Nicht daß ein *Verbot* uns hinderte, zu handeln, wie wir möchten; aber wir können nur das tun, was wir tun *müssen*, was wir sein *müssen*. Allerdings ist uns freigestellt, uns diesem Muß zu entziehen; aber das gibt uns noch nicht die Möglichkeit, das andere zu tun, wozu wir Lust haben. Wir besitzen in diesem Punkt nur eine negative Willensfreiheit, einen *Nicht-Willen*. Es steht uns durchaus frei, von unserer wahrhaften Bestimmung zu desertieren, aber nur um als Gefangene in die unteren Stockwerke unseres Schicksals zu fallen. Ich kann das nicht jedem einzelnen meiner Leser an seinem persönlichen Geschick, insofern es rein persönlich ist, klar machen, weil ich nicht jeden einzelnen meiner Leser kenne; wohl aber an jenen Elementen seines Schicksals, die ihm mit allen anderen gemeinsam

---

[1] Was das Haus gegenüber der Gesellschaft, ist in größerem Maßstab die Nation gegenüber der Gesamtheit der Völker. Eine der deutlichsten und schwerwiegendsten Äußerungen des herrschenden „Jungherrentums" ist, wie wir sehen werden, der Entschluß einiger Nationen, in der internationalen Lebensgemeinschaft „zu tun, was ihnen einfällt". Sie nennen das treuherzig „Nationalismus". Und ich, der ich die Bigotterie des Internationalismus verabscheue, finde andererseits diese vorübergehenden Junkerallüren der am wenigsten dazu berufenen Völker grotesk.

sind. So ist heute jedermann viel tiefer als von all seinen handfesten „Theorien" und „Ideen" davon überzeugt, daß der gegenwärtige europäische Mensch liberal zu sein hat. Wir wollen nicht streiten, ob diese oder jene Form der Freiheit gefordert ist. Ich spreche nur davon, daß der reaktionärste Europäer im Grunde seines Herzens weiß, daß Europa den Grundsätzen, für die der Liberalismus des vorigen Jahrhunderts focht, nicht entlaufen kann, daß sie zum Wesen des abendländischen Menschen gehören, ob er will oder nicht.

Auch wenn es sich klipp und klar zeigen sollte, daß alle konkreten Mittel zur Verwirklichung dieses dem europäischen Schicksal unauslöschlich eingeprägten Gebotes der politischen Freiheit bis jetzt falsch und unheilvoll waren, so bleibt doch als letzte Einsicht bestehen, daß es *seinem Wesen* nach recht hatte. Diese letzte Einsicht wirkt im europäischen Kommunisten wie im Faschisten, so gewaltig sie auch reden, um sich und uns vom Gegenteil zu überzeugen, und wirkt ebenso – ob er will oder nicht, ob er daran glaubt oder nicht – in dem Katholiken, der sich in aufrichtiger Verehrung vor dem Dogma beugt.[1] Sie alle „wissen", daß hinter den guten

---

[1] Wer mit Kopernikus *glaubt,* daß die Sonne nicht zum Horizont hinuntersinkt, *sieht* sie doch sinken, und da dem Sehen eine unmittelbare Überzeugungskraft innewohnt, dauert der ursprüngliche Glaube unter dem abgeleiteten fort; nur setzt das physikalische Wissen die Folgen des spontanen Eindrucks außer Kraft. Ebenso leugnet der Katholik mit seinem dogmatischen seinen eigenen *echten* liberalen Glauben. Der Hinweis auf den Fall des Katholiken dient hier nur als Beispiel zur weiteren Beleuchtung des oben auseinandergesetzten Gedankens; aber die radikale Kritik, die ich an dem Massen-

Gründen, mit denen sie den Liberalismus bekämpfen, seine Wahrheit unangetastet fortdauert, da sie nicht theoretisch, wissenschaftlich, verstandesmäßig, sondern von grundsätzlich anderer und entscheidenderer Art ist – eine Wahrheit der Schicksalsbestimmung. Theoretische Wahrheiten sind nicht nur diskutierbar, sondern ihre ganze Bedeutung und Kraft besteht darin, daß sie diskutiert werden; sie entstehen aus der Diskussion, leben, solange sie diskutiert werden, und werden *ausschließlich* für die Diskussion gemacht. Aber die Bestimmung – was wir als lebende Wesen sein oder nicht sein sollen – wird nicht diskutiert, sie wird hingenommen oder abgelehnt. Wenn wir sie hinnehmen, sind wir echt; wenn wir sie ablehnen, sind wir die Verneinung, die Verfälschung unserer selbst.[1] Unsere Bestimmung fällt nicht mit dem

menschen unserer Zeit, an dem „zufriedenen jungen Herrn" übte, gilt nicht für ihn. Er stimmt mit diesem nur in einem Punkt überein. Was ich dem „jungen Herrn" vorwerfe, ist der Mangel an Echtheit, der fast sein ganzes Wesen durchdringt. Der Katholik ist nur in einigen Punkten seines Wesens nicht echt. Aber selbst diese teilweise Übereinstimmung ist nur scheinbar. Der Katholik ist nicht echt in einem Teil seines Wesens — in allem, was er, ob er will oder nicht, vom modernen Menschen hat —, *weil* er einem anderen wahrhaften Teil seines Wesens treu bleiben will, seinem religiösen Glauben. Das besagt, daß die Bestimmung des Katholiken in sich selber zwiespältig ist. Und indem er seinen Teil an Unwahrhaftigkeit auf sich nimmt, erfüllt er sein Schicksal. Der „junge Herr" dagegen verrät sich selbst mit Haut und Haar aus purer Leichtfertigkeit – gerade um jeder Tragik aus dem Wege zu gehen.

[1] Erniedrigung und Verrohung sind die Lebensform dessen, der sich seiner Bestimmung entzogen hat. Sein wahr-

zusammen, was wir gern täten; eher erkennt man ihr klares und strenges Gesicht an dem, was sie uns entgegen unserer Neigung zu tun aufgibt.

Nun wohl: „der zufriedene junge Herr" ist dadurch gezeichnet, daß er „weiß", gewisse Dinge können nicht geschehen, und gerade deshalb in Worten und Handlungen die gegenteilige Überzeugung vortäuscht. So erhebt sich der Faschist gegen die politische Freiheit, gerade weil er weiß, daß sie zu guter Letzt und im Ernst nie versagen kann, daß sie da ist, unerschütterlich, im innersten Wesen des europäischen Lebens, und daß man immer auf sie zurückgreifen kann, wenn es in Wahrheit not tut, wenn es ernst wird. Denn dies ist die Grundtatsache im Dasein des Massenmenschen: der Unernst, das „Im-Scherz". Was er macht, macht er „als ob", wie der Familiensohn seine Dummheiten. Aller Eifer, mit dem man bestrebt ist, in jeder Lebenslage tragische, letzte, schicksalsschwere Haltungen anzunehmen, ist leerer Schein. Man spielt Tragödie, weil man die wirkliche Tragödie in unserer zivilisierten Welt für unwahrscheinlich hält.

Wir sind zum Glück nicht gezwungen, das als das wahrhafte Wesen einer Person anzusehen, was sie dafür ausgeben möchte. Wenn einer steif und fest behauptet, daß er glaube, zwei mal zwei sei fünf, und kein Grund vorliegt, ihn für gestört zu halten, so müssen wir an-

---

haftes Sein stirbt nicht, es wird zum anklagenden Schatten, zum Gespenst, das ihm die Gemeinheit seines wirklichen Daseins, verglichen mit dem ihm aufgetragenen, in immer erneuter Erinnerung hält. Der Fahnenflüchtling des Lebens ist ein überlebender Selbstmörder.

nehmen, daß er es nicht glaubt, soviel er auch schreit, und ließe er sich für seine Überzeugung selbst hängen.

Ein Wind allgemeiner, alles ergreifender Hanswursterei weht in Europa. Fast alle Stellungen, die man bezieht und zur Schau stellt, sind innerlich verlogen. Wenn man eine Anstrengung macht, ist es nur, um dem eigenen Schicksal zu entlaufen, vor seiner Gewißheit und tiefen Forderung die Augen zu schließen und jede Konfrontation mit *dem, was sein soll,* zu vermeiden. Man lebt possenhaft, und das um so mehr, je düsterer die Maske ist, die man sich vorhält. Das Leben wird zur Posse, wenn man von unverbindlichen Haltungen lebt, für welche die Person sich nicht ganz und rückhaltlos einsetzt. Der Massenmensch haftet mit seinen Füßen nicht auf dem festen, dauernden Boden seines Schicksals; sein scheinhaftes Dasein hängt in der Luft. Darum ließen sich niemals vorher die gewichts- und wurzellosen Existenzen – déracinés ihres Schicksals – so leicht von jeder Strömung mitreißen. Dies ist das Zeitalter der Strömungen und des Mitgerissenseins. Es ist so gut wie niemand da, der den oberflächlichen Wirbeln, die sich in Kunst, Wissenschaft, Politik, gesellschaftlichen Sitten bilden, Widerstand entgegensetzte. Darum triumphiert mehr als je die Rhetorik. Der Surrealist glaubt, die ganze Literaturgeschichte überwunden zu haben, wenn er, wo andere „Jasmine, Schwäne und Satyrn" schrieben, ein Wort einsetzt, das wir nicht zu schreiben brauchen; aber es ist klar, daß er damit einzig eine andere Rhetorik aufgebracht hat, die solange im Rinnstein lag.

Wir verstehen die gegenwärtige Lage besser, wenn

wir, unbeschadet ihrer Besonderheiten, auf die Seiten hinweisen, die ihr mit früheren gemein sind. So tritt um das 3. Jahrhundert v. Chr. – kaum daß die Mittelmeerkultur ihren Gipfel erreicht hat – der Zyniker auf. Diogenes stapft mit seinen beschmutzten Sandalen über die Teppiche des Aristipp. Es wimmelte von Zynikern; sie standen hinter allen Ecken und auf jedem Stein. Aber ihre ganze Geschäftigkeit lief einzig auf eine Sabotage der damaligen Kultur hinaus. Sie waren die Nihilisten des Hellenismus. Niemals schufen noch taten sie irgend etwas. Ihre Rolle war das Verneinen, besser gesagt, der Versuch zu verneinen, denn auch diese Absicht erreichten sie nicht. Der Zyniker, der Schmarotzer der Zivilisation, lebt davon, sie zu verneinen, gerade weil er überzeugt ist, daß sie ihn nicht im Stich lassen wird. Was sollte ein Zyniker unter den Wilden tun, wo alle von Natur und im Ernst betreiben, was er zum Spaß als seine persönliche Rolle agiert? Was ist ein Faschist, wenn er die Freiheit nicht schmähen, und ein Surrealist, wenn er der Kunst nicht absagen kann?

Man kann kein anderes Benehmen von einem Menschentypus erwarten, der in einer allzugut eingerichteten Welt geboren ist und nur ihre Vorteile, nicht ihre Gefahren bemerkt. Die Umgebung verwöhnt ihn, denn sie ist „Zivilisation", das heißt ein Haus; und das Familiensöhnchen sieht keine Veranlassung, seine Launen in Zucht zu nehmen, auf äußere, ihm überlegene Stimmen zu hören, und fühlt sich am allerwenigsten gedrängt, an den unerbittlichen Grund seiner eigenen Schicksalsbestimmung zu rühren.

XII

DIE BARBAREI DES SPEZIALISTENTUMS

Unsere Behauptung war, daß die Zivilisation des 19. Jahrhunderts zwangsläufig den Massenmenschen hervorgebracht hat. Wir dürfen die allgemeine Auseinandersetzung nicht schließen, ohne die Mechanik dieses Vorgangs in einem speziellen Fall geschildert zu haben. So gewinnt die Behauptung, indem sie gegenständlicher wird, an Überzeugungskraft.

Die Zivilisation des 19. Jahrhunderts, sagte ich, läßt sich unter zwei großen Gesichtspunkten zusammenfassen: liberale Demokratie und Technik. Berücksichtigen wir jetzt nur die letzte. Die zeitgenössische Technik entspringt der Verbindung des Kapitalismus mit den Experimentalwissenschaften. Nicht jede Technik ist wissenschaftlich. Der Erfinder der Feuersteinaxt wußte nichts von Wissenschaft und schuf trotzdem eine Technik. China gelangte zu einem hohen Grade technischer Fertigkeiten, ohne im geringsten etwas von der Existenz der Physik zu ahnen. Nur die moderne europäische Technik hat eine wissenschaftliche Wurzel, und daher stammt ihr eigentümlicher Charakter, die Möglichkeit eines unbegrenzten Fortschritts. Die übrigen Techniken – die mesopotamische, ägyptische, griechische, römische, orientalische – wachsen bis zu einem gewissen Punkt ihrer Entwicklung, den sie nicht überschreiten können, und beginnen, kaum daß sie ihn erreicht haben, zu stokken und kläglich zu verfallen.

Diese beispiellose abendländische Technik hat die beispiellose Fruchtbarkeit der europäischen Rasse möglich gemacht. Man erinnere sich der statistischen Angaben, von denen wir ausgingen und die, wie ich sagte, alle diese Überlegungen im Keim enthalten. Vom 5. Jahrhundert bis 1800 kommt die Einwohnerzahl Europas nicht über 180 Millionen; von 1800 bis 1914 steigt sie auf 460 Millionen. Der Sprung steht einzig da in der menschlichen Geschichte. Daß die Technik, gemeinsam mit der liberalen Demokratie, den Massenmenschen im quantitativen Sinn des Wortes erzeugt hat, bedarf keiner weiteren Begründung. Aber unsere Absicht war, zu zeigen, daß sie auch im Sinn der Qualität, der schlechten Qualität, für ihn verantwortlich ist.

Unter Masse, so warnte ich gleich zu Anfang, soll nicht speziell der Arbeiter verstanden werden; Masse bezeichnet hier keine gesellschaftliche Klasse, sondern eine Menschenklasse oder -art, die heute in allen gesellschaftlichen Klassen vorkommt und darum charakteristisch für unser Zeitalter ist, das sie bestimmt und beherrscht. Wir werden dies im folgenden nur allzu deutlich sehen.

Wer hat heute die gesellschaftliche Macht in Händen? Wer drückt der Zeit den Stempel seiner geistigen Verfassung auf? Ohne Zweifel das Bürgertum. Wer gilt im Bürgertum als die vornehmste Gruppe, als der Adel der Gegenwart? Ohne Zweifel die Gebildeten: der Ingenieur, Arzt, Finanzmann, Lehrer ... Wer innerhalb dieser Gruppe stellt sie am vollkommensten und reinsten dar? Ohne Zweifel der Wissenschaftler. Wenn ein Sternenwesen heute Europa besuchte und in der Absicht, es zu beurteilen, den Menschentypus erfragte, nach dem es am liebsten gewertet sein wollte, Europa würde unzweifelhaft, willfährig und eines günstigen Spruches gewiß, auf seine Männer der Wissenschaft deuten. Das Sternenwesen würde natürlich nicht den hervorragenden Einzelnen, sondern die Regel, den allgemeinen Typus „Wissenschaftler", suchen, den Gipfel des europäischen Menschentums.

Nun wohl, es erweist sich, daß der heutige Wissenschaftler das Urbild des Massenmenschen ist. Und nicht zufällig, nicht durch persönliche Mängel jedes einzelnen Exemplars, sondern weil die Wissenschaft selbst, die Wurzel der Zivilisation, ihn unentrinnbar zum Massenmenschen, das heißt zum Primitiven, zu einem modernen Barbaren macht.

Die Erscheinung ist nicht neu und oft genug festgestellt worden; aber nur im Zusammenhang dieser Untersuchung wird ihr Sinn und Gewicht völlig deutlich.

Die Experimentalwissenschaft hebt Ende des 16. Jahrhunderts mit Galilei an,[1] Newton gibt ihr Ende des 17. ihre prinzipielle Verfassung, und um die Mitte des 18. Jahrhunderts beginnt sie sich zu entfalten. Die

---

[1] Bei dieser Gelegenheit erinnern wir füglich an jene Szene, falls man sie vergessen haben sollte, eine der lächerlichsten, unwürdigsten und abscheulichsten, die auf dem Planeten Erde vorgefallen sind, als am 26. Juni des Jahres 1633 Galilei, ein Greis von siebzig Jahren, vor dem Sanctum Officium in Rom niederknien und die Physik verleugnen mußte.

131

Entfaltung einer Disziplin ist verschieden von ihrer Begründung und anderen Bedingungen unterworfen. So zwang die Begründung der Physik, im Sinn eines Sammelnamens für die Experimentalwissenschaften, zu einer starken Synthese. Das war das Werk Newtons und seiner Zeitgenossen. Aber die Entwicklung der Physik stellte eine andere, der Synthese entgegengesetzte Aufgabe. Wenn die Wissenschaft fortschreiten soll, müssen sich ihre Vertreter spezialisieren. Die Wissenschaftler, nicht die Wissenschaft. Die Wissenschaft ist nicht speziell. Sie hörte sonst ipso facto auf, wahr zu sein. Nicht einmal die Erfahrungswissenschaft als Ganzes ist wahr, wenn man sie von der Mathematik, der Logik, der Philosophie trennt. Aber die wissenschaftliche Arbeit hat unvermeidlich speziellen Charakter.

Es wäre interessant und nützlicher, als es auf den ersten Blick scheint, eine Geschichte der physikalischen und biologischen Wissenschaften unter dem Gesichtspunkt der wachsenden Spezialisierung in der Arbeit der Forscher zu schreiben. Sie würde zeigen, wie sich der Wissenschaftler von einer Generation zur anderen immer mehr beschränkt, auf ein stets engeres geistiges Betätigungsfeld festgelegt hat. Aber was eine solche Geschichte uns vor allem lehren könnte, wäre nicht dies, sondern das Inverse: wie von einer Generation zur andern der wissenschaftliche Mensch, weil er seinen Arbeitskreis zusammenziehen mußte, fortschreitend die Fühlung mit den übrigen Teilen der Wissenschaft, mit einer deutenden Durchdringung des ganzen Universums, verlor, die doch allein den Namen europäischer Wissenschaft, Kultur, Zivilisation verdient.

Die Entwicklung der Einzelwissenschaften hebt gerade in einer Zeit an, die für den gebildeten Menschen den Namen des Enzyklopädisten, des „Alleswissers", geprägt hat. Das 19. Jahrhundert beginnt seinen Lauf unter der Führung von Menschen, die enzyklopädisch leben, obgleich ihre schöpferische Arbeit schon einen speziellen Charakter trägt. In der nächsten Generation hat sich der Schwerpunkt bereits verschoben, das einzelwissenschaftliche Interesse beginnt, in jedem Gelehrten die Allgemeinbildung zu verdrängen. Wenn um 1890 eine dritte Generation die geistige Führung Europas übernimmt, tritt ein Gelehrtentypus auf, der in der Geschichte nicht seinesgleichen hat. Es sind Leute, die von allem, was man wissen muß, um ein verständiger Mensch zu sein, nur eine bestimmte Wissenschaft und auch von dieser nur den kleinen Teil gut kennen, in dem sie selbst gearbeitet haben. Sie proklamieren ihre Unberührtheit von allem, was außerhalb dieses schmalen, von ihnen speziell bestellten Feldes liegt, als Tugend und nennen das Interesse für die Gesamtheit des Wissens *Dilettantismus.*

Es gelingt ihnen tatsächlich, in ihrem engen Gesichtsfeld neue Tatsachen zu entdecken und so ihre Wissenschaft, die sie kaum kennen, und damit dem Universum des Geistes, das sie gewissenhaft ignorieren, zu dienen. Wie war und ist so etwas möglich? Heben wir mit allem Nachdruck folgende unglaubliche, aber unleugbare Tatsache hervor: Die Experimentalwissenschaften haben sich zum guten Teil dank der Arbeit erstaunlich mittelmäßiger, ja weniger als mittelmäßiger Köpfe entwickelt. Das bedeutet, daß die moderne Wissenschaft, Wurzel und Sinnbild der gegenwärtigen Kultur, dem geistig Minderbemittelten Zutritt gewährt und ihm erfolgreich zu arbeiten gestattet. Der Grund hierfür liegt in der Erscheinung, die zugleich den größten Vorteil und die schwerste Gefahr der neuen Wissenschaft und der ganzen von ihr gelenkten und verkörperten Zivilisation bedeutet: in der Mechanisierung. Ein gut Teil dessen, was in der Physik oder Biologie zu tun ist, besteht aus mechanischen Anwendungen oder Verallgemeinerungen, die eigentlich jeder beliebige machen kann. Eine ganze Anzahl von Untersuchungen sind sehr wohl durchführbar, wenn die Wissenschaft in kleine Parzellen eingeteilt wird und der Forscher sich in einer davon ansiedelt und um alle anderen nicht kümmert. Die Festigkeit und Exaktheit der Methoden gestattet diese vorübergehende praktische Zerstückelung des Stoffes. Man arbeitet mit diesen Methoden wie mit einer Maschine und braucht, um zu einer Fülle von Ergebnissen zu gelangen, nicht einmal deutliche Vorstellungen von ihrem Sinn und ihren Grundlagen zu haben. So fördert der Durchschnittsgelehrte den Fortschritt der Wissenschaft, eingesperrt in seiner Laboratoriumszelle wie eine Biene in der Wabe ihres Stocks oder wie der Gaul im Laufkreis des Göpels.

Aber dies erzeugt ein Geschlecht höchst wunderlicher Menschen. Der Forscher, der eine neue Naturtatsache entdeckt hat, muß ein Gefühl der Überlegenheit und Sicherheit bekommen. Nicht ohne einen Schein des Rechts wird er sich für einen „Wissenden" halten. Und in der Tat besitzt er ein Stück Erkenntnis, das zusammen mit anderen, die er nicht besitzt, das wahrhafte Wissen aufbaut. Das ist die innere Lage des Fachgelehrten, der im Anfang unseres Jahrhunderts zu übertriebenster Entwicklung gelangte. Der Spezialist ist in seinem winzigen Weltwinkel vortrefflich zu Hause; aber er hat keine Ahnung von dem Rest.

Hier haben wir ein ausgeprägtes Exemplar des sonderbaren neuen Menschen vor uns, den ich von seinen verschiedenen Seiten und Ansichten her zu schildern suche. Ich sagte, dies menschliche Gebilde sei ohne Vorläufer in der Geschichte. Der Fachgelehrte dient uns als brauchbares Beispiel für die Spezies; er führt uns ihre ganze radikale Neuheit vor Augen. Denn früher konnte man die Menschen einfach in Wissende und Unwissende, in mehr oder weniger Wissende und mehr oder weniger Unwissende einteilen. Aber der Spezialist läßt sich in keiner der beiden Kategorien unterbringen. Er ist nicht gebildet, denn er kümmert sich um nichts, was nicht in sein Fach schlägt; aber er ist auch nicht ungebildet, denn er ist ein Mann der Wissenschaft und weiß in seinem Weltausschnitt glänzend Bescheid. Wir werden ihn einen gelehrten Ignoranten nennen müssen, und das ist eine überaus ernste Angelegenheit; denn es besagt, daß er sich in allen Fragen, von denen er nichts versteht, mit der ganzen Anmaßung eines Mannes aufführen wird, der in seinem Spezialgebiet eine Autorität ist.

Tatsächlich ist hiermit das Gebaren des Fachgelehrten gekennzeichnet. In den anderen Wissenschaften, in Politik, Kunst, sozialen Angelegenheiten, hat er die Ansichten eines Wilden, eines hoffnungslosen Stümpers, aber er verteidigt sie mit Nachdruck und Selbstvertrauen, ohne Rücksicht – und das ist das Widersinnige –

auf die dort zuständigen Fachleute. Als die Zivilisation ihn zum Fachmann machte, hat er sich unerreichbar und wohlzufrieden hinter seinen engen Grenzen verschanzt; und eben dies innere Gefühl von Selbstgenügsamkeit und Tüchtigkeit treibt ihn dazu, auch außerhalb seines Spezialgebietes das große Wort führen zu wollen. So kommt es, daß sich selbst diese Männer, die einen Höchstfall von Qualifikation, von spezieller Begabung, und sonach den Gegenpol zum Massenmenschen darstellen sollten, in fast allen Lebensbereichen wie undifferenziertes und durchschnittliches Volk betragen.

Diese Bemerkung ist wörtlich gemeint. Jedermann kann beobachten, wie töricht heute in Politik, Kunst, Religion und den allgemeinen Lebens- und Weltproblemen die Gelehrten und in ihrem Gefolge Ärzte, Ingenieure, Finanziers usw. denken, urteilen und handeln. Die Taubheit, die Unbotmäßigkeit, die ich immer wieder als Merkmale des Massenmenschen bezeichnet habe, erreichen gerade in diesem teilweise qualifizierten Menschen ihren Gipfel. Sie sind das Symbol und in nicht unbeträchtlichem Ausmaß die Träger der gegenwärtigen Herrschaft der Massen, und ihre Barbarei ist der unmittelbarste Grund zur Demoralisierung Europas.

Andererseits sind sie das klarste und deutlichste Beispiel dafür, wie die Zivilisation des vorigen Jahrhunderts, *sich selbst überlassen,* diesen Schößling der Primitivität und Barbarei treiben mußte.

Die direkte Folge des einseitigen Spezialistentums ist es, daß heute, obwohl es mehr „Gelehrte" gibt als je, die Anzahl der „Gebildeten" viel kleiner ist als zum Beispiel um 1750. Und das Schlimmste ist, daß mit diesen Triebpferden des wissenschaftlichen Göpels nicht einmal der innere Fortgang der Wissenschaft gesichert ist. Denn sie hat von Zeit zu Zeit als organische Regulierung ihres eigenen Wachstums eine Neufundierung nötig, und das verlangt, wie ich dargelegt habe, einen Willen zur Synthese, die immer schwieriger wird, da sie sich auf immer ausgedehntere Gebiete des Gesamtwissens erstreckt. Newton konnte seine physikalische Theorie schaffen, ohne viel von Philosophie zu verstehen, aber Einstein mußte Kant und Mach kennen, um zu seinen Einsichten zu gelangen. Kant und Mach – die beiden Namen sind nur Symbole für die gewaltige philosophische und psychologische Gedankenmasse, die Einstein beeinflußt hat –, Kant und Mach waren nötig, um Einstein von gewissen geistigen Vorurteilen zu befreien, sie öffneten ihm den Weg zu seiner Entdeckung. Aber mit Einstein ist es nicht getan. Die Physik tritt in die schwerste Krisis ihrer Geschichte ein, und nur eine neue „Enzyklopädie", systematischer als die erste, wird sie retten können.

Das Spezialistentum, auf dem ein Jahrhundert lang der Fortschritt der Experimentalwissenschaften beruhte, nähert sich einem Zustand, in dem es aus eigener Kraft nicht weiterkommen kann, wenn eine neue bessere Generation es nicht übernimmt, ihm einen neuen stärkeren Göpel zu bauen.

Aber wenn der Fachgelehrte nichts vom inneren Kräftehaushalt der Wissenschaften weiß, die er betreibt, so ist er noch viel weniger über die historischen Bedingungen ihrerFortdauer, das heißt darüber orientiert, welches die Verfassung der Gemeinschaft und des Menschenherzens sein muß, damit es weiterhin Forscher geben kann. Das Nachlassen der wissenschaftlichen Neigungen, das sich neuerdings zeigt – ich wies bereits darauf hin –, ist ein beunruhigendes Zeichen für jeden, der eine klare Vorstellung von der Zivilisation hat, eine Vorstellung, die dem typischen „Gelehrten", dem Gipfel unserer Zivilisation, abzugehen pflegt. Auch er glaubt, daß die Zivilisation schlechthin *da ist* wie die Erdrinde und der Urwald.

XIII

DIE GRÖSSTE GEFAHR — DER STAAT

In einer guten Ordnung der öffentlichen Angelegenheiten ist die Masse der Teil des Gemeinwesens, der nicht aus sich handelt. Das ist ihre Bestimmung. Sie kam zur Welt, um geführt, beeinflußt, vertreten, gegliedert zu werden – selbst um nicht länger Masse zu bleiben oder wenigstens danach zu streben. Aber es ist ihr nicht gegeben, dies alles aus eigener Kraft zu tun. Sie muß ihr Leben auf die höheren Instanzen beziehen, die von den Eliten gebildet werden. Man streite sich, so viel man will, wer diese Eliten sind; aber daß ohne sie – seien sie nun diese oder jene – die Menschheit wesentlich anders aussähe, ist eine Tatsache, über die kein Zweifel herrschen sollte, wenn Europa auch ein ganzes Jahrhundert nach Straußenart den Kopf unter die Flügel gesteckt und probiert hat, an einer so einleuchtenden Wahrheit vorbeizusehen. Denn es handelt sich nicht um eine auf mehr oder weniger häufige und wahrscheinliche Vorkommnisse gegründete Meinung, sondern um ein Gesetz der „gesellschaftlichen Physik", das unerschütterlicher gilt als die Newtonschen Fallgesetze. An dem Tag, an dem in Europa wieder eine wahrhafte Philosophie[1] zur Herrschaft kommt – das einzige, wo-

---

[1] Damit die Philosophie herrsche, ist es nicht nötig, daß die Philosophen herrschen, wie Plato zuerst forderte, noch

durch es gerettet werden kann –, wird man wieder einsehen, daß der Mensch, ob er will oder nicht, durch
seine Anlage gezwungen ist, eine Autorität über sich zu
suchen. Wenn es ihm selbst gelingt, sie zu finden, ist er
ein Auserwählter; wenn nicht, gehört er zum Durchschnitt und muß sie von jenem empfangen.

Erhebt die Masse Anspruch auf selbständiges Handeln, so steht sie gegen ihr eigenes Schicksal auf; da es
eben dies ist, was sie jetzt tut, spreche ich von dem Aufstand der Massen. Denn das einzige, was mit Fug und
Recht Rebellion genannt werden kann, ist die Auflehnung des Menschen gegen seine Bestimmung, sein Ab-
fall von sich selbst. Die Empörung des Erzengels Luzifer
wäre streng genommen nicht weniger Empörung gewesen, wenn er, anstatt Gottes Thron, der ihm nicht
bestimmt war, den Platz des geringsten Engels begehrt
hätte, der seinem Wesen auch nicht entsprach. (Wäre
Luzifer Russe gewesen, er hätte vielleicht die letzte Form
der Auflehnung vorgezogen, die genau so sehr gegen
Gott ist wie die berühmte andere.)

Wenn die Masse selbständig handelt, tut sie es nur
auf eine Art: sie lyncht. Es ist nicht ganz zufällig, daß
das Lynchrecht amerikanisch ist, denn Amerika ist in
gewisser Weise das Paradies der Massen; noch ist es
verwunderlich, wenn heute, da die Massen triumphieren,

---

auch, daß die Herrscher philosophieren, wie er später be-
scheidener erstrebte. Beides ist im Grunde unheilvoll. Damit
die Philosophie herrsche, genügt es, daß sie existiert, das
heißt, daß die Philosophen Philosophen sind. Seit fast einem
Jahrhundert sind die Philosophen alles, nur nicht dies; sie
sind Politiker, Pädagogen, Literaten oder Wissenschaftler.

die Gewalt triumphiert und zur unica ratio, zur einzigen Logik, gemacht wird. Es ist lange her, daß ich auf die wachsende Legitimierung der Gewalt hinwies. Heute ist diese Entwicklung auf ihrem Höhepunkt, und das ist ein gutes Zeichen, denn es bedeutet, daß sich automatisch ihr Rückgang anbahnt. Das Wort Gewalt ist schon in die Rhetorik des Jahrhunderts eingegangen; die Redner, die Windigen, haben es zu dem ihrigen gemacht. Wenn eine menschliche Wirklichkeit ihre Geschichte erfüllt hat, gescheitert und ertrunken ist, spülen die Wellen sie an die Küste der Rhetorik, wo sie als Leichnam noch lange weiter existiert. Die Rhetorik ist der Friedhof der menschlichen Wirklichkeiten, bestenfalls ihr Altersasyl. Länger als die Wirklichkeit lebt ihr Name, der, wenn auch nur Wort, am Ende eben doch Wort ist und immer etwas von seiner magischen Kraft bewahrt.

Aber wenn das Prestige der Gewalt als eines zynisch aufgerichteten Rechtes auch im Sinken sein sollte, dauert doch ihre Herrschaft über uns, nur in veränderter Form, fort.

Ich denke an die größte Gefahr, die heute die europäische Kultur bedroht; wie alle anderen Gefahren, die sie bedrohen, ist auch diese aus ihr selbst entsprungen; mehr noch, sie bildet eine ihrer Ruhmestaten. Es ist der zeitgenössische Staat. Wir begegnen hier einer Wiederholung dessen, was uns im vorigen Kapitel am Fall der Wissenschaft entgegentrat: Die Fruchtbarkeit ihrer Prinzipien, sahen wir, bewirkt einen beispiellosen Fortschritt; aber dieser heischt unerbittlich die Spezialisierung, an der sie zu ersticken droht.

Dasselbe geschieht mit dem Staat.

Man vergegenwärtige sich, was der Staat zu Ende des 18. Jahrhunderts bei allen europäischen Nationen war. Sehr wenig. Die Anfänge des Kapitalismus und seine industriellen Organisationen, in denen sich zum erstenmal die Technik, die neue, die rationalisierte Technik, siegreich durchsetzte, hatten ein erstes Anwachsen der Gesellschaft zuwege gebracht. Ein neuer sozialer, an Zahl und Macht den früheren überlegener Stand tauchte auf: das Bürgertum. Dies schlimme Bürgertum besaß vor allem eines: praktische Begabung. Es verstand sich auf Organisation, Disziplin, stetige, eingeteilte Arbeit. Auf ihm schwamm wie auf einem Meer, gefahrbedroht, das Staatsschiff. Das „Staatsschiff" ist eine Metapher, die das Bürgertum wiederentdeckt hat; es fühlt sich selbst wie ein Meer, allgewaltig und mit Stürmen schwanger. Dies Staatsschiff war eher eine Nußschale; es hatte fast keine Soldaten, fast keine Beamten, fast kein Geld. Es war im Mittelalter von einem den Bürgern sehr unähnlichen Menschenschlag gezimmert: den Adligen, Männern, die durch ihr Verantwortungsbewußtsein, ihre Kühnheit und Herrschergewalt bewundernswert waren. Ohne sie gäbe es die europäischen Nationen nicht. Aber bei all diesen Herzenstugenden fehlte es dem Adel, hat es ihm immer an Kopf gefehlt. Er lebt aus der anderen Seelenhälfte. Beschränkt von Verstand, gefühlsstark, triebhaft, intuitiv: kurz irrational. Darum konnte er keine Technik ausbilden, denn dazu sind rationale Methoden erforderlich. Er hat das Pulver nicht erfunden. Es langweilte ihn. Unfähig, neue Waffen zu konstruieren, ließ er es geschehen, daß die Bürger – die es vom Orient oder anderswoher über-

142

nahmen – das Pulver gebrauchten und damit selbstverständlich den adligen Krieger, den Ritter, in der Schlacht besiegten, der törichterweise mit Eisen bedeckt war, so daß er sich im Kampf kaum rühren konnte; ihm war noch nicht aufgegangen, daß das ewige Geheimnis des Krieges nicht so sehr in den Verteidigungs- wie in den Angriffswaffen liegt. (Ein Geheimnis, das Napoleon wiederentdecken sollte.) [1]

Da der Staat eine Technik ist, Technik der öffentlichen Angelegenheiten und der Verwaltung, verfügt das ancien régime am Ende des 18. Jahrhunderts über einen sehr schwachen Staat, gegen den von allen Seiten eine breite, aufgewühlte Gesellschaft anbrandet. Das Mißverhältnis zwischen der Macht des Staates und der sozialen Macht ist so groß, daß der Staat des 18. Jahr-

---

[1] Dies einfache Bild der großen historischen Umwälzung, durch die das Bürgertum den Adel aus der Vormachtstellung verdrängte, stammt von Ranke. Aber es ist klar, daß seine symbolische und schematische Wahrheit nicht weniger Zusätze bedarf, um die Wirklichkeit ganz wiederzugeben. Das Pulver war seit unvordenklichen Zeiten bekannt. Die Erfindung des Laderohrs wurde von irgend jemandem in der Lombardei gemacht und war auch noch nicht wirksam, bevor nicht die erste Kugel gegossen wurde. Die Adligen gebrauchten die Feuerwaffe in geringem Umfang, da sie zu teuer war. Nur die bürgerlichen Heere, die wirtschaftlich besser organisiert waren, konnten sie im großen gebrauchen. Buchstäblich wahr bleibt es jedoch, daß die Adligen, repräsentiert durch den mittelalterlichen Heerestyp der Burgunder, entscheidend von dem neuen, nicht berufsmäßigen, sondern bürgerlichen Heer der Schweizer geschlagen wurden. Die Hauptstärke dieses Heeres lag in der neuen Zucht und der neuen Rationalisierung der Taktik.

143

hunderts, wenn man die damalige Lage mit der unter Karl dem Großen vergleicht, wie eine Entartung wirkt. Gewiß verfügte der karolingische Staat über weit geringere Mittel als der Ludwigs XVI., aber dafür war andererseits die Gesellschaft, die ihn umgab, völlig machtlos.[1] Der enorme Niveauunterschied zwischen der Stärke der Gesellschaft und der öffentlichen Gewalt machte die Revolution – machte die Revolutionen bis 1848 möglich.

Aber mit der Revolution bemächtigte sich das Bürgertum der öffentlichen Gewalt, und seine unleugbaren Tugenden auf den Staat anwendend, schuf es in weniger als einer Generation eine mächtige Organisation, die mit den Revolutionen aufräumte. Seit 1848, das heißt seit dem Beginn der zweiten Generation bürgerlicher Regierungen, haben in Europa die eigentlichen Revolutionen aufgehört. Und nicht weil man keine Gründe, sondern weil man keine Mittel dazu hatte. Die staat-

---

[1] Es wäre der Mühe wert, auf diesen Punkt näher einzugehen und darauf hinzuweisen, daß die Epoche der absoluten Monarchien in Europa mit sehr schwachen Staaten gearbeitet hat. Wie erklärt sich das? Die Gesellschaft begann schon, sich zu entwickeln. Warum, wenn der Staat alles vermochte – er war absolut –, stattete er sich selbst nicht mit mehr Gewalten aus? Einer der Gründe ist der bereits erwähnte: die Unfähigkeit der Blutsaristokratie zu technischer und administrativer Rationalisierung. Aber er genügt nicht. Es kommt hinzu, daß der Absolutismus, daß *jene Aristokraten den Staat nicht stärken wollten auf Kosten der Gesellschaft.* Entgegen der gewöhnlichen Meinung respektierte der absolute Staat die Gesellschaft instinktiv viel mehr als unser demokratischer, der klüger ist, aber weniger Verständnis für historische Verantwortung hat.

144

liche und die soziale Macht haben sich ausgeglichen. Nur das Gegenteil der Revolution ist in Europa noch möglich: der Staatsstreich. Und alles, was noch wie eine nachgeborene Revolution aussehen könnte, war in Wirklichkeit nur ein maskierter Staatsstreich.

In unserer Zeit ist der Staat eine gewaltige Maschine geworden und arbeitet dank der Fülle und Präzision seiner Mittel mit einem bewundernswerten Wirkungsgrad. Ein Druck auf einen Knopf genügt, damit sich seine ungeheuren Hebel in Bewegung setzen und dröhnend an jeder Stelle des sozialen Körpers eingreifen.

Der moderne Staat ist das sichtbarste und bekannteste Erzeugnis der Zivilisation. Und es ist sehr aufschlußreich, es ist eine Offenbarung, sich die Einstellung des Massenmenschen zum Staat zu betrachten. Er sieht ihn, bewundert ihn, weiß, daß er *da ist* und für die Sicherheit seines Lebens bürgt; aber er hat kein Bewußtsein davon, daß er eine Menschenschöpfung ist, von gewissen Männern gewirkt und durch gewisse Tugenden und Voraussetzungen erhalten, die der Mensch gestern besaß und morgen verlieren kann. Andererseits sieht der Massenmensch in dem Staat eine anonyme Macht, und da er fühlt, daß er dasselbe ist – Volk –, glaubt er, der Staat sei sein Eigentum. Man stelle sich vor, daß im öffentlichen Leben eines Landes irgendeine Schwierigkeit, ein Konflikt, ein Problem auftaucht; der Massenmensch wird zu der Forderung neigen, daß der Staat sich sofort damit befasse und sie mit seinen riesenhaften und sicher wirkenden Mitteln direkt zu lösen unternehme.

Das ist die größte Gefahr, die heute die Zivilisation bedroht: die Verstaatlichung des Lebens, die Einmischung des Staates in alles, die Absorption jedes spontanen sozialen Antriebs durch den Staat; das heißt die Unterdrückung der historischen Spontaneität, die letzten Endes das Schicksal der Menschheit trägt, nährt und vorwärtstreibt. Wenn die Masse irgendein Unbehagen oder einfach ein heftiges Gelüst verspürt, bedeutet die beständige Gewißheit, alles ohne Mühe, Kampf, Zweifel noch Gefahr erreichen zu können, einfach indem man auf einen Knopf drückt und die wundertätige Maschine arbeiten läßt, eine große Versuchung für sie. Die Masse sagt sich: „Der Staat bin ich", was ein vollendeter Irrtum ist. Der Staat ist mit der Masse einzig in dem Sinn identisch, in dem man sagen kann, daß zwei Menschen einander gleich sind, weil keiner von ihnen Hans heißt. Der heutige Staat und die Masse stimmen nur darüber überein, daß beide anonym sind. Aber da der Massenmensch tatsächlich glaubt, er sei der Staat, wird er in immer wachsendem Maße dazu neigen, ihn unter beliebigen Vorwänden in Tätigkeit zu setzen, um so jede schöpferische Minorität zu unterdrücken, die ihn stört, ihn auf irgendeinem Gebiet stört – in der Politik, der Wissenschaft, der Industrie.

Die Folgen dieser Neigung müssen verhängnisvoll werden. Die schöpferischen Kräfte der Gesellschaft werden durch die Dazwischenkunft des Staates immer wieder vergewaltigt; kein neuer Samen kann Frucht tragen. Die Gesellschaft muß *für* den Staat, der Mensch *für* die Regierungsmaschine leben. Und da der Staat letzten Endes eben nur eine Maschine ist, deren Dasein und Erhaltung von der Lebenskraft ihrer Besorger abhängt, wird er, nachdem er der Gesellschaft das Mark ausgesogen hat, selber ein klapperndes Gerippe werden und sterben – den rostigen Tod einer Maschine sterben, der viel leichenhafter ist als der eines lebendigen Organismus.

Dies war das klägliche Schicksal der antiken Kultur. Zweifellos war das Kaiserreich, das die Julier und Claudier schufen, eine vorzügliche Maschine und als Artefakt dem alten republikanischen Staat der patrizischen Familien unvergleichlich überlegen. Aber – welch sonderbares Zusammentreffen! – kaum war es zu voller Entfaltung gelangt, als der gesellschaftliche Organismus zu verfallen begann. Schon zu den Zeiten der Antonine lastet der Staat mit lebensfeindlicher Übermacht auf der Gesellschaft, die er zu versklaven beginnt, so daß sie nur noch *im Dienst des Staates* leben kann. Das ganze Leben wird bürokratisiert. Was geschieht? Diese Maßnahmen erzeugen in allen seinen Ordnungen deutliche Verfallserscheinungen. Der Reichtum nimmt ab, und die Weiber gebären wenig. Darauf zieht der Staat, um seine eigenen Bedürfnisse zu befriedigen, die Schrauben schärfer an; die Bürokratisierung zweiten Grades ist die Militarisierung der Gesellschaft. Das dringendste Bedürfnis des Staates ist sein Kriegsapparat, sein Heer. Er hat vor allem für die Sicherheit zu sorgen (für jene Sicherheit, die den Massenmenschen gebiert, man beachte es wohl). Darum ist er in erster Linie Heer. Die Severer, die afrikanischen Ursprungs sind, machen alle Welt zu Soldaten. Vergebliche Mühe. Das Elend nimmt zu, die Mütterleiber sind immer unfruchtbarer. Es fehlt

147

selbst an Soldaten. Nach den Severern muß sich das Heer aus Fremdlingen rekrutieren.

Durchschaut man den zirkelhaften und tragischen Prozeß der Verstaatlichung? Die Gesellschaft schafft den Staat als ein Werkzeug, um besser zu leben. Darauf stellt sich der Staat über sie, und die Gesellschaft muß beginnen, für den Staat zu leben.[1] Doch setzt sich der Staat immerhin noch aus den Mitgliedern dieser Gesellschaft zusammen. Bald jedoch genügen sie nicht mehr, um ihn zu erhalten, und man muß Fremde heranziehen, Dalmater zuerst, später Germanen. Die Fremden werfen sich zu Herren des Staates auf, und die Reste der Gesellschaft, des ursprünglichen Volkes, leben als ihre Sklaven, als Sklaven von Leuten, mit denen sie nichts zu tun haben. Dazu führt es, wenn der Staat sich in alles mischt: Das Volk wird zum Fleisch und Blut, wovon sich das bloße Kunstprodukt, die Maschine, nährt, die der Staat ist. Das Skelett frißt das Fleisch um sich her. Das Gerüst wird Eigentümer und Bewohner des Hauses.

Wenn man dies weiß, ist es etwas beunruhigend zu hören, daß Mussolini mit vorbildlichem Selbstvertrauen als eine herrliche, soeben in Italien entdeckte Wahrheit den Satz verkündet: *Alles für den Staat; nichts außer dem Staat; nichts gegen den Staat.* Eine solche Äußerung genügt, um den Faschismus als typische Massenbewegung zu entlarven. Mussolini fand einen ausgezeichnet organisierten Staat vor – organisiert nicht von

---

[1] Man erinnere sich der letzten Worte des Septimius Severus an seine Kinder: *Seid einig, bezahlt die Soldaten, und verachtet das übrige.*

ihm, sondern gerade von den Kräften und Ideen, die er bekämpft, von der liberalen Demokratie. Er beschränkt sich darauf, ihn rücksichtslos auszunützen. Und ohne daß ich mir jetzt erlauben möchte, sein Werk im einzelnen zu beurteilen, lassen sich doch unstreitig die bis jetzt erreichten Erfolge nicht mit dem vergleichen, was der liberale Staat in Politik und Verwaltung geleistet hat. Wenn Mussolini etwas erreicht hat, ist es so geringfügig, so wenig sichtbar und unwesentlich, daß es schwerlich die Häufung außerordentlicher Gewalten aufwiegt, die ihm gestatteten, einen so extremen Gebrauch von der Staatsmaschine zu machen.

Der staatliche Interventionismus ist die höchste Form, welche Gewalttat und die Taktik der starken Hand, wenn sie als Norm erklärt sind, annehmen können. Durch Vermittlung und mit Hilfe des Staates, der anonymen Maschine, handeln die Massen selbständig.

Die europäischen Nationen gehen einer Epoche großer innerer Schwierigkeiten mit überaus heiklen Problemen wirtschaftlicher, rechtlicher und politischer Art entgegen. Wie sollte man nicht fürchten, daß der Staat unter der Herrschaft der Massen alle unabhängigen Individuen und Gruppen erdrücken und so die Zukunft zu einer Wüste machen wird!

Ein konkretes Beispiel für diesen Mechanismus liefert uns eine der beunruhigendsten Erscheinungen der letzten dreißig Jahre: die enorme Vermehrung der Polizei in allen Ländern. Die wachsende Ausdehnung der Gemeinwesen hat unentrinnbar dazu geführt. So sehr wir daran gewöhnt sind, wir sollten doch nicht das Gefühl für den beklemmenden Widersinn der Tatsache verlieren, daß die Einwohner einer heutigen Großstadt, um friedlich auf der Straße gehen und ihre Geschäfte besorgen zu können, einen Polizisten brauchen, der den Verkehr regelt. Der „ordnungsliebende Bürger" glaubt in seiner Harmlosigkeit, daß diese „Organe der öffentlichen Ordnung", die für die Ordnung ins Leben gerufen sind, sich damit begnügen werden, immer die Ordnung herzustellen, die ihm zusagt. Aber es wird unvermeidlich dahin kommen, daß sie selbst die Ordnung bestimmen, die sie herstellen – und das wird zuverlässig die sein, die ihnen paßt.

Da wir gerade diesen Gegenstand berühren, wollen wir nicht versäumen, darauf hinzuweisen, wie verschieden verschiedene Gesellschaften über eine öffentliche Notwendigkeit empfinden können. Als um 1800 die neue Industrie einen Menschentypus schuf, den Industriearbeiter, der gemeingefährlicher war als die bisher bekannten, beeilte sich Frankreich, eine starke Polizei aufzustellen. Um 1810 steigt in England die Kriminalität aus denselben Gründen, und bei dieser Gelegenheit machen die Engländer die Entdeckung, daß sie keine Polizei haben. Die Konservativen sitzen in der Regierung. Was tun sie? Schaffen sie eine Polizei? Nichts dergleichen. In England zieht man es vor, das Verbrechen, solange man irgend kann, zu dulden. „Das Volk ergibt sich darein, der Unordnung ihren Platz einzuräumen; es betrachtet sie als das Lösegeld, womit es sich seine Freiheit erkauft." „In Paris", schreibt John William Ward, „haben sie eine vortreffliche Polizei; aber sie bezahlen ihre Vorteile teuer. Ich will lieber, daß alle drei bis vier Jahre ein halb Dutzend

Menschen in Ratcliffe Road erwürgt werden, als daß ich den Haussuchungen, der Spionage und all den anderen Machenschaften Fouchés[1] ausgesetzt bin." Das sind zwei verschiedene Staatsauffassungen. Der Engländer setzt dem Staat Grenzen.

---

[1] Vgl. Elie Halévy: Histoire du peuple anglais au 19. siècle (Bd. I, S. 40, 1912).

XIV

WER HERRSCHT IN DER WELT?

Die europäische Zivilisation – ich wiederhole es immer wieder – hat zwangsläufig zum Aufstand der Massen geführt. Der Aufstand der Massen hat eine außerordentlich erfreuliche Seite; er ist identisch mit der beispiellosen Steigerung, die das Leben in unseren Tagen erfahren hat. Aber seine Kehrseite ist beängstigend; sie zeigt, daß dieselbe Erscheinung identisch ist mit der sittlichen Entartung der Menschheit. Diese Demoralisierung wollen wir jetzt unter neuen Gesichtspunkten betrachten.

1

Das Wesen oder die Gestalt einer neuen historischen Epoche ist das Ergebnis innerer Wandlungen – Wandlungen des Menschen und seines Geistes – und äußerer Veränderungen formaler und gleichsam mechanischer Art. Die wichtigste unter den letzten ist zweifellos die Verlagerung der Macht, die aber eine Umlagerung des Geistes nach sich zieht.

Wenn wir daher eine Epoche verstehen wollen, muß eine unserer ersten Fragen sein: Wer herrschte in jener Welt? Vielleicht war sie in verschiedene, untereinander verbindungslose Teile zerspalten, die unabhängige Binnenwelten bildeten, wie etwa zur Zeit des Miltiades die Mittelmeerländer nichts vom Dasein des fernen Ostens wußten. In solchen Fällen hätten wir unsere Frage: Wer herrscht in der Welt? für jede Gemeinschaftsgruppe neu zu stellen. Aber seit dem 16. Jahrhundert ist die Menschheit von einem gewaltigen Prozeß der Vereinheitlichung ergriffen worden, der in unseren Tagen sein nicht mehr zu überbietendes Ziel erreicht hat. Es gibt keine abgesprengten Stücke der Menschheit, es gibt keine Menscheninseln mehr. Seit jener Zeit übt, „wer in der Welt herrscht", tatsächlich bestimmenden Einfluß auf den ganzen Planeten aus. Drei Jahrhunderte fiel diese Rolle der in sich homogenen Gruppe der europäischen Völker zu. Europa gebot, und unter der Einheit seiner Herrschaft lebte die Welt nach einem einheitlichen oder wenigstens fortschreitend vereinheitlichten Stil.

Man nennt diesen Lebensstil gewöhnlich das „moderne Zeitalter", ein farbloser, nichtssagender Name; die Wirklichkeit, die sich hinter ihm verbirgt, ist die „Epoche der Hegemonie Europas".

Unter Herrschaft ist hier nicht in erster Linie die Ausübung materieller Macht, physischen Zwanges, verstanden. Denn hier sucht man Dummheiten, wenigstens die gröbsten und handgreiflichsten, zu vermeiden. Und die normale, dauernde Beziehung zwischen Menschen, die wir „Herrschaft" nennen, *beruht niemals auf der Gewalt;* sondern umgekehrt, weil ein Mensch oder eine Menschengruppe herrscht, steht ihnen jener soziale Apparat zur Verfügung, der Gewalt heißt. Die Fälle, in denen auf den ersten Blick die Gewalt das Fundament der Herrschaft zu sein scheint, enthüllen sich bei genauer Prüfung als die besten Beispiele zur Erhärtung unserer Behauptung. Napoleon machte einen Einfall in Spanien, den er einige Zeit aufrechterhielt; aber er herrschte nicht eigentlich in Spanien, nicht einen einzigen Tag. Und das, obgleich er die Gewalt und eben weil er nur die Gewalt besaß. Man muß zwischen Besetzung und Herrschaft unterscheiden. Herrschaft ist die normale Ausübung der Macht. Sie gründet sich immer auf die öffentliche Meinung – immer, heute wie vor zehntausend Jahren, bei den Engländern wie bei den Botokuden. Noch kein Herrscher in der Welt hat seine Herrschaft im wesentlichen auf etwas anderes als die öffentliche Meinung gestützt.

Oder glaubt man, die Souveränität der öffentlichen Meinung sei eine Erfindung, die der Advokat Danton im Jahre 1789 oder der heilige Thomas von Aquin im 13. Jahrhundert machte? Man mag hier oder dort, zu dieser oder jener Zeit zuerst von ihr Kenntnis genommen haben; aber die Tatsache, daß die öffentliche Meinung die Grundgewalt ist, durch die in den menschlichen Gesellschaften die Erscheinung des Herrschens entsteht, ist so alt und wird so lange dauern wie der Mensch selbst. Nicht anders ist in der Newtonschen Physik die Schwerkraft die Ursache der Bewegung. Das Gesetz der öffentlichen Meinung ist das allgemeine Gravitationsgesetz der politischen Geschichte. Es macht die Geschichtswissenschaft allererst möglich. Aufgabe der Geschichte ist es darum, wie Hume scharfsinnig bemerkte, zu zeigen, daß die öffentliche Meinung keine verstiegene Forderung, sondern eine immer und in jedem Augenblick wirkende Realität in den menschlichen Gesellschaften ist. Denn selbst wer mit Janitscharen zu regieren gedenkt, ist davon abhängig, welche Meinung sie über ihn und seine übrigen Untertanen über sie haben.

Die Wahrheit ist, daß man mit Janitscharen nicht herrschen kann. So Talleyrand zu Napoleon: „Die Bajonette, Sire, taugen zu allem, nur nicht zu einem: sich darauf zu setzen." Herrschen ist nicht die Gebärde, welche die Macht an sich reißt, sondern ihre ruhige Ausübung. Kurz, herrschen heißt sitzen – auf dem Thron, der sella curulis, dem Ministersitz, dem Heiligen Stuhl. Entgegen einem harmlosen Zeitungsschreiber-Standpunkt ist herrschen weniger eine Angelegenheit der Faust als des Sitzfleisches. Der Staat ist der status, die Statik, die Gleichgewichtslage der Meinungen.

Es kann zuweilen geschehen, daß keine öffentliche Meinung da ist. Eine in widerstreitende Gruppen geteilte Gesellschaft, deren Meinungen sich gegenseitig aufheben, gibt keine Gelegenheit zur Bildung einer Herrschaft. Und da die Natur kein Vakuum erträgt, wird die Leerstelle, die durch den Ausfall der öffentlichen Meinung entsteht, von der rohen Gewalt eingenommen. Im äußersten Fall also tritt diese als Ersatz für jene ein.

Will man daher das Gesetz der öffentlichen Meinung als Gravitationsgesetz der Geschichte in voller Allgemeinheit aussprechen, so kommt man unter Berücksichtigung des letzten Falls zu einer Formulierung, die mit dem altbekannten, ehrwürdigen und treffenden Gemeinplatz übereinstimmt: man kann nicht gegen die öffentliche Meinung herrschen.

Das führt uns zu der Einsicht, daß Herrschen Vor-

herrschaft einer Meinung, also einer Geisteshaltung bedeutet, daß Herrschaft letzten Endes nichts anderes ist
als geistige Macht. Die historischen Tatsachen bestätigen
das. Jede primitive Herrschaft hat sakralen Charakter,
denn sie gründet sich auf religiöse Vorstellungen, und
religiöse Vorstellungen sind immer die erste Form,
unter der das erscheint, was später Geist, Idee, Gedanke, kurz das Immaterielle und Metaphysische sein
wird. Im Mittelalter wiederholt sich in größtem Maßstab dieselbe Erscheinung. Der erste Staat, die erste
öffentliche Macht, die sich in Europa bildet, ist die
Kirche mit ihrer besonderen, schon im Namen ent-
haltenen Würde der „geistlichen Macht". Von der Kirche
lernt die Staatsgewalt, daß auch sie ursprünglich geistige Macht ist, Herrschaft gewisser Ideen; und es entsteht das *Heilige* Römische Reich Deutscher Nation.
So kämpfen zwei Mächte miteinander, die, da sie sich
nicht der Substanz nach – beide sind Geist – gegeneinander abgrenzen können, übereinkommen, sich jede
in einer anderen Modifikation der Zeit anzusiedeln:
im Zeitlichen und im Ewigen. Weltliche und religiöse
Macht sind gleicherweise geistig; aber die eine ist Geist
der Zeit – die innerweltliche und wechselnde öffentliche
Meinung –, die andere Geist der Ewigkeit – Gottes
Meinung, die Meinung, die Gott über den Menschen
und seine Bestimmung hat.

Die Aussage: zu dieser Zeit herrscht dieser Mensch,
dies Volk, diese Gruppe zusammengehöriger Völker, ist
also gleichwertig mit der anderen: zu dieser Zeit gilt
in der Welt dieses System von Meinungen – Ideen,
Wertungen, Wünschen, Vorsätzen.

Was bedeutet es, daß eine Meinung herrscht? Die meisten Menschen haben keine Meinung; sie muß durch Druck von außen in sie hineingepreßt werden wie das Schmieröl in die Maschine. Darum muß der Geist, welcher Art er immer sei, Macht haben und sie ausüben, damit die Meinungslosen – und sie sind in der Überzahl – zu einer Meinung kommen. Ohne Meinungen wäre die menschliche Gesellschaft ein Chaos, ja noch weniger: das historische Nichts. Ohne Meinungen wäre das menschliche Leben gestalt- und strukturlos. Ohne eine geistige Macht, ohne *jemanden, der gebietet,* und in demselben Maße wie beides fehlt, herrscht in der Menschheit das Chaos. Und dementsprechend ist *jede Verschiebung der Macht,* jeder Wechsel in der Herrschaft zugleich ein Wechsel der Meinungen und folglich nichts Geringeres als eine Änderung der historischen Gravitationskraft.

Kehren wir jetzt zum Anfang zurück. Europa, eine Gruppe geistesverwandter Völker, hat einige Jahrhunderte die Welt beherrscht. Im Mittelalter, wie in allen Mittelaltern der Geschichte, herrschte niemand in der zeitlichen Welt. Sie bedeuten darum vergleichsweise immer Chaos und Barbarei, ein Meinungsdefizit. Es sind Zeiten, in denen man liebt, haßt, begehrt, verabscheut, und alles in großem Maßstab. Jahrhunderte wie diese sind nicht ohne Zauber. Aber in den großen geschichtlichen Zeitaltern ist es die Meinung, von der die Menschheit lebt, und darum herrscht in ihnen Ordnung. Jenseits des Mittelalters liegt wiederum eine Epoche, in der, wie in der Neuzeit, einer da ist, der herrscht, wenn auch nur über einen begrenzten Teil der Welt. Es ist Rom, die große Herrin. Rom schuf Ordnung in den Mittelmeerländern und deren Grenzgebieten.

In dieser Nachkriegszeit beginnt ein Gerede umzugehen, daß Europa nicht mehr die Welt beherrscht. Fühlt man das ganze Gewicht einer solchen Behauptung? Sie kündigt eine Verschiebung der Macht an. Eine Verschiebung wohin? Wer wird Europa in der Herrschaft nachfolgen? Aber ist man sicher, daß ein Nachfolger da ist? Und wenn niemand da wäre, was dann?

2

In Wahrheit geschieht in der Welt in jedem Augenblick und also auch in diesem unendlich viel. Sagen zu wollen, was jetzt in der Welt geschieht, ist demnach eine Anmaßung, die ihrer selbst zu spotten scheint. Aber gerade weil es unmöglich ist, die Fülle des Wirklichen unmittelbar zu erfassen, bleibt uns nichts übrig, als in freier Konstruktion eine Wirklichkeit zu schaffen und vorauszusetzen, daß die Dinge sich auf bestimmte Art verhalten. Dadurch stellen wir uns ein Schema, das heißt einen Begriff oder ein Begriffsnetz, her, durch das wir wie durch einen Raster die wirkliche Wirklichkeit betrachten; dann und nur dann gelangen wir zu einer näherungsweisen Vorstellung von ihr. So verfährt die wissenschaftliche Methode; mehr noch, so verfährt jede Verstandestätigkeit.

Jeder Begriff, der alltäglichste wie der höchste wissenschaftliche, sitzt auf der Ironie seiner selbst, auf den spitzen Zähnen eines halkyonischen Lächelns, wie der geometrisch zugeschnittene Diamant auf dem goldenen Gebiß seiner Fassung. Er sagt tiefernst: „Dies ist A, und das ist B." Aber sein Ernst ist der Ernst eines pince sans rire. Es ist der wacklige Ernst, der ein Gelächter verschluckt hat und es ausspeien wird, wenn er die Zähne nicht fest zusammenbeißt. Was der Begriff eigentlich denkt, ist ein wenig verschieden von dem, was er sagt, und in dieser Doppelzüngigkeit liegt die Ironie. In Wirklichkeit denkt er: Ich weiß, daß mit letzter Strenge gesprochen dies nicht A und jenes nicht B ist; aber indem ich einmal setze, sie seien A und B, verständige ich mich mit mir selbst bezüglich der Folgen meines Verhaltens zu den beiden Gegenständen.

Eine solche Theorie der Vernunfterkenntnis hätte einen Griechen verstimmt. Denn der Grieche glaubte, in der Vernunft, im Begriff, die Realität selbst entdeckt zu haben. Wir dagegen glauben, daß die Vernunft, der Begriff, ein Werkzeug zum Hausgebrauch des Menschen ist, das er benötigt und benützt, um seine eigene Lage inmitten der unendlichen und höchst verschränkten Wirklichkeit seines Lebens zu klären. Leben ist Kampf mit den Dingen, gegen die wir uns behaupten müssen. Die Begriffe sind der Kriegsplan, den wir schmieden, um ihren Angriff zu parieren. Prüft man daher den innersten Kern irgendeines Begriffes genau, so findet man, daß er nichts über den Gegenstand selber sagt, sondern die Zusammenfassung dessen ist, was ein Mensch mit ihm tun oder durch ihn leiden kann. Diese Ansicht, wonach der Inhalt eines jeden Begriffes immer lebenverbunden, immer mögliches Tun oder mögliches Leiden eines Menschen ist, hat bis heute, soviel ich weiß,

159

noch niemand vertreten; aber sie ist meines Erachtens das unfehlbare Ziel der philosophischen Entwicklung, die mit Kant anhebt. Wenn wir uns in ihrem Licht die ganze Vergangenheit der Philosophie bis zu Kant hinauf vergegenwärtigen, will es uns scheinen, als hätten *im Grunde* alle Philosophen dasselbe gesagt. Denn jede philosophische Entdeckung ist Entdeckung, Sichtbarmachung; sie bringt an die Oberfläche, was zugrunde lag.

Aber eine solche Präambel ist den philosophischen Fragen so fernstehenden Dingen, um die es sich hier handelt, nicht angemessen. Ich wollte einfach sagen, was heute in der Welt, man verstehe in der historischen Welt, vor sich geht: Drei Jahrhunderte lang hat Europa in der Welt geherrscht, und jetzt weiß es nicht, ob es noch herrscht und ob es weiter herrschen wird. Die unabsehbare Fülle der Geschehnisse, welche die historische Wirklichkeit des Zeitalters ausmachen, auf einen so bündigen Ausdruck zu bringen, ist zweifellos und bestenfalls eine Übertreibung; und deshalb mußte ich daran erinnern, daß Denken, ob man will oder nicht, immer Übertreibung ist. Wer lieber nicht übertreibt, muß schweigen, mehr noch, er muß seinen Verstand abstellen und schauen, wie er Stumpfsinn lernt.

Hiermit, glaube ich, haben wir erkannt, was heute in Wahrheit vor sich geht; alles übrige ist Folge, Bedingung, Symptom oder anekdotische Illustrierung dieser Tatsache.

Ich habe nicht gesagt, daß Europas Herrschaft zu Ende sei, sondern daß es seit einiger Zeit schwere Zweifel hegt, ob es heute herrscht und morgen noch

160

herrschen wird. Damit geht ein entsprechender Geisteszustand in den übrigen Völkern der Erde einher: Un-
gewißheit, ob sie beherrscht werden. Auch sie sind
sich darüber nicht klar.

Man hat in den letzten Jahren viel vom Untergang
Europas gesprochen. Möchte man nur endlich aufhören,
den Namen Spenglers zu nennen, sobald die Rede auf
dies Thema kommt. Es war allgemeiner Gesprächs-
gegenstand, bevor sein Buch erschien, und das Buch
dankt seinen Erfolg, wie jedermann wissen sollte, dem
Umstand, daß eine Beunruhigung in dieser Richtung
unter den verschiedensten Namen und Begründungen
in allen Köpfen spukte.

Man hat so oft vom Niedergang Europas gesprochen,
daß er vielen endlich eine ausgemachte Tatsache schien.
Nicht daß sie im Ernst davon überzeugt waren; sie haben
sich nur gewöhnt, ihn für gewiß zu halten, obgleich er
ihnen ihrer ehrlichen Erinnerung nach niemals in einem
bestimmten Zeitpunkt entscheidend eingeleuchtet hat.
Das kürzlich erschienene Buch des Amerikaners Waldo
Frank, „Wiederentdeckung Amerikas", ruht völlig auf
der Voraussetzung, daß Europa in den letzten Zügen
liegt. Dennoch unterläßt es Frank, einen so ungeheuren
Vorgang, der seinen Ausführungen als wesentliche
Grundlage dient, in Frage zu stellen und zu analysieren.
Ohne weitere Erwägungen geht er davon als von etwas
Unanfechtbarem aus. Und diese Skrupellosigkeit des
Ausgangspunktes bestärkt mich in dem Argwohn, daß
Frank von der Dekadenz Europas nicht überzeugt ist;
weit davon, er hat sich nicht einmal eine dahingehende
Frage gestellt. Er benützt die Tatsache wie eine Tram.

Gemeinplätze sind die Trams des geistigen Verkehrs. Und wie er machen es viele Leute, machen es vor allem die Völker, ganze Völker.

Die heutige Welt ist eine Landschaft von beispielloser Naivität. In der Schule, wenn einer merkt, daß der Lehrer hinausgegangen ist, gerät die Bubenschar aus Rand und Band. Alle sind selig, dem Druck, den die Gegenwart des Lehrers ausübte, entronnen, des Jochs der Regeln ledig zu sein; sie wiehern wie die Füllen und fühlen sich als Herren ihres Schicksals. Aber sind die Vorschriften aufgehoben, welche Beschäftigungen und Pflichten regelten, so hat die junge Bande eigentlich nichts mehr zu tun, keine ernsthafte Arbeit, keine sinnvolle, stetige Aufgabe auf lange Sicht, und nun kommt es heraus, daß sie, sich selbst überlassen, nichts fertigbringen als Bocksprünge.

Es ist ein klägliches Schauspiel, das die minderjährigen europäischen Nationen heute bieten. Angesichts von Europas sogenanntem Untergang und seiner Abdankung in der Weltherrschaft müssen Nationen und Natiönchen umherspringen, Faxen machen, sich auf den Kopf stellen oder sich recken und brüsten und als erwachsene Leute aufspielen, die ihr Schicksal selbst in der Hand halten. Daher die „Nationalismen", die überall wie Pilze aus der Erde schießen.

In den vorhergehenden Kapiteln habe ich versucht, einen neuen Menschentypus aufzustellen, der heute die Welt beherrscht; ich habe ihn den Massenmenschen genannt und gezeigt, wie sein Hauptmerkmal darin besteht, daß er, selber gewöhnlich, das Recht auf Gewöhnlichkeit proklamiert und sich weigert, ihm überlegene

Instanzen anzuerkennen. Wenn diese Haltung innerhalb eines jeden Volkes vorherrscht, ist es natürlich,
daß sie auch in der Gesamtheit der Nationen auftritt.
Es gibt auch „Massenvölker", die entschlossen gegen die
großen schöpferischen Völker aufstehen, gegen jene
Elite menschlicher Stämme, welche die Geschichte gemacht haben. Lächerlich ist es, wenn diese oder jene
kleine Republik sich auf die Zehenspitzen stellt, aus
ihrem Weltwinkel Europa schmäht und seinen Rückzug
aus der Weltgeschichte verkündet.

Was geschieht? Europa hatte Maßstäbe der Gültig-
keit geschaffen, deren Kraft und Fruchtbarkeit die Jahrhunderte erwiesen haben. Diese Normen sind durchaus
nicht die besten möglichen, aber sie sind zweifellos bin-
dend, solange keine anderen da sind oder sich ankündigen. Will man sie überwinden, so ist man gehalten,
neue zu gebären. Jetzt erklären die „Massenvölker" jenes System von Normen, das gleichbedeutend mit der
europäischen Zivilisation ist, für abgelebt; da sie aber
unfähig sind, ein anderes zu schaffen, wissen sie nichts
anzufangen, und um die Zeit hinzubringen, verfallen
sie auf Kapriolen.

Wenn in der Welt ein Herrscher abtritt, ist die erste
Folge davon, daß die Zurückbleibenden, dank ihrer Rebellion, ohne Beschäftigung, ohne Lebensprogramm da-
stehen.

3

Ein Zigeuner wollte beichten, aber der gewissenhafte
Pfarrer fragte ihn erst, ob er die Zehn Gebote Gottes
kenne. Worauf der Zigeuner antwortete: „Ich sie lernen

wollen, Hochwürden, aber haben gehört munkeln, daß man will sie aufheben."

Ist das nicht die gegenwärtige Lage der Welt? Es geht ein Gemunkel, daß die europäischen Gebote nicht mehr gelten, und so nutzt die Menschheit – Individuen und Völker – die Gelegenheit aus, um ohne Gebote zu leben. Denn es gab keine neben den europäischen. Es handelt sich nicht darum, wie es sonst geschah, daß keimende neue Satzungen die früheren verdrängten und ein frischer Eifer in seinem jugendlichen Feuer die alten erkaltenden Begeisterungen überflammte. Das wäre das Natürliche. Ja, in solchem Falle erscheint das Alte alt, nicht weil es selber greisenhaft ist, sondern weil schon ein anderes Prinzip existiert, das, nur weil es neu ist, mit einem Schlag seinen Vorgänger alt macht. Wenn wir keine Kinder hätten, wären wir nicht alt oder würden es viel später. Ähnlich geht es den Erzeugnissen der Technik. Ein Automobil von vor zehn Jahren erscheint älter als eine zwanzigjährige Lokomotive, einfach weil die Erfindungen der Automobiltechnik sich rascher gefolgt sind. Ein solcher Untergang, den der Aufgang einer neuen Jugend herbeiführt, ist ein Zeichen von Gesundheit.

Was aber heute in Europa geschieht, ist ungesund und absonderlich. Die europäischen Gebote haben ihre Geltung verloren, ohne daß andere am Horizont auftauchen. Europa, sagt man, hört auf zu herrschen, und man sieht nicht, wer an seine Stelle treten könnte. Unter Europa verstehen wir vorzüglich und eigentlich die Dreieinigkeit Frankreich, England, Deutschland. In den Gegenden des Globus, die diese drei einnehmen, ist die Menschenart gereift, welche die heutige Welt geformt hat. Wenn diese drei Völker, wie es jetzt heißt, im Niedergang sind und ihre Zielsetzungen die bindende Kraft verloren haben, ist es nicht verwunderlich, daß die Welt sittlich verwahrlost ist.

Und das ist die reine Wahrheit. Die ganze Welt – Völker und einzelne – ist demoralisiert. Eine Zeitlang unterhält, ja bezaubert solche Ungebundenheit. Untergeordnete Naturen fühlen sich von einer Last befreit. Denn die Dekaloge bewahren aus der Zeit, in der sie auf Stein oder Bronze geschrieben wurden, ihren beschwerlichen Charakter. Befehlen heißt auferlegen, und die Niedrigen in aller Welt haben es satt, sich etwas auferlegen zu lassen; sie genießen mit festlichen Mienen diese von drückenden Geboten entlastete Zeit. Aber das Fest ist nicht von Dauer. Ohne Gebote, die uns zu gewissen Lebensweisen verpflichten, verharrt unser Leben in bloßer Bereitschaft. Das ist die furchtbare innere Lage, in der sich heute unsere beste Jugend befindet. Rein weil sie sich frei, der Fesseln ledig fühlen, fühlen sie sich leer. Ein Leben zur Disposition ist schlimmere Lebensverneinung als der Tod. Denn Leben heißt etwas Aufgegebenes erfüllen; und in dem Maße wie wir vermeiden, unser Leben an etwas zu setzen, entleeren wir es. Es wird nicht lange dauern, bis von dem ganzen Planeten wie das Heulen unzähliger Hunde ein Schrei zu den Sternen aufsteigen und nach einer Kraft verlangen wird, die gebietet, die ein Tagwerk, eine Pflicht auferlegt.

Dies sei denen gesagt, die uns mit der Verantwortungslosigkeit Unmündiger verkünden, daß Europa nicht mehr herrscht. Herrschen heißt den Leuten zu tun geben, sie in ihr Schicksal, an ihren Platz stellen; so verhütet man ihre Extravaganzen, zu denen das Vagantentum führt, das leere Leben, die Verödung.

Europas Rücktritt wäre bedeutungslos, wenn ein Fähiger da wäre, es zu ersetzen. Aber es gibt keinen. New York und Moskau sind nichts Neues gegenüber Europa. Sie sind Randgebiete der europäischen Herrschaft, die durch ihre Ablösung vom Rumpf ihren Sinn verloren haben. Von New York oder Moskau zu sprechen, ist im Grunde eine Verlegenheit. Denn man weiß nicht ganz, was sie sind; man weiß nur, daß über beide noch nichts Entscheidendes gesagt ist. Aber wenn man auch nicht ganz weiß, was sie sind, erfaßt man doch genug, um ihren allgemeinen Charakter zu verstehen. Unstreitig gehören beide ganz und gar zu jener Klasse von Erscheinungen, die ich gelegentlich als Produkte der historischen „Camouflage" bezeichnet habe. Die Camouflage ist ihrem Wesen nach eine Wirklichkeit, die nicht ist, was sie scheint. Ihr Anblick kündet nicht, er verbirgt ihr Wesen. Darum führt sie die meisten Menschen irre. Der Verwirrung, welche die Camouflage anrichtet, entgeht nur, wer schon vorher und allgemein von ihrem Vorkommen unterrichtet ist. Es ist wie bei der Luftspiegelung: das Wissen korrigiert die Augen.

Bei jeder historischen Camouflage kann man zwei Schichten unterscheiden, die sich überlagern: eine tiefe, tatsächliche, eigentliche; eine andere scheinhafte, zufällige, oberflächliche. So liegt in Moskau eine dünne Haut europäischer Ideen – der Marxismus –, die in Europa auf europäische Wirklichkeiten und Probleme

166

hin gedacht worden sind, über einem Volk, das sich nicht nur als ethnischer Stoff, sondern, was schwerer wiegt, in bezug auf sein Alter von uns unterscheidet. Ein Volk, das noch in Gärung, das heißt jugendlich ist. Daß der Marxismus in Rußland siegte, wo es keine Industrie gibt, wäre das Widersinnigste, was ihm passieren könnte. Aber es ist ihm nicht passiert, denn er hat nicht gesiegt. Rußland ist etwa auf dieselbe Art marxistisch, wie die Deutschen des Heiligen *Römischen* Reiches römisch waren. Neue Völker haben keine *Ideen*. Wenn sie in einer Umwelt aufwachsen, in der eine alte Kultur existiert oder eben noch existierte, hüllen sie sich in die Ideen, die ihnen diese bietet. Hier haben wir die Camouflage und ihren Grund. Man vergißt, daß es, wie ich in anderem Zusammenhang dargelegt habe, zwei wesentliche Typen für die Entwicklung eines Volkes gibt. Es gibt Völker, die in einer noch kulturlosen „Umwelt" geboren werden, wie Ägypten oder China. Bei ihnen ist alles bodenständig, und ihr Gebaren hat einen klaren, geraden Sinn. Aber andere Völker entstehen und entwickeln sich in einem Raum, den schon eine Kultur von langer geschichtlicher Vergangenheit erfüllt. So Rom an den Gestaden des Mittelmeeres, die von griechisch-orientalischer Kultur geformt waren. Die Äußerungen des Römers sind darum zur Hälfte nicht seine eigenen, sondern erlernte. Die erlernte, übernommene Geste ist immer doppelsinnig; und ihr wahrer Sinn liegt nicht gerade, sondern schräg hinter ihr. Wer eine erlernte Gebärde macht – etwa eine fremdsprachige Vokabel gebraucht –, macht unter ihr seine eigene echte, übersetzt das ausländische Wort in seine eigene Mundart. Um die Camouflage zu verstehen, braucht es darum auch einen schrägen Blick, den Blick des Übersetzers, der ein Wörterbuch neben dem Text hat. Ich warte auf ein Buch, das Stalins Marxismus in russische Geschichte übersetzt. Denn was Russisches, nicht was Kommunistisches an ihm ist, macht seine Stärke. Wir werden noch erfahren, was dies ist. Fest steht nur, daß Rußland noch Jahrhunderte nötig hat, ehe es sich um die Herrschaft bewerben kann. Weil es vorläufig keine eigenen Imperative hat, mußte es tun, als hinge es der europäischen Lehre des Marxismus an. Weil es Jugend im Überfluß hat, genügte ihm diese Fiktion. Der Jüngling braucht keine Gründe, um zu leben: er braucht nur Vorwände.

Ganz ähnlich liegt der Fall New Yorks. Auch seine gegenwärtige Stärke beruht nicht auf den Imperativen, denen es gehorcht. Sie kommen letzten Endes auf einen zurück: die Technik. Welch Zufall! Wieder eine europäische, nicht eine amerikanische Erfindung. Die Technik ist von Europa im 18. und 19. Jahrhundert erfunden worden, in den Jahrhunderten – welch Zufall! – in denen Amerika entstand. Und man sagt uns im Ernst, das Wesen Amerikas liege in seiner praktischen und technischen Lebensauffassung! Anstatt uns zu sagen: Amerika ist wie alle Kolonien eine Verjüngung alter, insbesondere europäischer Rassen. Aus anderen Gründen als Rußland sind auch die Vereinigten Staaten ein Beispiel jenes besonderen historischen Phänomens, das wir das „neue Volk" nennen wollen. Man wird glauben, dies sei eine Phrase, aber es ist eine Wirklichkeit, genau so gut wie die Jugend eines Menschen. Amerika ist stark durch seine Jugend, die sich in den Dienst des zeitgenössischen Gebotes „Technik" gestellt hat und sich genau so gut in den Dienst des Buddhismus hätte stellen können, wenn dieser die Losung des Tages gewesen wäre. Aber Amerikas Geschichte beginnt erst. Seine Sorgen, seine Schwierigkeiten, seine Konflikte fangen erst an. Es muß noch vieles sein, darunter auch einiges, das von praktischer Lebenseinstellung und Technik so verschieden wie möglich ist. Amerika ist jünger als Rußland. Ich habe, allerdings befürchtend, es möchte übertrieben sein, immer behauptet, daß Amerika ein Naturvolk ist, dessen wahrer Charakter durch die neuesten Erfindungen übertüncht wurde. Jetzt erklärt Waldo Frank in seiner „Wiederentdeckung Amerikas" freimütig dasselbe. Amerika hat noch nicht gelitten; man täuscht sich, wenn man ihm schon die hohe Fähigkeit des Herrschens zubilligen möchte.

Wer nicht zu der pessimistischen Folgerung kommen will, daß niemand herrschen und also die historische Welt ins Chaos zurücksinken wird, muß sich auf den Ausgangspunkt besinnen und im Ernst fragen: Ist es so sicher, daß sich Europa im Abstieg befindet und die Herrschaft niederlegt, abdankt? Sollte nicht dieser scheinbare Niedergang die heilsame Krisis sein, die Europa gestattet, wahrhaft Europa zu werden? War nicht der offenbare Verfall der europäischen Nationen eine unvermeidliche Notwendigkeit, wenn eines Tages die Vereinigten Staaten von Europa entstehen und Europas Vielfalt durch seine echte Einheit ersetzt werden sollte?

4

Wie in ihr geherrscht und gehorcht wird, ist entscheidend für jede Gesellschaft. Wenn die Frage, wer herrscht und wer gehorcht, ungeklärt ist, läuft alles übrige trübe und mühsam. Selbst die innerlichste Innerlichkeit eines jeden Individuums, abgesehen von genialen Ausnahmen, wird gestört und verfälscht sein. Wäre der Mensch ein ungeselliges Wesen, das sich zufällig zu einer Lebensgemeinschaft mit anderen verflochten sähe, so würde er vielleicht von den Erschütterungen unberührt bleiben, die aus den Verschiebungen und Krisen des Herrschens, der Macht, entspringen. Aber da er seiner ursprünglichsten Verfassung nach gesellig ist, wird er auch durch Umwälzungen, die nur die Gemeinschaft unmittelbar berühren, in seiner persönlichen Haltung unsicher. Man kann daher aus der Kenntnis eines isolierten Individuums, ohne über weitere Angaben zu verfügen, darauf schließen, wie es in seinem Land mit den Problemen des Herrschens und Gehorchens steht.

Es könnte aufschlußreich, selbst nützlich sein, aber es wäre ein unerfreuliches und niederdrückendes Geschäft, den Individualcharakter des durchschnittlichen Spaniers unter diesem Gesichtspunkt einer Prüfung zu unterziehen; darum verzichte ich darauf. Wir müßten die innere Zuchtlosigkeit und Verrohung aufdecken, die den mittelmäßigen Bewohner unseres Landes ergriffen hat, weil Spanien seit Jahrhunderten in der Frage der Führung und Gefolgschaft mit einem schlechten Gewissen lebt. Verrohung entsteht, wenn eine Unregelmäßigkeit als ein gewohnter und feststehender Zustand hingenommen wird, ohne doch den Charakter des Ungebührlichen zu verlieren. Da sich nicht in gesunde Ordnung verwandeln läßt, was seinem Wesen nach verbrecherisch und ordnungswidrig ist, wählt das Individuum den Ausweg, sich dem Unstatthaften anzupassen, dem Verbrechen, der Unregelmäßigkeit, die es mit sich schleppt, ähnlich zu werden. Alle Völker haben Zeiten gehabt, in denen ein Unwürdiger sich die Herrschaft über sie anmaßte; aber ein starker Instinkt trieb sie sogleich, ihre Kräfte zusammenzufassen und den unbefugten Anspruch zurückzuweisen. Sie sträubten sich gegen den zeitweiligen Ausnahmezustand und stellten so ihre öffentliche Moral wieder her. Aber der Spanier tat das Gegenteil; anstatt sich einer Herrschaft zu widersetzen, die seinem innersten Gefühl widersprach, hat er lieber sein ganzes übriges Sein verfälscht, um es mit der anfänglichen Lüge in Einklang zu bringen. Solange dieser Zustand in unserem Lande dauert, werden wir vergeblich irgend etwas von den Menschen unserer Rasse erhoffen. Die Kraft und Geschmeidigkeit zu dem schwierigen Geschäft, sich mit Anstand in der Geschichte zu behaupten, muß einer Gesellschaft abgehen, deren Staat, deren oberste Gewalt in sich betrügerisch ist.

Kein Wunder, wenn ein leichter Zweifel, ein bloßes Schwanken darüber, wer in der Welt herrscht, hinreichte, damit die ganze Welt – im öffentlichen und im Privatleben – sich sittlich zu lockern begann.

Das menschliche Leben muß seiner eigenen Natur nach für etwas eingesetzt werden, sei es ein ruhmreiches oder ein bescheidenes Werk, ein glänzendes oder gewöhnliches Schicksal. Es handelt sich um eine wunderliche, unerbittlich unserem Dasein eingeprägte Bedingung. Einerseits lebt ein jeder aus sich und für sich. Andererseits sinkt dies mein Leben, das nur mich angeht, wenn ich es nicht in den Dienst einer Sache stelle, haltlos zusammen ohne Spannung und ohne Form. Wir sehen heute viele Menschen in ihrem eigenen Labyrinth verloren gehen, weil nichts da ist, was ihre Hingabe fordert. Alle Gebote, alle Ordnungen sind in der Schwebe. Die Lage könnte vollkommen erscheinen, denn jedes Leben hat die absolute Freiheit, zu tun, was es mag. Und ebenso jedes Volk. Europa hat seinen Druck auf die Welt herabgesetzt. Aber das Gegenteil, von dem, was zu erwarten war, ist eingetreten. Wenn es für sich selber frei wird, verliert das Leben sich selbst, wird leer und zwecklos. Und da es sich mit etwas füllen muß, erfindet es sich Scheinbeschäftigungen, die kein echter innerer Drang ihm auferlegt, heute dies, morgen jenes, das Gegenteil des ersten. Es ist verloren, wenn es allein mit sich ist. Selbstsucht ist ein Labyrinth. Leben heißt auf ein Ziel abgeschnellt sein, auf etwas zuwandern. Das Ziel ist nicht mein Wandern, nicht mein Leben; es ist etwas, woran ich mein Leben setze, und ist deshalb außerhalb, jenseits des Lebens. Wenn ich mir vornehme, mein Leben für mich allein und selbstisch zu leben, rücke ich nicht voran, komme ich nirgends hin; ich drehe mich am gleichen Fleck im Kreise. Das ist das Labyrinth, ein Weg, der nirgends hinführt, der sich in sich selbst verliert, weil er nur ein In-sich-selber-Laufen ist.

172

Nach dem Krieg hat der Europäer sich in sein Inneres eingesperrt; er hat nichts mehr vor, nicht für sich und nicht für die anderen. Darum stehen wir historisch, wo wir vor zehn Jahren standen.

Man gebietet nicht schlechtweg; Herrschaft ist ein Druck, der auf die anderen ausgeübt wird; aber sie ist nicht das allein. Wäre sie es, so hieße sie Gewalt. Wir dürfen nicht vergessen, daß Gebieten zwei Gesichter hat: man gebietet jemandem, aber man gebietet ihm etwas. Und das Gebot läuft darauf hinaus, daß er an einer Unternehmung, einem großen historischen Schicksal teilhaben soll. Darum gibt es keine Herrschaft ohne ein Lebensprogramm, genau gesprochen ohne ein Herrschaftsprogramm.

Wenn die Könige bauen, haben die Kärrner zu tun.

Wir stimmen also nicht mit jener engstirnigen Ansicht überein, die hinter den Handlungen großer Völker – und Männer – nichts als selbstische Motive wittert. Es ist schwerer, als man glaubt, ein reiner Egoist zu sein, und wer es ist, hat noch niemals triumphiert. Die scheinbare Selbstsucht großer Völker und Menschen ist die unvermeidliche Härte, mit der jeder auftreten muß, der sein Leben an eine Sache gesetzt hat. Wenn in Wahrheit etwas getan werden soll und wir uns in den Dienst einer Aufgabe gestellt haben, kann man nicht von uns verlangen, daß wir bereit sind, Rücksicht auf Vorübergehende zu nehmen und kleine, zufällige Menschenfreundlichkeiten zu üben.

Spanienreisende erzählen als eines ihrer hübschesten Erlebnisse, daß häufig, wenn sie auf der Straße jemanden nach einem Platz oder Gebäude fragten,

173

der Angeredete seinen Weg aufgab, sich bereitwillig für den Fremden opferte und ihn an sein Ziel geleitete. Ich leugne nicht, daß dieser Charakterzug des braven Keltiberen ein Körnchen Großmut birgt, und freue mich, daß der Fremde sein Betragen so deutet. Doch konnte ich, wenn ich davon hörte oder las, mich nie des Argwohns entschlagen, ob mein befragter Landsmann wohl in Wahrheit irgendwohin ging. Denn es könnte sehr wohl sein, daß er nirgendwohin ging, weder Absicht noch Aufgabe hatte und einfach ein wenig ans Leben hinauskam, um zu sehen, ob das der anderen nicht sein eigenes füllen würde, ob er nicht einen Fremden zum Begleiten fände.

Es ist bedenklich, daß die Unsicherheit über die Weltherrschaft, die so lange in den Händen von Europa lag, bei den übrigen Völkern, abgesehen von jenen, die wegen ihrer Jugend noch in der Prähistorie stehen, eine Lockerung der Sittlichkeit herbeigeführt hat. Aber viel bedenklicher ist es, daß dies Gehen an Ort den Europäer selbst moralisch völlig desorientiert hat. Ich spreche nicht so, weil ich Europäer oder etwas Verwandtes bin, und nicht, weil mir das Schicksal der Welt gleichgültig ist, wenn nicht der Europäer die nächste Zukunft bestimmt. Die Abdankung Europas würde mich kalt lassen, wenn es heute eine andere Völkergruppe gäbe, die Europa in der Macht und der Führung des Planeten zu ersetzen vermöchte. Ja, nicht einmal das würde ich verlangen; ich wäre es zufrieden, daß niemand herrschte, wenn sich dabei nicht alle Tugenden und Talente des europäischen Menschen verflüchtigten.

Denn das geschieht unentrinnbar. Gewöhnt sich der

Europäer daran, daß er nicht gebietet, so werden anderthalb Generationen genügen, damit der alte Kontinent und nach ihm die ganze Welt in sittliche Trägheit, geistige Unfruchtbarkeit und allgemeine Barbarei versinkt. Nur das Bewußtsein, zu führen und Verantwortung zu tragen, und die Zucht, die daraus entspringt, können die Seelen des Abendlandes in Spannung halten. Wissenschaft, Kunst, Technik und alles übrige gedeiht in der befeuernden Atmosphäre des Herrschaftsgefühls. Fehlt es, so wird der Europäer mehr und mehr herunterkommen. Die Geister werden nicht länger jenen unerschütterlichen Glauben an sich selber haben, der sie stark, kühn und zäh zum Raube großer neuer Ideen macht. Unfähig zu Taten schöpferischen Überschwangs, wird der Europäer ins Gestrige, in die Gewohnheit, das eingefahrene Geleise zurückfallen – ein hoffnungslos alltägliches, nichtssagendes, pedantisches, ausgeblasenes Geschöpf wie die Griechen des Niedergangs und der ganzen byzantinischen Geschichte.

Schöpferisches Leben verlangt eine streng hygienische Lebensweise, hohe Zucht und fortwährende Reize, die das Gefühl der Würde anfeuern. Schöpferisches Leben ist straffes Leben, und das ist nur unter zwei Bedingungen möglich: entweder man herrscht selber, oder man ist in einer Welt behaust, wo einer herrscht, dem man volles Recht zur Ausübung seines Amtes zuerkennt. Man herrscht oder man gehorcht. Gehorsam heißt nicht, daß man eine Herrschaft duldet – dulden ist Erniedrigung –, sondern daß man sie bejaht und ihr folgt, weil man sich eins mit ihr fühlt, weil man sich freudig zu ihrer Fahne stellt.

5

Wir müssen jetzt zum Ausgangspunkt dieser Betrachtungen zurückkehren, zu der so sonderbaren Tatsache, daß man in der Welt während der letzten Jahre beständig vom Niedergang Europas redete. Allein der Umstand, daß nicht Ausländer, sondern die Europäer selbst die Entdecker dieses Niedergangs waren, ist auffällig. Als außerhalb des alten Kontinents kein Mensch daran dachte, kamen ein paar Männer in Deutschland, England, Frankreich auf den bestechenden Gedanken: Sollten wir etwa in einem beginnenden Abstieg begriffen sein? Der Einfall hatte eine gute Presse, und heute spricht alle Welt von der europäischen Dekadenz wie von einer unanfechtbaren Tatsache.

Aber haltet ihre Verkünder mit einer leichten Gebärde auf und fragt sie, auf welche überzeugenden, greifbaren Erscheinungen sich ihre Diagnose gründet. Sofort werden sie verschwommen gestikulieren und die Arme rund gegen das All recken mit jener Gebärde, die für alle Schiffbrüchigen bezeichnend ist. Sie wissen in der Tat nicht, woran sich klammern. Das einzige, was sich ohne weitere Vorbereitungen darbietet, wenn man den gegenwärtigen Verfall Europas schildern möchte, sind die wirtschaftlichen Schwierigkeiten, denen sich heute jede europäische Nation gegenübersieht. Aber wenn es darum geht, die Art dieser Schwierigkeiten etwas schärfer zu fassen, bemerkt man, daß keine von ihnen die Güter erzeugenden Kräfte ernstlich angreift und der alte Kontinent viel schwerere Krisen dieser Art durchgemacht hat.

Fühlen sich die Deutschen oder Engländer nicht heute imstande, mehr und besser zu produzieren als je? Ganz gewiß; und es ist sehr wichtig, die Haltung der Engländer oder Deutschen in wirtschaftlicher Hinsicht etwas näher zu erörtern. Denn sonderbarerweise rührt ihre unbestreitbare seelische Depression eben nicht davon her, daß sie sich schlecht in Form fühlen, sondern im Gegenteil, daß sie mit dem Bewußtsein größerer Möglichkeiten an gewisse unselige Schranken stoßen, die sie hindern, das zu verwirklichen, was durchaus in ihren Kräften stünde. Diese unseligen Schranken der gegenwärtigen deutschen, französischen, englischen Wirtschaft sind die politischen Grenzen der betreffenden Staaten. Die eigentliche Schwierigkeit liegt also nicht in einem so oder anders gestellten wirtschaftlichen Problem, sondern darin, daß die Form des öffentlichen Lebens, in der sich die ökonomischen Kräfte zu bewegen haben, den Größenverhältnissen dieser Kräfte nicht entspricht. Nach meiner Meinung entspringt das Gefühl des Versagens und der Ohnmacht, das unleugbar auf unserem Leben lastet, diesem Mißverhältnis zwischen den Möglichkeiten des heutigen Europas und dem Format seiner politischen Verfassung, in deren Rahmen sie sich auswirken sollen. Der Ansprung zur Lösung der drängenden Fragen ist so kräftig wie je; aber er prallt sofort auf die engen Käfige, die ihn einschließen, die kleinen Nationen, die bis jetzt das Gefüge Europas bildeten. Der alte Kontinent ist trüb und verzagt wie ein großflügeliger Vogel, der mit seinem mächtigen Schwingenschlag gegen die Gitterstäbe seines Käfigs stößt.

Beweis dafür ist, daß sich dieselbe Konstellation auf

anderen Gebieten wiederholt, die dem wirtschaftlichen sehr fern liegen. Zum Beispiel im geistigen Leben. Jeder gute Intellektuelle in Deutschland, England oder Frankreich empfindet die Grenzen seiner Nation heute als Beengung. Der deutsche Professor ist sich bewußt, wie abgeschmackt der Arbeitsstil ist, zu dem ihn sein unmittelbares Publikum deutscher Professoren zwingt, und vermißt die geistvolle Beweglichkeit des Wortes, die dem französischen écrivain oder dem englischen Essayisten zu Gebote steht. Umgekehrt beginnt der Pariser homme de lettres einzusehen, daß die Überlieferung des literarischen Mandarinentums, des verbalen Formalismus, wozu ihn seine gallische Herkunft verurteilt, erschöpft ist, und würde diese Tradition unter Wahrung ihrer schönsten Vorzüge gern um einige Tugenden des deutschen Professors bereichern.

Dasselbe geschieht in der inneren Politik. Die brennende Frage, warum das politische Leben in allen europäischen Großstaaten so darniederliegt, hat noch keine befriedigende Antwort gefunden. Man sagt, die demokratischen Institutionen hätten an Ansehen eingebüßt. Aber gerade das wäre zu erklären. Denn diese Einbuße ist von recht sonderbarer Art. In allen Ländern schilt man das Parlament; aber in keinem, das in Betracht kommt, denkt man daran, es abzuschaffen; und es deuten sich auch nicht in utopischen Umrissen andere Staatsformen an, die wenigstens theoretisch besser schienen. Es ist also noch nicht so sicher, daß das Parlament abgewirtschaftet hat. Nicht mit den Einrichtungen als Instrumenten des öffentlichen Lebens steht es schlecht in Europa, sondern mit den Aufgaben, zu denen sie gebraucht werden sollen. Was fehlt, sind Programme, deren Umfang den Größenverhältnissen des heutigen europäischen Daseins angemessen wäre.

Hier liegt eine optische Täuschung vor, die wir ein für allemal korrigieren müssen; denn es ist haarsträubend, was für Ungereimtheiten beständig über das Problem des Parlamentarismus produziert werden. Es gibt eine ganze Reihe stichhaltiger Einwände gegen die Arbeitsweise der traditionellen Parlamente. Bei genauer Prüfung jedoch führen sie alle anstatt auf die Schlußfolgerung, daß das Parlament abzuschaffen sei, im Gegenteil geraden und deutlichen Wegs auf die Notwendigkeit, es zu reformieren. Was kann man aber Besseres von einer Sache sagen, als daß sie reformbedürftig, das heißt unentbehrlich und zu neuem Leben fähig ist? Das heutige Automobil ist über die Einwände erhaben, die man gegen seinen Vorläufer von 1910 erhob. Aber die Abneigung des Volkes gegen das Parlament rührt nicht von Einwänden solcher Art her. Man sagt etwa, das Parlament sei unbrauchbar. Wir müssen darauf fragen: Unbrauchbar wozu? Denn Brauchbarkeit ist die Tugend, die ein Werkzeug zur Herbeiführung eines Endzwecks geeignet macht. In diesem Fall wäre der Endzweck die Lösung der öffentlichen Probleme in den jeweiligen Nationen. Darum verlangen wir von jemandem, der die Parlamente für unbrauchbar erklärt, daß er sich eine klare Vorstellung über die mögliche Lösung der gegenwärtigen öffentlichen Probleme gemacht hat. Denn hat er es nicht und ist man sich heute in keinem Land auch nicht theoretisch darüber klar, was man tun soll, so hat es keinen Sinn, die Regierungsform an den

179

Pranger zu stellen. Fruchtbarer wäre es, daran zu denken, daß noch keine Organisation im ganzen Verlauf der Geschichte größere und mächtigere Gebilde geschaffen hat als die parlamentarischen Staaten des 19. Jahrhunderts. Die Tatsache ist so offenkundig, daß nur krasseste Dummheit sie übersehen kann. Man rede also nicht von der Nutzlosigkeit der gesetzgebenden Versammlungen, wenn es sich um die Möglichkeit und Dringlichkeit ihrer durchgreifenden Reformierung handelt.

Die Abneigung gegen das Parlament hat nichts mit seinen offenkundigen Mängeln, ja überhaupt nichts mit ihm selbst als einem politischen Instrument zu tun. Sie rührt davon her, daß der Europäer nicht weiß, wozu er es gebrauchen soll, daß die Ziele des traditionellen öffentlichen Lebens ihm nicht zusagen, kurz, daß er sich keine Illusionen über den Staat macht, dessen Bürger, dessen Gefangener er ist. Weder in England, noch in Deutschland, noch in Frankreich. Es wäre nutzlos, seine Verfassung im einzelnen zu ändern, denn es ist nicht die Verfassung, die versagt, sondern der Staat selbst; er ist zu klein geworden.

Zum erstenmal spürt der Europäer, da er mit seinen politischen, wirtschaftlichen, geistigen Unternehmungen an die Grenzen seiner Nation stößt, daß seine Lebensmöglichkeiten, sein vitaler Stil in keinem Verhältnis zu der Größe des Kollektivkörpers stehen, in den er eingeschlossen ist. Und damit hat er entdeckt, daß man Provinzler ist, wenn man Engländer, Deutscher oder Franzose ist. Er hat gefunden, daß er weniger ist als früher, denn früher glaubte der Engländer, Franzose,

Deutsche jeder von sich, daß er die Welt sei. Hier scheint mir, liegt die eigentliche Ursache für das Untergangsgefühl, das den Europäer quält. Also eine rein subjektive, in sich widerspruchsvolle Ursache, da ja sein Wahn, es gehe bergab mit ihm, gerade daraus entsteht, daß seine Fähigkeiten gewachsen sind und sich an einer alten Organisation stoßen, in die sie nicht mehr hineinpassen.

Um das Gesagte durch ein greifbares Beispiel zu verdeutlichen, nehme man irgendeine konkrete Tätigkeit, etwa den Automobilbau. Das Automobil ist eine rein europäische Erfindung; aber in der Fabrikation führt heute Nordamerika. Konsequenz: das europäische Auto gerät ins Hintertreffen. Und dennoch weiß man in der europäischen Industrie und Technik ganz genau, daß die Überlegenheit der amerikanischen Erzeugnisse auf keiner speziellen Begabung des Menschen jenseits des Ozeans, sondern einfach darauf beruht, daß die amerikanische Fabrik ihren Wagen ohne irgendwelche Beschränkungen hundertzwanzig Millionen Leuten anbieten kann. Man stelle sich vor, einer europäischen Fabrik stünden als Markt alle europäischen Staaten mit ihren Kolonien und Schutzgebieten offen; unzweifelhaft könnte ihr Erzeugnis, das für fünf- bis sechshundert Millionen Menschen gebaut wäre, bei weitem besser und billiger sein als der Ford. Die besonderen Vorzüge der amerikanischen Technik sind fast ausnahmslos Wirkungen, nicht Ursachen der Größe und Gleichförmigkeit ihres Absatzgebietes. Die Rationalisierung einer Industrie ist die zwangsläufige Folge ihres Umfangs.

Die tatsächliche Lage Europas wäre sonach folgendermaßen zu beschreiben: Seine lange und großartige Ver-

181

gangenheit hat es auf eine neue Lebensstufe geführt, wo alles sich vergrößert hat; aber seine Strukturverhältnisse, die aus der Vergangenheit herüberdauern, sind zwerghaft und hemmen die Expansionskräfte der Gegenwart. Europa ist als Gefüge kleiner Nationen entstanden. Nationalgedanke und Nationalgefühl waren in gewissem Sinn seine bezeichnendsten Erfindungen. Nun sieht es sich gezwungen, sich selbst zu überwinden. Dies ist das Schema des gewaltigen Dramas, das sich in den kommenden Jahren abspielen wird. Wird sich Europa von den Überresten der Vergangenheit befreien können oder für immer ihr Gefangener bleiben? Denn es ist schon einmal in der Geschichte geschehen, daß eine große Zivilisation starb, weil sie ihre überlieferte Staatsidee nicht aufgeben konnte . . .

6

Ich habe andernorts Passion und Tod der griechisch-römischen Welt erzählt und beziehe mich, was gewisse Einzelheiten angeht, auf das dort Gesagte. Aber wir können den Gegenstand jetzt unter einem anderen Gesichtspunkt betrachten.

Griechen und Römer sind, wenn sie in der Geschichte erscheinen, in Städten, urbs, polis, behaust wie Bienen in ihrem Stock. Die Stadt ist eine letzte Gegebenheit von geheimnisvollem Ursprung; eine Gegebenheit, von der man schlechthin auszugehen hat, wie der Zoologe von dem nicht weiter reduzierbaren Tatbestand ausgeht, daß die Wespe als Einzelgänger und Vagabund lebt, die goldfarbene Biene dagegen nur in Waben bauenden

Schwärmen. Allerdings gestatten Ausgrabungen und archäologische Forschungen uns, etwas von dem zu erkennen, was auf athenischem und römischem Boden geschah, ehe Athen und Rom bestanden. Aber der Übergang von jener rein bäuerlichen, durch nichts ausgezeichneten Prähistorie zum Keim der Stadt, dieser Pflanze neuer Art, die der Boden beider Halbinseln erzeugte, bleibt dunkel; man kennt nicht einmal den ethnischen Zusammenhang zwischen jenen vorgeschichtlichen Völkern und diesen erstaunlichen Gemeinwesen, die das Repertoire der Menschheit um eine große Neuheit bereicherten, indem sie einen öffentlichen Platz und um ihn her eine gegen das Feld geschlossene Stadt erbauten. Denn will man urbs und polis definieren, so geschieht es am besten nach dem Muster jener Scherzdefinition für die Kanone: Man nehme ein Loch und umwickle es fest mit Draht, dann hat man eine Kanone. Auch die Stadt beginnt als Hohlraum, als Marktplatz, forum, agora; und alles Weitere ist Vorwand, um dies Hohl zu sichern, seinen Umriß abzustecken. Die polis ist ursprünglich nicht ein Haufe bewohnbarer Häuser, sondern ein Ort des bürgerlichen Zusammentreffens, ein abgegrenzter Raum zu öffentlichen Zwecken. Die Stadt ist nicht wie Hütte oder Haus (domus) als Schutz gegen Witterungsunbilden und zum Kinderzeugen gebaut, welches persönliche und Familienangelegenheiten sind, sondern um die gemeinsame Sache zu besprechen. Man beachte, daß hiermit eine neue Gattung Raum konstruiert wurde, viel neuer als der Einsteinsche. Solange gab es nur einen Raum, das Land, und man lebte darin mit allen Folgen, die ein solches Dasein für den Menschen hat. Der Landmann ist noch pflanzenhaft. Sein Leben bewahrt, wenn er denkt, fühlt, will, etwas von der bewußtlosen Dumpfheit des Vegetativen. Die großen asiatischen und afrikanischen Kulturen waren in diesem Sinne große antropomorphe Pflanzenreiche. Aber der antike Mensch löst sich entschlossen vom Land, von der Natur, von dem geobotanischen Kosmos ab. Wie ist das möglich? Wie kann der Mensch das Land verlassen? Wohin soll er gehen, da doch das Land die ganze Erde, das Unbegrenzte ist? Sehr einfach: er hegt ein Stück Land vermittels einiger Mauern ein und stellt dem gestaltlosen, unendlichen Raum den umschlossenen, endlichen gegenüber. So entsteht der Platz. Er ist nicht wie das Haus ein nach oben hin geschlossenes Innere, darin den Höhlen gleichend, die es auf dem Feld gibt; er ist schlechthin die Verneinung des Feldes. Dank den Mauern, die ihn umgeben, ist der Platz ein Stück Land, das dem Rest den Rücken dreht, von ihm absieht und sich ihm entgegensetzt. Dies rebellische Kleinland, das sich von der großen Mutter abgeschnürt hat und seine Eigenrechte ihr gegenüber wahrt, ist als Land aufgehoben und darum ein Raum sui generis, völlig neu, worin der Mensch, aus jeder Gemeinschaft mit Pflanze und Tier gelöst, ein in sich kreisendes, rein menschliches Reich schafft: den bürgerlichen Raum. Darum wird eines Tages der große Städter, in dem der Lebenssaft der polis siebenfach konzentriert fließt, darum wird einst Sokrates sagen: „Ich habe nichts mit den Bäumen auf dem Felde, ich habe nur mit den Menschen in der Stadt zu tun." Was haben hiervon je die Inder, Perser, Chinesen oder Ägypter gewußt?

Bis Alexander bzw. Cäsar besteht die Geschichte Griechenlands und Roms aus einem unaufhörlichen Kampf zwischen diesen beiden Räumen: zwischen der rationalen Stadt und dem vegetativen Land, zwischen dem Juristen und dem Bauern, dem jus und dem rus.

Man glaube nicht, dieser Ursprung der Stadt sei eine bloße Konstruktion von mir und es komme ihm nur eine bildliche Wahrheit zu. Mit seltener Zähigkeit bewahren die Bewohner der griechisch-lateinischen Stadt in der ursprünglichen, tiefsten Schicht ihres Gedächtnisses die Erinnerung eines Synoikismos. Man braucht die Texte nicht zu pressen; es genügt sie zu übersetzen. Der Synoikismos ist die Erinnerung an den Beginn des gemeinsamen Lebens, an die „Versammlung" im leiblichen und rechtlichen Sinn des Wortes. Der pflanzenhaften Ausgesätheit über das Land folgt die bürgerliche Zusammenfassung in der Stadt. Die Stadt ist das Über-Haus, die Überwindung des Hauses oder untermenschlichen Nestes, ein abstrakteres und höheres Gebilde als der oikos der Familie. Sie ist die res publica, die politeia, die nicht von Männern und Frauen, sondern von Bürgern gebildet wird. Eine neue Dimension, irreduzibel auf die naturgegebenen, dem Tiere näheren, öffnet sich dem menschlichen Dasein; und in ihrem Verfolg werden, die vorher nur Menschen waren, ihre besten Kräfte einsetzen. So entsteht die Stadt von vornherein als Staat.

In gewisser Weise hat die ganze Mittelmeerküste immer eine spontane Neigung zu diesem Staatstypus bekundet. Er wiederholt sich mehr oder weniger rein in Nordafrika (Karthago = die Stadt). Italien behielt bis ins 19. Jahrhundert die Form der Stadtstaaten bei, und die spanische Levante verfällt, sowie sie irgend kann, in den Partikularismus, der ein letzter Bastard jener tausendjährigen Tendenz ist.[1]

Durch die relative Einfachheit seines Aufbaus läßt der Stadtstaat deutlich das Wesentliche des Staatsprinzips erkennen. Das Wort Staat (status) zeigt einerseits an, daß die historischen Kräfte zu einer Gleichgewichts- und Ruhelage gelangt sind. In diesem Sinn bedeutet er das Gegenteil von historischer Bewegung: er ist die feste, geordnete, dauernde Gemeinschaft. Aber hinter diesem Charakter der Unbeweglichkeit, der ruhenden, endgültigen Gestalt, verbirgt sich wie hinter jedem Gleichgewicht das Kräftespiel, das es erzeugte und erhält. Verbirgt sich mit einem Wort, daß der bestehende Staat nur das Ergebnis früherer Kämpfe und Bemühungen ist, die auf ihn zielten. Dem bestehenden Staat geht der werdende vorher, und dieser ist ein Prinzip der Bewegung.

Der Staat – das sollte mit diesen Ausführungen gesagt werden – ist kein Geschenk, welches der Mensch vorfindet, sondern muß von ihm mühsam geschaffen werden. Er ist zu unterscheiden von der Horde und dem Stamm und den übrigen, auf Blutsverwandtschaft gegründeten Verbänden, welche die Natur es sich angelegen sein läßt, ohne Mithilfe des Menschen hervorzu-

---

[1] Interessant wäre es, zu zeigen, wie in Katalonien zwei gegensätzliche Kräfte am Werk sind: der europäische Nationalismus und der „Stadtgeist" von Barcelona, in dem die Neigung des alten Mittelmeermenschen noch immer lebendig ist. Ich nannte den Levantiner darum gelegentlich den Überrest des homo antiquus auf der iberischen Halbinsel.

bringen. Denn der Staat beginnt erst, wenn der Mensch sich der natürlichen Gemeinschaft, der er von Bluts wegen angehört, zu entziehen strebt. Anstatt des Blutes können wir ebensogut irgendein anderes natürliches Prinzip, etwa die Sprache, wählen. Seinem Ursprung nach besteht der Staat aus der Verbindung der Rassen und Zungen. Er ist die Überwindung jeder natürlichen Gemeinschaft. Er ist gemischtrassig und vielsprachig.

So entsteht die Stadt aus der Vereinigung verschiedener Stämme. Über der zoologischen Vielheit errichtet sie die abstrakte Einheit der Rechtsprechung.[1] Es ist klar, daß nicht das Verlangen nach juristischer Einheit zur Staatsschöpfung treibt. Der Trieb dazu ist wirklichkeitsnäher als jedes Recht; er ist der Drang zur Ausführung größerer Unternehmungen, als sie den kleinen Blutsgemeinschaften möglich sind. Hinter der Entwicklungsgeschichte jedes Staates sehen oder ahnen wir immer das Profil eines großen Unternehmers.

Wenn wir die historische Situation betrachten, die der Geburt eines Staates unmittelbar vorangeht, finden wir das folgende Schema: Verschiedene kleine Gemeinwesen mit einer Gesellschaftsverfassung, die darauf eingerichtet ist, daß ein jedes in sich geschlossen leben kann, die nur der internen Gemeinschaft dient. Das weist darauf hin, daß sie in der Vergangenheit tatsächlich ohne Zusammenhang ein jedes aus und für sich und nur in gelegentlicher Berührung mit den Grenznachbarn lebten. Aber dieser Isolierung folgt eine Zeit äußerer, vor allem wirtschaftlicher Verbindungen. Die Glieder der

---

[1] Die Einheit der Rechtsprechung, die nicht notwendig Zentralisation einschließt.

einzelnen Gemeinschaften gehen nicht mehr ganz in ihrem Kreise auf; ein Teil ihres Lebens ist mit den Individuen der anderen Gruppen verknüpft, mit denen sie merkantile und geistige Beziehungen unterhalten. Es entsteht somit ein Konflikt zwischen zwei Lebensverbänden: dem inneren und dem äußeren. Die überkommene Gesellschaftsform – Recht, Sitte, Religion – begünstigt den inneren und hemmt den äußeren, den umfassenderen und neuen. In solcher Lage ist das Wesen des Staates nicht Ruhe, sondern Bewegung, nämlich die Bewegung, welche die soziale Verfassung der inneren Gemeinschaft zu vernichten und durch eine Gesellschaftsform zu ersetzen strebt, die der neuen äußeren Gemeinschaft angemessen ist. Man beziehe diese Ausführungen auf den gegenwärtigen Zustand Europas, und die abstrakten Ausdrücke werden Farbe und Form gewinnen.

Es kann nur zu einer Staatsschöpfung kommen, wenn es irgendwelchen Völkern gelingt, sich von der überlieferten Gemeinschaftsstruktur frei zu machen und darüber hinaus eine andere, bisher unbekannte zu erfinden. Darum ist sie „Schöpfung" im echten Sinn des Wortes. Der Staat ist in seinen Anfängen immer das Werk der frei gestaltenden Einbildungskraft. Die Phantasie ist das Vermögen der Freiheit im Menschen. Ein Volk ist genau so fähig zur Staatsbildung, wie seine Phantasie schöpferisch ist. Daher hatten alle Völker eine Grenze in ihrer staatlichen Entwicklung, eben die Grenze, welche die Natur ihrer Imagination gesetzt hatte.

Die Griechen und Römer, welche durch die Erfindung der polis den Triumph über die ländliche Vereinzelung der Menschen errangen, machten an den Stadtmauern halt. Einer allerdings war da, der die antiken Geister weiterführen, der sie aus der Stadt befreien wollte; aber es war vergebliche Mühe. Die Phantasiearmut des Römers, verkörpert in Brutus, erschlug Cäsar – die schöpferischste Einbildungskraft in der Alten Welt. Wir sollten es nicht unterlassen, wir Europäer von heute, uns jener alten Geschichte zu erinnern; denn die unsrige steht beim gleichen Kapitel.

7

Klare Köpfe, was man klare Köpfe nennt, gab es wahrscheinlich im ganzen Altertum nur zwei, Themistokles und Cäsar, zwei Politiker. Zweifellos gab es Männer genug, die klare Gedanken über viele Dinge hatten – Philosophen, Mathematiker, Naturwissenschaftler –, aber ihre Klarheit war wissenschaftlicher Art, das heißt eine Klarheit über begriffliche Gegenstände. Alle Gegenstände, von denen die Wissenschaft, jede Wissenschaft, spricht, sind begrifflich, und begriffliche Gegenstände sind immer klar. So daß die Klarheit der Wissenschaft nicht so sehr in den Köpfen derer, die sie machen, als in den Gegenständen existiert, von denen sie reden. Das wesentlich Wirre, Undurchsichtige ist die lebendige Wirklichkeit, die immer eine ist. Wer sich in ihr mit Sicherheit zurechtfindet, wer unter dem Chaos jeder konkreten Lebenslage die geheime Anatomie des Augenblicks ahnt, kurz, wer sich nicht im Leben verliert, der ist in Tat und Wahrheit ein klarer Kopf. Beobachtet die euch umgeben, und ihr werdet sehen, wie verirrt sie in ihrem Leben sind; sie gehen wie Traumwandler durch ihr gutes oder böses Schicksal und haben nicht die leiseste Ahnung von dem, was ihnen geschieht. Ihr hört sie in präzisen Wendungen von sich und ihrer Umwelt sprechen, als besäßen sie deutliche Vorstellungen über das alles. Wenn ihr aber diese Gedanken oberflächlich prüft, werdet ihr merken, daß sie von der Wirklichkeit, auf die sie zu gehen scheinen, weder viel noch wenig widerspiegeln; und wenn ihr tiefer eindringt, werdet ihr finden, daß sie nicht einmal die Absicht haben, sich dieser Wirklichkeit anzupassen. Ganz im Gegenteil: die Menschen benutzen sie, um einer persönlichen Konfrontation mit der Welt und ihrem eigenen Leben auszuweichen. Denn das Leben ist zunächst ein Chaos, in dem man verloren ist. Das ahnen sie; aber es schaudert ihnen, dieser furchtbaren Wirklichkeit Auge in Auge gegenüberzutreten, und sie suchen sie hinter einem Zaubervorhang zu verstecken, auf dem alles sehr klar aussieht. Daß ihre „Ideen" nicht wahr sein könnten, macht ihnen keine Sorge; sie dienen ihnen als Schützengräben, um sich gegen ihr Leben zu verteidigen, als Vogelscheuchen, um die Wirklichkeit zu verjagen.

Klar im Kopf ist der Mann, der die Zauberei solcher „Ideen" abschüttelt und dem Leben ins Gesicht sieht, der sich eingesteht, daß alles darin fragwürdig ist, und sich verloren fühlt. Da dies die reine Wahrheit ist – denn leben heißt sich verloren fühlen –, hat, wer sie zugibt, schon begonnen, sich zu finden, seine wahrhafte Wirklichkeit zu entdecken; er ist auf festem Boden. Instinktiv wird er, wie der Schiffbrüchige, nach etwas ausspähen, sich daran zu halten, und vor diesem schweren, drängenden, von Grund auf wahren Blick, denn es handelt sich um seine Rettung, wird sich das Chaos seines Lebens ordnen. Das sind die einzigen wahren Gedanken, die Gedanken der Schiffbrüchigen. Alles andere ist Rhetorik, Maske, inwendige Heuchelei. Wer sich nicht in Wahrheit verloren fühlt, verliert sich ohne Gnade; das heißt, er findet sich niemals, er stößt niemals auf die eigentliche Wirklichkeit.

Das gilt für alle Lebensordnungen, auch für die Wissenschaft, obgleich die Wissenschaft an sich eine Flucht vor dem Leben ist (die meisten Gelehrten haben sie aus Angst vor der Auseinandersetzung mit ihrem Leben ergriffen. Sie sind keine klaren Köpfe; daher ihre notorische Schwerfälligkeit in allen konkreten Situationen). Der Wert unserer Gedanken hängt davon ab, wie sehr wir uns vor einer Frage verloren fühlten, wie gut wir ihre Problematik gesehen und erkannt haben, daß übernommene Meinungen, Methoden, Theorien oder Terminologien uns nicht helfen können. Wer eine neue wissenschaftliche Wahrheit entdeckt, mußte vorher fast alles, was er gelernt hatte, zerstören; er kommt mit blutigen Händen bei seiner neuen Wahrheit an, da er auf dem Weg unzähligen Gemeinplätzen die Kehle abgeschnitten hat.

Die Politik ist weit wirklicher als die Wissenschaft, weil sie aus singulären Situationen besteht, in die der Mensch, ob er will oder nicht, plötzlich hineingerissen wird. Sie ist darum der Prüfstein, der uns am besten zwischen klaren und schablonenhaften Köpfen zu unterscheiden erlaubt.

Cäsar ist das größte und bekannte Beispiel für die Gabe, die durchhaltenden Richtlinien der Realität aufzufinden; er tat es in einem Augenblick beklemmender Ratlosigkeit, in einer der verworrensten Stunden, welche die Menschheit erlebt hat. Und als habe das Schicksal sich darin gefallen, seine Einzigartigkeit zu unterstreichen, setzte es ihm Cicero an die Seite, einen unvergleichlichen Intellektuellenkopf, der zeit seines Lebens damit beschäftigt war, alles durcheinanderzubringen.

Durch ein Übermaß an Glück war der politische Organismus Roms aus den Fugen gegangen. Die Tiberstadt, Herrin Italiens, Spaniens, Nordafrikas, des klassischen und hellenistischen Orients, saß auf einem Vulkan. Ihre öffentlichen Einrichtungen waren in der Gemeinde zuständig und untrennbar von der Stadt, wie die Dryaden bei Todesstrafe dem Baum verhaftet sind, den sie beschützen.

Das Heil der Demokratien, von welchem Typus und Rang sie immer seien, hängt von einer geringfügigen technischen Einzelheit ab: vom Wahlrecht. Alles andere ist sekundär. Wenn die Einteilung der Wahlkreise richtig ist, wenn sie sich der Wirklichkeit anpaßt, geht alles gut; wenn nicht, geht alles schlecht, so ausgezeichnet es im übrigen stehen mag. Zu Beginn des 1. Jahrhunderts v. Chr. ist Rom allmächtig, reich, es hat keine Feinde vor sich. Dennoch ist es dem Untergang nahe, weil es hartnäckig an einem törichten Wahlsystem festhält. Ein Wahlsystem ist töricht, wenn es falsch ist. Man mußte in der Stadt stimmen. Schon die Bürger auf dem Lande konnten den Komitien nicht beiwohnen. Ganz zu schweigen von denjenigen, die über die ganze römische Welt zerstreut lebten. Da die Wahlen unmöglich waren, mußte man sie fälschen, und die Kandidaten organisierten Krawalle mit Veteranen des Heeres und Athleten des Zirkus, die es auf sich nahmen, die Urnen zu zerschlagen.

Ohne die Stütze einer vertrauenswürdigen Abstimmung hängen die demokratischen Institutionen in der Luft. In der Luft hängen Worte. „Die Republik war nur noch ein Wort." Der Ausspruch stammt von Cäsar. Kein Amt besaß Autorität. Die Generäle der Rechten und der Linken erfrechten sich in hohlen Diktaturen, die zu nichts führten.

Cäsar hat sich über seine Politik nie geäußert; er war damit beschäftigt, sie zu machen. Der Zufall wollte, daß er eben Cäsar war und nicht das Handbuch des Cäsarismus, das hinterher zu kommen pflegt. Es bleibt uns nichts übrig, wenn wir seine Politik verstehen wollen, als seine Handlungen zu nehmen und sie bei Namen zu nennen. Das Geheimnis liegt in seiner vornehmsten Tat: der Eroberung beider Gallien. Zu ihrer Ausführung mußte er sich gegen die bestehende Staatsgewalt empören. Warum?

Die Staatsgewalt lag in den Händen der Republikaner, das heißt der Konservativen, der treuen Anhänger des Stadtstaates. Ihre Politik läßt sich in zwei Grundsätzen zusammenfassen: Erstens, die Erschütterungen des öffentlichen römischen Lebens rühren von Roms übermäßiger Ausdehnung her. Die Stadt kann nicht so viele Völker regieren. Jede neue Eroberung ist ein Verbrechen gegen die Republik. Zweitens, soll die Auflösung der Verfassung vermieden werden, so ist ein Princeps nötig.

Unter Princeps verstand der Römer, im Gegensatz zum heutigen Sinn des Wortes, einen Bürger wie jeden anderen, den jedoch höhere Vollmachten befähigten, die Maschinerie der republikanischen Institutionen zu regulieren. Cicero in seinem Buch „Über den Staat" und Sallust in seinen „Reden an Cäsar" machen sich zum Sprachrohr aller Schriftsteller, wenn sie einen princeps civitatis, einen rector rerum, einen moderator verlangen.

Cäsars Lösung ist das genaue Gegenteil der konservativen. Um die Folgen der früheren römischen Eroberungen zu heilen, kann man nach seiner Ansicht nur eines tun: sie fortsetzen und damit ein so starkes Schicksal bis zum Ende auf sich nehmen. Vor allem hält er es für dringend, die neuen Völker zu unterwerfen, die in unferner Zukunft gefährlicher sein werden als die verderbten Nationen des Orients. So setzt sich Cäsar für die Notwendigkeit ein, die westlichen Barbarenstämme von Grund auf zu romanisieren.

Es ist behauptet worden (Spengler), die greko-lateinischen Völker seien unfähig, die Zeit zu erfassen, ihr Dasein als etwas zeitlich Ausgedehntes zu sehen; sie lebten in einer punktförmigen Gegenwart. Ich fürchte, diese Feststellung ist irrig oder verwechselt wenigstens zwei Dinge. Der antike Mensch leidet an einer überraschenden Blindheit für die Zukunft. Er sieht sie nicht, wie der Farbenblinde kein Rot sieht. Aber er ist dafür in der Vergangenheit verwurzelt. Ehe er etwas tut, tritt er einen Schritt zurück, gleich dem Torero Lagartijo,

194

wenn er zum Todesstoß ausholt. Er sucht in der Vergangenheit ein Vorbild, in das er wie in eine Taucherglocke schlüpft, um sich so, zugleich geschützt und entstellt, in das gegenwärtige Problem hineinzustürzen. Darum ist sein Leben in gewisser Weise immer ein Beleben. Ein solches Verhalten ist archaisierend, und das waren die Alten zumeist. Aber es bedeutet nicht Unempfindlichkeit gegen die Zeit, sondern einfach ein unvollständiges Zeitgefühl mit gelähmtem Zukunfts- und überbetontem Vergangenheitssinn.

Wir Europäer haben immer auf die Zukunft hingelebt und halten sie für die wesentlichste Richtung der Zeit, die für uns mit dem „Nachher", nicht mit dem „Vorher" anfängt. Man wird hieraus verstehen, daß uns das antike Leben zeitlos erscheinen mußte.

Diese Manie, jede Gegenwart mit der Pinzette der Vergangenheit zu ergreifen, hat sich von den Alten auf den modernen Philologen vererbt. Der Philologe ist ebenfalls blind für die Zukunft. Auch er blickt rückwärts und sucht für jede Gegenwart einen Präzedenzfall, den er mit einem lieblichen Wort aus der Schäferpoesie ihre „Quelle" nennt. Ich sage dies, weil sich schon die antiken Biographen Cäsars für das Verständnis seiner gewaltigen Person verschlossen, indem sie annahmen, er wolle Alexander nachahmen. Der Vergleich drängte sich auf. Wenn die Lorbeeren des Miltiades Alexandern nicht ruhen ließen, mußten die Alexanders notwendig Cäsar den Schlaf rauben. Und so weiter. Immer der Schritt zurück, und das Heute setzt den Fuß in die Stapfe des Gestern. Der Philologe unserer Zeit ist das Echo des klassischen Biographen.

Wer glaubt, daß Cäsar etwas derart wie Alexander vorhatte – und das haben fast alle Geschichtsschreiber geglaubt –, verzichtet völlig darauf, ihn zu verstehen. Cäsar ist annähernd das Gegenteil von Alexander. Die Idee eines Universalreiches ist das einzige, was sie verbindet. Aber diese Idee stammt nicht von Alexander, sondern aus Persien. Alexanders Bild hätte Cäsar in den Orient, zu der geheimnisvoll-ehrwürdigen Vergangenheit gezogen. Seine entschiedene Vorliebe für das Abendland bekundet eher den Willen, es anders zu machen als der Makedonier. Überdies ist es kein Universalreich schlechthin, das Cäsar plant. Seine Absichten gehen tiefer. Er will ein Imperium Romanum, das nicht von Rom, sondern von der Peripherie, von den Provinzen, lebt, und das bedeutet die endgültige Überwindung des Stadtstaates. Einen Staat, in dem die verschiedensten Völker zusammenarbeiten, mit dem sich alle solidarisch fühlen. Nicht ein Mittelpunkt, der befiehlt, und eine Peripherie, die gehorcht, sondern ein gewaltiges Gesellschaftsgebilde, in dem jedes Glied zugleich leidender und handelnder Bürger des Staates ist. Das ist der moderne Staat, den sein zukunftsschwangerer Genius auf wunderbare Weise vorwegnahm. Aber das setzte eine außerrömische, antiaristokratische Macht voraus, welche über die republikanische Oligarchie und ihren Princeps, der nur ein primus inter pares war, hoch hinausragte. Diese exekutive und repräsentative Macht der Universaldemokratie konnte nur ein Monarch mit dem Sitz außerhalb Roms verkörpern.

Republik, Monarchie! Zwei Worte, deren *eigentlicher* Sinn sich in der Geschichte fortwährend abgewandelt hat und die man darum in jedem Augenblick aufs neue prüfen muß, um sich ihres jeweiligen Gehalts zu versichern.

Cäsars Vertrauensmänner, seine unmittelbaren Werkzeuge, waren nicht altertümliche Eminenzen der Stadt, sondern neue Leute, Männer aus den Provinzen, energische und durchgreifende Persönlichkeiten. Sein tatsächlicher Minister war Cornelius Balbo, ein Geschäftsherr aus Cadiz, ein Mann vom Atlantik.

Aber die Vorwegnahme des neuen Staates war allzu kühn; die langsamen Köpfe Latiums konnten keinen so weiten Sprung tun. Das Bild der Stadt in ihrer greifbaren Leibhaftigkeit verhinderte die Römer, jene neue Organisation des öffentlichen Lebens zu „sehen". Wie konnten Menschen, die nicht in einer Stadt lebten, einen Staat bilden? Von welcher Art war eine so wesenslose und gleichsam mystische Einheit?

Ich wiederhole zum anderen Mal: Die Wirklichkeit, die wir Staat nennen, ist nicht die natürlich entstandene Gemeinschaft von Menschen, die durch Blutsverwandtschaft verbunden sind. Der Staat fängt an, wenn durch Geburt getrennte Gruppen zum Zusammenleben gezwungen werden. Dieser Zwang ist keine nackte Gewalt; er setzt vielmehr als treibende Kraft ein gemeinsames Vorhaben voraus, eine Aufgabe, die den zerstreuten Gruppen gestellt wird. Vor allem anderen ist der Staat das Projekt und Programm einer Zusammenarbeit. Man ruft die Leute, damit sie gemeinsam etwas tun. Der Staat ist weder Blutsverwandtschaft, noch sprachliche oder territoriale Einheit, noch Nachbarschaft der Wohnplätze. Er ist nichts Materielles, Ruhendes, Gegebenes und Begrenztes. Er ist ein reines Kräfte-spiel – der Wille, etwas gemeinsam zu tun –, und darum ist der Staatsidee keine physische Grenze gesetzt.

Außerordentlich treffend ist das bekannte politische Emblem Saavedra Fajardos: ein Pfeil und darunter die Inschrift: Er steigt oder fällt. Das ist der Staat. Eine Bewegung, kein Ding, in jedem Augenblick *„kommend von"* und *„gehend nach"*. Wie jede Bewegung hat er einen terminus a quo und einen terminus ad quem. Man lege zu irgendeiner Zeit einen Schnitt durch einen Staat, der in Wahrheit ein Staat ist, und man wird die Einheit einer Lebensgemeinschaft finden, die auf diese oder jene materielle Eigenschaft gegründet zu sein *scheint,* von der die statische Interpretation sagen wird, eben sie schaffe den Staat, auf Blut, Sprache, „natürliche Grenzen". Aber wir bemerken alsbald, daß diese Menschengruppe mit Gemeinschaftsangelegenheiten beschäftigt ist, fremde Völker erobert, Kolonien gründet, sich mit anderen Staaten verbündet; das heißt, daß sie das scheinbare Prinzip ihrer Einheit unausgesetzt zu überwinden trachtet. Es ist der terminus ad quem, es ist der wahrhafte Staat, dessen Einheit gerade in der Überwindung jener gegebenen Einheit besteht. Wenn dieser Trieb zur Weiterbildung nachläßt, geht es mit dem Staat zu Ende, und die schon bestehende, scheinbar physisch begründete Einheit – gegründet auf Rasse, Sprache, natürliche Grenzen – nützt zu nichts; der Staat zersetzt sich, lockert sich, zerfällt.

Nur diese Doppelheit der wirkenden Kräfte – die Einheit, die er schon ist, und die umfassendere, die er werden möchte – erlaubt, das Wesen eines Nationalstaates zu verstehen. Eine Definition der Nation zu geben, das Wort in seiner modernen Bedeutung gebraucht, ist bekanntlich noch nicht geglückt. Der Stadtstaat war ein sehr klarer Begriff, den man mit Augen sehen konnte. Aber die neue Gattung staatlicher Einheit, welche die Gallier und Germanen ausbildeten, die große politische Entdeckung des Abendlandes, ist weit verschwommener und flüchtiger. Der Philologe – der Historiker unserer Zeit –, der von Haus aus ein Hinterzeitler ist, steht dieser gewaltigen Erscheinung fast so ratlos gegenüber wie Cäsar oder Tacitus, wenn sie in ihrem römischen Sprachschatz die beginnenden Staaten jenseits der Alpen und des Rheins oder südlich der Pyrenäen zu schildern suchten. Sie nannten sie civitas, gens, natio und waren sich bewußt, daß keiner dieser Namen die Sache traf.[1] Sie sind nicht civitas aus dem einfachen Grund, weil sie keine Städte sind. Ja, es ist nicht einmal möglich, das Wort auch nur in dem allgemeineren Sinn eines „begrenzten Gebietes" auf sie anzuwenden. Die neuen Völker wechseln mit größter Leichtigkeit die Wohnsitze und erweitern oder verkleinern sie. Sie sind auch keine ethnischen Einheiten, gentes, nationes. Soweit wir sie zurückverfolgen können, sind die neuen Staaten immer aus Gruppen unabhängiger Herkunft gebildet. Sie sind Vereinigungen von Menschen verschiedenen Bluts. Was also ist eine Nation, wenn sie nicht Blutsgemeinschaft, nicht Verhaftung an ein Land, noch irgend etwas dieser Art ist?

[1] Vgl. Dopsch: Wirtschaftliche und soziale Grundlagen der europäischen Kulturentwicklung aus der Zeit von Cäsar bis auf Karl den Großen. 2. Auflage 1924. Bd. 2, S. 3, 4.

Wie immer, kommen wir auch hier am weitesten mit einer reinlichen Anerkennung der Tatsachen. Was springt in die Augen, wenn wir uns die Entwicklung irgendeiner „modernen Nation" – Frankreichs, Spaniens, Deutschlands – vergegenwärtigen? Einfach dies: Was zu einer gewissen Zeit die Nation zu begründen schien, wird in einer späteren wieder aufgehoben. Zuerst ist die Nation offenbar der Stamm, und der Nachbarstamm ist die Nicht-Nation. Dann setzt sie sich aus den beiden Stämmen zusammen; hierauf ist sie ein Gau und ein wenig später schon eine Grafschaft, ein Herzogtum, ein „Königreich". Die Nation ist León aber nicht Kastilien, dann León und Kastilien, aber nicht Aragonien. Die Wirksamkeit zweier Prinzipien wird deutlich: ein wechselndes und immer wieder überwundenes – Stamm, Gau, Grafschaft, „Königreich", mit ihrer jeweiligen Sprache oder Mundart – ein anderes durchhaltendes, das souverän alle diese Grenzen überspringt und eine Einheit fordert, wo jenes gerade klaffende Gegensätze schuf.

Die Philologen – so nenne ich alle, die heute Anspruch auf den Namen des Historikers machen – leisten sich eine entzückende Schildbürgerei, wenn sie davon ausgehen, was die abendländischen Nationen in diesem flüchtigen Augenblick, in diesen zwei, drei Jahrhunderten gewesen sind, und voraussetzen, daß Vercingetorix oder der Cid Campeador schon ein Frankreich von Saint-Malo bis Straßburg – genau dies – oder eine „Spania" von Finisterre bis Gibraltar wollten. Sie lassen, wie jener treuherzige Dramatiker, ihre Helden zum Dreißigjährigen Krieg ausrücken. Um uns zu erklären, wie Frankreich und Spanien geworden sind, setzen sie voraus, daß Frankreich und Spanien als fertige Gebilde im Grund der französischen und spanischen Seelen existierten. Als hätte es von Anbeginn, bevor es noch Frankreich und Spanien gab, Franzosen und Spanier gegeben! Als wären Franzosen und Spanier nicht einzig das Ergebnis einer zweitausendjährigen Bemühung.

Die ganze Wahrheit ist, daß die gegenwärtigen Nationen nur die gegenwärtige Manifestation jenes veränderlichen, zu ewiger Überwindung verurteilten Prinzips sind. Dies Prinzip ist heute nicht die Blut- und Sprachgemeinschaft, denn in Frankreich und Spanien waren beide Wirkung, nicht Ursache des einheitlichen Staates; dies Prinzip ist heute die „natürliche Grenze".

Es ist recht und gut, wenn ein Diplomat in seinen durchtriebenen Fechtkünsten als ultima ratio seiner Beweisführung den Begriff der natürlichen Grenze benutzt. Aber der Geschichtsschreiber kann sich nicht hinter ihm wie in einer endgültigen Stellung verschanzen. Er ist weder endgültig noch auch nur hinlänglich charakteristisch.

Wir wollen nicht vergessen, welches, genau formuliert, unser Problem ist. Es handelt sich darum, den Nationalstaat – das, was wir heute Nation nennen – im Unterschied zu anderen Staatsformen, zum Stadtstaat oder seinem Gegenpol, dem Imperium des Augustus, zu charakterisieren.[1] Will man den Gegenstand

---

[1] Bekanntlich ist das Reich des Augustus *das Gegenteil* dessen, was sein Adoptivvater Cäsar schaffen wollte. Augustus geht im Sinne des Pompejus, der Feinde Cäsars, vor. Das

noch klarer und deutlicher bezeichnen, so sage man:
Welche reale Kraft hat diesen Verband von Millionen
von Menschen unter einer souveränen öffentlichen
Macht geschaffen, die wir Frankreich, England, Spanien, Italien, Deutschland nennen? Es war nicht die
voraufgehende Gemeinschaft des Bluts, denn in jedem
dieser Kollektivkörper fließen verschiedene Blutströme.
Es war auch nicht die Einheit der Sprache, denn die
heute in einem Staat verbundenen Völker sprachen
verschiedene Sprachen, oder sprechen sie noch. Die relative Gleichförmigkeit der Rasse und Sprache, die sie
heute genießen, wenn das ein Genuß ist, entstand als
Folge der vorherigen politischen Einigung. Weder Blut
noch Sprache also machen den Nationalstaat; eher ist
er es, der die ursprünglichen Unterschiede der roten
Blutkörperchen und des artikulierten Lautes ausgleicht.
Und es ist immer so gegangen. Selten, sozusagen nie ist
der Staat mit einer vorher bestehenden Bluts- und

---

beste Buch über diesen Gegenstand ist bis heute Eduard
Meyer, Cäsars Monarchie und das Prinzipat des Pompejus.
Innere Geschichte Roms von 66 bis 44 v. Chr., Stuttgart und
Berlin 1918. Aber wenn es auch das beste ist, scheint es mir
doch unzulänglich; und das ist kein Wunder, denn es gibt
heute nirgends Historiker großen Formats. Meyers Buch ist
gegen Mommsen geschrieben, der ein gewaltiger Historiker
war, und wenn man auch nicht grundlos behauptet, daß
Mommsen Cäsar idealisiert und ins Übermenschliche, Typische steigert, so scheint mir doch, daß er das Wesen seiner
Politik besser erfaßt hat als Meyer. Auch das ist nicht überraschend, denn Mommsen war mehr als ein gewaltiger Philologe, er war auch ein „Futurist". Und man sieht von der
Vergangenheit ungefähr so viel, wie man von der Zukunft
ahnt.

Sprachgemeinschaft zusammengefallen. Spanien ist heute nicht darum ein Nationalstaat, weil man dort überall Spanisch spricht,[1] noch waren Katalonien und Aragonien Nationalstaaten, weil eines gewissen, willkürlich herausgegriffenen Tages die territorialen Grenzen ihrer Landeshoheit mit denen der katalanischen bzw. aragonesischen Sprache übereinstimmten. Wir sind jedenfalls der Wahrheit näher und haben der Fallsammlung, die jede Wirklichkeit darstellt, mehr Gerechtigkeit widerfahren lassen, wenn wir uns auf die folgende Formulierung festlegen: Jede sprachliche Einheit, die ein Gebiet von einiger Ausdehnung umfaßt, ist so gut wie sicher Niederschlag einer voraufgegangenen politischen Einigung.[2] Der Staat ist immer der große Dolmetsch gewesen.

Diese Tatsache ist längst bekannt, und die Hartnäckigkeit, mit der man trotzdem dabei beharrt, Blut und Sprache zur Grundlage der Nationalität zu machen, ist erstaunlich. Sie verrät, meine ich, nicht weniger Undank als Unverstand. Denn der heutige Franzose dankt sein Frankreich und der heutige Spanier sein Spanien einem Prinzip X, dessen Wirkungskraft gerade in der Überwindung der engen Bluts- und Sprachgemeinschaft bestand.

Eine ähnliche Verdrehung begeht man, wenn man die

[1] Es trifft nicht einmal als bloße Tatsache zu, daß alle Spanier Spanisch, alle Engländer Englisch oder alle Deutschen Hochdeutsch sprechen.

[2] Die Fälle des Koinon und der lingua franca, die nicht nationale, sondern ausgesprochen internationale Sprachen sind, bleiben natürlich unberücksichtigt.

Idee der Nation auf eine Bodengestalt gründen und das Prinzip der Einheit, das Blut und Sprache nicht liefern, in den geographischen Geheimkräften der „natürlichen Grenzen" entdecken möchte. Wir stoßen hier auf die gleiche optische Täuschung. Der Zufall des gegenwärtigen historischen Datums zeigt uns die sogenannten Nationen in geräumigen Gebieten des Festlands oder auf den benachbarten Inseln angesiedelt. Aus diesen augenblicklichen Grenzen möchte man etwas Endgültiges und Metaphysisches machen. Sie sind, sagt man, „natürliche Grenzen", und unter ihrer „Natürlichkeit" versteht man eine gleichsam magische Vorherbestimmung der Geschichte durch die Gestalt der Erdoberfläche. Aber dieser Mythos zergeht augenblicklich, wenn man ihn derselben Überlegung unterwirft, welche die Annahme der Bluts- und Sprachgemeinschaft als Quelle der Nationalität entkräftete. Genau wie in jenem Zusammenhang begegnet uns hier, wenn wir um ein paar Jahrhunderte zurückgehen, ein Frankreich, ein Deutschland, das in kleinere Nationen mit ihren unvermeidlichen „natürlichen Grenzen" aufgelöst ist. Die Berggrenze mag weniger majestätisch als Pyrenäen oder Alpen, die Flußschranke weniger wasserreich sein als der Rhein, die Straße von Calais oder die Meerenge von Gibraltar; aber das beweist nur, daß die „Natürlichkeit" der Grenzen keine absolute Größe ist, sondern von den Kriegs- und Wirtschaftsmitteln des Zeitalters abhängt.

Die historische Realität der „natürlichen Grenze" besteht einfach darin, daß sie die Ausdehnung des Volkes A über das Volk B aufhält. Weil sie die Ausbreitung und Kriegführung für A erschwert, schützt sie B. Die Idee der „natürlichen Grenze" setzt somit als noch natürlicher denn die Grenze die Möglichkeit unbeschränkter Ausdehnung und Verschmelzung bei den Völkern voraus. Nur ein materielles Hindernis, so scheint es, kann sie in Zaum halten. Die Grenzen von gestern und vorgestern erscheinen uns heute nicht als die Fundamente der betreffenden Nation, sondern im Gegenteil als die Störungen, auf die der nationale Gedanke bei seinem Einigungswerk stieß. Dennoch möchten wir den Grenzen von heute einen endgültigen und apriorischen Charakter beilegen, obgleich die neuen Verkehrs- und Kriegsmittel ihre Wirksamkeit als Hindernisse schon aufgehoben haben.

Welche Rolle spielten dann die Grenzen bei der Bildung der Nationalität, wenn sie doch nicht ihr tragendes Fundament waren? Die Antwort ist klar und höchst bedeutsam, wenn man die Grundkonzeption des Nationalstaates im Gegensatz zum Stadtstaat verstehen will. Die Grenzen dienten dazu, in jedem Augenblick die schon erreichte staatliche Gemeinschaft zu befestigen. Sie waren sonach nicht *der Anfang* der Nation, sondern *im Anfang* gerade ein Hemmschuh und dann, als sie einmal niedergelegt waren, das materielle Mittel zur Sicherung der Einheit.

Genau dieselbe Rolle fällt der Rasse und Sprache zu. Nicht die angeborene Gleichheit der einen oder anderen *bildete* die Nation, sondern im Gegenteil: der Nationalstaat stand in seinem Streben nach Vereinheitlichung immer vielen Rassen und vielen Sprachen als ebenso vielen Hindernissen gegenüber. Nachdem sie energisch überwunden waren, schuf er eine relative Gleichförmigkeit der Rasse und der Rede, die nun ihrerseits das Zusammengehörigkeitsgefühl stärkte.

Es bleibt also nichts übrig, als die traditionelle Verdrehung, welche die Idee des Nationalstaates erlitten hat, wieder gutzumachen und uns an den Gedanken zu gewöhnen, daß gerade die drei Dinge, auf denen die Nationalität beruhen sollte, ihre Entwicklung zunächst störten. Es ist klar, daß ich, indem ich eine Verdrehung aufhebe, nun selber eine zu begehen scheine.

Wir müssen uns entschließen, das Geheimnis der Nationalstaates in seinen eigentümlichen Triebkräften „als Nationalstaat", in seiner Politik selbst, und nicht in fremden Prinzipien biologischer oder geographischer Art zu suchen.

Warum hielt man es denn für notwendig, auf Rasse, Sprache und Scholle, das durch Geburt Gemeinsame, zurückzugreifen, wenn man die wunderbare Tatsache der modernen Nationen verstehen wollte? Einfach darum, weil sie eine restlose Verschmelzung und Solidarität des Individuums mit der öffentlichen Macht bekunden, die den antiken Staaten fremd waren. In Athen und Rom waren nur einige wenige Männer der Staat; die übrigen – Sklaven, Verbündete, Provinzialen, Kolonen – waren bloße Untertanen. In England, Frankreich, Spanien, Deutschland gab es niemals bloße Untertanen des Staates; jedermann hatte teil an ihm, war eins mit ihm. Die Form, vor allem die rechtliche, dieser Vereinigung mit und in dem Staat hat mit den Zeiten vielfach gewechselt. Es gab große Unterschiede des Ranges und des persönlichen Standes, verhältnismäßig begünstigte und verhältnismäßig zurückgesetzte Klassen; aber wenn man die tatsächlich bestehende politische Situation in jeder Epoche deutet und sich ihren Geist lebendig macht, sieht man klar, daß jeder einzelne sich als handelnder Bürger des Staates, als sein Teilhaber und Mitarbeiter, fühlte.

Der Staat ist immer – welches auch seine Verfassung sei, ob primitiv, mittelalterlich oder modern – die Einladung, die eine Gruppe von Menschen an andere menschliche Gruppen zur gemeinsamen Ausführung eines Unternehmens ergehen läßt. Dieses Unternehmen besteht letzten Endes – wie immer seine Zwischenstufen seien – darin, eine gewisse Art des Gemeinschaftslebens zu schaffen. Staat einerseits und Lebensplan, Arbeits- und Verhaltungsprogramm der Menschen andererseits bilden eine untrennbare Einheit. Die verschiedenen Staatsformen entstehen aus den verschiedenen Arten, nach denen die *Unternehmergruppe* die Zusammenarbeit mit *den anderen* einrichtet. So gelingt es dem antiken Staat niemals, mit *den anderen* zu verschmelzen. Rom beherrscht und erzieht die Italiker und die Provinzialen; aber es läßt sich nicht herbei, sie sich zu assimilieren. Selbst in der Stadt kam es zu keiner politischen Verschmelzung der Bürger. Man vergesse nicht, daß Rom während der Republik streng genommen aus zwei Teilen bestand: Senatus Populusque Romanus. Die staatliche Einigung ging nie über eine bloße Eingliederung der Gruppen hinaus, die einander immer getrennt und fremd gegenüberstanden. Darum konnte das bedrohte Imperium nicht mit der Vaterlandsliebe *der anderen* rechnen und mußte sich ausschließlich mit seinen bürokratischen Verwaltungs- und Kriegsmitteln verteidigen.

Die Unfähigkeit aller griechischen und römischen Gruppen, mit anderen zu verschmelzen, hat tiefe Gründe, die hier nicht untersucht werden können; doch lassen sie sich letzten Endes dahin resümieren, daß der antike Mensch die Zusammenarbeit, woraus, ob er will oder nicht, der Staat besteht, auf eine zu einfache, elementare und grobe Art verstand, als ein Nebeneinander von Herrschenden und Beherrschten.[1] Rom lag es ob zu regieren, nicht zu gehorchen; den übrigen, zu gehorchen, nicht zu regieren. Auf diese Weise gewinnt in dem pomoerium, dem Stadtkörper, den einige Mauern physisch umgrenzen, der Staat sinnfällige Gestalt.

Aber die neuen Völker bringen eine weniger materielle Deutung des Staates herauf. Wenn er ein Aufbruch zu gemeinsamer Tat ist, so ist sein Wesen rein dynamisch, ein *Tun*, Gemeinschaft im Handeln. Demgemäß ist jeder, der sich der Unternehmung anschließt, tätiger Teil des Staates, politisches Subjekt. Rasse, Blut, geographische Heimat, soziale Klasse stehen in zweiter Linie. Nicht die immer gewesene, aus unvordenklicher

---

[1] Die Verleihung des Bürgerrechtes an alle Bewohner des Reiches, die hiermit zunächst in Widerspruch zu stehen scheint, ist vielmehr eine Bestätigung. Denn dies Zugeständnis wurde gerade in dem Maße gemacht, in dem das Bürgerrecht seinen Charakter als politisches Institut verlor und sich entweder in ein einfaches Dienstverhältnis zum Staat oder in einen bloßen zivilrechtlichen Titel verwandelte. Von einer Zivilisation, welche die Sklaverei prinzipiell anerkannte, war nichts anderes zu erwarten. In unseren „Nationen" war die Sklaverei nur ein Überbleibsel.

Vergangenheit überkommene und darum schicksalhafte und unabänderliche Verknüpftheit liefert den Rechtstitel für die politische Lebensgemeinschaft, sondern die künftige Verbundenheit im aktuellen Tun. Nicht was wir gestern waren, sondern was wir morgen gemeinsam sein werden, vereint uns zum Staat. Daher die Leichtigkeit, mit der die politische Einheit im Abendland alle Grenzen überspringt, in denen der antike Staat gefangen war. Und das, weil der Europäer im Unterschied zum homo antiquus der Zukunft offensteht, bewußt in ihr behaust lebt und von ihr her sein gegenwärtiges Verhalten einrichtet.

Ein politischer Impuls solcher Art muß unausweichlich zur Bildung immer umfassenderer Einheiten forttreiben, ohne daß ihn prinzipiell irgend etwas aufhalten könnte. Die Fähigkeit zur Verschmelzung ist unbegrenzt, nicht nur bei den Völkern, sondern auch bei den sozialen Klassen innerhalb des Nationalstaates selbst. In dem Maße, wie die Nation an Boden und Völkern wächst, wird die Zusammenarbeit im Innern einheitlicher. Der Nationalstaat ist in seiner Wurzel demokratisch, und das ist entscheidender als alle Unterschiede der Regierungsformen.

Es ist aufschlußreich zu beobachten, wie jede Definition, welche die Nation auf etwas in der Vergangenheit Gemeinsames zurückführt, schließlich als die beste Formulierung die Renansche wählt, einfach weil dort dem Blut, der Sprache, den gemeinsamen Traditionen als neues Merkmal hinzugefügt wird, daß sie eine „tägliche Volksabstimmung" ist. Aber versteht man recht, was dieser Ausdruck bedeutet? Können wir ihm nicht jetzt einen Inhalt von entgegengesetztem Vorzeichen geben, als Renan ihm unterlegte, einen Inhalt jedoch, welcher der Wahrheit ein gut Stück näher kommt?

8

„Gemeinsame Triumphe in der Vergangenheit und ein gemeinsamer Wille in der Gegenwart, die Erinnerung an große Taten und die Bereitschaft zu weiteren, das sind die wesentlichen Bedingungen für das Dasein eines Volkes... In der Vergangenheit ein Erbe an Ruhm und Reue, in der Zukunft das gleiche Ziel für alle... Die Nation ist ein tägliches Plebiszit."

So lautet der bekannte Satz Renans. Wie erklärt sich sein ungewöhnlicher Erfolg? Ohne Zweifel durch die Grazie des kleinen Postskripts. Der Gedanke, daß die Nation durch eine tägliche Abstimmung zustande kommt, wirkt auf uns wie eine Befreiung. Gemeinsames Blut, gemeinsame Sprache und Vergangenheit sind unbewegliche, schicksalverhängte, starre, leblose Prinzipien, sind Gefängnisse. Wäre die Nation dies und sonst nichts, so läge sie hinter uns, wir hätten nichts mehr mit ihr zu tun. Die Nation wäre etwas, was man ist, nicht etwas, was man schafft. Es hätte keinen Sinn, sie auch nur zu verteidigen, wenn einer sie angriffe.

Unser Leben ist, ob wir wollen oder nicht, immer mit etwas Zukünftigem beschäftigt; vom gegenwärtigen Augenblick her sind wir auf den kommenden gerichtet. Leben ist immer tätig ohne Rast noch Ruhe. Warum ist es niemandem eingefallen, daß wir mit jedem *Tun* eine Zukunft verwirklichen? Selbst wenn wir damit be-

210

schäftigt sind, uns zu erinnern. Wir „*tun* Erinnerung"
in diesem Augenblick, um in dem nächsten etwas zu erreichen, und wäre es nur das Vergnügen, ein Vergangenes zu erwecken. Dies einsame, anspruchslose Vergnügen erschien uns einen Wimperschlag vorher als
wünschenswerte Zukunft; so „*tun*" wir etwas, es uns
zu verschaffen. Stellen wir also fest: nichts hat Sinn für
den Menschen außer in Beziehung auf die Zukunft.[1]

Wenn die Nation nur aus Vergangenem und Gegen-
wärtigem bestünde, würde sich niemand damit befassen,
sie gegen einen Angriff zu verteidigen. Die das Gegenteil behaupten, sind Heuchler oder Narren. Aber die
Vergangenheit wirft Köder – wirkliche oder imaginäre
– in die Zukunft aus. Wir wollen eine Zukunft, in der
unsere Nation weiterbesteht; darum rühren wir uns
zu ihrer Verteidigung und nicht des Blutes, der Sprache
oder der gemeinsamen Vergangenheit wegen. Wenn

---

[1] Hiernach wäre das Menschenwesen unabänderlich „futu-
ristisch", das heißt, es lebte vor allem in der Zukunft und
von der Zukunft. Trotzdem habe ich den antiken Menschen
dem Europäer gegenübergestellt und behauptet, daß jener der
Zukunft verhältnismäßig verschlossen und dieser verhältnismäßig offen sei. Hier scheint ein Widerspruch vorzuliegen,
der sich jedoch auflöst, wenn man bedenkt, daß der Mensch
ein Wesen mit zwei Stockwerken ist: Einerseits ist er, was
er ist; andererseits hat er Vorstellungen von sich selbst, die
mehr oder weniger mit seinem wahrhaften Sein zusammen-
fallen. Unsere Gedanken, Wertungen, Wünsche können evi-
dentermaßen unsere eigentliche Beschaffenheit nicht aufheben,
wohl aber abwandeln und verwirren. Die Alten waren nicht
anders als die Europäer mit der Zukunft beschäftigt; aber
jene unterstellten die Zukunft dem Gebot der Vergangenheit,

wir unsere Nation verteidigen, verteidigen wir unser Morgen, nicht unser Gestern.

Das ist es, was in Renans Satz aufleuchtet: die Nation als mitreißendes Zukunftsprogramm. Die Volksabstimmung entscheidet über die Zukunft. Daß in diesem Fall die Zukunft nur in einem Fortdauern der Vergangenheit besteht, ändert nicht das geringste an der Tatsache. Es verrät einzig, daß auch Renans Definition archaisierend ist.

Darum ist der Nationalstaat als politisches Prinzip der reinen Idee „Staat" näher als die antike Polis oder der „Stamm" der Araber, der durch das Blut umschrieben ist. In Tat und Wahrheit ist auch der Gedanke des Nationalstaates nicht wenig durch die Verhaftung an Rasse, Scholle, Vergangenheit beschwert; aber gerade darum ist es überraschend, wie in ihm immer wieder das reine Prinzip der Sammlung der Menschen um ein werbendes Arbeitsprogramm triumphiert. Ja, ich möchte behaupten, daß diese Belastung mit Vergangenheit,

---

während wir der Zukunft, dem Neuen als solchem, die größere Macht einräumen. Dieser Gegensatz, nicht des Seins, aber des Vorziehens, rechtfertigt es, wenn wir den modernen Menschen als den zukunftliebenden, den antiken dagegen als den altertümelnden kennzeichneten. Es ist aufschlußreich, daß der Europäer, kaum daß er erwacht und Besitz von sich selbst ergreift, von seinem Leben als der „modernen Zeit" spricht. Unter modern versteht man bekanntlich das Neue, das den alten Brauch verdrängt. Schon im 14. Jahrhundert beginnt man gerade in den Fragen, die jene Zeit am tiefsten angingen, das Moderne zu betonen; so spricht man von der devotio moderna, einer Art Vortruppbewegung in der mystischen Theologie.

diese relative Beschränkung auf materielle Prinzipien nicht ursprünglich in den Seelen des Abendlands lag noch liegt, sondern aus der gelehrten Interpretation stammt, welche die Romantik der Idee der Nation gegeben hat. Hätte das Mittelalter denselben Staatsbegriff gehabt wie das 19. Jahrhundert, so wären England, Frankreich, Deutschland ungeboren geblieben.[1] Denn diese Deutung verwechselt die treibenden und gestaltenden Kräfte der Nation mit den bloß sichernden und erhaltenden. Es ist nicht die Vaterlandsliebe – sagen wir es rund heraus –, welche die Nationen macht. Wer es glaubt, fällt auf jene Abderitenlogik hinein, von welcher schon einmal die Rede war; selbst Renan in seiner berühmten Definition ist ihr nicht entgangen. Wenn es zur Existenz einer Nation nötig ist, daß eine Gruppe von Menschen auf eine gemeinsame Vergangenheit zurückblickt, so frage ich mich, wie wir eben diese Gruppe von Menschen nennen sollen, solange sie als gegenwärtig erlebt, was von heute aus gesehen ihre Vergangenheit ist. Offenbar mußte jenes gemeinsame Leben vergehen, vergangen sein, damit sie sagen konnten: wir sind eine Nation. Stößt man nicht hier auf das Berufsgebresten des Philologen, des Archivars, seine Berufsoptik, die ihn hindert, die Wirklichkeit zu sehen, wenn sie noch nicht vergangen ist? Der Philologe ist es, der zu seiner Existenz als Philologe eine Vergangenheit nötig hat, aber nicht die Nation. Im Gegenteil, ehe sie eine gemeinsame Vergangenheit haben konnte, mußte sie diese Gemeinsamkeit schaffen, und ehe sie sie schuf,

---

[1] Das Nationalitätenprinzip ist zeitlich eines der ersten Symptome der Romantik – Ende des 18. Jahrhunderts.

mußte sie sie träumen, wollen, planen. Ja, es genügt
zur Existenz einer Nation, daß sie sich selber vorhat,
auch wenn sie sich nicht erreicht, auch wenn die Ausführung scheitert, wie es oft geschehen ist. Wir sprechen
dann von einer mißlungenen Nation, wie im Falle Bur-
gunds.

Die Völker Mittel- und Südamerikas haben mit
Spanien Vergangenheit, Rasse und Sprache gemein und
bilden doch keine Nation mit ihm. Warum? Es fehlt
nur eines, was offenbar das Wesentliche ist: die gemeinsame Zukunft. Spanien wußte kein gemeinsames Zukunftsprogramm aufzustellen, das die biologisch ver-
wandten Rassen angezogen hätte. So entschied das
Plebiszit, die Zukunft erwägend, zuungunsten Spaniens,
und Archive, Erinnerungen, Vorfahren und „Vaterland"
vermochten nichts dagegen. All dies dient, wenn es
vorhanden ist, der Konsolidierung, aber das ist alles.[1]

Ich sehe also im Nationalstaat ein historisches Gebilde, für welches die Existenz des Volksentscheids wesentlich ist. Alles, was er außerdem zu sein scheint, hat
vorübergehenden und wechselnden Wert, bezieht sich
auf den Inhalt, die Form, die Sicherheit, die das Plebiszit jeweils erfordert. Renan fand das Zauberwort,
das Licht ausstrahlt; es erlaubt uns, ins innere Gewebe
einer Nation hineinzuleuchten. Zwei Elemente bauen
sie auf: erstens ein Vorschlag zu bedingungsloser Le-

---

[1] Ein Beispiel hierfür spielt sich eben, gewaltig und klar
wie ein Laboratoriumversuch, vor uns ab: Es muß sich zeigen,
ob England durch den Vorschlag eines einleuchtenden Aktions-
programms die verschiedenen Teile seines Reiches unter seiner
Souveränität zusammenzuhalten vermag.

bensverbundenheit in einem gemeinsamen Unternehmen; zweitens die Gefolgschaft der Menschen gegenüber solchem Aufruf. Diese Gefolgschaft aller erzeugt die innere Stärke, welche den Nationalstaat von allen antiken Staatsgebilden unterscheidet. Dort wird die Einheit durch äußeren Druck des Staates auf die verschiedenartigen Gruppen hergestellt und erhalten, während hier die Festigkeit des Staates dem ursprünglichen und tiefen Zusammenhalt zwischen den „Bürgern" entspringt. In Wahrheit sind die Bürger bereits der Staat und können ihn nicht – das ist das Neue, Wunderbare an der Nation – als etwas ihnen Fremdes empfinden.

Aber Renan macht seine Einsicht fast zunichte, indem er der Volksabstimmung einen rückwärtsgewandten Inhalt gibt, sie auf einen fertigen Staat gehen läßt, über dessen Fortdauer sie bestimmt. Ich möchte ihr das entgegengesetzte Vorzeichen geben und sie zum Richter über die Nation in statu nascendi machen. Das ist der entscheidende Gesichtspunkt. Denn in Wahrheit ist eine Nation niemals fertig. Darin unterscheidet sie sich von anderen Staatstypen. Die Nation ist immer im Aufbau oder im Abbau. Tertium non datur. Sie gewinnt Anhänger oder verliert sie, je nachdem ihr Staat im gegebenen Zeitpunkt eine lebendige Aufgabe darstellt oder nicht.

Es wäre daher außerordentlich instruktiv, alle jene einigenden Unternehmungen aufzusuchen, die nacheinander die Menschengruppen des Abendlandes entflammt haben. Man würde sehen, wie die Europäer von diesen Unternehmungen nicht nur in der Öffentlichkeit, sondern bis in ihr persönlichstes Dasein hinein gelebt haben; wie sie sich „trainierten" und gehen ließen, je nachdem eine Aufgabe in Sicht war oder nicht.

Noch eines würde aus einer solchen Untersuchung klar hervorgehen. Die politischen Ziele der Alten – gerade weil sie nicht die Gefolgschaft der betreffenden menschlichen Gruppen als einigende Kraft voraussetzten, gerade weil der eigentliche Staat durch seine Bindung an Stamm oder Stadt immer einer schicksalhaften Beschränkung unterlag – waren praktisch unbegrenzt. Ein Volk, Perser, Makedoner, Römer, konnte beliebige Teile des Planeten einer einheitlichen Oberherrschaft unterwerfen. Da die Einheit keine echte, innere, definitive war, hing sie von keinen anderen Bedingungen als von der kriegerischen und administrativen Tüchtigkeit des Eroberers ab. Im Abendland dagegen mußte die Einswerdung unerbittlich durch eine Kette von Zwischenzuständen hindurchgehen. Wir hätten uns mehr über die Tatsache wundern sollen, daß in Europa kein Reich von dem Ausmaß des Perserreiches, des Reiches Alexanders oder des römischen Imperiums unter Augustus möglich gewesen ist.

Die Bildung der europäischen Staaten ist immer nach folgendem Rhythmus vor sich gegangen: *Erste Stufe:* Der eigentümliche Instinkt des Abendlandes, dem ein Staat in Form einer Verschmelzung mehrerer Völker zur Einheit einer politischen und sittlichen Gemeinschaft vorschwebt, greift an den geographisch, ethnisch und sprachlich nächsten Gruppen an. Nicht weil diese Nähe die Nation begründet, sondern weil man der Verschiedenheit unter Nahestehenden leichter Herr wird. *Zweite Stufe:* Die Periode der Sicherung, in welcher die *anderen* Völker jenseits des neuen Staates als Fremdlinge und mehr oder minder als Feinde angesehen werden. Es ist die Periode, in welcher die nationale Entwicklung exklusiv wird und zur Abschließung innerhalb eines Staates neigt, kurz das, was wir heute *Nationalismus* nennen. Aber tatsächlich lebt man, während man die *anderen politisch* als Fremde und Nebenbuhler empfindet, wirtschaftlich, geistig und sittlich mit ihnen zusammen. Die nationalistischen Kriege dienen dazu, die technischen und geistigen Unterschiede auszugleichen. Die gewohnheitsmäßigen Feinde ähneln sich in historischem Betracht einander an. Langsam steigt am Horizont das Bewußtsein auf, daß die Gegnervölker dem gleichen Menschheitskreis angehören wie der eigene Staat. Dennoch fährt man fort, sie als fremd und feindlich zu betrachten. *Dritte Stufe:* Der Staat genießt vollkommene Sicherung. Nun entsteht ihm die neue Aufgabe, sich den Völkern zu verbinden, die bis gestern seine Feinde waren. Es wächst die Überzeugung, daß man einander in sittlicher und praktischer Lebensbezogenheit verwandt ist und gemeinsam einen nationalen Kreis gegenüber anderen noch ferneren und fremderen Gruppen bildet. Dann ist die neue nationale Idee reif.

Ein Beispiel wird verdeutlichen, was ich sagen will. Man behauptet gewöhnlich, daß zu den Zeiten des Cid Spanien – Spania – schon eine nationale Einheit war; und um die Behauptung zu erhärten, fügt man hinzu, daß schon Jahrhunderte früher der heilige Isidorus von der „Mutter Spanien" sprach. Nach meiner Ansicht ist dies ein grober Irrtum in der historischen Perspektive.

Zur Zeit des Cid begann León-Kastilien sich zu einem Staat zu verbinden, und diese leonesisch-kastilische Einheit war die Nationalidee, die politisch wirksame Idee, jener Epoche. Spania dagegen war ein vorzüglich gelehrter Begriff; auf jeden Fall einer der fruchtbaren politischen Gedanken, die das römische Reich im Boden des Abendlandes zurückließ. Die „Spanier" hatten sich daran gewöhnt, unter römischer Herrschaft zu einer Verwaltungseinheit, einer Diözese des Imperiums, verbunden zu sein. Aber dieser geographisch-administrative Begriff war lediglich übernommen, keine innere Eingebung und nichts weniger als eine Sehnsucht.

So gerne man sich diese Idee schon im 11. Jahrhundert wirkend denkt, man wird zugeben müssen, daß sie nicht einmal zu der Stärke und Deutlichkeit gelangt war, welche schon für die Griechen des 6. Jahrhunderts der Begriff Großgriechenlands besitzt. Doch war Hellas nie eine wahrhafte Nationalidee. Die tatsächliche historische Korrespondenz ließe sich eher dahin ausdrücken, daß Hellas dem Griechen des 6. und Spania dem „Spanier" des 11. und noch des 14. Jahrhunderts dasselbe bedeutet wie Europa für den „Europäer" des 19. Jahrhunderts.

Man sieht, wie die Aufgaben der nationalen Einigung zu ihrer Zeit erscheinen gleich den Tönen in einer Melodie. Die bloße Verwandtschaft von gestern kann erst morgen einen Ausbruch nationaler Aspirationen zeitigen. Daß ihre Stunde kommt, ist jedoch so gut wie sicher.

Für die *Europäer* bricht jetzt die Zeit an, da Europa zu einer Nationalidee werden kann. Und der Glaube hieran ist viel weniger utopisch, als es im 11. Jahrhundert die Prophezeiung des einigen Spanien gewesen wäre. Je treuer der Nationalstaat des Abendlandes seinem wahren Wesen bleibt, um so geradliniger wird er sich zu einem gewaltigen Kontinentstaat entwickeln.

Kaum haben sich die Nationen des Okzidents bis an ihre gegenwärtigen Grenzen ausgedehnt, so wird um sie her und hinter ihnen wie eine Grundierung Europa sichtbar. Europa ist die gemeinsame Landschaft, in der sie sich seit der Renaissance bewegen, und diese europäische Landschaft sind sie selber, die, ohne daß sie es merken, schon von ihrer kriegerischen Vielheit abzusehen beginnen. England, Deutschland, Frankreich, Italien, Spanien bekämpfen sich, schließen Bündnisse, lösen sie auf, stellen sie wieder her. Aber dies alles, Krieg und Frieden, ist ein Zusammenleben von gleich und gleich, wie es weder im Krieg noch im Frieden zwischen Rom und den Keltiberern, Galliern, Britanniern oder Germanen möglich gewesen wäre. Die Geschichtsschreibung rückte die Kämpfe und allgemein die Politik in den Vordergrund, die der späteste Boden für das Korn der Einheit ist; aber während man auf einer Scholle stritt, trieb man auf hundert anderen mit dem Feinde Handel, tauschte Ideen, Kunstformen und Glaubensartikel. Das Schlachtgetöse war gewissermaßen nur ein Vorhang, hinter dem um so zäher der Webstuhl des Friedens arbeitete, der das Leben der feindlichen Nationen ineinanderwirkte. In jeder neuen Generation wuchs die Gleichartigkeit der Seelen. Oder, um uns genauer und vorsichtiger auszudrücken: Spanier, Deutsche, Engländer, Franzosen sind und bleiben so verschieden, wie man nur will; aber sie haben dieselbe psychische Struktur und sind vor allem auf die gleichen Inhalte bezogen. Religion, Wissenschaft, Recht, Kunst, gesellschaftliche und erotische Werte sind gemeinsame Angelegenheiten. Das sind aber die spirituellen Substanzen, von denen wir leben. Die Gleichartigkeit ist also noch größer, als wenn die Seelen selbst über einen Leisten geschlagen wären.

Machten wir heute eine Bilanz unseres geistigen Besitzes – Theorien und Normen, Wünsche und Vermutungen –, so würde sich herausstellen, daß das meiste davon nicht unserem jeweiligen Vaterland, sondern dem gemeinsamen europäischen Fundus entstammt. In uns allen überwiegt der Europäer bei weitem den Deutschen, Spanier, Franzosen ... Wenn wir uns versuchsweise vorstellen, wir sollten lediglich mit dem leben, was wir als „Nationale" sind, wenn wir etwa den durchschnittlichen Deutschen aller Sitten, Gedanken, Gefühle zu entkleiden probieren, die er von anderen Ländern des Erdteils übernommen hat, werden wir bestürzt sein, wie unmöglich eine solche Existenz schon ist; vier Fünftel unserer inneren Habe sind europäisches Gemeingut.

Was haben wir, die wir in diesem Teil des Planeten leben, Besseres zu tun, als das Versprechen zu erfüllen, das wir der Geschichte seit vier Jahrhunderten mit dem Wort Europa geben? Nur das Vorurteil der alten „Nationen" steht dem entgegen, die Idee der Nation als Vergangenheit. Jetzt wird sich zeigen, ob die Europäer von dem Weibe Lots abstammen und darauf beharren, mit rückwärts gewandtem Kopf Geschichte zu machen. Die Erinnerung an Rom und den antiken Menschen

220

überhaupt hat uns als Mahnung gedient; ein bestimmter Menschentypus versteht sich schwer dazu, die Staatsidee, die er sich einmal in den Kopf setzte, aufzugeben. Zum Glück ist die Idee des Nationalstaates, die der Europäer bewußt oder unbewußt in die Welt gebracht hat, nicht mit jenem Staatsbegriff identisch, der ihm von gelehrten Philologen gepredigt wurde.

Ich fasse nunmehr die Resultate dieser Untersuchung zusammen: Die Welt leidet heute an einer schweren moralischen Krise, die sich unter anderem in der Unbotmäßigkeit der Massen kundtut und ihren Ursprung in der moralischen Krise Europas hat. Die Gründe der letzten sind zahlreich. Einer der wichtigsten ist die Verschiebung der Macht, die unser Kontinent früher über sich selbst und die übrige Welt ausübte. Europa ist im Ungewissen, ob es herrscht, und die Welt, ob sie beherrscht wird. Die geschichtliche Souveränität ist auseinandergebrochen. Es gibt keine „Fülle der Zeit" mehr, denn das setzt eine klare, vorherbestimmte, unzweideutige Zukunft voraus, wie das 19. Jahrhundert sie vor sich sah. Damals glaubte man zu wissen, was morgen geschehen würde. Heute öffnet der Horizont sich wieder gegen neue, unbekannte Fernen, denn man weiß nicht, *wer* herrschen, wie sich die Macht auf der Erde verteilen wird. *Wer;* das heißt, welches Volk oder welche Völkergruppe; und damit welcher Rassentypus; und damit welche Ideologie, welches System von Neigungen, Normen, Lebensimpulsen . . .

Man weiß nicht, nach welchem Kraftzentrum die menschlichen Angelegenheiten in den nächsten Jahren gravitieren werden, und darum ergibt sich die Welt einer schimpflichen Vorläufigkeit. Alles, was heute öffentlich oder privat – bis ins Persönlichste hinein – geschieht, ist mit Ausnahme einiger Teile einiger Wissenschaften provisorisch. Man sollte sich auf nichts verlassen, was heute ausposaunt, zur Schau gestellt, versucht und gepriesen wird. Alles miteinander wird rascher verschwinden, als es kam. Alles, von der Sportmanie (der Manie, nicht dem Sport) bis zur politischen Gewaltaktion, von der „neuen Kunst" bis zu den Sonnenbädern in den lächerlichen Modekurorten. Nichts davon ist verwurzelt; denn es ist alles pure Erfindung im schlechten Sinn des Wortes, der es mit leichtfertiger Laune gleichsetzt. Es quillt nicht als Schöpfung aus dem wesentlichen Grunde des Lebens; es steht kein echter Drang und Zwang dahinter. Mit einem Wort, dies alles ist vital falsch. Wir haben es mit dem widerspruchsvollen Fall eines Lebensstils zu tun, der Echtheit predigt und zugleich eine Fälschung ist. Kein heutiger Politiker ist von der Unabwendbarkeit seiner Politik überzeugt, und je extremer seine Gebärde, um so windiger ist sie, um so weniger vom Schicksal gefordert. Wurzelhaftes, eigenwüchsiges Leben empfindet seine Handlungen als eine unwiderrufliche Notwendigkeit. Was wir nach Belieben tun oder lassen oder anders machen können, das eben ist gefälschtes Leben.

Unser heutiges Dasein ist die Frucht eines Zwischenreiches, einer Lücke zwischen zwei Gestaltungen der historischen Herrschaft, der, die war, und der, die sein wird. Darum ist es seinem Wesen nach unverbindlich. Die Männer wissen nicht, welchen Idealen sie dienen, die Frauen, welchen Typus Mann sie bevorzugen sollen.

Die Europäer können nur leben, wenn sie in eine große gemeinsame Aufgabe hineingestellt sind. Fehlt diese, so werden sie gewöhnlich und schlapp; die Seele geht ihnen aus den Fugen. Einen Anfang davon haben wir jetzt vor Augen. Die Kreise, die man so lange Nationen genannt hat, erreichten vor einem Jahrhundert etwa ihren größten Umfang. Man kann schon nichts mehr mit ihnen tun, es sei denn, sie überschreiten. Sie sind nur noch Vergangenheit, die sich um und unter dem Europäer anhäuft, ihn einengend und belastend. Mit größerer vitaler Freiheit begabt als je, spüren wir alle, daß die Luft in jedem Volk unatembar ist, Gefängnisluft. Die Nationen, die vorher weiter, offener, durchwehter Raum waren, sind nun Provinz geworden, Binnenland.

Alle Welt fühlt die Dringlichkeit neuer Lebensgrundsätze. Aber einige suchen – wie es in ähnlichen Krisen immer geschieht – durch übermäßige und künstliche Steigerung gerade des überlebten Prinzips die Lage zu retten. Dadurch erklären sich die „nationalistischen" Ausbrüche dieser letzten Jahre. Und es ist – ich wiederhole es – immer so gewesen. Die letzte Flamme die höchste; der letzte Seufzer der tiefste. Am Vorabend ihrer Aufhebung werden die Grenzen überempfindlich – die militärischen wie die ökonomischen.

Aber alle diese Nationalismen sind Sackgassen. Man versuche, sie in die Zukunft zu projizieren, und man spürt den Widerstand. Sie führen nirgendwohin. Der Nationalismus ist immer ein Impuls, der den Nationen bildenden Kräften entgegengerichtet ist. Er schließt aus, sie schließen ein. In Zeiten der Befestigung hat er

223

zweifellos scinen Wert und ist ein hohes Ideal. Aber in Europa ist alles überbefestigt und der Nationalismus nur eine Manie, der Vorwand, der sich bietet, um der Verpflichtung zur Erfindung großer neuer Unternehmungen zu entgehen. Die einfältigen Mittel, mit denen er arbeitet, und die Art Leute, die er begeistert, verraten nur allzu deutlich, daß er das Gegenteil einer schöpferischen historischen Bewegung ist.

Einzig der Entschluß, aus den Völkergruppen des Erdteils eine große Nation zu errichten, könnte den Puls Europas wieder befeuern. Unser Kontinent würde den Glauben an sich selbst zurückgewinnen und in natürlicher Folge wieder Großes von sich fordern, sich in Zucht nehmen.

Die Lage ist bedrohlicher, als man meint. Die Jahre vergehen, und es besteht Gefahr, daß sich der Europäer an das herabgestimmte Leben, das er jetzt führt, gewöhnt; daß er sich daran gewöhnt, nicht zu herrschen und sich nicht zu beherrschen. Wenn das geschähe, würden seine Tugenden und Fähigkeiten bald verfliegen.

Aber der Einigung Europas widersetzen sich, wie es bei dem Prozeß der Nationalisierung immer zu geschehen pflegt, die konservativen Klassen. Das kann für sie die Katastrophe herbeiführen; denn der generellen Gefahr, daß Europa endgültig seine sittliche Kraft und seine historischen Energien verliert, gesellt sich eine andere nicht weniger greifbare und drohende. Als in Rußland der Kommunismus siegte, glaubten viele, die rote Flut werde ganz Europa überschwemmen. Ich war nicht der Meinung. Im Gegenteil; ich schrieb in jenen Jahren, daß für den Europäer, die menschliche Spielart, die alle Mühe und Inbrunst ihrer Geschichte auf die Karte der Persönlichkeit gesetzt hat, der russische Kommunismus nicht assimilierbar sei. Die Zeit verging, und heute haben die Besorgten von damals ihre Ruhe wiedergewonnen, genau in dem Augenblick, in dem es angebracht wäre, sie zu verlieren. Denn jetzt könnte sich allerdings der Kommunismus in unwiderstehlichem Triumph über Europa ergießen.

Ich halte dafür, daß der Inhalt des kommunistischen Credo auf russische Art heute wie früher den Europäer nicht interessiert, nicht anzieht und keine für ihn wünschenswerte Zukunft entwirft. Und das nicht nur aus den seichten Gründen, die seine Apostel, halsstarrig, taub und verlogen wie alle Apostel, herzuzählen pflegen. Der abendländische „Bürger" weiß sehr gut, daß die Tage des Menschen, der nur von seinen Renten lebt und sie seinen Söhnen vermacht, auch ohne den Kommunismus gezählt sind. Nicht das feit Europa gegen den russischen Glauben, und noch viel weniger die Angst. Die willkürlichen Voraussetzungen, auf die vor dreißig Jahren Sorel seine „Taktik der starken Hand" gründete, kommen uns heute lächerlich vor. Der Bürger ist nicht feige, wie Sorel glaubte; er ist im Gegenteil momentan angriffslustiger als der Arbeiter. Niemand ist darüber im Zweifel, daß in Rußland der Bolschewismus triumphierte, weil es in Rußland keinen Bürgerstand gab.[1] Der Faschismus, der eine kleinbürgerliche Bewegung ist, hat sich gewalttätiger benommen als der

---

[1] Dieses sollte genügen, damit man sich ein für allemal davon überzeugt, daß der Marxistische Sozialismus und der Bolschewismus so gut wie nichts miteinander gemein haben.

ganze Sozialismus. Nichts dieser Art hindert den Europäer, sich dem Kommunismus zu verschreiben, sondern ein einfacherer und ursprünglicherer Grund: daß er in der kommunistischen Organisation keinen Vorteil für die menschliche Glückseligkeit erblickt.

Und dennoch, ich wiederhole es, erscheint es mir außerordentlich möglich, daß sich Europa in den nächsten Jahren für den Bolschewismus begeistert – nicht wegen, sondern trotz seiner.

Man stelle sich vor, der Fünfjahrplan, den die Sowjetregierung herkulisch betreibt, erzielte, was man sich von ihm verspricht, und die ungeheure russische Wirtschaft erholte sich nicht nur, sondern blühte auf. Sei der Inhalt des Bolschewismus wie immer, er stellt jedenfalls ein kolossales menschliches Unterfangen dar. Die Menschen haben in ihm entschlossen einen Reformplan in Angriff genommen und leben straff unter der hohen Zucht, die sie für ihren Glauben auf sich nehmen. Wenn die Welt-Wirklichkeit, die von Menschenbegeisterungen Unbeeinflußbare, den Versuch nicht völlig scheitern läßt, wenn sie ihm den Weg nur ein wenig freigibt, muß er rein in seiner Eigenschaft als großartige Unternehmung über der kontinentalen Menschheit aufgehen wie ein flammendes neues Gestirn. Verharrt indessen Europa in der brütenden Erniedrigung der letzten Jahre, die Nerven schlaff aus Mangel an Disziplin, ohne neue Lebenspläne, wie sollte es der Ansteckung durch ein so stolzes Beginnen entgehen können? Man kennt den Europäer schlecht, wenn man hofft, er werde, zumal wenn er kein anderes Banner von gleicher Hochgemutheit zu entfalten hat, einen solchen Aufruf zu neuer

226

Tat anhören und nicht entbrennen. Unter der Bedingung, daß er dafür einer dem Leben Sinn gebenden Idee dienen und der eigenen Schicksalsleere entfliehen kann, wird er sich unschwer bereit finden, seine Einwände gegen den Kommunismus hinunterzuschlucken, und sich, wenn nicht durch seinen Inhalt, so durch seine moralische Geste hinreißen lassen.

Ich sehe in der Schöpfung des europäischen Nationalstaates die einzige Aufgabe, die sich einem Sieg des Fünfjahrplans entgegenstellen könnte.

Politiker und Nationalökonomen versichern, daß dieser Sieg nach ihrer Einsicht wenig Wahrscheinlichkeit hat. Aber es wäre allzu schmählich, wenn der Antikommunismus sein ganzes Heil von den materiellen Schwierigkeiten seiner Gegner erhoffen wollte. Der Schiffbruch des Kommunismus wäre dann gleichbedeutend mit dem völligen Zusammenbruch des gegenwärtigen Menschen. Der Kommunismus ist eine moralische Ausschweifung – nichts weniger als eine Moral. Wäre es nicht ehrenhafter und fruchtbarer, dieser slawischen Moral eine neue abendländische, den Ansporn eines neuen Lebensprogramms, entgegenzustellen?

XV

DIE UNTERSUCHUNG MÜNDET IN DAS
EIGENTLICHE PROBLEM

Dies ist das Problem: Europa glaubt an keine sittlichen Normen mehr. Nicht daß der Massenmensch eine veraltete Moral zugunsten einer emportauchenden verachtete; im Zentrum seiner Lebensführung steht gerade der Anspruch, ohne moralische Bindungen zu leben. Glaubt der Jugend kein Wort, wenn ihr sie von der neuen Moral reden hört! Ich leugne rundweg, daß heute in irgendeinem Winkel des Erdteils eine Gruppe existiert, die ihr Gesetz von einem neuen Ethos empfinge. Wenn man von der neuen Moral spricht, begeht man eine Unmoral mehr, indem man auf die billigste Weise eine Moral einzuschmuggeln sucht.[1]

Es wäre darum eine Naivität, dem heutigen Menschen seinen Mangel an Moral vorhalten zu wollen. Die Beschuldigung ließe ihn kalt oder schmeichelte ihm eher. Unsittlichkeit steht äußerst niedrig im Preis, und jeder beliebige prunkt damit.

Läßt man – wie es hier geschehen ist – alle Gruppen beiseite, die Überbleibsel aus der Vergangenheit sind –

---

[1] Ich weiß nicht, ob es, in der Welt verteilt, zwei Dutzend Menschen gibt, die keimen sehen, was in der Tat eines Tages eine neue Moral werden kann. Aber sie sind gerade darum am wenigsten repräsentativ für die jetzige Zeit.

Christen, „Idealisten", die alten Liberalen usw. –, so wird man unter allen denen, die wahrhaft in dieses Jahrhundert gehören, keinen einzigen finden, dessen Haltung zum Leben sich nicht dahin zusammenfassen ließe, daß er jedes Recht und keine Pflicht zu haben glaubt. Gleichgültig ob er als Reaktionär oder Revolutionär maskiert ist, nach einigem Hin und Her wird er mit Entschiedenheit jede Verpflichtung ablehnen und sich, ohne daß er selbst den Grund dafür ahnte, als Träger unbeschränkter Rechte fühlen.

Jeder Stoff, der an eine so beschaffene Seele kommt, muß zu demselben Ergebnis führen: sie wird daraus einen Vorwand machen, der ihr die Anerkennung höherer Instanzen erspart. Wer sich reaktionär und fortschrittsfeindlich gebärdet, tut es, um behaupten zu können, daß die Rettung von Staat und Volk ihm das Recht verleiht, alle anderen Gebote zu übertreten und den Mitmenschen zu zermalmen, besonders wenn er eine Persönlichkeit von Format ist. Und dasselbe gilt für den Revolutionär. Seine scheinbare Begeisterung für den Handarbeiter und die soziale Gerechtigkeit dient ihm als Maske, um sich dahinter jeder Pflicht – wie Höflichkeit, Wahrhaftigkeit, vor allem Achtung und Bewunderung für überlegene Menschen — zu entziehen. Ich weiß von manchem, der in eine oder die andere Arbeiterpartei eintrat, einzig weil er so vor sich selbst das Recht erwarb, geistige Werte zu verachten und ihnen die schuldige Ehrerbietung zu verweigern. Was die übrigen Diktaturen angeht, so sahen wir schon, wie sie dem Massenmenschen schmeicheln, indem sie alles Hervorragende mit Füßen treten.

Diese Flucht vor jeder Verpflichtung erklärt die halb komische, halb empörende Erscheinung, daß dies Jahrhundert – als einen seiner absonderlichsten Züge – eine Plattform der Jugend als solcher hervorgebracht hat. Die Leute erklären sich lächerlicherweise für jung, weil sie gehört haben, daß die Jugend mehr Rechte als Pflichten besitzt; denn sie kann ja die Erfüllung ihrer Pflichten bis zu den griechischen Kalenden ihrer Reife vertagen. Von der Verpflichtung, *Taten zu tun oder getan zu haben,* fühlte der Jüngling sich immer entbunden; er lebte immer auf Kredit. Das liegt in der menschlichen Natur. Es war gleichsam ein falsches, halb ironisches, halb zärtliches Recht, das die Nichtmehr-Jungen den Jungen einräumten. Aber es ist verblüffend, wenn nun diese es im Ernst beanspruchen, um sich daraufhin alle Rechte zu nehmen, die nur dem gebühren, der schon etwas vollbracht hat.

Es scheint unglaublich, aber es ist dahin gekommen, daß man das Jungsein zu Erpressungen benutzt. Dies ist in der Tat ein Zeitalter der universellen Erpressung, die sich zweier einander ergänzender Mittel bedient: es gibt eine Erpressung durch Gewalt und eine Erpressung vermöge des Nichts-ernst-Nehmens. Eines wie das andere geht auf das gleiche Ziel: daß der Inferiore, der gewöhnliche Mensch, sich von dem Zwang jeder Unterordnung befreit fühlen kann.

Darum kann man die gegenwärtige Krisis nicht wohl adeln, indem man sie als Kampf zwischen zwei sittlichen Welten oder Kulturen, einer morschen und einer morgenrötlichen, darstellt. Dem Massenmenschen geht Sittlichkeit schlechtweg ab; denn Sittlichkeit ist wesent-

lich ein Erlebnis der Unterordnung, Dienst- und Pflicht-
bewußtsein. Aber vielleicht ist es ein Irrtum, wenn wir
sagen „schlechtweg". Denn es handelt sich nicht allein
darum, daß diese Art Wesen sich der Moral entschlagen.
O nein, wir wollen es ihnen nicht so leicht machen. Sich
der Moral schlechthin zu entschlagen, ist unmöglich.
Was man mit einem selbst grammatisch verkehrten
Wort *Amoral* nennt, ist ein Ding, das es nicht gibt.
Wenn sie keine Norm anerkennen wollen, müssen sie,
nolens volens, zu dieser Norm stehen, daß sie jede
Moral leugnen; und das ist nicht *Amoral,* sondern *Unmoral.* Es ist eine negative Moral, die von der echten
die Leerform bewahrt.

Wie konnte man an die Amoralität des Lebens glauben? Zweifellos weil die ganze moderne Kultur und
Zivilisation zu dieser Überzeugung hinführen. Jetzt ern-
tet Europa die schmerzlichen Folgen seines geistigen
Verhaltens. Es hat sich vorbehaltlos einer glänzenden,
aber wurzellosen Kultur verschrieben.

Auf den vorliegenden Seiten sollte ein bestimmter
Typus des europäischen Menschen geschildert werden,
vor allem vermittels seines Benehmens gegenüber der
Zivilisation selbst, in der er geboren wurde. Es war geboten, so vorzugehen, denn dieser Mensch repräsentiert
keine neue Zivilisation, die mit der alten in Kampf
liegt, sondern eine bloße Verneinung. Darum durfte ihr
Psychogramm nicht mit der großen Frage nach den fundamentalen Unzulänglichkeiten der modernen europäischen Kultur vermengt werden. Denn es ist klar, daß
sie es sind, die letzten Endes die Verantwortung für die
heute herrschende Menschenform tragen.

Aber jene große Frage muß diesen Seiten fern bleiben: sie ist allzu groß. Sie würde uns dazu zwingen, in ihrer ganzen Fülle die Theorie des menschlichen Lebens zu entrollen, die hier wie eine Begleitung eingewebt und angedeutet mitmurmelt. Vielleicht, daß sie bald ein Schrei wird.

ÜBER DIE LIEBE

JOSÉ ORTEGA Y GASSET

ÜBER DIE LIEBE

Meditationen

Dieser Band Essays erschien 1933 in deutscher Sprache
vor der spanischen Buchausgabe.
Alle Beiträge Copyright by Revista de Occidente, Madrid.
Unter Mitwirkung von Ulrich Weber aus dem Spanischen
übersetzt und herausgegeben von
Helene Weyl

INHALT

VOM EINFLUSS DER FRAU
AUF DIE GESCHICHTE

Nachwort zu dem Buch »Von Francesca zu Beatrice«
von Victoria Ocampo

Gnädige Frau,

der Ausflug war entzückend. Wunderbar führten Sie uns durch die dreigeteilte Allee der bebenden Terzinen, da und dort mit leichter Hand den Akzent einer Andeutung setzend, der dem alten Bild gleichsam eine neue Perspektive verlieh. Klar, daß unser Blick sich zuweilen von den Gestalten Dantes löste, um Ihren Gesten zu folgen, wie es im übrigen ja auch dem Dichter selbst widerfuhr bei dem besten seiner Geleiter: Beatrice. Daran ist nichts zu ändern. Ein vielleicht heftiger Durst nach Gegenwart ließ mich mehr als auf das alte, geniale, aber blutleere Schauspiel auf ein anderes, neues achten: auf seine Spiegelung in Ihnen. Und ich glaube nicht, daß ein wiederauferstandener Dante sich hier zu Tadel bewogen sähe. Dante war ein zu guter Kenner von Sinnlichem, als daß er nicht um jene doppelte Wonne gewußt hätte, die darin liegt, die Welt manchmal nicht unmittelbar zu betrachten, sondern gebrochen, reflektiert in den Wandlungen eines Antlitzes. Einmal sagt er – sieben Jahrhunderte vor Hérédia –, daß er in einem Augenpaar ein Schiff flußabwärts fahren sehe (Par. XVII, 41–42). Fürwahr ein bedeutsames Geständnis! Denn es setzt unweigerlich voraus, daß man sich sehr nah über sehr fügsame Augen gebeugt hat. Und uns bereitet es Vergnügen, unsern lyrischen Tigerwolf in solch süßer Intimität zu überraschen: als den Geographen von Strömen, die durch Augen hin-

241

durchfließen, als den Steuermann von Schiffen, die ins Innere der Pupillen gleiten. Jener Vers ist das Musterbeispiel eines indiskreten biographischen Hinweises, er ist ein unwiderleglicher Eintrag auf dem Blatt, auf dem die Dienste verzeichnet stehen, die Dante gewissen Gefühlswerten geleistet hat. Da wir später von seiner Taktik der Distanz zu sprechen haben werden, tun wir gut daran, nun auf seine in die Nähe wirkenden Heldentaten abzuheben. Er war ein Held der Liebe trotz seiner Schüchternheit. Er wagte sich an die gefährliche Bresche heran. Denn ein Schiff im flüssigen Fjord einer Pupille ist etwas so Winziges, daß man es nur erblicken kann, wenn man sich sehr nah an die magische Iris heranbegibt. Wir haben es hier mit der Umkehrung eines Falles zu tun, von dem Plutarch berichtet. Krieger ziehen in die Schlacht, große, marktschreierische Bilder auf den Schilden. Nur bei einem ist nichts als eine Fliege aufgemalt. »Feigling!« schelten ihn die anderen. »Du willst unbemerkt bleiben, willst nicht, daß das Bild den Feind auf dich ziehe.« »Im Gegenteil«, antwortet gelassen der also Verdächtigte, »ich werde mich so nah an ihn heranmachen, daß er wohl oder übel die Fliege sehen muß.«

Doch darf uns, Ihren Freunden, diese intime und eben deshalb ziemlich banale biographische Einzelheit selbstverständlich nicht dazu dienen, um uns mit des Dichters höchsteigener Hilfe dafür zu entschuldigen, daß während des Vorlesens unsere Aufmerksamkeit ihre eigenen Wege ging und sich Ihnen, gnädige Frau, häufiger und erwartungsvoller zuwandte als dem ehrwürdigen Gedicht. Nein, unsere Rechtfertigung kommt geradewegs aus den höchsten Sphären zu uns herab und stützt sich auf ein Prinzip, das so echt dantisch ist wie kein anderes.

Sie sind, verehrte Frau, die Verkörperung beispielhaften Frauentums. In Ihrer Persönlichkeit laufen die anmutigen Strahlen der ungewöhnlichsten Vorzüge zusammen. Wie sollte es uns da nicht locken, Sie in die Phantasiewelt Dantes, in der sich sämtliche Formen menschlichen Daseins finden, hinabsteigen zu sehen? Die Jenseitswanderung, die wir so oft schon unternommen, lädt sich auf diese Weise mit neuer Dramatik und wird durch eindrucksvolle Spannungsmomente belebt. Denn in Ihrer Seele nisten nebeneinander rückhaltlose Begeisterung und strengster Tadel. Welch ein Genuß, diesen beiden bei ihrem Flug über die Landschaft nachzublicken, zu beobachten, an welchen Stellen Ihre innere Anteilnahme verweilt und an welchen anderen sie raschen Fußes vorüberhuscht, als handelte es sich um vorbedachte Flucht. Eine jede von Ihren Bewegungen hat für uns den Sinn eines Werturteils, einer Norm; denn sie entschleiert ja das Geheimnis Ihrer Billigung oder Ablehnung.

Die Frau als Norm – ist nicht gerade dies die große Entdeckung Dantes? Leider ist der spezifische Einfluß der Frau auf die Geschichte noch immer ein unbearbeitetes Kapitel, ein Thema, über das keiner Bescheid weiß. Andererseits aber hat auch noch niemand versucht, die Geschichte des Gefühls zu schreiben, das der Mann der Frau entgegenbringt. Man unterstellt eben, dies Gefühl sei immer ungefähr das gleiche gewesen; in Wirklichkeit jedoch hat es eine langsame und keineswegs ungestörte

243

Entwicklung hinter sich, eine Entwicklung voller Errungenschaften und Rückschläge.

Zunächst wäre darauf hinzuweisen, daß die Geschichte nach einem Geschlechterrhythmus abgelaufen ist. Es gibt Epochen, die von männlichen Werten beherrscht sind, und andere, in denen die weiblichen regieren. Um in unserem Kulturkreise zu bleiben, erinnern wir daran, daß beispielsweise das frühe Mittelalter eine männliche Zeit war. Die Frau nimmt nicht am öffentlichen Leben teil. Die Männer widmen sich dem Kriegshandwerk, und fern von den Damen vertreiben sich die Waffengefährten bei barbarischen Trink- und Sangesfesten die Zeit. Das spätere Mittelalter, meines Empfindens die ansprechendste Epoche der europäischen Vergangenheit, ist eben dadurch gekennzeichnet, daß nun am historischen Horizont das Gestirn der Frau emporsteigt. Sehr zu Recht haben Sie darum am Ende Ihres Kommentars auf die Liebeshöfe verwiesen. Noch hat man der Kultur der »cortezia«, die im 12. Jahrhundert blühte und meines Erachtens eine der entscheidenden Tatsachen der abendländischen Zivilisation gewesen ist, den ihr gebührenden Platz in der Geschichte nicht eingeräumt. Aus der »cortezia« sind hervorgegangen: der heilige Franziskus und Dante, der päpstliche Hof von Avignon,[1] die Renaissance und in ihrem Gefolge

---

[1] Es ist nicht genügend bekannt, daß dieser französisch-italienische Papsthof der erste Ort war, wo die Frauen grundsätzlich und andauernd an der »Gesellschaft« teilnahmen. Von dort also datiert jener soziale Organismus, den man in neuerer Zeit »Hof« genannt hat. Da nun der Papsthof zum größten Teil aus geistlichen Würdenträgern, also aus Ehelosen bestand, erschien

die gesamte moderne Kultur. Und diese ganze Riesen-
ernte ist Frucht der genialen Kühnheit einiger provenzalischen Damen, die einer neuen Lebensanschauung zum
Durchbruch verhalfen. Diese hohen Frauen hatten den
Mut, angesichts des in gleicher Weise absurden Asketen-
tums der Mönche wie der Krieger einem System der inneren Verfeinerung und Geistesschärfe Eingang zu verschaffen. Ihrer Anregung ist es zu verdanken, daß das
vornehmste Gebot Griechenlands, das $\mu\acute{\epsilon}\tau\varrho o\nu$, das Maß,
zu neuem Leben ersteht. Das frühe Mittelalter ist, ganz
wie der Mann, Maßlosigkeit. Mit der »lei de cortezia«
aber kündigt sich nun die neue Herrschaft der »mezura«
an, des Elements, darin die Frauen leben.

Einem Öl vergleichbar, das den Geist sanfter und geschmeidiger macht, breitet das Maß, der feine Anstand,
seine Herrschaft bis in die entlegensten Gegenden aus. Es
rührt einen, wenn man in der rauhen Landschaft unseres
urwüchsigen Cid-Epos plötzlich auf Worte wie die folgenden stößt:

> Fabló Myo Cid bien e tan mesurado.

> Es sprach mein Cid so voll Gemessenheit.

Dieses Maß inmitten unseres ungebärdigen kastilischen
Heldenlieds kommt von den fernen Höfen der Provence,
wo einige weibliche Wesen, Stifterinnen milderer Sitten,
ein Leben harmonischer Ausgeglichenheit führten. In

---

daselbst ein origineller Frauentypus von unabhängiger und kultivierter Lebensart. Für diesen wird der Ausdruck »Courti-
sanen« geprägt. »Honni soit qui mal y pense.« Eine von ihnen
war Laura de Noves, die Freundin Petrarcas.

245

ähnlicher Weise ist Goethe durch Charlotte von Stein von seinem ungeschlachten Teutonentum befreit worden. Darum nennt er sie auch seine Sänftigerin und gibt uns den Rat:

> Willst du genau erfahren, was sich ziemt,
> So frage nur bei edlen Frauen an.

Das Weib war für den Mann ursprünglich eine Beute, ein Leib, den man sich rauben konnte. Diese weidmännische Seelenhaltung machte einer feineren Empfindungsweise entgegengesetzten Vorzeichens Platz, die den Griechen allerdings so gut wie unbekannt war.[1] Was an der Frau nur Beute und Raub zu sein vermag, befriedigt auf die Dauer nicht. Im Zuge der Verfeinerung entsteht beim Mann der Wunsch, die Beute möge sich ihm aus eigenem Antrieb ergeben. Denn in den Besitz ihres Frauentums gelangt man nur, wenn man es für sich gewinnt. So wird die Beute zum Lohn. Und um ihn zu erlangen, muß man seiner erst würdig werden, muß man sich zu dem Mannestum erheben, dessen Ideal die Frau unbewußt in sich trägt. Durch diesen seltsamen Vorgang kommt es zu einer Vertauschung der Rollen: der Ausbrecher wird zum Gefangenen. Während in der Epoche der reinen Triebhaftigkeit der Mann in der Art eines Räubers über die ihm be-

---

[1] Es wäre nicht ratsam, hier eine — auch noch so kurze — Analyse des Liebesgefühls der griechischen Antike zu versuchen. Denn das Land, in dem ich lebe, und das, in dem Sie atmen, wird leider noch immer von einem engstirnigen Spießertum beherrscht, das einem nicht die Freiheit läßt, die tiefsten menschlichen Probleme mit der schuldigen Klarheit zu behandeln.

gegnende Schöne herfällt, hält er sich in der Zeit zunehmender Vergeistigung in gebührendem Abstand und vergewissert sich zunächst von ferne, ob im Gesicht des Weibes Zustimmung oder Ablehnung geschrieben steht. Der Ursprung dieses neuen Verhältnisses zwischen den Geschlechtern, dank dessen die Frau zur Erzieherin des Mannes wird, liegt in der Kultur der »cortezia«. Dante bildet in dieser Entwicklung den Höhepunkt. Die »Vita Nuova« ist durchbebt von den Empfindungen eines Dichters, der durch den irrealen Meißel des Weiblichen zu einem neuen Menschen umgeschaffen wird. Dante erstrebt von Beatrice nicht mehr als ein Nicken der Zustimmung. Wir sehen sie nur immer in der Ferne vorübergehen, ein wenig maniert, ein wenig präraffaelitisch. Der Dichter hat bloß die *eine* Sorge, ob sie ihn grüßen wird oder nicht. Ist Beatrice mißgestimmt, so unterläßt sie den Gruß, und Dante ist erschüttert. »Mi salutò virtuosamente tanto che mi parve allora vedere tutti i termini della beatitudine«, sagt er, nachdem er sie erstmals gesehen. Und tags darauf: »Conobbi ch'era la donna della salute, la quale m'avea lo giorno dinanzi degnato di salutare.« Fortan lebt Dante nur noch der einen bangen Hoffnung: »per la speranza dell' ammirabile salute.«

Mit Gruß und Grußenthaltung, zwei Zügeln, die unsichtbar sind wie die Wendekreise des Sternhimmels, regiert die kluge Jungfrau die stürmische Jugend unseres Dichters. Es ist klar: solche magische, fast immaterielle Kraft kann nur einer Frau von verfeinertem Wesen innewohnen, die »gentil e non pura femmina« ist, wie Dante in voller Bewußtheit sagt. In seiner etwas zu weit gehenden

Geringschätzung des Leiblichen beharrt er darauf, daß, wenn er von den Augen spreche, »che sono principio di amore«, und vom Mund, »ch'è fine d'amore«, jeder niedrige Gedanke fernzubleiben habe, »si levi ogni vizioso pensiero. Ricordisi chi legge, che di sopra è scritto che il saluto di questa donna, lo quale era operazione della sua bocca, fu fine de' miei desideri, mentre che io lo potei ricevere.«

Es heißt, der heilige Franziskus habe eine Woche lang vom Zirpen einer Zikade leben können. Dante läßt vom Mund und vom Augapfel Beatrices nur die mystische Elektrizität des grüßenden Lächelns in sich überströmen. Dieses Lächeln, das so oft im späteren Werke Dantes sichtbar wird, dieses »disiato riso« ist das gotische Lächeln, wie wir es in den altersschwarzen Steinmadonnen über den Portalen europäischer Dome fortleben sehen.

> Chè dentro agli occhi suoi ardeva un riso
> tal, ch'io pensai co' miei toccar lo fondo
> della mia grazia e del mio paradiso.
>
> (Par. XV)

> Denn solch ein Lächeln glüht' in ihren Augen,
> daß meiner Gnad' ich, meines Paradieses
> Grund mit den meinen zu berühren glaubte –

sagt Dante gegen Ende seines Lebenswerkes, als er die Quintessenz aus den frühen Gefühlseindrücken zieht, die er als Jüngling am Beginn des neuen Lebens empfangen.

Das Thema begeistert mich, verehrte Frau, und ich

würde wohl nie damit zu Ende kommen. Gestatten Sie mir wenigstens, daß ich die Gelegenheit dazu benutze, um meine Gedanken über die hohe biologische Aufgabe, die dem Weib in der Geschichte zukommt, in großen Zügen darzulegen. Vor allem bitte ich, das grobe Wort »Weib« möge Ihren Ohren nicht unschicklich klingen. Ich weiß Sie so verständnisvoll, daß Sie mir recht bald seine Verwendung zugestehen werden, weil Sie erkennen, daß ich seiner hier nicht entraten kann.

Die wahre historische Aufgabe des Weibes tritt nicht klar genug hervor, weil man vergißt, daß weder die Gattin noch die Mutter, noch die Schwester noch die Tochter den Inbegriff des Frauentums darstellt. Diese gesamten Eigenschaften sind nichts weiter als Niederschläge der Weiblichkeit, Formen, die das Weib annimmt, wenn es keines mehr oder noch keines ist. Zweifellos wäre die Welt schrecklich verstümmelt, wenn man sie jener wunderbaren geistigen Möglichkeiten beraubte, die sich Gattin, Mutter, Schwester, Tochter nennen und so ehrwürdig und vornehm sind, daß es unmöglich scheint, Erhabeneres zu finden. Aber es darf nicht unausgesprochen bleiben, daß damit die Kategorien der Weiblichkeit noch nicht erschöpft sind, ja, daß alle jene Erscheinungsformen sich als zweitrangig, als untergeordnet erweisen, wenn man sie mit dem vergleicht, was das Weib als solches ist.

Ein jeder von diesen Titeln des Frauentums wird durch die Besonderheit der mit ihm verbundenen Aufgabe von den übrigen unterschieden und abgegrenzt. Jedermann weiß, was es heißt, Mutter, Gattin, Schwester oder Tochter zu sein. Und doch könnte es diese ansprechende Vierheit nicht geben, wenn das Weib nicht vor allem anderen und zu allem anderen hinzu noch Weib wäre.

Was aber ist das Weib als Weib?

Diese Frage kann ich erst dann beantworten, wenn ich zuvor die landläufige Auffassung vom Wesen der Ideale berichtigt habe. Seit zweihundert Jahren, verehrte Frau, spricht man uns mit verdrießlicher Hartnäckigkeit vom Idealismus. Diese Anpreisung, wie sie bei Philosophen und Pädagogen im Schwange ist, diese Behauptung, daß nur im Dienste eines Ideals das Leben einen Sinn habe, stellt, soviel Wahrheit sie auch enthalten mag, doch eine verfehlte Auffassung vom Wesen der Ideale dar und hat im Lauf der letzten Jahrhunderte so viel Verwirrung angerichtet, daß es höchste Zeit ist, sie abzutun. Man spricht sehr viel vom Ideal der Gerechtigkeit, der Wahrheit oder der Schönheit, aber niemand fragt, wie denn etwas beschaffen sein müsse, um überhaupt ein Ideal zu sein. Wenn man uns diese oder jene Form mit feierlichem Pathos lobt, so ist damit noch keineswegs klargestellt, daß sie ein Ideal ist. Das Ideal von gestern hat aufgehört, das Ideal von heute zu sein. Die Geschichte wird zum soundsovielten Male Zeugin des dramatischen Vorgangs, daß ein Ideal aufkeimt, Frucht trägt und abstirbt. Wie aber ist dies möglich, wenn sein Inhalt, seine objektive Bedeutung sich nicht gewandelt hat? Es ist augenscheinlich ein Irrtum, die Ideale nur als solche und nicht in Beziehung zu uns Menschen zu betrachten. Wenn etwas vollkommen ist, so ist es deshalb noch lange kein Ideal im wahren Sinne. Das Ideal ist eine Funktion, ein Werkzeug des Lebens neben unzähligen anderen. Ethik und Ästhetik können zwar jederzeit definieren, welche Dinge das Ideale zu dienen würdig sind, aber was die eigentliche Aufgabe des Ideals sein soll, können wir nur aus der Biologie lernen.

Man wird vielleicht sagen, die Ideale seien ober- und außerhalb des Lebens stehende Dinge und das Leben gehe, wenn es sich zu ihnen hinaufbegebe, aus sich selbst heraus und erhebe sich über seine bescheidenen natürlichen Gegebenheiten. Die Vertreter dieser mißverständlichen Anschauung begreifen nicht, wie sehr sie damit ihrem eigenen Idealismus Abbruch tun. Denn sie lassen ja die Unterstellung zu, das Leben an sich könne ohne jede Mitwirkung der Ideale funktionieren, so daß diese also das fünfte Rad am Wagen wären, ein ebenso ehrenvolles wie überflüssiges Beiwerk.

Von alledem, verehrte Frau, glaube ich kein Wort; das Leben, alles Leben, zumindest alles menschliche, ist unmöglich ohne Ideal, oder, anders gesagt, das Ideal ist ein organischer Bestandteil des Lebens.

Die moderne Biologie zeigt uns, daß der lebende Organismus nicht nur aus dem einzelnen Körper oder, beim Menschen, aus einem Körper und einer Seele besteht. Körper und Seele, diese Gesamtheit unsrer Person, sind ja nichts als die Verbindung materieller und geistiger Organe und somit ein System funktionierender Apparate. Das Leben besteht aus einem System körperlicher und seelischer Vorgänge, Operationen, Tätigkeiten. Diese Tätigkeiten sind mittelbar oder unmittelbar auf die Umwelt gerichtet, münden in sie aus. Das Auge sieht die Gegenstände der Landschaft, und die Hand streckt sich aus, um sich ihrer zu bemächtigen. Es wäre indessen ein Irrtum, zu meinen, die Umwelt, die wir auch Milieu nennen, sei nur dazu da, um unserer jeweiligen Tätigkeit als Ziel zu dienen. Jeden Tag wird deutlicher, daß die Funktionen unseres Organismus (auch so elementare wie die Ernährung) sich nur dann vollziehen, wenn sie dazu angeregt werden. Für das Lebewesen ist also der Reiz oder die Anregung von vornehmlicher Wichtigkeit. Alles übrige hängt in solchem Maße von ihr ab, daß man sagen könnte: leben heißt angeregt werden. Arsenal der Reize aber, die unablässig auf unseren Organismus und auf den Kraftstrom unseres Lebens einwirken, ist vor allem anderen unsere Umwelt. Jede Art, ja sogar jedes Individuum verfügt über ein eigenes Milieu: die Wespe mit den sechstausend Facetten ihrer Augen sieht andere Dinge als wir, hat eine andere visuelle Umwelt und empfängt darum andere Anreize.

Diese so einfache Beobachtung lehrt uns, daß das Milieu nicht außerhalb des Organismus zu suchen ist, sondern eines seiner Organe darstellt, das Organ der Anregung. So betrachtet, präsentiert sich das Leben als ein herzhaftes Zwiegespräch, dessen einer Partner unsere Person, der andere aber die uns umgebende Landschaft ist. Und wenn einerseits der atmosphärische Druck, die Temperatur, die Trockenheit, das Licht unsere Körperfunktionen anregen, so gibt es andererseits in der Landschaft stoffliche oder imaginäre Wesenheiten, deren Aufgabe es ist, unsere Geistestätigkeit in Bewegung zu setzen, die den Anreiz dann an die Apparatur unseres Körpers weitergibt. Diese Stimulantien des Seelenlebens aber sind nichts anderes als die Ideale. Also Schluß mit dem

252

unklaren, salbungsvollen, pseudomystischen Gerede! Die
Ideale sind das, was unsere vitalen Geisteskräfte anregt,
biologische Sprungfedern, Zündstoff für explosive Ener-
gieentladungen. Ohne sie funktioniert das Leben nicht.
Unsere Umwelt, die nicht nur von wirklichen, sondern
auch von außerweltlichen, ja sogar unmöglichen Dingen
bewohnt ist, enthält eine recht bunte Zusammenstellung
von Idealen. Darunter sind sehr kleine und bescheidene,
die wir uns kaum eingestehen; es gibt aber auch riesen-
hafte, solche von historischem Ausmaß, die unser gesamtes Dasein, bisweilen ein ganzes Volk und ein ganzes Zeitalter, in Spannung versetzen. Selbst wenn man das Wort
»Ideal« nur für diese großen anwendet, sollte man daran
denken, daß sie weder durch ihre Größe noch durch ihre
objektive Bedeutung zu Idealen gestempelt werden, sondern durch eine Eigenschaft, die sie mit den kleinsten
Lebensanregern gemein haben: durch die Fähigkeit zu
bezaubern, zu verlocken, zu reizen, unsere inneren Kräfte
zu erwecken. Im Gesamtgefüge des Lebens ist das Ideal
ein Organ, dem die Aufgabe des Anregens zukommt. Das
Leben, verehrte Frau, bedarf – wie einst die Ritter – der
Sporen. Deshalb soll die Biologie nicht bloß den Körper
und die Seele des einzelnen Lebewesens beschreiben, sie
muß auch eine Bestandsaufnahme seiner Ideale machen.
Denn es kommt bisweilen vor, daß wir an einem Verfall
der Lebenskräfte leiden, der weder von körperlicher noch
von seelischer Krankheit herrührt, sondern von einer
mangelhaften Hygiene der Ideale.

Damit kommen wir zu folgendem Schluß: Um ein
Ideal zu sein, genügt es nicht, daß etwas aus Gründen der

Ethik, des Geschmackes oder des Herkommens sich würdig erweist, zu einem solchen zu werden, es muß ihm darüber hinaus die Gabe verliehen sein, uns zu bezaubern, uns anzuregen und sich vollkommen in unser Empfindungsleben einzufügen. Sonst ist es nur der Schemen eines Ideals, ein gelähmtes Ideal, das außerstande ist, die Armbrust des Impulses zu spannen. Von den beiden Gesichtern des Ideals hat man bis heute nur immer das eine gesehen, das auf das Absolute hinblickt, das andere aber, das dem inneren Haushalt des Lebens zugewandt ist, außer acht gelassen. Diese Funktion der Anregung, die das Wesen des Ideals ausmacht, nennen wir gemeinhin mit einem banaleren Worte »Illusion«.

Nun fällt es mir leichter, auf die vorhin gestellte Frage zu antworten. Der Beruf des Weibes, wenn es nichts als Weib ist, besteht darin, das konkrete Ideal (die Bezauberung, die Illusion) des Mannes zu sein. Nicht mehr, aber auch nicht weniger. Ein Mann kann seine Mutter, Gattin, Tochter oder Schwester mit größter Innigkeit lieben, ohne daß seinem Gefühl auch nur ein Funke von Illusion innewohnt. Und umgekehrt kann es geschehen, daß sich ein Mann illusioniert, bezaubert, hingezogen fühlt, ohne irgend etwas von dem zu verspüren, was wir recht eigentlich als kindliche, väterliche, eheliche oder brüderliche Liebe bezeichnen. Die Frauen, mit ihrem treffsicheren Instinkt, erkennen sehr genau, ob die Empfindungen, die sie hervorrufen, das Gepräge der Illusion tragen, und im geheimsten Grund ihres Herzens fühlen sie sich nur dann geschmeichelt und zufriedengestellt, wenn dies der Fall ist. José de Campos, ein feinsinniger spanischer Schrift-

254

steller vom Ende des 18. Jahrhunderts, sagte einmal: Es gibt nur *ein* Ding, welches das Herz des Mannes ganz zu erfüllen vermag: das Herz der Frau.

Das Weib ist also in dem Maße Weib, wie es Bezauberung oder Ideal ist. Die vollkommene Mutter ist das Ideal einer Mutter, aber Mutter sein heißt noch nicht ein Ideal sein. Die einzelnen Erscheinungsformen des Frauentums sind also ganz deutlich unterschieden, und eine jede von ihnen hat andere Schönheiten und Vorzüge. Es ist durchaus möglich, daß Gattin, Mutter, Schwester oder Tochter vollkommen sind und dennoch nicht die Vorzüge des Weibes als solchen aufzuweisen haben und umgekehrt.

Andererseits aber sehen wir, daß die elementare Aufgabe des Weibes das Bezaubern ist und daß die übrigen Formen des Frauentums erst auf dieser Grundlage möglich sind. Wenn die Frau nicht bezaubert, so wählt der Mann sie nicht zur Gattin, zur Mutter von Töchtern, welche die Schwestern seiner Söhne sind. Alles wurzelt also in jener magischen Gabe der Bezauberung. In Chateaubriands »Martyrs« wird von einem römischen Feldherrn, der unter dem Flimmerlicht der Sterne am Festungswall schwermütig Wache hält, erzählt, wie plötzlich – von langem blondem Haar umwallt und die Sichel der Priesterin auf der Brust tragend – Veleda, die edle Druidin, die ihn liebt, ganz als ätherisches Phantom vor ihm auftaucht und zu ihm spricht: »Sais-tu que je suis fée?« So ist es: gleich Veleda muß das Weib, ehe es etwas anderes werden kann, dem Mann zunächst als eine Fee, als ein magisches Wesen erscheinen. Die Illusion kann

255

nur einen Augenblick dauern, sie kann aber auch unsterblich sein. In beiden Fällen ist sie für die Frau eine Gelegenheit ohnegleichen, ihren stärksten Einfluß auf den Mann auszuüben.

Unglaublicherweise sind manche Leute blind genug, um zu meinen, die Frau könne durch Wahlrecht und Doktorgrad auf die Weltgeschichte ebenso nachhaltig einwirken, wie sie es vermöge jener magischen Kraft der Bezauberung bereits tut. Da es innerhalb des menschlichen Bereiches keine zweite Triebfeder gibt, die ebenso wirksam und verläßlich wäre wie diese Anziehung, die das Weib auf den Mann ausübt, so benutzt die Natur sie als das erfolgreichste Kunstmittel zur Förderung der Auslese und als überlegene Kraft im Dienste der Veränderung und Vervollkommnung unserer Spezies.

Merkwürdig: schon zu Beginn der europäischen Geschichte – im ersten Gesange der Ilias – erscheint das Weib als Preis für den Sieger im Spiel oder im Krieg. Dem Flinksten und Tapfersten die Schönste! So sehen wir also schon damals die Männer im Wettstreit um die Frau. Später aber ist sie nicht nur der Lohn, der dem Besten zuteil wird, sie hat nun auch selbst darüber zu entscheiden, wer dieser Beste ist. Das gesellschaftliche Leben ist ein fortwährender Wettkampf, in dem die Männer angesichts des Weibes ihre Kräfte messen, ein jeder mit dem Ziel, der Erwählte zu sein. Gerade in den fruchtbarsten und glanzvollsten Epochen – im 13. Jahrhundert, in der Renaissance, im 18. Jahrhundert – erlaubte es die Sitte den Frauen in ganz besonderem Maße, wie Stendhal sagt, »juges des mérites« zu sein. Aber, wird man nun ein-

256

werfen, die Frau wird ja ihre Stimme nicht dem Besten geben, sondern dem, der ihr am besten erscheint, das heißt dem Manne, in dem sie ihr Mannesideal verkörpert sieht. So ist es auch. Das Ideal, der übersteigerte Begriff, den die Frau sich vom Manne bildet, wirkt wie eine Sortiervorrichtung, die aus der großen Menge der Männer diejenigen herauslöst, die ihm entsprechen. Die Geschichte aber ist zu einem wesentlichen Teile nichts anderes als eine Geschichte dieser von der Frau ersonnenen Mannesideale. So beschlossen zum Beispiel die Damen der Provence, daß der Mann »prou e courtois« zu sein habe, tapfer und höflich. Sie schufen damit das Ideal des Ritters, das trotz allem Niedergang und aller Mißhandlung noch immer für die europäische Gesellschaft maßgebend ist.

Bei den einzelnen Generationen genießt immer der Männertyp die größte Beliebtheit, der dem Ideal entspricht, das die meisten Mädchen der betreffenden Zeit in sich tragen. Diese Männer gründen dann den glücklichsten Hausstand, aus dem der beste Nachwuchs hervorgeht, der wiederum, dank der seelischen Harmonie seiner Eltern, den folgenden Generationen einen festumrissenen Typ menschlicher Wesenshaltung weiterzugeben vermag.

Das Leben, gnädige Frau, ist nun einmal voll überraschender Wendungen. Wer hätte daran gedacht, daß das unfaßbarste, zerfließendste Gebilde, ich meine jenes luftige Traumgewebe, an dem die Mädchen in ihren Stuben wirken, den Jahrhunderten tiefere Spuren einprägen könnte als der Stahl der Feldherren? Von dem, was diese jugendlichen Seelen heute in ihrer heimlichsten Phantasie sich ausspinnen, hängt zu einem guten Teil der Gang der

Geschichte in einem Jahrhundert ab. Shakespeare hat recht: unser Leben ist aus Träumen gemacht.

Ich möchte, verehrte Frau, diese Gelegenheit nicht dazu benutzen, um zu der modernen Frauenbewegung Stellung zu nehmen. Mag sein, daß mir ihre konkreten Ziele Achtung und Förderung zu verdienen scheinen. Dennoch wage ich zu behaupten, daß sie im ganzen eine oberflächliche Bewegung ist, welche die große Frage nach dem spezifisch weiblichen Einfluß auf die Geschichte unbeantwortet läßt. Mangel an geistigem Weitblick hat dazu geführt, die Leistung der Frau in solchen Tätigkeitsformen zu suchen, die den männlichen ähnlich sind. Wenn wir so vorgehen, werden wir natürlich auf Lücken stoßen.

Man übersieht, daß ein jedes Lebewesen seine besonderen Kausalgesetze hat, die ein wacher Sinn aufzuspüren verstehen muß.

Der geniale Dramatiker Hebbel fragte sich, ob es möglich sei, Tragödien zu schreiben, deren Held eine Frau ist. Denn das Wesen des Heroismus scheint in einer übersteigerten Aktivität zu liegen, die mit dem normalen Frauentum schwerlich zu vereinbaren ist. Als Hebbel sich mit der Problematik Judiths, der jungfräulichen Witwe, auseinandersetzte, glaubte er zu entdecken, daß es Begeisterung für den kühnen Krieger war, was diese Frau dazu bewog, sich in das Zelt des Holofernes hineinzuwagen; wenn sie ihm aber hernach den Kopf abschlug, so sei dies eine instinktmäßige Tat des Hasses oder der Erbitterung gewesen, ausgehend von einer Frau, die sich entehrt und herabgewürdigt fühlte. Von fern gesehen, mag es so scheinen. In Wirklichkeit aber lagen dieser Tat die verschiedensten seelischen Reaktionen und Schwächen zugrunde. Um sich zu berichtigen, konzipiert Hebbel die Gestalt seiner Genoveva von Brabant, deren ganzes Tun sich im Leiden erschöpft, und schafft so das Symbol eines echt weiblichen negativen Heldentums, dessen Tätigkeit wesentlich in der Passivität besteht. »Durch Dulden tun« – in diese Formel faßt Hebbel das weibliche Kausalgesetz.

Die Lösung, die Hebbel für diese von ihm sehr fein herausgearbeitete Problematik gefunden hat, scheint mir übertrieben. Sicher ist das Tun nicht die Bestimmung des Weibes, aber zwischen Tun und Leiden gibt es eine Mitte: das Sein.

Jeder Mann von wohltemperierter Feinfühligkeit hat schon einmal angesichts einer Frau den Eindruck gehabt, etwas Fremdem und unbedingt Überlegenem gegenüberzustehen. Gewiß versteht diese Frau von der Wissenschaft weniger als wir, gewiß hat sie nicht so viel künstlerische Schöpferkraft, gewiß ist sie im allgemeinen nicht fähig, ein Volk zu regieren oder eine Schlacht zu gewinnen, und dennoch verspüren wir in ihrer Person eine Überlegenheit, die viel weiter reicht als diejenige, die etwa zwischen zwei Männern des gleichen Berufes zutage treten könnte. Das kommt daher, daß die Vorzüge des Mannes, das wissenschaftliche und künstlerische Talent, das Geschick in Dingen der Politik und der Finanz, der moralische Heroismus, gewissermaßen an der Außenseite seiner Person liegen und einen, man könnte fast sagen, instrumentellen Charakter haben. Das Talent besteht in der Fähigkeit, bestimmte sozial wichtige Dinge hervorzubringen, Wissenschaft, Kunst, Reichtum, öffentliche Ordnung. Unsere eigentliche Hochschätzung aber gilt nur diesen Ergebnissen, und von dem Wert, den wir ihnen beimessen, fällt bloß ein schwacher Abglanz auf die Gaben, die zu ihrer Erzielung nötig waren. Uns interessiert nicht der Dichter, sondern seine Dichtung, nicht der Politiker, sondern seine Politik. Daß das Talent etwas Äußerliches ist, zeigt sich daran, daß es beim Manne Seite an Seite mit den übelsten persönlichen Mängeln auftritt. Die Vorzüglichkeit des Mannes wurzelt also im Tun, jene des Weibes im Sein; oder, anders gesagt: der Wert des Mannes gründet sich auf das, was er tut, der des Weibes auf das, was es ist.

Jedenfalls ist es nicht das Tun, sondern das Wesen, womit die Frau den Mann zu sich hinzieht. Deshalb braucht der grundlegende Anteil der Frau an der Weltgeschichte auch nicht in Taten, nicht in Unternehmungen zu bestehen, es genügt die stille, reglose Anwesenheit ihrer Person. Wie das Licht, einfach weil es Licht ist, ohne alle Mühewaltung und Absicht die Dinge erhellt und aus ihnen den Gesang der Farben hervorlockt, so bewirkt die Frau das, was sie bewirkt, ganz von ungefähr und allein dadurch, daß sie da ist, vorhanden ist, Strahlen aussendet. Und es ist merkwürdig: diese Eigentümlichkeit, daß das weibliche Gebaren mehr einer Ausstrahlung als einer von äußeren Zwecken bestimmten Handlung ähnlich sieht, tritt in einer jeden von den spezifischen Erscheinungsformen des Frauentums zutage. Oder ist es vielleicht Arbeit, was die für ihre Kinder sorgende Mutter, die Gattin oder die Schwester tut? Was für ein unglaubliches Geheimnis ist doch alle dem eigen, daß es, kaum getan, auch schon verschwebt und nirgendwo die Umrißlinie einer Tat oder Unternehmung in der Luft hinterläßt! Dieses Verschweben des Vollbrachten ist eines der hervorragendsten Merkmale des Lebensberufes, der sich Frauentum nennt. Es scheint so, als greife das Weib überhaupt nicht in das Geschehen ein. Sein Beitrag hat nichts von dem Gewaltsamen oder zumindest Mühevollen, das den Beitrag des Mannes kennzeichnet. Der Mann schlägt mit seinem Arme die Schlacht, durchkreuzt als waghalsiger Forscher unseren Planeten, türmt Stein auf Stein zu einem Denkmal, schreibt Bücher, geißelt die Luft mit Reden; und selbst dann, wenn er nur nachdenkt, eignet der gesammelten Ruhe seiner Muskeln etwas derart Aktives, daß sie eher aussieht wie die Anspannung vor einem kühnen Sprung. Die Frau hingegen tut nichts, und wenn ihre Hände sich bewegen, dann eher zu einer Gebärde als zu einer Tat hin. Auf einem Grabmal des republikanischen Rom, darunter eine jener Matronen ruhte, welche die Mütter des tapfersten aller Völker waren, liest man neben dem Namen die Worte: »domiseda, lanifica« (sie saß zu Hause und spann Wolle). Nichts weiter. Wir aber glauben sie vor uns zu sehen, jene edle Frau, wie sie, auf der Schwelle ihres Hauses sitzend, durch lange konsulare Finger die weißen Strähnen der Wolle gleiten läßt.

Der Einfluß des Weibes ist unauffällig, weil er nicht abgegrenzt, weil er allgegenwärtig ist. Er ist nicht geräuschvoll wie das Wirken des Mannes, sondern still und stetig wie das der Atmosphäre. Es muß im weiblichen Wesen ein atmosphärisches Element geben, das von der gleichen allmählichen Wirkung ist wie das Klima. Genau dies wollte ich sagen, als ich vorhin behauptete, daß der Mann seinen Wert durch das erhalte, was er *tut*, das Weib aber durch das, was es *ist*.

So erklärt es sich, daß die Bahn der Bildung und der Vervollkommnung beim Weibe anders verläuft als beim Mann. Während bei diesem der Fortschritt sich hauptsächlich dadurch kundtut, daß die Dinge, die er hervorbringt, Wissenschaften, Künste, Gesetze, Techniken, immer besser werden, besteht er bei der Frau darin, daß sie sich selbst vervollkommnet, daß sie einen neuen Typ feinfühligeren und anspruchsvolleren Frauentums in sich heranzieht.

Anspruchsvoller. Meines Erachtens ist es die höchste Aufgabe der Frau auf Erden, anspruchsvoll zu sein, vom Manne immer mehr Vollkommenheit zu verlangen. Der Mann nähert sich ihr, um von ihr erwählt zu werden; und in dieser Absicht stellt er das Beste, was seine Person zu bieten hat, zu einem Angebinde zusammen, das er der schönen Richterin überreichen will. Die Sorgfalt, wie sie zur Zeit der Werbung selbst der Nachlässigste auf die Pflege seiner Körperlichkeit verwendet, ist nichts anderes als das etwas naive äußere Anzeichen der geistigen Verfeinerung, zu der die Frau uns anhält. Dieses spontane Sichten und Aussondern innerhalb unseres vitalen Möglichkeitsbereiches ist ein erster Aufschwung jener Vollkommenheit entgegen, die wir ihr schulden. Aber mehr noch: mit den Gaben seines Wesens tritt der Mann nun vor die Frau hin und bringt sie ihr dar; er spricht seine Worte, macht seine Gebärden, richtet den Blick auf ihr

Antlitz, um darin Billigung oder Mißfallen zu lesen; denn auf eine jede seiner Gesten erfolgt eine sanfte Gebärde der Abweisung oder ein Lächeln der Bestärkung. Und so kommt es, daß der Mann – bewußt oder unbewußt – mit solchen Verhaltensweisen, die Mißbilligung fanden, aufräumt oder zumindest zurückhält, den anderen aber, die beifällig aufgenommen wurden, einen größeren Raum zuweist. So werden wir schließlich zu unserer Überraschung inne, daß wir zu einem neuen Stil, einem neuen Typ des Lebens emporgeläutert worden sind. Still wie die Rose an ihrem Strauch, und wenn es viel war, vermittels der ätherischen Ausstrahlung flüchtiger, zerfließender Gesten, die wie die elektrisch geladenen Schläge eines irrealen Meißels wirkten, hat die Magierin Frau aus dem Block unseres Lebens ein neues Männerbildnis hervorgezaubert. Man könnte sagen, es gebe in der Seele der Frau ein imaginäres Männerprofil, mit dem sie die Züge eines jeden wirklichen Mannes vergleicht, der in ihre Nähe kommt. Ich glaube, wir müssen es uns so vorstellen: jede Frau trägt das Bild eines Mannes vorgezeichnet in ihrer Seele, aber sie weiß nicht, daß sie es in sich trägt. Stärke des Weibes ist nicht das Wissen, sondern das Fühlen. Dinge wissen heißt, Herr der Begriffe und Definitionen sein; das ist Männersache. Die Frau ist sich des männlichen Idealbildes, das ihr innewohnt, keineswegs bewußt, aber durch die Entzückungen und Enttäuschungen, die sie beim Umgang mit den wirklichen Männern erlebt, wird sie schließlich dessen gewahr, was sie, ohne es zu ahnen, in ihrer Seele getragen hat. Nur so erklärt sich die Tatsache (die Einzelheiten ihres Zustandekommens lasse ich heute unberührt), daß jede echte Liebe, und vor allem die der Frau, sich blitzartig einstellt wie ein Pfeil. Auf Liebe, die allmählich entsteht, darf man nicht viel geben; vollgültige Liebe ist mit einem Schlage da, so plötzlich und so überwältigend, daß die Frau dabei als erstes ein beispielloses, unwiderstehliches Gefühl der Vernichtung verspürt. Dies aber erklärt sich einzig und allein daraus, daß in einem ihr begegnenden Manne jenes Idealbild seine Entsprechung gefunden hat. Die Liebe zu der imaginären Männergestalt war bereits vorhanden: sie wartete nur auf den geeigneten Augenblick, um ihren Pfeil zu versenden.

Der größere Teil der Männer lebt von fertigen Phrasen, übernommenen Ideen, herkömmlichen Empfindungen ohne eigenes Gesicht. Und genau so trägt die Alltagsfrau ein alltägliches Mannesideal in ihrer Seele, ein banales Modell, das sehr leicht in der Wirklichkeit sein annäherndes Gegenstück entdeckt. Aber wie es geniale Männer gibt, die ganz neue Gedanken ins Leben rufen, Kunststile ersinnen, Rechtsnormen entdecken, so gibt es auch geniale Frauen, bei denen (dank des erlesenen Stoffes, aus dem ihr Wesen gemacht ist) eine zielbewußte Verfeinerung des Empfindens zunächst uneingestanden zur Herausbildung eines neuen Mannesideals führt. Als ein Hochziel, ein Beispiel, ein Urtyp übt dieses feingezeichnete Idealprofil dann auf eine ganze Gesellschaft seinen Einfluß aus und hebt kraft des Zaubers, der von der Frau ausgeht, den Mann auf eine höhere geistig-sittliche Ebene.

Im Bereiche des Spezifisch-Weiblichen ist also, wie in

der Wissenschaft und der Kunst, Platz für ein größeres oder geringeres Maß von Genialität. Das aber bedeutet, daß das echte Frauentum eine wesentliche Dimension der Kultur ist, daß es eine ausgesprochen weibliche Kultur gibt, mit Talenten und Genies, Versuchen, Mißerfolgen und Errungenschaften, eine weibliche Kultur, vermöge deren die Frau ihren unverwechselbaren Beitrag zur Geschichte leistet.

Wenn ein paar Dutzend Frauen, die innerhalb der Gesellschaft an der richtigen Stelle stehen, ihre eigene Persönlichkeit erziehen und verfeinern, bis daraus sozusagen eine vollkommene Stimmgabel der Menschlichkeit, ein äußerst sensibles Präzisionswerkzeug zum Aufspüren besserer Zukunftsmöglichkeiten geworden ist, so wird ihnen mehr Erfolg beschieden sein als sämtlichen Pädagogen und Politikern. Die anspruchsvolle Frau, die sich nicht mit dem Allerweltsmanne zufriedengibt, sondern ungewöhnliche Qualitäten verlangt, schafft durch diese Ungenügsamkeit eine Art Vakuum im Raume der Gesellschaft; da aber die Natur von einem »horror vacui« besessen ist, sehen wir diese Leere sich recht bald mit realen Dingen füllen; die Herzen der Männer werden in neuem Takte zu schlagen beginnen, unerhörte Ideen werden in den Köpfen aufkeimen, neue Bestrebungen, Pläne, Unternehmungen werden den Boden des Lebens durchpflügen, das gesamte Dasein wird von einem neuen, emporstrebenden Rhythmus beschwingt sein, und in dem glücklichen Lande, darin ein solches Frauentum in Erscheinung tritt, wird ein neuer Frühling der Geschichte, ein neues Leben, eine »vita nuova« sieghaft-unwiderstehlichen Einzug halten.

Sie sehen, gnädige Frau, daß ich nach langem und vielleicht etwas mühevollem Umweg getreulich zu dem Punkte zurückkehre, von dem ich ausgegangen bin. Was ich hier ausgesprochen habe, sollte nichts anderes sein als ein Kommentar zu dem Jugenderlebnis, das Dante in seinem Erstlingswerke schildert. Die »Vita Nuova« ist die auf gotische Glasfenster gemalte Geschichte von den drei oder vier aus der Ferne geschauten Gesten einer jungen Florentinerin: ein Lächeln freundlichen Grußes, eine Miene der Ablehnung. Nichts weiter. Und das Leben Dantes, das den Beginn neuer Zeiten bedeutete, war auf seinem ganzen ferneren Wege bestimmt von jenem Lächeln der »donna della salute«, so wie auf dem Rücken des Meeres die Schiffe an der flimmernden Gebärde eines Sternes ihren Kurs erkennen.

Statt sich unmittelbar an die Vollkommenheit selbst zu wenden, hält der Dichter des »Paradiso« es für sicherer, seine Norm vom Antlitz Beatricens abzulesen. Darum sagt er:

> Beatrice tutta nelle eterne rote
> fissa con gli occhi stava; ed io in lei
> le luci fissi, di lassù remote.

> Beatrix stand, ganz auf die ew'gen Kreise
> geheftet ihren Blick, und ich, die Augen
> auf sie geheftet, abgewandt von droben.

Es ist jenes tiefgründige Geschehen, das sich im verborgenen Innern der Geschichte stets aufs neue vollzieht und das Goethe in die – kaum jemals richtig verstandenen – Worte faßt:

Das Ewig-Weibliche
Zieht uns hinan.

Oder, wie kurz zuvor die *Mater gloriosa* zu Gretchen
gesprochen hat:

Komm, hebe dich zu höhern Sphären!
Wenn er dich ahnet, folgt er nach.

Seine grundsätzlichen Fortschritte (die mehr sind als
nur ein Besserwerden der wissenschaftlichen, künstlerischen oder politischen Leistung) hat der Mann zumeist
dann gemacht, wenn er durch eine Frauenseele, will sagen, durch jenes kristallene Medium, in dem die großen,
konkreten Ideale sich widerspiegeln, ins Unendliche hin-
ausblickte. So konnte Shelley zur Geliebten sagen: »Geliebte, du bist mein besseres Ich.«

Aller Fortschritt, den der Mann durch seine Werke erzielt, ist Stückwerk, ist Zutat, ist nichts weiter als eine
Tangente am inneren Kreis des Lebens. Dagegen bedeutet jede höhere Stufe weiblicher Vollkommenheit einen
Fortschritt des Lebens schlechthin und gleichsam den
Keim eines neuen Menschentums. Daher jene Unendlich-
keitssehnsucht, jene brennende Illusion, welche sich der
besten unter den Männern bemächtigt, sobald eine wesentliche Frau in ihr Leben eintritt. Wenn wir das, was
sie als Dichter, Maler, Gesetzgeber geleistet haben, gegen
das Licht halten, so erblicken wir darin als Wasserzeichen
den feinen Umriß einer vorüberschreitenden Dame. Es
handelt sich hier nicht um banale Liebesgeschichtchen,
sondern um jenes tiefste Erleben, wie es Diotima, die

Fremde, in der blaugrauen Dämmerung Mantineas dem göttlichen Sokrates voll Weisheit und bebender Ergriffenheit darlegt. Es handelt sich um jenes Streben nach Vollkommenheit, das beim schwerelosen Vorübergehen der beispielhaften Eva im Herzen des erlesenen Mannes lebendig wird.

Ein Individuum wie auch ein Volk wird durch seine Ideale treffender charakterisiert als durch seine Realitäten. Ob wir erreichen, was wir uns vornehmen, hängt vom Glücke ab, aber das Wollen ist einzig Sache unserer Herzen. Daher wird durch die verschiedenen Arten von Frauentum, die zugleich verschiedene Formen der Idealität sind, der Kreis der inneren Möglichkeiten abgesteckt, die in dem betreffenden Volke schlummern. Überall und zu allen Zeiten erhebt sich der Schattenriß des Ewig-Weiblichen am Zenit wie ein Sternbild, das die Schicksale der Völker vorherbestimmt.

Es sind acht Jahre her, verehrte Frau, daß mir gegen Ende meines Argentinienaufenthaltes die Ehre zuteil wurde, Sie und Ihre Freundinnen kennenzulernen. Ich werde niemals vergessen, welchen Eindruck es in mir hervorrief, dieser Gruppe wesentlicher Frauen zu begegnen, die sich aus dem Bild eines jungen Volkes heraushob. Ich fand bei Ihnen eine solche Begeisterung für das Vollkommene, einen so treffsicheren und erlesenen Geschmack, eine solche Freude an strenger geistiger Disziplin, daß ein jedes von unseren Gesprächen, einem moralischen Gewichte vergleichbar, mir das inhaltsschwere Gebot der »mezura« und der Auslese in den Geist einprägte. Daß bei einem Volk von alter, noch und noch geläuterter Kultur vortreffliche Formen des Frauentums in Erscheinung treten (wenn auch nicht gerade häufig), läßt sich begreifen. Nietzsche sagt, das vollkommene Weib stelle einen Menschentyp dar, der über dem vollkommenen Manne stehe und darum auch entsprechend seltener sei. Wenn aber ein junges, werdendes Volk ganz unvermittelt solche Geschöpfe hervorbringt, so birgt dieser Umstand ein Naturgeheimnis in sich und regt zum Denken an. Augenscheinlich kann es sich hier nicht um eine Auswirkung der Umwelt handeln wie bei den älteren Zivilisationen. Ganz im Gegenteil: die emporstrebende Vitalität der jungen Rasse erzeugt aus ihrem inneren Überfluß heraus diese trefflichen Menschenkinder, in der Absicht, Vorbilder zu schaffen, Beispiele, die ihre Umwelt zur Vervollkommnung anspornen sollen. Der Begegnung mit Ihnen und Ihren Freundinnen, blühenden Zweigen einer großen Nation, die sonst erst in der Stunde des Aufkeimens steht, verdanke ich diese meine Gedanken über den Einfluß der Frau auf die Geschichte. Ihre Übereinstimmung mit dem von Dante Erlebten bewegt mich dazu, sie Ihnen nun als Zeichen der Ergebenheit und des Dankes zu überreichen.

Ich weiß nicht, ob die Gesellschaft, in der Sie leben, das anmutig Richtungweisende, das in Ihnen verkörpert ist, sich ohne Verlust zunutze zu machen weiß. Ist es den Argentiniern nicht vom Schicksal vorgezeichnet, zum Gegengewicht der Yankees zu werden und dadurch einen Ausgleich zu schaffen zwischen den beiden riesigen Ländermassen des amerikanischen Kontinents? Da nun aber die Nation des Nordens, wie es scheint, einer Kultur der Quantität verfallen ist, wäre es herrlich, wenn die Leute des Río de la Plata der Qualität den Vorzug geben und sich um die Herausbildung eines neuen, erlesenen Menschentyps bemühen würden. Ein deutliches Zeichen ist ihnen dadurch gegeben, daß sie in Ihnen, gnädige Frau, so etwas besitzen wie eine Gioconda des Südens.

Warum, verehrte Frau, ist ihre Prosa so angenehm? Warum wohnt einem jeden Ihrer Sätze eine sanfte Kraft inne, die uns federnd aufhebt und über die Erde emporträgt? Bei alledem aber läßt Sie eine schöne Ehrerbietung Dante gegenüber (wer kennt ihn, wie Sie ihn kennen?) auf die Äußerung Ihrer persönlichsten Gedanken verzichten. Während Sie uns geleiten, werfen Sie Probleme auf, die Sie willentlich ungelöst lassen. Wir erhoffen von Ihnen ein weiteres Buch, das uns Aufschluß gibt. Vergessen Sie bitte nicht, Sie sind für gar viele

> quella ond'io aspetto il come e il quando
> del dire e del tacer —

> die, von der im Sprechen ich und Schweigen
> das Wie und Wann erwart'.

Verehrte Frau, der Ausflug war entzückend. Das Schlimme aber ist: nun Sie uns dank der Tragkraft des Geistes zum Höchsten emporgeführt haben, verlassen Sie uns; was aber vermögen wir, nachdem wir aufs neue im Banne des eigenen Schwergewichtes sind, anderes zu tun als wieder hinabzusteigen? Das einzige, was ich aus mir selbst heraus unternehmen könnte, wäre, mich an einem

Aufsätze zu versuchen, der den Titel bekäme: »Von Francesca zu Beatrice. Absteigender Essay.« Es fehlt da keineswegs an einem Präzedenzfall. Wir wollen uns daran erinnern, daß die beiden größten Fahrten zur Gewinnung eines Weibes in zwei entgegengesetzten Richtungen verliefen. Dante steigt, um Beatrice zu finden, in das Empyreum hinauf; Orpheus aber begibt sich um Eurydikens willen musizierend in den Orkus hinab.

Ich muß gestehn, so gerne ich Dante begleite und mich von ihm belehren lasse, so parteiisch und unzulänglich will mir doch letztlich seine Lehre erscheinen. Die Entwicklungsstufe menschlichen Empfindens, auf der er steht, kann nicht die letzte sein. Gewiß war es nötig, der Frau gegenüber zu einer vergeistigteren Haltung zu gelangen. Aber nachdem man sich zu dieser Haltung aufgeschwungen, muß man sie in die Welt des Körperlichen einbauen. Ich glaube, daß diese Integration des Gefühls, dieser Versuch, die Seele mit dem Leib zu verschmelzen, die Aufgabe unseres Zeitalters ist.

Man stößt bei Dante, wie überhaupt in jener ganzen Epoche, auf einen nicht sehr schätzenswerten Dualismus. Dante ist einerseits der Mann, der die Formen der Dinge so gut gesehen hat wie keiner. Seine Sinne, rasch und durchdringend, standen der Welt herrlich offen, und ein gewaltiger Lebenshunger ging von seiner Person aus. Er war kein Schemen; wo immer er wandelte, »rührte er, was er berührte«. Wenn er in die jenseitige Welt der letzten Dinge entflieht, so tut er dies, um einen Standort zu gewinnen, von dem aus er besser als von jedem anderen den großen dramatischen Strom unseres diesseitigen

271

Geschehens beobachten kann, und er nimmt in das Jenseits sein gesamtes Gepäck irdischer Leidenschaften hinüber, die wir durch seine transzendierenden Verse hindurchpfeifen hören wie Windstöße. Die »Divina Commedia« ist vor allem ein Buch der Erinnerungen.

Aber Seite an Seite mit dieser Begeisterung für das Irdische (jedoch ohne mit ihr im Einklang zu stehn) triumphiert in Dante die Gotik mit ihrer pfeilähnlich über das Wirkliche hinausschnellenden Seele, ihrer trunkenen Freude am Unergründlichen und ihrem Hang zur Weltflucht. Es findet sich bei unserem Dichter außerdem ein erstes Hinneigen zu jenem Rationalismus, der dann in der Renaissance und der gesamten Neuzeit den Ton angeben wird. Von dieser Denkweise, die das Leben durch die Idee ersetzen möchte, sind wir erst jetzt allmählich geheilt. Andererseits aber hing Dantes Zeit allerlei Hirngespinsten nach. Es war die Zeit, in der man sich auf die Suche nach dem Heiligen Gral begab und die heroische Phantasterei der Kreuzzüge in die Tat umsetzte. Jener berüchtigte, zu dem die Kinder aufgerufen wurden, läßt denn auch in gewisse perverse Untergründe blicken und uns etwas von der Morbidität dieser Vorstellungswelt erkennen. Man lebt im Zauberkreis von Artus und Merlin.

Ich finde, gnädige Frau, wir sollten für eine neue Gesundheit sorgen; dies aber ist nur möglich, wenn der Körper das Gegengewicht zur Seele bildet. Das Leben der Seele, einmal entdeckt, ist mehr denn einfach; denn es ist imaginär. Nietzsche sagt, es sei sehr leicht, die Dinge zu denken, sehr schwer hingegen, sie zu sein. Der Leib bedeutet eine Aufforderung an den Geist, sich zu verwirklichen. Ja, ich möchte sogar sagen: der Leib ist die Verwirklichung des Geistes. Wären nicht Ihre Gesten, gnädige Frau, so wüßte ich nichts von dem goldenen Geheimnis Ihrer Seele.

Man ist von einer falschen Abstraktion ausgegangen, hat den Geist willkürlich vom Körper geschieden, als ließen sich die beiden trennen. Aber der lebendige Leib ist nicht, wie das Mineral, bloße Materie. Der lebendige Leib ist Fleisch, und Fleisch ist Gefühlssinn und Ausdruck. Eine Hand, eine Wange, eine Lippe »sagen« immer etwas; es liegt in ihrem Wesen, Gebärden, Kapseln des Geistes, Äußerungen jenes wesenhaften Innern zu sein, das wir Psyche nennen. Die Körperlichkeit, gnädige Frau, ist heilig; denn ihr fällt eine wesentliche Aufgabe zu: dem Geiste Sinnbild zu sein.

Weshalb das Irdische verschmähen? Nicht einmal der Asket Petrus Damiani vergißt im Paradies das Fastenöl, mit dem er sich den Himmel gewonnen hat:

> Quivi
> al servigio di Dio mi fei sì fermo,
> che pur con cibi di liquor d'ulivi
> lievemente passava caldi e geli
> contento nei pensier contemplativi.

> Hier hatt' ich
> im Dienste Gottes also mich befestigt,
> daß ich bei Speisen aus Olivensaft nur
> mit Leichtigkeit hinbrachte Frost und Hitze,
> zufrieden in beschaulichen Gedanken.

Jedenfalls drängen sich – hastig wie Insekten um ein Licht – die Bewohner des Jenseits um Dante, auf daß sie ein wenig Leben zu trinken bekommen und Botschaft von der Erde erhalten.

Es ist uns ein Anliegen, verehrte Frau, von Ihnen weitere Gedanken zu diesen bedeutsamen Fragen zu vernehmen. Wir durchleben eine Stunde universeller Dämmerung. Ein ganzer Weltkreis sinkt sterbend nieder, umglänzt vom strahlenden Fest seiner Agonie. Schon streift die feurige Scheibe am kalten, grünen Rand ihres ruhelosen Grabes. Aber noch bleibt eine Spur von Helle ...

> Lo sol sen va e vien la sera;
> non v'arrestate ma studiate il passo,
> mentre che l'occidente non s'annera –

> Die Sonne sinkt, es naht der Abend:
> bleibt stehen nicht, nein, fördert eure Schritte,
> solang der Westen sich noch nicht verdunkelt.

BETRACHTUNGEN VOR DEM PORTRÄT DER MARQUESA DE SANTILLANA

Das Bild, auf dem der Maler Jorge Inglés, um die Mitte des 15. Jahrhunderts, die Züge der Marquise von Santillana festhielt, ist von bezaubernder Zwiespältigkeit. Zuerst scheint es uns eine Stätte der Stille, durchzogen von unbestimmtem Weihrauchduft. Aber verweilen wir länger, so entdecken wir darin den Keim jeder Unrast und spüren, wie durch das Bogenfenster und die Tür der Kapelle ein weltlicher Windhauch hereinweht, der mit seinem sanften Ungestüm den feinen Kopf der Dame umspielt.

Selbst die Technik des Bildes ist zögernd: zwei malerische Prinzipien fechten ihren unentschiedenen Kampf in der Hand des Künstlers aus. Norden und Süden, Flandern und Italien verfolgen sich feindlich bis in alle Winkel der Tafel wie Hektor und Diomedes in einem homerischen Gesang. Die schwankende Pinselführung ist nur das Symptom eines ernsteren Kampfes, in den das ganze Werk, von der Absicht des Meisters bis zu dem Wesen der dargestellten Person, hineingerissen ist; hier streiten Leib gegen Leib die Gotik, die Mittelalter, Askese ist, und die Renaissance, welche das Raunen einer neuen Zeit und den Triumph des Diesseits über das Jenseits bedeutet.

Die Dame ist dargestellt in der Haltung, welche das Mittelalter bevorzugte: sie betet. Und dennoch ... Sehen

wir genau hin! Diese Hände möchten den Himmel ergreifen. Was hält sie zurück? Warum schweben sie zit-
ternd in der Luft wie Flügel einer verirrten Taube? Wir
wissen es nicht, wir wissen es nicht. Menschliche Gesten
sind ihrem Wesen nach mit Zweideutigkeit beladen, und
wenn die Dame ihre aneinandergelegten Hände aufhebt,
so können wir nicht unterscheiden, ob sie in Gebet versinken oder sich ins Meer werfen wird. Ein und dieselbe
Gebärde begleitet die beiden entgegengesetzten Abenteuer. Die Marquise de Santillana bereitet ihre Hände
zum Gebet; aber sie hat nicht vergessen, jedes Glied
jedes Fingers mit einem festlichen Ring zu schmücken.
Es sind dünne Reifen, die einen Rubin, einen Granat,
einen Amethyst, einen Saphir tragen.

Aus dem Staatsgewand der Marquise, aus seinem kostbaren Faltenwurf strömt der Duft der Liebeshöfe.

Ihr Gatte, der liebenswürdige Poet, eine der lebens-
vollsten Gestalten der Renaissance in Spanien, machte
sich, gleich Dante und Petrarca, das Erbgut des provenzalischen Minnesangs zu eigen. Vielleicht ruft uns daher die
Silhouette dieser Dame jene provenzalischen Schlösser
ins Gedächtnis, wo im 12. Jahrhundert unter dem Namen der »cortezia« der Kult der besten menschlichen
Instinkte seinen heimlichen Einzug in die geistliche Gesellschaft hielt.[1]

---

[1] Die Neuzeit, auf die wir uns so viel zugute tun, ist –
in ihrer Wissenschaft, Politik und Kunst – ein Abkömmling
der Renaissance. Aber die Renaissance ist ihrerseits ein Abkömmling der im 12. Jahrhundert blühenden provenzalischen
Kultur. Nun wohl; die provenzalische Kultur entsteht unter

Aber die zarte Spannung des Bildes erscheint zusammengefaßt in dem lieblichen Kopf, der von so eigentümlicher Ausdruckskraft ist, daß er sich siegreich gegen den künstlichen Kopfputz und gegen die Unzulänglichkeit des Malers behauptet. Wie anmutig scheint, wie eine Blume auf der Wiese, dies kleine Gesicht, in das eine mittelmäßige Hand ein Paar unechte Augen hineingesetzt hat, im Winde zu schwanken. Die Züge entbehren der landläufigen Schönheit, die sich mit Regelmäßigkeit begnügt; es sind feine, adlige Züge, des Geistes würdig, den sie ausdrücken.

Es gibt Frauengesichter, in denen sich eine ganze Lebensvorschrift zusammenfaßt; sie können uns als Richtschnur unserer Handlungen und Maßstab unserer Urteile dienen. Als Goethe, der deutschen Schwerfälligkeit überdrüssig, nach Italien zieht, auf der Suche nach einer gefälligeren Lebensart, ist er mit der Arbeit an seiner Iphigenie beschäftigt. Auf der Durchreise in Bologna verweilt er vor einer heiligen Agatha Raffaels. »Der Künstler«, schreibt er in sein Tagebuch, »hat ihr eine gesunde, sichere Jungfräulichkeit gegeben, doch ohne Kälte und Roheit. Ich habe mir die Gestalt wohl ge-

---

dem Schutz einiger genialer Frauen, welche das Gesetz der cortezia erfinden und so zum erstenmal mit dem asketischen und theologischen Geist des Mittelalters brechen. Nichts ist bezeichnender für das mangelnde historische Verständnis unserer Zeit als die Vergessenheit, der diese grundlegende Tatsache anheimgefallen ist. Betonen wir also, daß nicht die Ingenieure und Professoren mit ihren Laboratorien und Lehrstühlen den Fortschritt eingeleitet haben, sondern einige anmutvolle Frauen mit den Festen ihrer Salons, die man damals »Höfe« nannte.

merkt und werde ihr im Geist meine Iphigenie vorlesen und meine Heldin nichts sagen lassen, was diese Heilige nicht aussprechen möchte.« Da bei Goethe das dichterische Werk nichts von seinem eigenen persönlichen Leben Abgetrenntes ist, bedeuten diese Worte des großen Unbefriedigten, daß er vor Raffaels Gemälde die Züge seiner Seele prüfte, sie nach dem Bilde formend, das aus diesem Mädchengesicht leuchtet.

Von dem Werk des Jorge Inglés kann man nicht so viel verlangen. Aber es enthält Keime eines möglichen höheren Daseins; entwickeln wir sie, so können sie uns manches lehren – uns, die wir an ebendem Abhang des Guadarrama leben, wo die Marquise von Santillana wohnte. Denn durch dies Figürchen geht, es erschütternd, ein Windstoß adeliger Lebenskräfte.

Gewiß, ich will die Frömmigkeit nicht anzweifeln, mit der die Dame betet; aber wenn ich die Haltung ihres Kopfes und ihrer Hände zu verstehen suche, so tritt mir unabweislich die Gebärde des Rehs vor Augen, wenn es vom Schattengrund her in der Ferne das erste Halali erschallen hört, das durch den Waldsaum klingt. Ein ungestümer Ruf – wer weiß woher – hat das Herz der Marquise getroffen. Scheint es nicht, als knie sie hier auf dem Wege zu einer Leidenschaft? Schon hört man den Galopp der erträumten Reiter und die bellenden Hunde des Instinkts. Eine rätselhafte Fluchtregung ist in der Dame erwacht. Mehr bedarf es nicht, um die ewige Jagdszene zu vollenden. Auf der Jagd ist die Aufgabe des Wildes zu fliehen, Jäger und Meute mitreißend in einem Wirbel der Verfolgung. So trägt die Frau zur

Entfesselung der Leidenschaften im Anfang durch eine Angst- und Fluchtgebärde bei . . .

Das Bild ist so weiblich, daß es uns zunächst täuscht. In dem eiligen Betrachter hinterläßt es die Erinnerung eines stillen, abgeschiedenen Raumes, vom Frieden des Gebets bewohnt. Auf dem Betschemel treibt, wie auf einem mystischen Kahn, das Herz einer Frau frommen Versunkenheiten zu.

Nichts ist weiblicher, als zwei sehr verschiedene Anblicke zu bieten: einen für den, der flüchtig vorübereilt, einen anderen für den andächtig Verweilenden. Wenn man die Frau kennenlernen will, muß man bei ihr bleiben, muß man »flirten«. Eine andere Erkenntnismethode gibt es nicht. Der Flirt ist in bezug auf die Frau, was das Experiment in bezug auf die Elektrizität ist. Nun wohl, der Flirt beginnt mit einem Aufenthalt, durch welchen der Vorübereilende zum Frager wird, der eine persönliche Unterhaltung anknüpft. Als Ferdinand Lassalle sich verheiratete, teilte er es seinem Freund mit, indem er die Hegelsche Terminologie parodierte. »Ich gedenke, mich mit einer Frau zu individualisieren«, schrieb er. In der Tat, die Frau enthüllt ihr zweites, ihr wahrhaftes und eigenes Gesicht nur dem, der sich »mit ihr individualisiert« und aufhört, ein Mann schlechthin, ein Passant, ein Beliebiger zu sein. Hierin ist, wie in allem, die Psychologie der Frau der des Mannes entgegengesetzt. Die männliche Seele lebt vorzüglich in Bezogenheit auf Kollektivwerke: Wissenschaft, Kunst, Politik, Geschäfte. Das macht aus uns Männern ein wenig theatralische Geschöpfe; das Beste, das Eigenste und Individuellste unserer Person geben wir der Öffentlichkeit, der unbekannten Menge, die unsere Schriften liest, unsere Verse preist, in Wahlen für uns stimmt oder unsere Waren kauft. Der Schriftsteller stellt die extremste Form dieser Preisgabe dar, denn er ist mit dem anonymen Publikum intimer als mit seinen intimsten Freunden. Der Mann lebt von dem Publikum, und somit lebt er für das Publikum. Daher die Servilität, zu welcher der Mann durch sein Schicksal gedrängt wird.

Die Frau dagegen hat eine hoheitsvollere Einstellung zum Dasein. Sie macht ihr Glück nicht von dem Wohlwollen der Leute abhängig und unterwirft die wichtigsten Dinge ihres Lebens nicht deren Zustimmung oder Ablehnung. Im Gegenteil, sie begibt sich eher in die Haltung des Publikums, insofern sie es zu sein scheint, die den Mann, der sich ihr nähert, annimmt oder abweist, die ihn unter vielen anderen aussondert und erwählt; so daß der Mann die Gunst, die ihm zuteil wird, wie einen Preis empfindet.

Verglichen mit dem Mann, ist jede Frau ein wenig Prinzessin; sie lebt aus sich selbst, und darum lebt sie für sich selbst. Dem Publikum wendet sie nur eine konventionelle, unpersönliche, wenn auch verschieden modellierte Maske zu; sie folgt der Mode in allem und gefällt sich in Redensarten und übernommenen Meinungen. Ihr Hang zu Putz und Schmuck und Schminke könnte als ein entscheidender Einwand gegen meine Ausführungen betrachtet werden. Nach meiner Meinung bestätigt er sie, statt ihnen zu widersprechen. Die Selbstgefälligkeit der Frau ist offenkundiger als die des Mannes, eben weil sie sich auf Äußerlichkeiten richtet: sie entsteht, lebt und stirbt in jener Oberflächenschicht ihres Lebens, von der ich gesprochen habe; aber sie pflegt die innere Wirklichkeit der Frau nicht anzutasten. Beweis dafür ist, daß diese Eitelkeit des Drum und Dran, ohne welche die Frau kaum denkbar ist, uns nicht gestattet, mit der gleichen Sicherheit auf die Art ihres Charakters zu schließen, wie das beim Mann möglich wäre. Die männliche Eitelkeit, die weniger augenfällig ist, geht tiefer. Ließen sich Talent oder politischer Einfluß am Gesicht ablesen wie die Schönheit, der Umgang der meisten Männer wäre unerträglich. Zum Glück bestehen diese Vorzüge nicht in ruhenden Eigenschaften, sondern in Taten und Entschlüssen, die Zeit und Kraft zu ihrer Ausführung beanspruchen, die zu leisten und nicht zur Schau zu tragen sind.

So groß ist der Unterschied in den Beziehungen des Mannes und der Frau zu ihrer Umgebung, daß sie entgegengesetztes Vorzeichen tragen. Je ausgeklügelter der Apparat und die Sorgfalt ist, welche die Frau entfaltet, wenn sie sich in der Öffentlichkeit zeigt, um so höher wird die Mauer, welche sie um ihre wahre Persönlichkeit aufrichtet. So wächst, in dem Maße wie der Aufwand zunimmt, mit dem sich eine Frau umgibt, die Zahl der Männer, welche sich von der Anwartschaft auf ihre Gunst ausgeschlossen fühlen und sich zur Haltung ferner Zuschauer verurteilt wissen. Der Luxus und die Eleganz, das Raffinement ihres Kleides und Hauses, das die Dame zwischen sich und die anderen schiebt, hat gewissermaßen den Zweck, ihr inneres Wesen zu verbergen, sie

283

geheimnisvoller, entrückter, unerreichbarer zu machen. Der Mann dagegen gibt der Öffentlichkeit, was er am meisten an sich schätzt, seinen verborgensten Stolz, alle Arbeit und Anstrengung, an die er den Ernst seines Lebens gesetzt hat. Die Frau hat ein theatralisches Äußere und ein verhaltenes Innere; beim Mann ist das Innere theatralisch. Die Frau geht ins Theater; der Mann trägt es in sich, er ist der Impresario seines eigenen Lebens.

In den üblichen Vorstellungen über die Psychologie der Geschlechter finde ich diesen radikalen Unterschied nicht gebührend betont. Es handelt sich um zwei entgegengesetzte Triebe: im Mann liegt ein Trieb zur Entfaltung, zur Darstellung. Wenn er das, was er ist, nicht vor den Augen aller ist, ist es für ihn gleichviel, als wäre er es nicht. Daher sein Bekennerdrang, die Begierde, von seinem tiefsten Wesen zu zeugen. Diese Neigung des Mannes, seinem Inneren Ausdruck zu geben, als gewinne es in der Mitteilung erst seine volle Realität, artet manchmal aus und begnügt sich damit, die Dinge zu sagen, auch wenn sie nicht existieren. Nicht wenig Männer haben kein anderes Innenleben als das ihrer Worte, und ihre Gefühle beschränken sich auf eine rein verbale Existenz.

Der Frau dagegen eignet ein Instinkt, sich zu verbergen und zu verhüllen; ihre Seele lebt gleichsam mit dem Rücken zur Welt und versteckt ihre innere, persönliche Gärung. Die Gebärden der Scham (vgl. Darwin und Piderit) sind nur die symbolische Form dieser seelischen Keuschheit. Strenggenommen liegt der Frau nicht daran, ihren Körper vor den männlichen Blicken zu verteidigen, sondern ihre Vorstellungen und Empfindungen in bezug auf die Absichten, die der Mann hinsichtlich ihres Körpers hegt. Denselben Ursprung hat die größere Häufigkeit und Intensität der Schüchternheit bei der Frau. Schüchtern ist, wer Angst hat, auf seinen Gedanken und Gefühlen ertappt zu werden. Je stärker der Wunsch eines Menschen ist, etwas in seinem inneren Leben geheimzuhalten, um so schüchterner erscheint er. Daher die scheue Unsicherheit des Lügners, als fürchte er, das Auge des anderen werde sein betrügerisches Wort durchdringen und die wahre Absicht entlarven, die er verhehlte. Nun wohl, die Frau lebt in ständiger Scheu, weil sie in ständiger Verheimlichung ihrer selbst lebt. Ein Mädchen von fünfzehn Lenzen pflegt mehr Geheimnisse zu haben als ein Alter, und eine Frau von dreißig Jahren hütet gefährlichere Arkana als ein Staatsoberhaupt.

Dieser Besitz eines eigenen, abseitigen und verschwiegenen Lebens, diese Herrschaft über ein inneres Reich, in das sie niemanden einläßt, begründet eine der Überlegenheiten der Frau über den Mann. Hierin besteht die angeborene »Distinktion« der Frau, jene feine, ungreifbare Feder, die uns in Distanz von ihr hält. Denn »Distinktion« ist, wie Nietzsche sehr gut sah, vor allem »ein Pathos der Entfernung« zwischen Mensch und Mensch. Dem entspricht, daß Freundschaft zwischen Frauen weniger nahe ist als zwischen Männern. Sie besitzen ein klares Bewußtsein davon, wo ihr eigenes nicht mitteilbares Leben anfängt und wo das der anderen endet.

285

Das wahre Dasein der Frau verläuft also verdeckt und unsichtbar, vor der Öffentlichkeit geschützt durch eine scheinbare Weiblichkeit, die mit Fleiß aufgerichtet ist, um als Maske und Panzer zu dienen. Ich glaube, daß jedes durch und durch individuelle Leben eine fiktive Persönlichkeit aus sich absondern muß, eine Art Dermato-Psyche, welche die feindselige Neugier untergeordneter Menschen aufhält und ablenkt, um hinter dieser Schutzwehr in Freiheit das zu sein, was es ist. Aber während dies beim Mann in Ausnahmefällen geschieht, ist es bei der Frau konstitutiv.

Gewöhnlich vergißt der Mann diesen wesenhaft verschlossenen Charakter der weiblichen Seele und fällt darum in seinem Umgang mit der Frau von einer Überraschung in die andere. Es kommt ihm unmöglich vor beim ersten Anblick einer Frau, daß diese zarte, spielerische, schwerelose Gestalt, die ganz Sprödigkeit und Fluchtbereitschaft ist, zur Leidenschaft fähig sein sollte. Jede Frau scheint eine Heilige, wenn wir glauben, daß Heiligkeit darin besteht, über das Leben hinzugleiten, ohne von ihm gezeichnet zu werden. Und doch ist gerade das Gegenteil wahr: dieses fast unirdische Wesen wartet nur auf die Gelegenheit, um sich in den Wirbel der Leidenschaft zu stürzen, mit solchem Ungestüm, solcher Entschiedenheit und Tapferkeit, solcher Verachtung aller peinlichen Folgen, daß der entschlossenste Mann immer hinter ihr zurückbleibt und beschämt entdecken muß, daß er ein Nützlichkeitspedant, ein Rechner und Zauderer ist. Aber damit diese tiefe und individuelle Lebensauffassung der Frau sichtbar wird, ist es nötig, daß der

Mann aufhört, einer unter vielen zu sein, und sich vor ihr, aus welchem Grunde immer, als Einzelner hervortut. Das Abstoßende und Monströse an der Prostituierten ist, daß sie, im Widerspruch zu der weiblichen Natur, dem Mann schlechthin, der anonymen Menge, ihr heimliches Wesen darbringt, das nur dem Auserwählten enthüllt werden darf. In solchem Grade ist das eine Verneinung der Weiblichkeit, daß der feinfühlige Mann für die Prostituierte eine instinktive Abneigung empfindet, als sei, ihren weiblichen Formen zum Trotz, ein männlicher Geist in ihr behaust. Dagegen fühlt sich der »klassische« Frauenkenner, fühlt Don Juan sich vor allem angezogen von der keuschesten Frau, von der Frau, die der Welt am meisten entrückt ist und in der weiblichen Morphologie den Gegenpol der Prostituierten darstellt: Don Juan liebt die Nonne.

Aus seiner Rolle als Zuschauer und Irgendwer kommt der Mann vermittels des »Flirts« in eine individuelle Beziehung zu der Frau. Ein Flirt beginnt mit einer Einladung zu einem à-part zu zweit, zu einem heimlichen, abgesonderten geistigen Umgang. Sein Stichwort ist darum eine Geste oder ein Wort, das die konventionelle Maske, den vorgespiegelten Charakter der Frau aufhebt und gleichsam wegzieht und an die Tür jener anderen intimeren Persönlichkeit klopft. Dann geschieht es, daß die Scheue, wie die Sonne, die zwischen Wolken hervortritt, ihr verhülltes Wesen ausstrahlt und vor diesem einen Mann ihre zur Schau getragene Miene ablegt. Dieser Augenblick der geistigen Enthüllung, diese kurze Zeitspanne, in welcher sich die Verwandlung der scheinbaren und unpersönlichen in die wahrhafte und individuelle Frau vollzieht – ein Vorgang, vergleichbar der Entwicklung einer photographischen Platte –, beschenkt die Seele mit ihrer sublimsten Lust. Das Laster Don Juans ist nicht, wie eine plebejische Psychologie annimmt, die grobe Sinnlichkeit. Im Gegenteil, die historischen Gestalten, deren Züge zu dem Idealcharakter Don Juans beigetragen haben, zeichneten sich durch eine anomale Kälte gegenüber sexuellen Genüssen aus. Don Juan entzückt es, einmal um das andere dieser bezaubernden Transfiguration der Frau beizuwohnen, diesem holden und hohen Augenblick, da die Larve sich zu Ehren eines Mannes in einen Schmetterling verwandelt. Ist diese Szene zu Ende, so schürzen seine Lippen sich wieder kalt und verächtlich, und er wendet sich – mag der Schmetterling seine jungen Flügel an der Sonne verbrennen – einer neuen Puppe zu.

Zu diesen und manchen anderen Gedanken gibt das Gemälde Anlaß, in dem Jorge Inglés die Züge der Marquesa de Santillana festhielt. Denn dem ersten Blick begegnet eine Dame, die mit Gebet befaßt und engelgleich in die Atmosphäre stiller, weltentrückter Frömmigkeit eingetaucht ist. Aber sehen wir näher zu, so steigt vor unseren Augen, sehnsüchtig das Licht suchend, der ewige liebestrunkene Falter aus dem Bild auf.

SCHEMA SALOMES

In der Morphologie des weiblichen Wesens gibt es vielleicht keine merkwürdigeren Gestalten als Judith und Salome, die beiden Frauen, die mit zwei Köpfen gehen: ihrem eigenen und dem abgeschnittenen.

Jede Gattung von Wirklichkeit enthält äußerste Fälle, in denen sie sonderbarerweise sich selbst aufzuheben und in ihr Gegenteil umzuschlagen scheint. Es sind dies Grenzerscheinungen, die gleichsam zwei benachbarten Reichen angehören, wie gewisse Tiere fast Pflanzen und gewisse chemische Stoffe fast lebendes Plasma sind. Sie sind zweideutig wie alles, was ein Ende und Äußerstes ist; so weiß man von der Oberfläche der Körper, der Fläche, in der sie enden, nicht recht, ob sie ihnen oder dem umgebenden und sie einhüllenden Raum angehört.

Dem ernsthaften Nachdenken, das sich nicht in den Untiefen der Anekdote und einer willkürlichen Fallsammlung verliert, enthüllt sich das Wesen der Weiblichkeit in der Tatsache, daß ein Geschöpf sein Schicksal voll erfüllt sieht, wenn es seine Person einer anderen Person hingibt. Alles andere, was die Frau tut oder ist, hat einen beiläufigen und abgeleiteten Charakter. Dieser wunderbaren Erscheinung setzt der Mann seinen Urinstinkt entgegen, der ihn treibt, sich einer anderen Person zu bemächtigen. So waltet zwischen Mann und Frau eine prästabilierte Harmonie; das Leben der Frau ist Hingabe, das des Mannes Eroberung; und beide Lose sind eben durch ihre Gegensätzlichkeit in vollkommenem Einklang.

Der Konflikt entsteht, wenn in diesem Urinstinkt des Männlichen und Weiblichen Abweichungen und Kreuzungen auftreten. Denn es ist ein Irrtum, daß die wirklichen Männer und Frauen ihr Geschlecht immer ganz und rein verkörperten. Unsere Einteilung der menschlichen Wesen in Männer und Frauen ist offenbar ungenau; die Wirklichkeit kennt zahllose Abstufungen zwischen diesen beiden Polen. Die Biologie zeigt, wie unentschieden das körperliche Geschlecht über der Keimzelle hängt, so daß es selbst möglich ist, sie experimentell einem Geschlechtswechsel zu unterwerfen. Jedes lebende Individuum stellt eine besondere Gleichung dar, in welche beide Geschlechter eingehen, und ein »ganzer Mann« oder eine »ganze Frau« sind durchaus nicht häufig. Klarer noch als auf körperlichem tritt diese Erscheinung auf seelischem Gebiet zutage. Das männliche und das weibliche Prinzip, das Yin und das Yang der chinesischen Denker, scheinen einander die Seelen Stück für Stück streitig zu machen und in ihnen zu wechselnden Vergleichsformeln zu gelangen, den verschiedenen Männer- und Frauentypen.

So sind Judith und Salome zwei Varianten innerhalb des überraschendsten, weil wider-sinnigsten Frauentypus: der Frau als Raubtier.

Es wäre ein vergebliches Bemühen, ohne die entsprechende Ausführlichkeit von diesen beiden Gestalten in angemessener Weise sprechen zu wollen, und ich muß mich jetzt darauf beschränken, ein kurzes Schema Salomes vorauszuschicken.

Die Pflanze Salome gedeiht nur auf den Gipfeln der Gesellschaft. Sie war in Palästina eine verwöhnte und müßige Prinzessin, und heute könnte sie die Tochter eines Bankiers oder Petroleumkönigs sein. Das Entscheidende ist, daß sie in einem Milieu unbeschränkter Macht aufgewachsen ist, so daß sich in ihrem Geist die dynamische Linie verwischt hat, die Wirklichkeit und Einbildung scheidet. Alle ihre Wünsche wurden immer erfüllt, und was ihr unerwünscht war, wurde aus ihrer Umgebung entfernt. Der wesentliche Zug ihrer Legende, der Schlüssel zu ihrem Seelenmechanismus liegt darin, daß Salome alles erhält, was sie fordert. Da für sie Verlangen und Erfüllung eines ist, sind in ihrer Seele alle jene Fähigkeiten verkümmert, die wir sonst gebrauchen, um die Verwirklichung unserer Wünsche durchzusetzen. Die solcherart frei gewordenen Energien ergossen sich auf die Turbine der Phantasie und verwandelten Salome in eine wunderbare Werkstatt von Sehnsüchten, Traum- und Fabelgestalten. Schon das bedeutet eine Verbiegung der Weiblichkeit. Denn die Frau ist normalerweise weniger phantasiebegabt als der Mann und verdankt diesem Umstand ihre leichtere Anpassungsfähigkeit an das wirkliche Schicksal, das ihr auferlegt ist. Dem Mann schwebt als Ziel seiner Wünsche meist eine der Wirklichkeit vorweggenommene Schöpfung der Einbildungskraft vor, der Frau im Gegenteil etwas, was sie unter den realen Dingen entdeckt. So ist es auf dem erotischen Gebiet häufig, daß der Mann sich a priori, wie Chateaubriand,

ein fantôme d'amour erdichtet, ein unwirkliches Frauen-
bild, dem er seine Leidenschaft widmet. Bei der Frau ist
das außerordentlich ungewöhnlich, und nicht aus Zufall,
sondern dank der Phantasiearmut, die für die weibliche
Seele charakteristisch ist.

Salome ist phantasiebegabt wie ein Mann, und da ihr
Traumleben der wirklichste und wichtigste Teil ihres
Lebens ist, wird ihre Weiblichkeit ins Maskuline umge-
bogen. Man füge noch hinzu, mit welchem Nachdruck
die Legende bei ihrer unverletzten Jungfräulichkeit verweilt. Eine Überbetonung körperlicher Jungfräulichkeit,
eine übertriebene Bedachtheit auf Verlängerung dieses
Zustandes pflegt sich in der Frau mit einem männlichen
Charakter zu verbinden. Mallarmé sah richtig, wenn er
Salome für frigid hielt. Ihr straffes und elastisches Fleisch
mit seinen feinen Akrobatenmuskeln – Salome tanzt –,
eingehüllt in das Funkeln der Edelsteine und kostbaren Metalle, hinterläßt in uns den Eindruck eines »in-
takten Reptils«.

Salome wäre keine Frau, wenn sie nicht das Bedürfnis hätte, ihre Person einer anderen Person hinzugeben;
aber als phantasievolle und frigide Frau gibt sie sich
einem Phantom, einem selbstgeschaffenen Traumbild hin.
So entweicht ihre ganze Weiblichkeit in eine imaginäre
Dimension.

Dennoch wird Salome schließlich durch ihre Liebes-
chimäre auf den Unterschied von Phantasie und Wirklichkeit hingewiesen. Der mächtige Tetrarch kann keinen
Mann beschaffen, der dem Bild in diesem verwegenen
Köpfchen gliche. Der Fall wiederholt sich unveränder-

lich: jede Salome führt mitten im Reichtum ein übellauniges, mürrisches, im Grunde von Bitterkeit zersetztes Leben. Ihr fehlt der feste Boden, auf dem sie ihre phantastische Welt verankern könnte, und wie jemand einer Gliederpuppe Kleider anprobiert, so hält sie den unwirklichen Umriß ihres Traumbilds prüfend an die Männer, die vor ihr vorübergehen.

Endlich, am Tag der Tage, glaubt Salome, die Verkörperung ihres Ideals auf der Erde gefunden zu haben. Fragen wir jetzt nicht, warum! Vielleicht ist es nur ein quid pro quo; die Übereinstimmung ihres Musterbilds mit diesem Mann aus Fleisch und Blut, den sie Johannes den Täufer nennen, ist eher negativer Art. Er gleicht ihrem Traum nur darin, daß er von den anderen Männern verschieden ist. Eine Salome sucht immer einen Mann, der von den anderen Männern so verschieden ist, daß er fast einem neuen, unbekannten Geschlecht angehört. Ein weiteres Zeichen entarteter Weiblichkeit: Der Täufer ist ein rasender, struppiger Geselle, der in der Wüste schreit und eine Wasserheilreligion verkündigt. Schlimmer hätte es Salome nicht treffen können; Johannes der Täufer ist ein homme de lettres, ein homo religiosus; der Gegenpol des Don Juan, welcher der homme à femmes ist.

Die Tragödie entwickelt sich unausweichlich wie eine chemische Reaktion explosiver Art.

Salome liebt ihr Traumbild; ihm hat sie sich hingegeben, nicht Johannes dem Täufer. Dieser ist für sie nur ein Hilfsmittel, um jenem Körperlichkeit zu geben. Salomes Gefühl für seine zottige Person ist nicht Liebe, sondern eher das Verlangen, von ihm geliebt zu werden. Ihre Zwitterhaftigkeit muß unvermeidlich dahin führen, daß sie sich in der Liebesbeziehung nach Männerart benimmt. Denn der Mann empfindet die Liebe vorzüglich als eine heftige Begierde, geliebt zu werden, während die Frau zuerst ihre eigene Liebe fühlt, den warmen Strom, der aus ihrem Wesen dem Geliebten entgegenbricht und sie zu ihm treibt. Das Bedürfnis, geliebt zu werden, empfindet sie nur als eine Folge und in zweiter Linie. Die normale Frau, das vergesse man nicht, ist das Gegenteil des Raubtiers, das sich auf die Beute wirft; sie ist die Beute, die sich dem Raubtier hinwirft.

Salome, die Johannes den Täufer nicht liebt, bedarf seiner Liebe, muß sich seiner Person bemächtigen, und sie entfaltet im Dienst dieses männlichen Begehrens allen Ungestüm, mit dem der Mann vorzugehen pflegt, um der Umwelt seinen Willen aufzuzwingen. Seht, warum diese Frau, wenn andere eine Lilie in den Händen halten, einen abgeschnittenen Kopf in ihren langen marmornen Fingern trägt. Er ist ihre kostbarste Beute. Rhythmischen Schritts, schwingenden Leibs, rabenhaft das hebräische Antlitz, geht sie durch die Legende, und über den erstarrten Kopf mit den gläsernen Augen krümmt sich ihre Seele, raubgierig wie ein Falke oder ein Geier ...

Aber es ist eine allzu verwickelte und weitschweifige Geschichte, als daß ich sie hier erzählen könnte, die Mär von dem tragischen Flirt zwischen Salome, der Prinzessin, und Johannes dem Täufer, dem Intellektuellen.

MEDITATION
ÜBER DEN RAHMEN

Das Zimmer, in dem ich heute schreibe, enthält sehr wenige Dinge; aber unter ihnen sind zwei große Photographien und ein kleines Gemälde, die in Stunden der Müdigkeit, Krankheit oder erzwungener Muße vor allem meinen Blick auf sich ziehen. Die beiden Photographien sehen sich von gegenüberliegenden Wänden an. Eine stellt die Gestalt der Gioconda aus dem Prado dar; die andere ist das Porträt des »Hombre con la mano al pecho«, des Mannes mit der Hand auf der Brust, das El Greco, der rasende Grieche Toledos, malte. Der unbekannte Mann auf dem Bild, dessen Gesicht jähe Leidenschaft verrät, sucht durch das Gewicht seiner Hand eine chronische Exaltation des Herzens zu dämpfen, während er aus fiebrigen Augen die Welt betrachtet. Die weiße Halskrause schimmert milchig; der spitze Bart scheint zu beben, und auf dem schwarzen Gewand zuckt unter dem Herzen der Goldknauf des Degens wie ein flackernder Pulsschlag. Diese Gestalt ist mir immer als die gültige Darstellung Don Juans erschienen, Don Juans allerdings, wie ich ihn deute und wie er von dem landläufigen ein wenig abweicht. Die Gioconda andererseits mit ihren ausgezupften Brauen und dem elastischen Fleisch einer Molluske, mit ihrem zweischneidigen Lächeln, das verführt und sich zugleich entzieht, ist für mich das Symbol der äußersten Weiblichkeit. Wie Don

Juan den Mann bedeutet, der vor der Frau nichts ist als Mann – nicht Vater, noch Gatte, noch Bruder, noch Sohn –, so ist die Gioconda die Frau schlechtweg, die ihren Zauber unbesiegt bewahrt. Mutter und Gattin, Schwester und Tochter sind Niederschläge des Weiblichen, Formen, welche die Frau annimmt, wenn sie es nicht mehr oder noch nicht ist. Der Mehrzahl der Frauen ist Frau zu sein kaum eine Lebensstunde lang gegönnt, und die Männer sind nur in Momenten Don Juan. Verlängern wir diese Momente und dehnen sie über ein ganzes Leben aus, so haben wir den Typus des Don Juan – der Doña Juana. Denn das ist die Gioconda: Doña Juana. So sind diese beiden Bilder, einander gegenüber an ihren beiden Wänden, eines des anderen würdig. Den Besieger aller übrigen Frauen, Don Juan, der höchsten Erfahrung auszusetzen, indem man ihn dem Einfluß Doña Juanas unterwirft – welch verlockendes Experiment! Was wird geschehen? Das Zimmer, in dem ich jetzt schreibe, ist das Laboratorium, wo der Versuch sich vollzieht. An sinkenden Abenden, wenn in den Ecken des Raumes die Nachhut des Lichts gegen einfallende Dunkelheit kämpft, ist zwischen den Bildern ein knisternder Austausch von Energien entfacht. Mehr als einmal unterhielt ich mich damit, den stummen Dialog, Angriff und Verteidigung der beiden Blätter, zu belauschen, die einander wie die Feuerwerksschlösser des Pyrotechnikers die Raketen ihrer Sentiments durch die Breite des Zimmers zusprühten.

Da ich eben dabei bin, ein Blatt Papier zu beschreiben, könnte ich es nicht mit diesem Gegenstand füllen? Vielleicht – doch es erhebt sich ein Einwand. Dies schwere Thema von Liebe und Leid hat nicht Raum auf einem Blatt Papier; es erforderte Dutzende. Und meine Laune will heute nur eines formen.

Suchen wir einen schlichteren Gegenstand! Vielleicht das kleine Gemälde, das zur Linken des »Hombre con la mano al pecho« hängt. Es ist eine Landschaft von Regoyos, dem schlichtesten aller Maler, dem Fra Angelico von Wald und Feld, dessen Bilder aussehen, als habe er jeden Kohlkopf kniend konterfeit. Dargestellt ist ein Winkel aus Bidasoa; ein friedfertiges Land voll grüner Kräuter, verschwimmend im Hintergrund die bleifarbenen Berge Frankreichs, schwerelose Wolken in der Höhe, die Windungen eines Flusses, ein blitzendes Dorf, das die Sonne mit ihrem letzten Strahl vergoldet, und die Allerweltbrücke, über die, das einzig Hastende in dieser linden Ruhe, ein eiliges Züglein fährt. Der Rauch der Lokomotive verweht in der Luft; und ist er eben am Verschwinden, so sehen wir ihn neu aus sich selbst entstehen, und so fort ins Unendliche. Dieser Rhythmus von Vergehen und Auferstehen des Räuchleins leiht dem Gemälde etwas wie den Pulsschlag des Lebens und hält es in einer Sphäre unverwelklicher Gegenwart.

Könnte man nicht ein Blatt von alledem schreiben, was dies kleine Gemälde anregt? Leider nein. Nichts leichter, als über dies Bildchen viele Seiten zu schreiben, aber eine einzige – unmöglich. Der Leser ahnt nichts von den Nöten eines Mannes, der eine einzige Seite schreiben möchte. Gar zu wunderbar sind die Dinge dieser Welt. Gar zu viel ist noch über das geringste zu sagen. Und es ist nicht hübsch, dem Gegenstand willkürlich die Glieder zu amputieren und dem Leser einen Torso mit lauter Stümpfen zu bieten.

Suchen wir also ein noch schlichteres Thema als das schlichte Gemälde des schlichten Malers. Zum Beispiel seinen vergoldeten Rahmen. Meditieren wir ein wenig über seinen Rahmen. Selbst wenn wir uns so beschränken, werden wir nur zu gewiß in den Anfängen steckenbleiben.

Rahmen, Kleid und Schmuck

Bilder leben eingehegt von ihren Rahmen. Diese Verbindung von Rahmen und Bild ist nicht zufällig. Eines bedarf des anderen. Ein Bild ohne Rahmen sieht aus wie ein geplünderter, nackter Mensch. Sein Inhalt läuft an den vier Seiten der Leinwand über und verflüchtigt sich in der Luft. Umgekehrt verlangt der Rahmen ein Bild zu seiner Erfüllung, verlangt es so sehr, daß er, wenn es fehlt, eine Tendenz hat, alles in Bild zu verwandeln, was man durch ihn sieht.

Die Beziehung zwischen beiden ist demnach wesentlich und nicht zufällig; sie ist von der Art einer physiologischen Bedürftigkeit: so wie das Nervensystem den Blutkreislauf erfordert und umgekehrt; wie der Leib bestrebt ist, in einem Kopf zu enden, und der Kopf, auf einem Leib aufzusitzen.

Die Lebensgemeinschaft von Rahmen und Bild gleicht jedoch nicht jener, die sich als erster Vergleich darbietet, der Symbiose von Kleid und Körper. Der Rahmen ist nicht Gewand des Bildes, denn das Gewand verhüllt den Leib, während der Rahmen das Bild zur Schau stellt. Gewiß läßt das Kleid nicht selten Teile des Körpers frei; aber das erscheint uns stets als ein kleiner Leichtsinn, den sich das Kleid erlaubt, eine Pflichtvergessenheit, beinahe sündlich. Jedenfalls wahrt die bedeckte Oberfläche ein gewisses Verhältnis zu der unbedeckten, so daß, wenn diese jene überwiegt, das Kleid nicht mehr Kleid ist, sondern Schmuck wird. So hat der Gürtel des nackten Wilden ornamentalen, nicht bekleidenden Charakter.

Aber der Rahmen ist auch kein Schmuck. Die erste künstlerische Tat des Menschen war, zu schmücken und vorzüglich seinen eigenen Leib zu schmücken. Im Schmuck, der Erstgeborenen der Künste, finden wir den Keim aller anderen. Und dieses erste Kunstwerk bestand einfach in der Vereinigung zweier Naturwerke, welche die Natur nicht vereinigt hatte. Der Mensch befestigte eine Vogelfeder an seinem Kopf, hing sich die aufgereihten Zähne eines wilden Tieres auf seine Brust oder band sich ein Armband aus glänzenden Steinen um sein Handgelenk. Das ist das erste Gestammel jener vielfältigen und göttlichen Rede der Kunst.

Welch geheimnisvoller Instinkt bewog den Indianer, sich farbenprächtige Federn um den Kopf zu stecken? Zweifellos eine Sucht, die Aufmerksamkeit auf sich zu lenken, seine Unterschiedenheit und Überlegenheit vor den anderen zu betonen. Die Biologie führt den Beweis, daß der Trieb, sich auszuzeichnen und zu herrschen, ursprünglicher ist als der Erhaltungstrieb.

Jener geniale Indianer trug in seiner Brust ein verworrenes Empfinden, daß er mehr wert, daß er mehr Mann sei als die anderen. Indem er sich den Federschmuck auf den Kopf setzte, schuf er einen Ausdruck für sein heimliches Selbstgefühl. Diese bunten Federn waren nicht da, um als solche bewundert zu werden; sie wirkten wie ein Blitzableiter, sie sollten die Blicke der anderen auf sich ziehen, um sie dann in der Person des Trägers einschlagen zu lassen. Die Feder war ein Akzent, und der Akzent akzentuiert nicht sich selbst, sondern den Buchstaben, über dem er steht.

Jeder Schmuck wahrt diesen Sinn, den das schräge Ausrufungszeichen über der Stirn des Wilden ausspricht; er zieht den Blick an, aber mit der Bestimmung, ihn auf das Geschmückte abzubeugen. Der Rahmen jedoch zieht nicht den Blick auf sich. Der Beweis ist einfach: gehe ein jeder seine Erinnerungen an die Gemälde durch, die er am besten kennt; er wird rasch bemerken, daß er sich nicht auf die Rahmen besinnen kann, von denen sie eingefaßt sind. Einen Rahmen sehen wir nur, wenn wir ihn in der Werkstatt des Schreiners sehen, das heißt, wenn er seiner Funktion entzogen, wenn er zur Disposition gestellt ist.

Die Insel der Kunst

Anstatt den Blick anzuziehen, begnügt der Rahmen sich damit, ihn zu sammeln und sogleich auf das Bild zu lenken. Aber dies ist nicht sein Hauptgeschäft.

Die Wand, an der Regoyos' Werk hängt, mißt nicht

mehr als sechs Meter. Das Gemälde nimmt einen winzigen Teil davon ein und präsentiert mir dennoch ein beträchtliches Stück der bidasoarischen Landschaft; einen Fluß und eine Brücke, die Eisenbahn, ein Dorf und den geschwungenen Rücken eines großen Gebirges. Wie kann so viel auf so schmaler Fläche sein? Offenbar, weil es ist, ohne zu sein. Vor der gemalten Landschaft kann ich mich nicht betragen wie vor der wirklichen; die Brücke ist in Wirklichkeit keine Brücke, noch der Rauch Rauch, noch die Felder bestellter Acker. Alles in ihr ist bloßes Abbild, alles genießt ein rein virtuelles Dasein. Das Gemälde, wie die Poesie, wie die Musik, wie jedes Kunstwerk, ist eine Tür ins Irreale, die sich durch Zauberei in unserer wirklichen Umwelt öffnet.

Betrachte ich diese graue Zimmerwand, so bin ich gezwungenermaßen den Lebensnützlichkeiten zugewandt. Betrachte ich das Gemälde, so trete ich in ein imaginäres Reich ein und nehme eine Haltung reiner Kontemplation an. Wand und Bild also sind zwei gegensätzliche Welten und ohne Verbindung miteinander. Vom Wirklichen hinüber ins Nichtwirkliche springt der Geist wie aus dem Wachen in den Traum.

Das Kunstwerk ist eine imaginäre Insel, die rings von Wirklichkeit umbrandet ist. Damit sie entstehe, ist es notwendig, daß der ästhetische Gegenstand gegen das Medium des Lebens isoliert wird. Von der Erde unter unseren Füßen können wir zu der gemalten Erde auf der Leinwand nicht Schritt für Schritt hinübergehen. Mehr noch: Unbestimmtheit der Grenzen zwischen Lebens- und Kunstdingen stört unsern ästhetischen Genuß. Das

Gemälde ohne Rahmen, dessen Grenzen gegen die nützlichen, kunstfremden Objekte ringsum nicht deutlich markiert sind, verliert seine Anmut und Verführungskraft. Es ist nötig, daß die reale Wand auf einmal und übergangslos zu Ende ist, daß wir uns auf einmal und übergangslos auf dem irrealen Gebiet des Kunstwerks befinden. Ein Isolator ist nötig; dieser Isolator ist der Rahmen.

Um zwei Gegenstände gegeneinander zu isolieren, bedarf es eines dritten, der weder der eine noch der andere ist, eines neutralen Objekts. Der Rahmen ist noch nicht die Wand, nichts als ein nützliches Stück meiner Umgebung; aber er ist auch noch nicht die verzauberte Oberfläche des Bildes. Beiden Regionen benachbart, dient er dazu, ein schmales Mauerband zu neutralisieren, und wirkt wie ein Sprungbrett, das unsere Aufmerksamkeit in die Legendendimension der ästhetischen Insel schnellt.[1]

Der Rahmen hat etwas vom Fenster, wie das Fenster sehr viel vom Rahmen hat. Bemalte Leinwände sind Löcher ins Ideale, durchgebrochen durch die stumme Realität der Mauer, kleine Ausluge ins Unwahrscheinliche, in das wir hineinschauen durch das hilfreiche Fenster des Rahmens. Andererseits erscheint ein Stück einer Landschaft oder einer Stadt, das wir in ein Fenster eingehängt sehen, aus der Wirklichkeit herausgelöst und

---

[1] Man erinnere sich an die Etymologie von Insel = insula. Der Stamm sul bezeichnet die Idee des Hüpfens, Springens. So ist in-sula das Stück Land, der Fels, der ins Meer gesprungen ist.

ins Imaginäre entrückt. Und ein Gleiches geschieht mit fernen Dingen, die im klaren Rund eines Bogens stehen.[1]

Der Goldrahmen

Die Deutung, die wir der Funktion des Rahmens gaben, wird bestätigt durch den unangefochtenen, durch Jahrhunderte behaupteten Sieg des Goldrahmens über alle anderen Rahmen. Sollen wir in unserer Beschäftigung mit Wirklichkeiten unterbrochen werden, so gibt es kein besseres Mittel, als uns einen Gegenstand vor Augen zu stellen, der mit Naturdingen, die uns mehr oder weniger immer praktische Probleme aufgeben, nicht die entfernteste Ähnlichkeit hat. In jeder Form, so stilisiert sie sei, steckt eine Anspielung auf die realen Objekte, aus denen sie abgezogen ist. Noch das reinste geometrische Ornament, der Mäander oder die Volute, bewahrt unzerstörbar den Widerhall einer Naturform, wie in der greisen, vor tausend Jahren gefischten Muschel noch atlantische Brandungen summen. Nur das Ungeformte ist frei von Anspielungen auf Realität.

Der Goldrahmen dankt seine Vorherrschaft wahrscheinlich dem Umstand, daß der Purpurfirnis besonders gut dazu geeignet ist, Reflexe zu erzeugen; und der Reflex ist die Sorte von Farbe, von Licht, die keine

---

[1] Man beachte, daß dieser Charakter der Unwirklichkeit wächst, je größer der Abstand zwischen dem Bogen oder Fenster und dem darin Gesehenen wird, denn dann bemerken wir das Dazwischenliegende nicht, und die wirklichen Wege bleiben verborgen, auf denen wir dorthin gelangen könnten.

Spur von Dingform mehr mitführt, die reine, formlose Farbe ist. Wir schreiben einem metallischen und gläsernen Gegenstand seine Reflexe nicht zu, wie wir ihm seine Oberflächenfärbung zuschreiben. Der Reflex gehört weder dem reflektierenden noch dem reflektierten Ding, sondern einem Etwas zwischen den Dingen, einem Gespenst ohne Materieleib. Aus diesem Grund, weil er nicht Form ist und zu nichts gehört, glückt es uns nicht, mit unserem Eindruck von dem Reflex ins reine zu kommen, und er pflegt uns zu blenden.

So schiebt der Goldrahmen mit seinem Igelpelz spitzer Lichter zwischen das Gemälde und die reale Umwelt einen Gürtel puren Glanzes. Seine Reflexe, die wie kleine, zornige Dolche arbeiten, zerschneiden unaufhörlich die Fäden, die wir, ohne es zu wollen, zwischen dem unwirklichen Bild und der wirklichen Welt spinnen. Nicht viel anders steht am Eingang des Paradieses ein Engel mit geschwungenem Flammenschwert, das heißt mit einem Reflex, in der Hand.

Der Bühnenrahmen

Der Bühnenrahmen sperrt seinen mächtigen Schlund auf wie eine Parenthese, die bereit ist, einen anderen, von den wirklichen Dingen des Zuschauerraumes verschiedenen Gegenstand in sich zu schließen. Darum ist er je schmuckloser, desto besser. Mit einer enormen, absurden Geste bedeutet er uns, daß in dem imaginären Hinterland der Bühne, zu dem er das Einfalltor ist, die andere, die unwirkliche, die Welt der Phantasmagorie beginnt. Wir sollten es nicht zulassen, daß sich dies gähnende Maul vor uns öffnet, um uns von Geschäften zu reden, um wiederzukäuen, was das Publikum in Herz und Brust trägt; nur wenn es uns Atemwolken von Träumen und den blauen Dunst des Märchens zubläst, besteht es zu Recht.

Schiffbruch

Der Versuch, eine Seite über den Rahmen zu schreiben, ist gescheitert, wie vorauszusehen war. Wir müssen schließen und stehen eben am Anfang des Anfangs. Jetzt sollten wir von Hut und Mantilla sprechen als dem Rahmen eines Frauengesichts. Aber es hilft nichts, wir müssen verzichten. Weiter würde sich das anziehende Problem stellen, warum in China und Japan die Bilder ungerahmt zu sein pflegen. Aber wie sollen wir diesen Gegenstand behandeln, der eine grundsätzliche Gegenüberstellung fernöstlicher und westlicher Kultur, des asiatischen und des europäischen Herzens in sich schließt? Um hier klar zu sehen, müßten wir zunächst zu deuten versuchen, warum der Chinese sich nach Süden orientiert und nicht nach Norden wie wir, warum er in Weiß trauert und nicht in Schwarz, warum er beim Hausbau mit dem Dach beginnt statt mit dem Fundament, warum er, wenn er nein sagen will, den Kopf von oben nach unten bewegt wie wir, wenn wir bejahen.

GESPRÄCH BEIM GOLF
ODER
ÜBER DIE IDEE
DES DHARMA

An diesem strahlenden Februarmittag holen einige Freunde, Damen und Herren, mich aus meinen gewohnten Beschäftigungen heraus und entführen mich auf die Golfwiese. Es soll draußen gefrühstückt werden, in der Sonne, unter Eichen, mit dem Blick auf die nebelblaue Sierra.

Mein wenig hygienisches Leben beschäftigt die freundlich Besorgten. Sie, die den ganzen Tag in freier Luft bei prächtigen Muskelübungen verbringen, ängstigt der Gedanke, daß ich, in ein Zimmer gesperrt und von magischen Zigarrennebeln umbraut, mit der Landschaft keine andere Verbindung habe als das zarte und metaphorische Band, das den Blättern des Buches die Blätter des Baumes verknüpft. Ich lasse sie gewähren und genieße die süße Lässigkeit des Einsiedlers, den eine vorbeistreifende Schar von Nymphen und Kentauren überrumpelt. Es hat mich immer verlockt, in andere Welten einzutauchen, vorausgesetzt, daß ich gewiß war, zum gleichen Loch wieder hinaus- und in mein natürliches Leben zurückschlüpfen zu können. So stelle ich mich, während das Auto sich federnd wiegt und Bäume und Häuser schwindelschnell vorbeifliehen, fortgerissen von einem dringenden Schicksal, das dem unseren entgegengesetzt ist, einmal wieder auf die knappe und klare Lust eines Golffrühstücks ein. Schon sehe ich, wie dem Gebüsch ein

Faun im Pullover enttaucht, und hinter ihm schüttelt die braune Nymphe ihr kurzes Haar im Wind, während sie ihr straffes Kleid zurechtrückt. Unweit streicht der gemietete Troll vorüber und schleppt etwas wie einen Köcher, den letzten Ausläufer des alten Eros-Symbols, in dem die Pfeile der Venus durch Golfstöcke ersetzt sind. Der Wald saust im Wind, der vom Gebirge herweht, und an den Pinienstämmen verflüchtigt sich das Harz und durchtränkt die Landschaft.

Kein Zweifel, der Ort ist verwunschen; er liegt in einer unirdischen Sphäre, die noch einen Auszug aus allem Besten und Unmöglichen bewahrt: etwas Paradies in etwas Olymp geträufelt. Denn, bei Gott, die Erscheinung eines spielenden Paares auf einer Waldlichtung erinnert unfehlbar an die Bilder von Adam und Eva vor dem Sündenfall – ganz kurz davor. Oder es ist Diana allein, die flüchtig durch das Blickfeld huscht und man weiß nicht welch unersetzliches Wild zu jagen scheint. Nichts bleibt von ihr als die Erinnerung an einen elastischen Knöchel, der die Erde stößt, so daß sie in entgegengesetzter Richtung davonrollt. Das alles hängt, eine Welt ohne Reibungen, zwischen Traum und Dasein, und seine Unwahrscheinlichkeit ist die magische Kraft, die es schwebend über der Wirklichkeit hält. Jener Attaché der englischen Botschaft hatte recht, als er neulich, nachlässig gestützt auf die Allmacht der englischen Flotte, behauptete: »Tatsächlich eine gute Idee, Madrid so nahe an die Golfplätze zu bauen.«

Auf der Veranda des Chalet ist der Tisch gedeckt. Ich sitze zwischen zwei erlauchten Nymphen, ein Faun mir

314

gegenüber, der liebenswürdigste aller Faune. Plötzlich bemerke ich, daß ich offenbar zu einer anderen zoologischen Spezies gehöre, einer weniger anmutigen, erfreulichen und der Landschaft angepaßten. Diese Wesen sind Geschöpfe des Lichts und Winds, ohne Schwere, gemacht, um über den Planeten hinzuhüpfen und sich nicht in seine dunklen Angelegenheiten zu mischen. Die Sonne sucht das kleine Ohr der Nymphe zu meiner Linken und sieht genießerisch hindurch, so daß es ganz transparent wird. Die ungeheure Goldscheibe strahlt mit verschwenderischem Triumph und schüttet den phantastischen Überfluß mit solcher Fülle und Sicherheit aus, daß man ihr gut anmerkt, wie fest sie von ihrer Unerschöpflichkeit überzeugt ist. Unter ihren Strahlen verwandelt sich alles in Gold; besonders das Omelette, das eben serviert wird, ist so echt vergoldet, daß beim Essen der Appetit fast zu Habsucht wird.

»Wie schön ist die Sonne«, sagt eine der Nymphen mit einer entzückenden Geste, als zeige sie einen Familienschmuck vor, der aus uralter Erbschaft stammt. –

»Wie ist es möglich, daß Sie ohne Sonne leben können?« fragt mich die andere.

»Weil, meine gnädige Frau, ich eben nicht lebe.«

»Was tun Sie denn?«

»Ich bin dabei, wenn die anderen leben.«

»Aber das ist ein Martyrium, amigo mio«, meint die Empfindsamere der beiden, die Blonde, blond wie die Saiten der Geige und leicht wie diese zum Schwingen gebracht.

»In der Tat, dabei zu sein ist Martyrium; denn Märtyrer heißt Zeuge. Und ich bin Zeuge, daß Sie existieren, daß Sie, eine Gefangene der Sonnenstrahlen, jetzt fast ein vollkommener Mythus sind. Daß der Leopardenkragen, in dem Ihr Mantel endet, echt ist, so echt, daß ich bedaure, nicht Pfeil und Bogen mitgebracht zu haben, denn Jagdlust, Señora, hat noch keinem Mann gefehlt, sosehr er auch Märtyrer war ...

Ich bin Zeuge, ein Zeuge des unaufhörlichen Wunders, welches die Welt ist und die Wesen in der Welt. Und das, freundliche Nymphe, ist kein verächtliches Schicksal. Wenn nicht einer da ist, der das Dasein der andern Dinge bezeugt, so sind sie wie nicht gewesen. Sehen Sie, alle Leute hier, die Gäste an den Nachbartischen, die Golfspieler, die dort auf der Terrasse in der Sonne kommen und gehen, sich treffen und wieder trennen, sie alle sind restlos beschäftigt, ein jeder sein Leben zu leben. Niemand bemerkt, wie Ihr liebliches Gesicht langsam in den Schatten taucht, der von dem Pfeiler dort herüberkriecht. Die Strahlung am Rand läßt Ihre verdunkelten Züge kaum mehr erkennen. Tochter der Sonne wie nur eine Inkaprinzessin reinsten Blutes, scheitern Sie und versinken in dem düsteren Element. Wie Trümmer aus einem Schiffbruch wirft der verfließende Nebel uns nur noch drei Töne zu, die eigentlich einer sind, dreimal wiederholt: das Weiß der Perlen, die Sie um den Hals trugen, das Weiß Ihrer Zähne und das Weiß Ihrer Augen. Drei Herzschläge der Reinheit, die einer den anderen erhöhen, vereinigen sich zu einer süßen und vollständig überflüssigen Melodie, die dennoch ohne Zweifel das Erheblichste ist, was soeben in dieser Ecke des Pla-

316

neten vorfällt. Wäre ich ein Gefangener meines eigenen Lebens, so hätte ich nicht davon Notiz genommen. Aber ich Zeuge erfülle meine hohe Bestimmung, und diese so liebliche wie flüchtige Wirklichkeit ist auf ewig gerettet. Wir alle bewahren unauslöschlich die Erinnerung an Ihren Untergang im Schatten. Homer behauptete, daß die Helden kämpfen und sterben, nur damit die Dichter sie besingen: Ich, Alicia, behaupte, daß Sie sind – dank dem Zeugnis, das ich für Sie ablege. Andererseits ist dieser Wein, in den ein Stück Sonne fiel, ausgezeichnet.«

»Ich sehe, Sie sind ein galanter und aggressiver Märtyrer, nicht ohne Anlage zur Beredsamkeit. Fast bereue ich, daß ich eben traurig wurde beim Gedanken an Ihr Leben ohne Sonne.«

»Scherz beiseite, Alicia. Ich will Ihnen gestehen, daß ich bis gestern selbst nicht wußte, warum ich auf die Sonne verzichtete. Seit gestern tue ich es, um mich an ihr Verschwinden zu gewöhnen.«

»Warum an ihr Verschwinden?«

»Gestern hörte ich von der interessanten Arbeit eines englischen Physikers, er heißt Sir James Jeans, die eben erschienen ist; es wird darin eine neue Hypothese über den Ursprung der Sonnensysteme aufgestellt. Danach wäre die Laplacesche Theorie ein Irrtum und das Sonnensystem kein friedlicher Nebel, aus dem sich, wenn er sich langsam verfestigt, die Planeten ablösen. Jeans glaubt, daß jedes Sonnensystem aus dem Zusammenprall zweier siderischer Körper entsteht. Bei solcher Kollision reißen sie sich gegenseitig eine Art glühender Faser aus, etwas wie ein Komma, das anfängt, auf eigene Faust durch den

317

Raum zu rollen. Dies Komma spaltet sich alsbald, und seine Trümmer sind die Sonne und ihre Planeten. Solche Zusammenstöße passieren aber unweigerlich alle zwei Billionen Jahre. Also fehlt nicht mehr viel, wir rennen irgendwo an, und der Golfplatz von Madrid ist verschwunden. Alles ist dann Finsternis, und rechtzeitig gewarnt, beginne ich deshalb schon jetzt, mich daran zu gewöhnen.«

»Und wieviel fehlt noch?« fragt jemand.

»Genau eine Billion zweihundertunddrei Jahre.«

Indessen sind Spieler beiderlei Geschlechts zu uns getreten. Alle sagen sich Du nach olympischem Vorrecht. Sie sprechen von den Nachmittagspartien, die bald anfangen werden. Man merkt, daß in diesen Breiten, in dieser Zauberwelt des Golfs, die Tätigkeit, mit einem Stock eine Kugel zu stoßen, von höchstem Rang ist und hinreicht, um das Leben zu rechtfertigen.

In diesem Augenblick nun geschah es, daß mir der wohlwollende Faun, der mir gegenübersaß, voller Sympathie für mich den folgenschweren Vorschlag machte: »Sie sollten Mitglied des Klubs werden und jeden Tag eine Partie spielen.«

»Nein, mein Freund, ich kann nicht Mitglied des Klubs werden und jeden Tag Golf spielen. Ein solcher Fehltritt trüge mir tausendjährige Strafen ein.«

»Das klingt wie ein schwerer Vorwurf für uns«, meinte der musterhafte Faun.

»Durchaus nicht. Wenn Sie nicht spielten, machten Sie sich derselben Sünde schuldig wie ich, wenn ich spielte. Beide wären wir ungehorsam gegen unser Dharma.«

318

»Ausgezeichnet, das Dharma«, sagte die urgescheite Nymphe und tunkte alsdann den Rubin ihrer Lippen in den großen Rubin des Glases, wo die Sonne sich eben in Burgunder auflöste. »Hinter diesem Dharma steckt sicher eine ganze Theorie. Also lassen Sie hören; lieber jetzt als später! Zum hors d'œuvre kamen die Anekdoten; beim Fisch wurden Sie kühn und galant; jetzt serviert man das Fleisch, die Substanz, das Fundamentale; es wird Zeit für die Theorie. Und Sie müssen mir alle zugeben, das Essen läßt nichts zu wünschen übrig.«

»Eine Theorie ist es doch nicht, Alicia, Unberechenbare; es handelt sich nur um eine Vermutung und eine Art zu fühlen, die dreißig Jahrhunderte alt ist. Alle uralte Weisheit des großen asiatischen Kontinents ist in ihr zusammengefaßt und seine lange Erfahrung der Welt und des Lebens.«

»Sagten Sie Asien?« unterbrach mich die verwegene Nymphe. »Ich sterbe für Asien; mein Enthusiasmus ist kontinental. In Biarritz lese ich immer Konfuzius, und mein Herz schwankt zwischen Buddha und dem Dschingis-Chan.«

»Sehen wir einen Augenblick von Ihrem Herzen ab, Alicia; ein so wunderbares Objekt verführte uns zu fern durch seine geistreichen Schwankungen. Mit der Idee des Dharma wollte ich nur andeuten, daß wir irren, wenn wir die Moral als ein System von Pflichten und Verboten betrachten, das für alle Menschen dasselbe ist. Ein solches System ist eine Abstraktion. Sehr wenige, vielleicht überhaupt keine Handlungen sind absolut gut oder absolut böse. Das Leben ist so reich an mannigfaltigen Zustän-

319

den, daß es sich nicht in die camera obscura einer einzigen Moral einfangen läßt. Sie kennen Diderots ›Paradoxe sur le comédien‹; dort beteuert er paradox, Moral sei eine Sammlung von Berufssünden. Der Bischof verkauft seine Bullen und tut gut daran. Der Kaufmann betrügt seine Kunden und handelt ebenfalls vortrefflich. Die Unmoral fängt erst an, wenn der Kaufmann mit Bullen handelt und der Bischof falsches Gewicht hat. Hinter Diderots übertreibendem Scherz verbirgt sich eine bedeutende Wahrheit. Sehen Sie doch, wie jeder Stand sich über die Sitten des anderen entrüstet. Der Intellektuelle etwa findet den Politiker unmoralisch, weil seine Reden verwaschen, unaufrichtig und voller Widersprüche sind. Das Geschäft des Intellektuellen ist ein verbales: Verkündigung; wenn er Worte geschrieben oder gesprochen hat, die mit Grazie, Logik und Schärfe einen Gedanken ausdrücken, hat er getan, was er konnte. Die Realisierung interessiert ihn nicht. Alles Streben des Politikers dagegen geht auf Ausführung, nicht auf Ausdruck seiner Gedanken. Also ist er nicht gehalten, zu sagen, was er denkt, sein Innerstes allen Winden preiszugeben; er ist kein Lyriker. Lügen, mindestens innerhalb weiter Grenzen, ist seine Pflicht. Dieselbe Diskrepanz besteht auch zwischen den Gesellschaftsklassen. Für eine Frau der petite bourgeoisie sind Sie, die elegante Dame, der leibhaftige Gottseibeiuns. Die Kleinbürgerin glaubt, daß die Frau zur Welt kommt, um zu Hause zu bleiben und nicht zu rauchen. Ihre Moral besteht ausschließlich aus Warnungstafeln und ihre größte Tugend in dem, was sie nicht tut. Und so ist es immer gewesen. Unter den Grabsteinen des republikanischen Rom gibt es viele, auf denen hinter dem Frauennamen dies Lob zu lesen steht: Domiseda, lanifica. Das heißt: zu Hause gesessen, Wolle gesponnen.«

»Ich wußte nicht«, lächelte die Nymphe aus dem Schiffbruchsmärchen, »daß ich so wenig römisch bin; denn das Leben darauf zu beschränken, scheint mir wahrhaftig der Gipfel der Unmoral.«

»Das ist klar. Ihre Bestimmung in der Welt ist genau die entgegengesetzte. Sie fühlen, und mit dem gleichen heiligen Ernst, einen Aufruf zur Unruhe, zum Versuch, zur Neugestaltung in sich. Auch mir liegt das Ideal des Bürgers fern, der genug getan zu haben meint, wenn er für seine Geschäfte sorgt, seine Seelenruhe pflegt und sich darauf beschränkt,

> voir autour de soi croître dans la maison
> sous les paisibles lois d'une agréable mère
> des petits citoyens, dont on croit être père.«

»Jetzt, mein Freund, lästern Sie frank und frei.«

»Nein; ich verlange nicht, daß der Kleinbürger seine Moral aufgibt; ich verlange nur, daß er mir meine läßt. Dieses Nebeneinander verschiedenster Lebensbestimmungen ist es, was der Hindu das Dharma nennt. In der Hindureligion haben alle Glaubensbekenntnisse Platz und alle Philosophien; der Hinduismus ist nicht dogmatisch. Er fordert nur eines: die Erfüllung der rituellen Vorschriften. Jede Kaste hat eine Liste von Erlaubnissen und Verpflichtungen, ein Dharma, dem man sich zu fügen hat, weil es einen Teil des höchsten Weltgesetzes ausmacht.

Jedes Individuum kann zur Vollendung gelangen innerhalb seines Dharma – und auf keinem anderen Weg. Der Brahmane hat seine Moral der Meditation und Askese, der Ksatriya oder Krieger soll kampflustig und grausam sein. Die Götter selbst sind strengen Gesetzen unterworfen: sie haben sich wie Götter zu benehmen. Verboten ist nur, ein Dharma zu überschreiten und in ein fremdes hinüberzugehen, es sei denn auf dem Weg des Opfers. Verfehlung hiergegen zieht unerbittlich die Wiedergeburt auf einer niedrigeren Stufe nach sich. Man sage mir, ob dies nicht eine strenge Moral ist. Von Anbeginn der Zeiten, als letzte Realität des Universums und als das einzige, das ihm unzerstörbare Existenz sichert, sind einer jeden menschlichen Art ihre religiösen Pflichten auferlegt. Der Gott Brahma offenbarte den übrigen Göttern die ungeheure Liste der Lebensnormen und legte sie in hunderttausend Kapiteln dar, wie uns im Mahabharata überliefert ist. Anstatt eine einzige Art moralischer Richtigkeit zu sanktionieren und damit den Reichtum des Kosmos zu vernichten, akzeptiert und respektiert der Hindu die wundervolle Vielheit der Welt und läßt im Prinzip eine Moral für Spitzbuben und Huren zu. Dagegen ist er unnachsichtig gegen den kleinsten Fehltritt innerhalb eines jeden sittlichen Statuts. Einer der frömmsten Männer, der König Vipashcit, wurde zu schweren Höllenstrafen verdammt, weil er in einer gewissen Nacht, die einer Empfängnis günstig gewesen wäre, vergaß, bei einer seiner Frauen zu schlafen. Es gibt keine Flucht. Das alte Gedicht sagt wunderschön: Wie unter tausend Kühen das Kalb seine Mutter erkennt, so verfolgt einmal be-

322

gangene Sünde ewig den Täter. – Nun sehen Sie, mein Freund, Ihr Dharma ist das Golfspielen, meines: Gespräch und Schrift. Wenn ich Sie sehe, heiter und jung, in tadellosem Anzug, wie Sie den Ball schleudern, scheinen Sie mir ein vollkommenes Wesen, das die Schöpfung ziert und ehrt. Aber sähe ich mich in gleicher Kleidung und Haltung, ich käme mir selbst wie ein Einwand gegen die gute Ordnung des Weltalls vor.«

»Sie sind ein Prinzipienreiter«, sagte darauf der Faun, dem meine Lobrede galt.

»Ich glaubte das Gegenteil. Bedeutet die Idee des Dharma nicht einen sublimen Empirismus in der Moral? Was ich verteidige, ist, daß es keine neutralen Handlungen gibt und daß, was gut bei dem einen, böse bei dem andern ist. Vielleicht wäre es besser, dem zeitgenössischen Pathos, in dem jede ethische Diskussion zu ersticken pflegt, die elegantere Lauheit gegenüberzustellen, mit welcher die Antike anstatt moralisch – welch niederschmetterndes Wort! – schicklich sagt: quod decet, was sich ziemt, das Korrekte. Ich glaube, daß nicht nur jeder Stand, sondern auch jedes Individuum seine unübertragbare und persönliche Norm des Schicklichen, seinen idealen Vorrat angemessener Handlungen und Gesten hat.«

Aber es war vergeblich ... Die Freunde waren verschwunden. Sollten meine Worte die freundliche Gruppe aufgelöst haben? Das nicht; der Grund ihrer Flucht war ein anderer. Das Golfspiel ist unerbittlich wie Himmelsmechanik; zu bestimmter Stunde bilden sich die Parteien mit vorbildlicher Pünktlichkeit. Weder Freundschaft

323

noch Wißbegierde können die Spieler zurückhalten. Die Terrasse war leer. Einzig Alicia mit ihrem reichbeschwingten Herzen stand noch neben mir.

»Holde Nymphe, was Sie jetzt tun, ist holder als alles. Statt zum Spielen zu gehen, ziehen Sie meine Gesellschaft vor: Sie opfern Ihr Sport- meinem Gesprächs-Dharma.«

»Ja, sehen Sie, gestern beim Aussteigen aus dem Auto habe ich mir einen Knöchel verletzt, nun kann ich nicht über Feld gehen.«

»Ah, so.«

ZÜGE DER LIEBE

Ein Fragment

Wir wollen von der Liebe sprechen, aber wir wollen zunächst nicht von diesen oder jenen »Lieben« sprechen. Solche »Lieben« sind mehr oder weniger bewegte Geschichten, die sich zwischen Männern und Frauen ereignen. Es gehen unzählige Elemente in sie ein, die ihren Ablauf so sehr verwickeln und verwirren, daß in ihnen meistens alles vorkommt außer dem einen, was im eigentlichen Sinn Liebe genannt zu werden verdient. Eine psychologische Zergliederung der »Lieben« mit ihren krausen Einzelheiten gäbe mancherlei Einblicke; aber wir könnten uns mißverstehen, wenn wir nicht vorher untersuchten, was im strengen und reinen Sinn die Liebe ist. Überdies hieße es, den Gegenstand verkleinern, wollten wir die Betrachtung der Liebe darauf beschränken, was Männer und Frauen füreinander fühlen. Das Thema ist viel weiter, und Dante glaubte, die Liebe bewege die Sonne und die anderen Gestirne.

Ohne zu dieser astronomischen Ausdehnung des Liebesphänomens vorzudringen, müssen wir doch die Erotik in ihrer vollen Allgemeinheit ins Auge fassen. Der Mann liebt nicht nur die Frau und die Frau den Mann, wir lieben auch die Kunst oder die Wissenschaft, die Mutter liebt ihr Kind, und der Fromme liebt Gott. Die große Mannigfaltigkeit und der weite Spielraum dieser Gegenstände, an die sich die Liebe heftet, wird uns vorsichtig machen, so daß wir nicht dem Wesen der Liebe Eigenschaften und Bedingungen zuschreiben, welche eher von den verschiedenen Objekten herrühren, die geliebt werden können.

Seit zwei Jahrhunderten spricht man viel vom Lieben und wenig von Liebe. Alle Zeitalter, beginnend mit der guten Zeit Griechenlands, haben eine große Theorie der Gefühle besessen, nur die letzten beiden Jahrhunderte nicht. Maßgebend für das Altertum war zuerst die platonische Lehre, dann die der Stoiker. Das Mittelalter stand im Zeichen des Aquinaten und der Araber; das 17. Jahrhundert studierte voller Eifer Descartes' und Spinozas Theorie der Leidenschaften; denn es gab keinen großen Philosophen in der Vergangenheit, der sich nicht verpflichtet fühlte, seine eigene aufzustellen. Wir dagegen besitzen keinen großangelegten Versuch einer Systematik der Gefühle. Erst in den letzten Jahren haben die Arbeiten Pfänders und Schelers das Problem von neuem aufgerührt. Und inzwischen ist unsere Seele immer vielfältiger und unsere Wahrnehmung immer feiner geworden.

Darum genügen uns jene alten Gefühlstheorien nicht mehr. So ist die Idee, die uns Thomas von Aquin, die griechische Überlieferung zusammenfassend, von der Liebe gibt, offenbar falsch. Für ihn sind Liebe und Haß zwei Formen des Strebens, der Begierde. Die Liebe ist das Streben nach etwas Gutem, insofern es gut ist – concupiscibile circa bonum –; der Haß ist ein Widerstreben, ein Abgestoßenwerden von dem Schlechten als solchem – concupiscibile circa malum. An dieser Verwechslung der Begierden und Strebungen mit den Gefühlen krankte die ganze Vergangenheit der Psychologie bis zum 18. Jahrhundert.

Und doch ist dies eine der wichtigsten Unterscheidungen, die wir machen müssen, damit uns nicht das Eigentümliche und Wesentliche der Liebe unter den Händen entschwindet. Von unseren inneren Erlebnissen ist die Liebe das fruchtbarste; sie ist es so sehr, daß sie zum Symbol aller Fruchtbarkeit geworden ist. Aus der Liebe entspringen viele Regungen der Seele: Wünsche, Gedanken, Willensakte, Handlungen; aber dies alles, was aus der Liebe wächst wie die Ernte aus der Saat, ist nicht die Liebe selbst; es setzt sie vielmehr voraus. Was wir lieben, erstreben wir gewiß auch in irgendeinem Sinn und auf irgendeine Weise; doch wir erstreben, wie jeder weiß, vieles, was wir nicht lieben, hinsichtlich dessen unser Gefühl unbewegt bleibt. Einen guten Wein begehren, heißt nicht ihn lieben; der Morphinist strebt nach der Droge und haßt sie zugleich ihrer schädlichen Wirkung wegen.

Aber es gibt noch einen anderen triftigeren und vornehmeren Grund für die Trennung von Liebe und Wunsch. Der Wunsch nach etwas ist letzten Endes ein Streben danach, es zu besitzen; wobei Besitz auf eine oder andere Weise bedeutet, daß der Gegenstand in unseren Lebenskreis eintreten und gleichsam einen Teil von uns bilden soll. Darum stirbt der Wunsch von selbst, wenn er erfüllt ist: er vergeht mit seiner Befriedigung. Die Liebe dagegen ist eine ewige Unbefriedigtheit. Der Wunsch hat einen passiven Charakter, und genau be sehen wünsche ich im Wunsch, daß der Gegenstand zu mir kommt. Ich bin das Gravitationszentrum und erwarte von den Dingen, daß sie mir zufallen. Umgekehrt ist in der Liebe, wie wir sehen werden, alles Aktivität. Der Liebende geht aus sich heraus zu dem Objekt und ist in ihm. Die Liebe ist vielleicht der höchste Versuch, den die Natur macht, um das Individuum aus sich heraus und zu dem anderen hinzuführen. Im Wunsch suche ich, den Gegenstand zu mir zu ziehen, in der Liebe werde ich zu ihm hingezogen.

Der heilige Augustin, einer der Menschen, die am tiefsten über die Liebe nachgedacht haben, und vielleicht das gewaltigste erotische Temperament, das es je gab, befreit sich manchmal von dieser Deutung, die aus der Liebe ein Wünschen oder Begehren macht. So sagt er in dichterischer Hingerissenheit: »Amor meus, pondus meum; illo feror, quocumque feror.« (Meine Liebe ist meine Schwere; sie zieht mich, wohin ich immer gezogen werde.)

Spinoza bemühte sich, diesen Irrtum richtigzustellen, und suchte, unter Vermeidung der Begierden, für die Liebes- und Haßregungen eine Grundlage im Gefühl; nach ihm wären Liebe und Haß »Lust bzw. Trauer, verbunden mit der Idee ihrer äußeren Ursache«. Etwas oder jemanden lieben hieße einfach, glücklich sein und sich zugleich Rechenschaft geben, daß das Glück von diesem Etwas oder Jemand herrührt. Wir sehen hier wiederum die Liebe mit ihren möglichen Folgen verwechselt. Wer möchte zweifeln, daß dem Liebenden Lust von dem Geliebten kommen kann? Aber es ist nicht weniger gewiß, daß die Liebe manchmal traurig ist, traurig wie der Tod, eine übermächtige, tödliche Qual. Mehr noch: die echte Liebe fühlt sich selbst und mißt und wägt sich selbst besser an den Schmerzen und Leiden, deren sie fähig ist. Die liebende Frau will lieber die Pein, die ihr der Geliebte bereitet, als eine schmerzlose Gleichgültigkeit. In den Briefen der Mariana Alcoforado, der portugiesischen Nonne, an ihren ungetreuen Verführer stehen Sätze wie dieser: »Ich danke Euch von Grund meines Herzens für die Verzweiflung, in die Ihr mich stürzt, und verabscheue die Ruhe, in der ich lebte, bevor ich Euch kannte.« »Ich kenne das Heilmittel all meiner Übel gut und wäre auf der Stelle frei von ihnen, wenn ich von Euch ließe. Aber welch Mittel! Nein, lieber leiden als Euch vergessen. Ach, hängt es denn von mir ab? Ich kann mir nicht vorwerfen, daß ich nur einen Augenblick gewünscht hätte, Euch nicht zu lieben, und zuletzt seid Ihr des Mitleids würdiger als ich, und es ist besser, zu leiden, wie ich leide, als die schale Lust zu genießen, die Euch Eure Geliebten in Frankreich bereiten.« Der erste Brief schließt: »Lebt wohl, liebt mich immer und laßt mich noch größere Schmerzen leiden!« Und zwei Jahrhunderte später schreibt das Fräulein von Lespinasse: »Ich liebe Sie, wie man lieben muß: in Verzweiflung.«

Spinoza irrte; Liebe ist nicht Lust. Wer das Vaterland liebt, stirbt vielleicht dafür, und der Märtyrer erleidet aus Liebe den Tod. Umgekehrt kann der Haß sich selbst genießen und sich an dem Unglück weiden, das über den Gehaßten gekommen ist.

Da uns diese illustren Definitionen nicht genug tun, ist es das beste, wenn wir selbst den Liebesakt zu definieren versuchen, indem wir ihn prüfen wie der Entomologe ein Insekt, das er im Dickicht gefangen hat. Ich hoffe, meine Leser lieben oder liebten etwas oder jemanden und können jetzt ihr Gefühl bei seinen durchsichtigen Flügeln ergreifen und vor den inneren Blick halten. Ich werde die allgemeinsten und abstraktesten Merkmale dieser zitternden Biene aufzählen, die sich auf Honig und Stiche versteht; und meine Leser mögen urteilen, ob meine Formeln zu ihrer inneren Erfahrung stimmen oder nicht.

In der Art, wie sie anhebt, gleicht die Liebe sicher dem Wunsch, denn sie wird von ihrem Gegenstand – – Sache oder Person – erregt. Die Seele fühlt sich beunruhigt und zart verwundet durch einen Stachel, der sich vom Objekt her auf sie richtet. Eine solche Anstachelung hat also eine zentripetale Richtung; sie kommt zu uns vom Objekt her. Aber der Liebesakt beginnt erst nach dieser Erregung, besser: Reizung. Aus der Wunde, welche der aufreizende Pfeil des Objekts geöffnet hat, quillt die Liebe und wendet sich aktiv dem Objekt zu; sie bewegt sich in umgekehrtem Sinn wie der Reiz und wie jeder Wunsch. Sie geht vom Liebenden zum Geliebten – von mir zum anderen – in zentrifugaler Richtung. Dieser Charakter, sich seelisch in Bewegung zu befinden, auf dem Weg zu einem Objekt, dies unaufhörliche innere Hinwandern vom eigenen Sein zu dem des anderen, ist dem Haß und der Liebe wesentlich. Worin sich beide unterscheiden, werden wir noch sehen.

Doch handelt es sich nicht darum, daß wir uns physisch dem Geliebten entgegenbewegen, daß wir seine körperliche Nähe und Gemeinschaft suchen. Alle diese äußeren Akte entstehen ganz gewiß aus der Liebe als ihrer Ursache, aber zur Definition der Liebe sind sie belanglos, und aus dem Versuch, den wir gegenwärtig unternehmen, müssen wir sie völlig ausschalten. Alles, was ich sage, bezieht sich auf den Liebesakt als inneres Erlebnis, als Vorgang in der Seele.

Man kann zu Gott, den man liebt, nicht mit den Füßen des Leibes gehen, und dennoch heißt ihn lieben, zu ihm hingehen. Wenn wir lieben, geben wir die Ruhe und Seßhaftigkeit in uns selbst auf und wandern virtuell in den Gegenstand aus. Und dieses unaufhörliche Hinüberwandern heißt Liebe.

Der Akt des Denkens und der des Wollens sind momentan. Wir können sie mehr oder weniger lange vorbereiten, aber ihre Ausführung hat keine Dauer; sie geht im Handumdrehen vor sich; es sind punktuelle Akte. Ich verstehe einen Satz, wenn ich ihn verstehe, mit einem Schlag und in einem Augenblick. Die Liebe dagegen dauert in der Zeit; man liebt nicht in einer Reihe von ausdehnungslosen Augenblicken, von Punkten, die aufflammen und erlöschen wie der Funke einer Induktionsmaschine, man liebt das Geliebte beständig. Hieraus ergibt sich ein neues Merkmal der Liebe: sie ist ein Strömen, ein Strahl aus Seelenmaterie, ein Fluß, der ohne Unterbrechung wie aus einer Quelle hervorsprudelt. Wollten wir Metaphern suchen, die den gemeinten Wesenszug für die Anschauung deutlich machen, so könnten wir sagen, daß die Liebe keine Explosion ist, sondern ein dauerndes Quellen, eine seelische Ausstrahlung, die von dem Liebenden zum Geliebten geht.

Pfänder hat mit viel Scharfsinn auf diesen Charakter des Fließens und der Dauer an der Liebe und dem Haß hingewiesen.[1]

Drei Wesenszüge, alle drei der Liebe und dem Haß gemeinsam, haben wir aufgewiesen: Liebe und Haß sind zentrifugal, sie sind ein virtuelles Hingehen zum Objekt, und sie sind dauernd oder fließend.

Aber jetzt wollen wir den radikalen Unterschied zwischen beiden aufsuchen.

Sie haben beide dieselbe zentrifugale Richtung; aber innerhalb dieser einheitlichen Richtung haben sie einen verschiedenen Sinn, die entgegengesetzte Absicht. Der Haß geht gegen das Objekt, sein Sinn ist negativ. Die Liebe geht mit ihrem Objekt, sie bejaht es.

Beiden Gefühlsakten gemeinsam und tieferliegend als ihre Unterschiedenheit ist die folgende Eigenschaft. Dem Denken und dem Wollen fehlt etwas, was wir die seelische Temperatur nennen könnten. Liebe und Haß dagegen, verglichen mit einem Gedanken, der ein mathematisches Theorem denkt, haben eine Temperatur; sie sind heiß, und ihr Feuer kann überdies die verschiedensten Grade annehmen. Jede Liebe geht durch Perioden von wechselnden Temperaturen; die Umgangssprache weiß von Lieben, die sich abkühlen, und der Verliebte beklagt sich über die Lauheit oder die Kälte der Ge-

---

[1] Vgl. zur Phänomenologie der Gesinnungen, Jahrbuch für Philosophie und phänomenologische Forschung, Halle 1913.

liebten. Dies Kapitel von der Temperatur der Gefühle könnte uns ein Zwischenspiel lang durch abwechslungsreiche Gegenden der Seelenbeobachtung führen. Es würden sich vor uns Blicke in die Weltgeschichte, in die Moral und Kunst öffnen, die, soviel ich sehe, bis jetzt unbekannt sind. Wir sprächen von der verschiedenen Temperatur der großen geschichtlichen Völker, der Kälte Griechenlands, Chinas und des 18. Jahrhunderts, der mittelalterlichen Glut des romantischen Europas usw.; wir sprächen vom Einfluß der verschiedenen Seelentemperaturen auf die menschlichen Beziehungen – das erste, was zwei Wesen, die sich begegnen, voneinander spüren, ist ihr Gehalt an Gefühlskalorien –; von jener Qualität endlich, die an den künstlerischen, besonders den literarischen Stilen Temperatur genannt werden kann. Aber es ist unmöglich, das weite Thema auch nur abzustecken.

Was diese Temperatur der Liebe und des Hasses ist, läßt sich leichter verstehen, wenn wir sie vom Objekt her betrachten. Was tut die Liebe mit ihrem Objekt? Mag es ihr nah oder fern sein, sei es Gattin, Kind, Kunst, Wissenschaft, Vaterland oder Gott, die Liebe umwirbt das Geliebte. Der Wunsch freut sich des Gewünschten, er empfängt Behagen von ihm; aber er spendet nichts, er schenkt nichts, er selbst bringt nichts dar. Liebe und Haß aber sind ein beständiges Tun; ob nah oder fern, die Liebe hüllt ihren Gegenstand in eine günstige Atmosphäre, sie ist Liebkosung, Lob, Bestätigung. Der Haß hüllt den seinen, mit nicht weniger Feuer, in eine ungünstige Atmosphäre; er frißt ihn an, er dörrt ihn aus wie ein glühender Schirokko, er hebt ihn virtuell auf und zerstört ihn. Es ist, um es noch einmal zu sagen, nicht nötig, daß dies in Wirklichkeit geschieht; ich spreche von der Intention, die im Haß liegt, von dem inneren Tun, das den Haß zum Haß macht.

Diese entgegengesetzte Intention der beiden Affekte äußert sich noch in anderer Form: in der Liebe fühlen wir uns mit unserem Gegenstand vereinigt. Was bedeutet eine solche Vereinigung? Sie ist an sich keine körperliche Vereinigung, nicht einmal körperliche Nähe. Vielleicht lebt unser Freund – man vergesse die Freundschaft nicht, wenn man allgemein von der Liebe spricht – weit von uns, und wir wissen nichts von ihm. Dennoch sind wir bei ihm, in einem symbolischen Zusammensein; unsere Seele scheint sich wunderbar auszudehnen, Entfernungen zu überspannen, und wir fühlen uns, sei er wo immer, in einer wesenhaften Einheit mit ihm. Etwas hiervon meinen wir, wenn wir in einer schwierigen Stunde zu jemandem sagen: »Bauen Sie auf mich; ich bin bei Ihnen"; das heißt: Ihre Sache ist meine, ich verbinde mein Schicksal mit dem Ihren.

Der Haß dagegen, obgleich er unausgesetzt auf das Gehaßte hingeht, trennt uns von seinem Gegenstand in demselben symbolischen Sinn; er hält uns in radikaler Distanz von ihm, er reißt einen Abgrund auf. Liebe ist Herz an Herz, Eintracht; Haß ist Zwietracht, metaphysisches Widerstreben, ein absolutes Fernsein von dem Gehaßten.

Jetzt ahnen wir, worin diese Tätigkeit, diese Emsigkeit gewissermaßen, besteht, die wir sogleich an der

Liebe und dem Haß zum Unterschied von den passiven Gefühlen wie Freude oder Trauer wahrnahmen. Man sagt nicht umsonst: heiter sein, traurig sein; es ist in der Tat ein Sosein, keine Tätigkeit, kein Akt. Der Traurige oder Fröhliche, insofern er traurig oder fröhlich ist, tut nichts. Die Liebe dagegen gelangt in jener virtuellen Ausdehnung bis zu ihrem Gegenstand und liegt einem unsichtbaren, aber göttlichen Geschäft ob, dem aktivsten, das es gibt: sie bejaht ihr Objekt. Man überlege sich, was es heißt, die Kunst oder das Vaterland lieben. Es heißt, keinen Augenblick an ihrem Daseinsrecht zweifeln; es heißt in jedem Moment einsehen und bestätigen, daß sie wert sind, zu existieren. Und das nicht auf die Weise eines Richters, der kalt zugunsten eines Rechts entscheidet, sondern auf solche Art, daß der günstige Urteilsspruch zugleich Beteiligung und Eingreifen bedeutet. Umgekehrt ist der Haß gleichsam immer beschäftigt, das Gehaßte virtuell zu töten, in der Intention zu vernichten, sein Atemrecht zu unterdrücken. Jemanden hassen heißt, sich durch sein bloßes Dasein gereizt fühlen; nur das völlige Verschwinden des Gehaßten brächte Befriedigung.

Dies letzte scheint mir der wesentlichste Zug von Liebe und Haß zu sein. Wer einmal etwas liebt, trägt die Verpflichtung, daß es existiert; er kann, soweit es an ihm liegt, die Möglichkeit einer Welt nicht zulassen, in der dieser Gegenstand fehlt. Aber das ist dasselbe, als wären wir, soweit es an uns liegt, in der Intention immerfort dabei, diesem Geliebten Dasein zu geben. Liebe ist die ewige Lebensspenderin, die Schöpferin und Bewahrerin des Geliebten. Haß ist Vernichtung und virtueller Mord; aber nicht ein Mord, der einmal vollbracht wird, sondern hassen heißt, unablässig morden, das gehaßte Wesen aus der Welt auslöschen.

Stendhal hatte den Kopf voller Theorien; aber er hatte keine theoretische Begabung. Hierin, wie in einigen anderen Dingen, ähnelt er Pio Baroja, der auf jedes menschliche Vorkommnis zunächst mit einem wissenschaftlichen System reagiert. Ohne die gebotene Vorsicht betrachtet, sehen sie beide aus wie Philosophen, die in die Literatur geraten sind. Und doch sind sie das gerade Gegenteil davon. Wir brauchen nur darauf hinzuweisen, daß sie alle beide einen Überfluß an Philosophien besitzen. Der Philosoph dagegen besitzt nur eine. Das ist ein unfehlbares Kriterium zur Unterscheidung des echten theoretischen Temperaments von dem scheinbaren.

Der Theoretiker gelangt zu seinen systematischen Formulierungen, getrieben von dem heißen Bemühen, sich mit der Wirklichkeit in Einklang zu setzen. Zu diesem Ende trifft er unendliche Vorsichtsmaßnahmen; eine davon ist, die Vielheit seiner Gedanken in strenger Einheit und Einstimmigkeit zu halten. Denn das Wirkliche ist furchtbar Eines. Wie erschrak Parmenides, als er das entdeckte! Unser Denken und unsere Sinne dagegen sind unzusammenhängend, widerspruchsvoll und vielgestaltig. Bei Stendhal und Baroja wird der theoretische Ausdruck als bloßes·sprachliches Stilmittel verwendet, als eine literarische Form, die dem Gefühlsausbruch als Werkzeug dient. Ihre Theorien sind Gesänge. Sie denken »pro« und »contra«, was der Denker niemals tut; sie lieben und hassen in Begriffen. Darum sind ihre Teorien so zahlreich. Sie wimmeln wie Bakterien, zusammenhanglos und gegensätzlich, eine jede von dem Eindruck des Augenblicks erzeugt. In ihrer Eigenschaft als Gesänge künden sie die Wahrheit nicht über die Dinge, sondern über den Sänger.

Hiermit soll durchaus kein Tadel ausgesprochen werden. Als Gesamterscheinung beansprucht weder Stendhal noch Baroja, zu den Philosophen gezählt zu werden; und wenn ich auf diesen schwankenden Aspekt ihres geistigen Charakters hingedeutet habe, so geschah es nur aus Lust daran, die Wesen zu nehmen, wie sie sind. Sie scheinen Philosophen. Tant pis. Aber sie sind es nicht. Tant mieux.

Stendhals Fall jedoch ist bedenklicher als der Barojas, denn über einen Gegenstand wenigstens wollte er in vollkommenem Ernst theoretisieren. Und dazu noch über dasselbe Thema, das Sokrates, der Schutzpatron der Philosophen, als sein Spezialgebiet ansah: τὰ ἐρωτικά, die Dinge der Liebe.

Die Studie »De l'amour« ist eines der am meisten gelesenen Bücher. – Man tritt in das Zimmer der Gräfin, der Schauspielerin oder einfach einer Weltdame. Es gilt, einige Minuten zu warten. Zunächst werden – wir können es nicht hindern – unsere Blicke von den Bildern gefesselt; warum ist es unvermeidlich, daß Bilder an den Wänden hängen? Und warum gibt uns die Malerei immer denselben Eindruck von Willkür? Das Bild ist, wie es ist; aber es hätte ebensogut anders sein können. Wir ent-

340

behren immer jenes erregende Gefühl, auf etwas Notwendiges gestoßen zu sein. Dann die Möbel; und irgendwo ein paar Bücher. Ein Rücken. Was steht darauf? De l'amour. Wie im Sprechzimmer des Arztes die Abhandlung über die Krankheiten der Leber. Die Gräfin, die Schauspielerin, die Weltdame, alle haben sie den unvermeidlichen Ehrgeiz, Kennerinnen der Liebe zu sein, und wollen sich hier unterrichten; wie einer, der ein Automobil kauft, zur Ergänzung ein Handbuch über Explosionsmotoren erwirbt.

Das Buch ist bezaubernd zu lesen. Stendhal erzählt immer, selbst wenn er definiert, folgert und theoretisiert. Für meinen Geschmack ist er der beste Erzähler, den es gibt, der Erzerzähler vor dem Höchsten. Aber ist diese berühmte Theorie der Liebe als Kristallisation richtig? Warum hat man ihr nie eine erschöpfende Untersuchung gewidmet? Man zitiert sie, man überliefert sie, und niemand unterwirft sie einer angemessenen Analyse.

Wäre es nicht der Mühe wert? Man vergegenwärtige sich doch, im Grunde ist für diese Theorie die Liebe ihrem Wesen nach eine Täuschung. Nicht daß sie manchmal irrte, sondern sie ist an sich ein Irrtum. Wir verlieben uns, wenn unsere Einbildungskraft in eine andere Person Vollkommenheiten hineinlegt, die sie nicht hat. Eines Tages zerrinnt das Blendwerk, und mit ihm stirbt die Liebe. Das ist schlimmer, als wenn man nach altem Brauch die Liebe für blind erklärt. Für Stendhal ist sie weniger als blind: sie halluziniert. Sie sieht nicht nur das Wirkliche nicht; sie verfälscht es.

Man braucht diese Theorie nur von außen zu sehen,

um sie räumlich und zeitlich einordnen zu können. Sie ist ein typisches Erzeugnis des europäischen 19. Jahrhunderts. Sie trägt seine beiden Stigmata: Idealismus und Pessimismus. Die Lehre von der »Kristallisation« ist idealistisch, denn sie macht aus dem äußeren Objekt, auf das wir bezogen sind, eine bloße Abscheidung des Subjekts. Seit der Renaissance neigt der Europäer dazu, sich die Welt als Ausfluß des Geistes zu erklären. Bis zum 19. Jahrhundert ist dieser Idealismus verhältnismäßig heiter. Die Welt, die das Subjekt um sich herumstellt, ist auf ihre Weise wirklich, echt und sinnvoll. Aber die Kristallisationstheorie ist pessimistisch. Sie möchte beweisen, daß das, was wir für normale Funktionen des Geistes halten, nur Sonderfälle von Anomalien sind. Ähnlich sucht uns Taine zu überzeugen, daß die normale Wahrnehmung nur eine fortgesetzte Kollektivhalluzination ist. Und das ist typisch für die Denkart des vergangenen Jahrhunderts. Man erklärt das Normale durch das Anomale, das Höhere durch das Niedere. Es herrscht ein sonderbarer Eifer, das Universum als ein vollkommenes quid pro quo, etwas wesenhaft Verfälschtes darzutun. Der Ethiker bemüht sich, uns klarzumachen, daß jeder Altruismus ein verkappter Egoismus ist. Darwin beschreibt unverdrossen, wie der Tod das Leben formt, und macht aus dem Kampf ums Dasein die höchste vitale Kraft. Und Karl Marx sieht die Wurzel der Geschichte in dem Klassenkampf.

Aber die Wahrheit ist diesem eigensinnigen Pessimismus so sehr entgegengesetzt, daß sie sich in ihm einzunisten weiß, ohne daß der bittere Denker es merkt. So in der Lehre von der »Kristallisation«. Denn diese Theorie erkennt schließlich und endlich doch an, daß der Mensch nur das Liebenswürdige, das der Liebe Würdige, liebt. Aber da es das in der Wirklichkeit nicht zu geben scheint, muß er es erdichten. Und diese erdichteten Vollkommenheiten wecken Liebe. Es ist sehr leicht, das Ausgezeichnete eine Illusion zu nennen. Aber wer es tut, vergißt, sich das Problem zu stellen, das dann entsteht. Wenn alle diese Tugenden nicht existieren, wie gelangen wir zu ihrer Kenntnis? Wenn in der wirklichen Frau keine hinreichenden Gründe vorhanden sind, um das Herz zu entzücken, in welchem Traum-Badeort ist uns dann die imaginäre Schöne begegnet, die uns in Flammen setzen kann?

Offenbar wird die Gaukelkunst der Liebe hier übertrieben. Wenn wir erlebt haben, daß sie uns manchmal Eigenschaften vorspiegelte, die das geliebte Wesen nicht besaß, sollten wir uns fragen, ob in diesen Fällen nicht eher die Liebe selbst gefälscht war. Eine Psychologie der Liebe muß in bezug auf die Echtheit des Gefühls, das sie zergliedert, sehr mißtrauisch sein. Das Scharfsinnigste an Stendhals Traktat ist nach meiner Meinung die Vermutung, daß es Lieben gibt, die keine sind. Denn eben das bedeutet seine geistvolle Einteilung der Liebesarten in: amour-goût, amour-vanité, amour-passion usw. Ist eine Liebe als Liebe von Anfang an unecht, so ist es kein Wunder, wenn alles um sie her und insbesondere das Objekt, auf das sie sich richtet, gefälscht ist.

Nur die »amour-passion« ist legitim in Stendhals Augen. Ich glaube, daß er den Kreis der echten Liebe noch

immer zu weit zieht. Auch innerhalb der »amour-passion« sollte man noch verschiedene Arten unterscheiden.
Man lügt sich nicht nur eine Liebe aus Eitelkeit oder aus
goût vor. Es gibt eine andere unmittelbarere und dauern-
dere Quelle der Verfälschung. Die Liebe ist das Erlebnis,
das am meisten gepriesen worden ist. Die Dichter aller
Zeiten haben sie mit ihren kosmetischen Mitteln geputzt
und hergerichtet und ihr eine sonderbare abstrakte Wirklichkeit verliehen. So kennen und schätzen wir sie, ohne
sie geschmeckt zu haben, und nehmen uns vor, sie auszuüben, als sei sie eine Kunst oder ein Beruf. Man denke
sich aber einen Mann oder eine Frau, die aus der Liebe
schlechthin, in abstracto, das Ideal ihres Lebens machen.
Solche Menschen müssen beständig in einem Zustand
eingebildeter Verliebtheit leben. Sie brauchen nicht zu
warten, bis ein bestimmtes Objekt ihre erotischen Kräfte
löst; irgendein beliebiges dient ihnen. Sie lieben die Liebe,
und das Geliebte ist genau besehen nur ein Vorwand. Ein
so beschaffener Mensch muß, wenn er ein Freund des
Nachdenkens ist, zwangsläufig eine Art Kristallisationstheorie erfinden.

Stendhal ist einer dieser Liebhaber der Liebe. In seinem
Buch über das »Liebesleben Stendhals« sagt Abel Bonnard:
Er verlangt von den Frauen nichts als eine Vollmacht
zum Träumen. Er liebt, um sich nicht einsam zu fühlen;
aber in Wahrheit bestreitet doch er allein den Haupt-
anteil an seinen Liebesbeziehungen.

Es gibt zwei Klassen von Liebestheorien. Die eine enthält konventionelle Wahrheiten, bloße Gemeinplätze,
die der Autor wiederholt, ohne die darin ausgesprochene

Wirklichkeit voll erlebt zu haben. Die andere umfaßt gehaltvollere Erkenntnisse, die aus persönlicher Erfahrung stammen. So zeichnet und verrät sich in dem, was wir begrifflich über die Liebe äußern, das Profil unserer eigenen Liebeserlebnisse.

Der Fall Stendhals ist nicht zweifelhaft. Es handelt sich um einen Menschen, der nicht wirklich liebte und, vor allem, nicht wirklich geliebt wurde. Es ist ein Leben voll falscher Liebe. Von falscher Liebe jedoch bleibt in der Seele nichts übrig als das trübe Wissen um ihre Falschheit, die Erfahrung ihrer Vergänglichkeit. Wenn man Stendhals Theorie zerlegt und aufdröselt, sieht man klar, daß sie von hinten her gedacht ist; das heißt, daß für Stendhal das Hauptstück der Liebe ihr Ende ist. Wie soll man es aber erklären, daß die Liebe endet, wenn der geliebte Gegenstand derselbe bleibt? Ist man da nicht – wie Kant in seiner Erkenntnistheorie – zu der Annahme genötigt, daß unsere erotischen Regungen sich nicht durch den Gegenstand bestimmen, auf den sie gehen, sondern daß sich umgekehrt unsere entflammte Phantasie den Gegenstand hinbildet? Die Liebe stirbt, weil ihre Geburt ein Irrtum war.

Chateaubriand hätte nicht so gedacht, weil er die entgegengesetzte Erfahrung gemacht hatte. Er ist ein Mensch, der, selber unfähig zu wahrer Liebe, die Gabe besaß, wahre Liebe zu wecken. Eine Frau nach der anderen ging an ihm vorüber und verfiel ihm auf den ersten Blick und für immer – auf den ersten Blick und für immer. Chateaubriand hätte notwendig eine Liebestheorie aufstellen müssen, in der es der echten Liebe wesentlich war, niemals zu sterben und auf einen Schlag zu entstehen.

Ein Vergleich zwischen der Liebe Chateaubriands und der Stendhals stellte einen psychologisch höchst ergiebigen Gegenstand dar, welcher diejenigen einiges lehren könnte, die so leichthin über Don Juan sprechen. Hier handelt es sich um zwei Männer von gigantischer schöpferischer Kraft. Und nicht um zwei junge Gecken – denn das ist das lächerliche Bild, zu dem sich für gewisse beschränkte und öde Köpfe der Typus Don Juans verzerrt hat. Dennoch haben diese beiden Männer ihre besten Energien darangesetzt, in dauernder Verliebtheit zu leben. Sie haben es freilich nicht erreicht. Offenbar ist es nicht so leicht für eine erlauchte Seele, sich dem rasenden Gott preiszugeben. Aber Tatsache ist, daß sie es unablässig versuchten und daß sie sich fast immer die Illusion zu verschaffen wußten, als liebten sie. Sie nahmen ihre Liebesabenteuer viel ernster als ihr Werk. Wunderlicherweise halten nur die zu großen Werken Unfähigen das Gegenteil für gefordert, nämlich Wissenschaft, Kunst oder Politik ernst zu nehmen und die Liebe als leichte Ware zu verachten. Ich spreche nicht dafür noch dagegen. Ich beschränke mich auf die Feststellung, daß die großen schöpferischen Menschen gewöhnlich sehr wenig ernsthafte Leute waren im Sinn der kleinbürgerlichen Vorstellung von dieser Tugend.

Aber das Interessanteste vom Standpunkt der Don Juan-Psychologie ist der Gegensatz zwischen Stendhal und Chateaubriand. Von den beiden ist es Stendhal, der sich feuriger um die Frau bemüht. Dennoch ist er das gerade Gegenteil eines Don Juan. Der Don Juan ist der andere, der immer Ferne, in den Nebel seiner Traurigkeit Gehüllte, der wahrscheinlich nie eine Frau umwarb.

Der schwerste Irrtum, den man begehen kann, wenn es sich darum handelt, die Gestalt Don Juans zu umreißen, besteht darin, daß man sich nach Männern richtet, die ihr Leben damit hinbringen, den Frauen den Hof zu machen. Bestenfalls führt das zu einer untergeordneten und platten Art des Don Juan; aber das Wahrscheinlichere ist, daß man auf diesem Weg zu dem genau entgegengesetzten Typus gelangt. Was geschähe, wenn wir uns, um die Dichter zu definieren, an die schlechten Poeten hielten? Gerade weil der schlechte Dichter kein Dichter ist, werden wir bei ihm nur den Drang und den Zug finden, den Schweiß und die Mühe, womit er vergeblich erstrebt, was ihm nicht zuteil wurde. Der schlechte Poet ersetzt die fehlende Eingebung durch die traditionelle Ausstaffierung, die Mähne und den Schal. Genau so ist jener emsige Don Juan, der täglich sein Pensum Erotik absolviert, jener Don Juan, der so offenkundig ein Don Juan zu sein scheint, gerade die Verneinung und Leerform Don Juans.

Don Juan ist nicht der Mann, der die Frauen liebt, sondern der Mann, den die Frauen lieben. Das ist die unbezweifelbare menschliche Tatsache, welche die Schriftsteller, die sich das schwere Thema des Donjuanismus zur Aufgabe nahmen, etwas eingehender hätten betrachten sollen. Es ist eine Tatsache, daß es Männer gibt, in die sich die Frauen mit ungewöhnlicher Heftigkeit und Häufigkeit verlieben. Hier finden wir Stoff zum Nachdenken in Hülle und Fülle. Worin besteht diese sonderbare Gabe? Welches vitale Mysterium verbirgt sich hinter diesem Privileg? Das andere: Kapuzinerpredigten zu halten über irgendeine lächerliche Don Juan-Figur, die man nach Belieben zusammengefabelt hat, erscheint mir allzu harmlos, um fruchtbar zu sein. Es ist das ewige Laster der Prediger; sie erfinden einen dummen Manichäer, und dann weiden sie sich daran, den Manichäer zu widerlegen.

Stendhal verbringt vierzig Jahre damit, die Mauern der Weiblichkeit zu berennen. Er arbeitet ein ganzes strategisches System mit Haupt- und Lehrsätzen aus. Er tummelt sich, er verbeißt sich in die Aufgabe und verhebt sich an ihr. Vergebliche Mühe. Die wahrhafte Liebe einer Frau hat er niemals besessen. Das ist nicht allzu verwunderlich. Die meisten Männer teilen sein Schicksal. So daß sie schon zum Ausgleich für dieses Mißgeschick die Gewohnheit herausgebildet haben, eine gewisse vage Anhänglichkeit und Duldung der Frau, die mit tausend Mühen erkauft wird, als gute Liebe hinzunehmen. Es geschieht hier dasselbe wie auf ästhetischem Gebiet. Die meisten Menschen sterben, ohne jemals einen echten Kunstgenuß erlebt zu haben. Aber man ist übereingekommen, den Kitzel, den ein Walzer, oder die Spannung, die ein Roman erregt, dafür anzusehen.

Die Liebesabenteuer Stendhals waren Pseudoerlebnisse aus diesem Stamm. Die Bemerkung ist wichtig – Abel Bonnard legt in seiner »Vie amoureuse de Stendhal« nicht genug Nachdruck darauf –, weil sie den Grundirrtum in Stendhals Liebestheorie erklärt; sie steht auf der Basis einer falschen Erfahrung.

Stendhal glaubt – in Einklang mit seiner Erfahrung –, daß die Liebe »gemacht« wird, und ferner, daß sie endet. Beide Eigenschaften sind charakteristisch für die Pseudoliebe.

Chateaubriand dagegen findet die Liebe immer fertig vor; er braucht sich nicht zu bemühen. Die Frau geht an ihm vorüber und fühlt sich plötzlich im Spannungsfeld einer magischen Elektrizität. Sie ergibt sich sofort und ganz. Warum? Ah, das ist das Geheimnis, das uns die Theoretiker des Donjuanismus hätten offenbaren sollen. Chateaubriand ist kein schöner Mann. Er ist klein und hochschultrig. Immer übellaunig, unwirsch, unzugänglich. Seine Anhänglichkeit an die liebende Frau dauert acht Tage. Dennoch ist die Frau, die ihn mit zwanzig Jahren liebte, mit achtzig noch von dem Genius bezaubert, den sie vielleicht niemals wiedergesehen hat. Das ist keine Fabel; es sind belegbare Tatsachen.

Ein Beispiel unter vielen: die Marquise von Custine, die »première chevalière« Frankreichs. Sie stammte aus einer der vornehmsten Familien und war sehr schön. Während der Revolution wird sie, fast noch ein Kind, zur Guillotine verurteilt. Sie entgeht dem Schafott dank der Liebe, die sie in einem Schuster, einem Mitglied des Tribunals, erweckt. Sie flieht nach England. Als sie zurückkehrt, hat Chateaubriand soeben »Atala« veröffentlicht. Sie lernt den Autor kennen und ist sofort entflammt. Chateaubriand fällt in einer seiner krausen Launen ein, daß Madame de Custine das Schloß Fervaques kaufen könnte, einen alten Edelsitz, in dem Heinrich IV. eine Nacht verbrachte. Die Marquise zieht so viel sie

kann von ihrem nach der Emigration noch nicht ganz
retablierten Vermögen zusammen und kauft das Schloß.
Aber Chateaubriand zeigt keine Eile, es zu besuchen.
Endlich, nach langer Zeit, verbringt er einige Tage dort,
göttliche Stunden für die liebende Frau. Chateaubriand
liest ein Distichon, das Heinrich IV. mit seinem Jagd-
messer in den Kamin geschnitten hat:

> La dame de Fervaques
> mérite de vives attaques.

Die Stunden des Glücks vergehen im Nu, unwiederbring-
lich. Chateaubriand entfernt sich, um nicht wiederzu-
kehren; er steuert schon neuen Liebesinseln zu. Monate
vergehen, Jahre. Die Marquise de Custine nähert sich den
Sechzigern. Eines Tages zeigt sie das Schloß einem Be-
sucher. Wie dieser in den Saal mit dem großen Kamin
tritt, sagt er: »So ist dies der Ort, wo Chateaubriand zu
Ihren Füßen saß?« Und sie, rasch, erstaunt und gleichsam verletzt: »O nein, ich zu den Füßen Chateaubriands.«
Dieser Typus der Liebe, bei welchem ein Mensch
einem anderen ganz und für immer – gleichsam durch
eine metaphysische Pfropfung – verbunden wird, blieb
Stendhal unbekannt. Darum glaubt er, daß zum Wesen
der Liebe ihr Vergehen gehört; wenn doch die Wahrheit
wahrscheinlich dem Gegenteil näher liegt. Eine volle
Liebe, die aus der Wurzel der Person treibt, kann kaum
sterben. Sie ist für immer in die fühlende Seele eingesenkt. Die Umstände – Entfernung zum Beispiel – mögen ihr die notwendige Nahrung schmälern, und dann
wird die Liebe schrumpfen und sich in ein Sickerwasser

350

des Gefühls, eine verborgene Ader der Empfindungen verwandeln; aber sie wird nicht sterben. Als Gefühl dauert sie unversehrt fort. In jenem Urgrund fühlt die Liebende sich dem Geliebten bedingungslos verbunden. Der Zufall mag sie hierhin und dorthin treiben im physischen und sozialen Raum; es ficht sie nicht an, sie ist bei dem, den sie liebt. Das ist das vornehmste Kennzeichen der wahren Liebe: daß sie bei dem Geliebten ist, in einer Berührung und Nähe, die enger sind als die räumlichen; in einem vitalen Beieinandersein. Der treffendste, aber allzu technische Ausdruck wäre der, daß die Liebende ontologisch bei dem Geliebten ist, seinem Schicksal treu, sei es, wie es sei. Die Frau, die einen Dieb liebt, mag sich mit ihrem Körper irgendwo befinden, mit ihrem Bewußtsein ist sie im Gefängnis.

Die Metapher, die Stendhal das Wort »Kristallisation« zur Benennung seiner Liebestheorie geliefert hat, ist bekannt. Wenn man in den Salzminen von Hallein bei Salzburg einen entblätterten Zweig in die Sole wirft und ihn nach einigen Monaten wieder herauszieht, erscheint er wunderbar verwandelt. Die bescheidene botanische Form hat sich mit unzähligen schimmernden Kristallen bedeckt. Ein ähnlicher Vorgang spielt sich nach Stendhal in der zur Liebe fähigen Seele ab. Das Bild einer Frau, so wie sie ist, fällt in die Seele eines Mannes und überzieht sich dort allmählich mit einer Schicht erfundener Vollkommenheiten, die seine nackte Wirklichkeit aufs prächtigste ausschmücken.

Mir ist diese berühmte Theorie immer von Grund aus falsch erschienen. Vielleicht das einzige, was man daran retten kann, ist die implizite – nicht einmal ausdrückliche – Anerkennung, daß die Liebe in irgendeinem Sinn und auf irgendeine Art ein Drang nach dem Vollkommenen ist. Darum glaubt Stendhal annehmen zu müssen, daß wir der Realität Vollkommenheiten andichten. Dennoch verweilt er nicht bei dieser Tatsache; er nimmt sie für selbstverständlich, er läßt sie im Rücken seiner Theorie zurück und bemerkt nicht einmal, daß hier die bedeutungsvollsten, tiefsten und rätselhaftesten Gründe der Liebe liegen. Die Kristallisationstheorie beschäftigt sich eigentlich mehr damit, das Mißlingen der Liebe zu erklären, die Enttäuschung gescheiterter Begeisterungen; kurz, das Entlieben, nicht das Verlieben.

Als guter Franzose wird Stendhal oberflächlich in dem Augenblick, in dem er allgemein wird. Er geht an einer so gewaltigen und wesentlichen Tatsache vorüber, ohne sie zu beachten, ohne zu staunen. Aber zu staunen über das, was offenbar und selbstverständlich scheint, ist die Gabe des Philosophen. Seht, wie Plato ohne Umschweif und Zögern mit der Zange seiner Geistesscheren den zitternden Nerv der Liebe packt! »Die Liebe«, sagt er, »ist die Begierde, im Schönen zu zeugen.« Wie naiv! – lispeln die in der Liebe gelehrten Damen und trinken ihre Cocktails in allen Ritz-Hotels der Erde. Sie ahnen nichts von dem ironischen Wohlgefallen des Philosophen, wenn er in ihren reizenden Augen diesen Vorwurf der Naivität aufblitzen sieht. Sie vergessen ein wenig, daß der Philosoph, wenn er ihnen von Liebe spricht, nicht in sie verliebt ist, sondern ganz im Gegenteil. Wie Fichte darlegte, heißt philosophieren im eigentlichen Sinn: nicht leben und leben im eigentlichen Sinn: nicht philosophieren. Sich aus dem Leben entfernen, fliehen durch eine imaginäre Dimension, welch köstliche Gabe, die der Philosoph besitzt und dann vorzüglich wahrnimmt, wenn er den Frauen naiv erscheint. An der Lehre von der Liebe interessiert die Frau – ebenso wie Stendhal – nur die Psychologie im Kleinen und die Anekdote. Ich leugne nicht, daß beides interessant ist; ich erlaube mir nur, darauf hinzuweisen, daß hinter diesem allem die großen Probleme der Erotik liegen und in der tiefsten Schicht jenes, das Plato vor zweieinhalb Jahrtausenden aussprach. Betrachten wir, wenn auch nur mit einem Seitenblick, einen Moment die ungeheure Frage.

In der Sprache Platos ist »Schönheit« der konkrete Name für das, was wir allgemeiner »Vollkommenheit« zu nennen pflegen. Mit einiger Vorsicht formuliert, aber in strenger Anlehnung an die Theorie Platos ist sein Gedanke folgender: In jeder Liebe wohnt ein Drang, sich mit einem anderen Wesen zu vereinigen, das in unseren Augen auf eine bestimmte Art vollkommen ist. Sie ist die Bewegung unserer Seele gegen ein in irgendeinem Sinn Ausgezeichnetes, besser: Überlegenes hin. Ob diese Ausgezeichnetheit wirklich oder eingebildet ist, ändert nichts an der Tatsache, daß sich das erotische Gefühl – genauer die Geschlechtsliebe – nur in uns regt beim Anblick von etwas, was uns als Vollkommenheit gilt. Der Leser versuche, sich einen Liebeszustand – eine Geschlechtsliebe – vorzustellen, bei dem der Gegenstand in den Augen des Liebenden nicht irgendeine ausgezeichnete Eigenschaft besitzt, und er wird sehen, daß es unmöglich ist. Sich verlieben heißt zunächst, sich von irgend etwas bezaubert fühlen (wir werden noch eingehender sehen, was es mit dieser »Bezauberung« auf sich hat), und etwas kann nur bezaubern, wenn es Vollkommenheit ist oder zu sein scheint. Ich behaupte nicht, daß das Geliebte ganz und gar vollkommen scheint – das ist der Irrtum Stendhals. Es genügt, daß irgendeine Vollkommenheit an ihm ist; und Vollkommenheit, das ist klar, bedeutet innerhalb des menschlichen Horizontes nicht das absolut Gute, sondern das, was besser ist als das übrige, was durch gewisse Eigenschaften hervorragt; mit einem Wort: das Ausgezeichnete.

Das ist das erste. Weiter weckt nun eine solche Auszeichnung die Sehnsucht nach der Vereinigung mit der Person, der sie anhaftet. Worin besteht diese »Vereinigung«? Die echtesten Liebenden werden wahrheitsgetreu sagen, daß sie – wenigstens im Vordergrund des Bewußtseins – keine Begierde nach körperlicher Vereinigung empfanden. Der Punkt ist heikel und verlangt größte Genauigkeit. Es ist nicht so, daß der Liebende nicht auch die fleischliche Vereinigung mit der Geliebten wünschte. Aber obgleich er sie wünscht, wäre es »auch« falsch, zu sagen, daß es dies ist, was er wünscht.

Eine wichtige Bemerkung ist hier vonnöten. Man hat – vielleicht mit der einzigen Ausnahme Schelers – niemals scharf genug zwischen »Geschlechtsliebe« und »Geschlechtsinstinkt« unterschieden, so daß, wenn jene genannt wird, meist dieser gemeint ist. Gewiß erscheinen die Instinkte im Menschen fast immer an überinstinktive Regungen seelischer, ja geistiger Art gebunden. Sehr

354

selten sehen wir einen reinen Instinkt isoliert wirken. Die übliche Vorstellung, die man von der »physischen Liebe« hat, ist nach meiner Meinung übertrieben. Es geschieht nicht so leicht und nicht so häufig, daß man sich ausschließlich physisch angezogen fühlt. In den meisten Fällen verstärkt und verschränkt sich die sinnliche Begierde mit Keimen von Gefühlswallungen, Bewunderung für die körperliche Schönheit, Zuneigung usw. Immerhin finden wir reichlich genug Fälle eines rein instinktmäßigen sexuellen Verhaltens, um es von der echten »Geschlechtsliebe« unterscheiden zu können. Der Unterschied liegt vor allem in den beiden extremen Fällen klar zutage: wenn nämlich auf die Ausübung des Geschlechtstriebs aus moralischen oder durch die Umstände bedingten Gründen verzichtet wird, oder wenn im Gegenteil sein Übermaß in Geilheit ausartet. Bei beiden Fällen geht, im Unterschied zur Liebe, die reine Wollust – gewissermaßen die reine Unreinheit – ihrem Objekt voraus. Man spürt Begierde, ehe man die Situation oder die Person kennt, die sie befriedigt. Die Folge davon ist, daß sie mit irgend jemandem befriedigt werden kann. Der Instinkt, solange er bloßer Instinkt ist, zieht nicht vor. Er ist an sich kein Drang nach einer Vollkommenheit.

Der Geschlechtsinstinkt sichert vielleicht die Erhaltung der Rasse, aber nicht ihre Vervollkommnung. Die echte Geschlechtsliebe dagegen, die Begeisterung für ein anderes Wesen, seine Seele und seinen Leib in unlöslicher Einheit, ist selbst ursprünglich eine gewaltige Kraft, der die Verbesserung der Rasse obliegt. Anstatt ihrem Objekt voraufzugehen, wird sie vielmehr stets durch ein

Wesen geweckt, das uns entgegentritt; und es ist irgendeine vortreffliche Eigenschaft an diesem Wesen, die den Liebesvorgang auslöst.

Dieser hat kaum begonnen, so empfindet der Liebende einen eigentümlichen Zwang, seine Individualität in der des anderen aufzulösen und umgekehrt die des Geliebten in seine eigene einzusaugen. Rätselhaftes Begehren! Während wir in allen anderen Fällen des Lebens nichts mehr verabscheuen, als die Grenzen unseres individuellen Daseins durch ein anderes Wesen verletzt zu sehen, besteht die Süße der Liebe darin, daß der Liebende in metaphysischem Sinn durchlässig wird und nur in der Verschmelzung mit der Geliebten, in einer »Individualität zu zweit« Befriedigung findet. Dies erinnert an die Lehre der Saint-Simonisten, wonach das wahrhafte menschliche Individuum das Paar aus Mann und Weib ist. Doch bleibt die Sehnsucht nach Verschmelzung hierbei nicht stehen. Die volle Liebe gipfelt in einem mehr oder weniger klaren Wunsch, die Vereinigung in einem Kind zu symbolisieren, in dem die Vollkommenheiten des geliebten Wesens fortdauern und sich behaupten. In diesem dritten Moment und Niederschlag der Liebe sammelt sich ihr wesentlicher Sinn in aller Reinheit. Das Kind ist weder des Vaters noch der Mutter; es ist die verkörperte Einheit beider und ist Streben nach Vollkommenheit, gebildet in Fleisch und Blut. Plato – der Naive – hatte recht: die Liebe ist Begierde, im Schönen zu zeugen, oder wie ein anderer Platoniker, Lorenzo de' Medici, später sagen sollte, sie ist »appetito di bellezza«.

Die neueren Theorien haben den kosmologischen Ge-

sichtspunkt verloren und sind fast ausschließlich psychologisch geworden. Die verfeinerte Psychologie der Liebe
hat, indem sie eine scharfsinnige Kasuistik ausbildete,
unsere Aufmerksamkeit von der kosmischen, der elementaren Seite der Liebe abgelenkt. Auch wir werden uns
jetzt auf das psychologische Gebiet begeben, allerdings
nur, um seine prinzipiellsten Fragen in Angriff zu nehmen; aber wir dürfen dabei nicht vergessen, daß die
bunte Geschichte unserer Liebeserlebnisse mit all ihren
Verwicklungen und Zufällen letzten Endes von jener
elementaren kosmischen Kraft gespeist wird, die unsere
Seele – sie sei primitiv oder verfeinert, einfach oder
schwierig, von diesem oder von jenem Jahrhundert –
nur verwaltet und verschieden formt. Über den Turbinen
und Maschinen mannigfaltiger Art, die wir in den Strom
hineinsenken, dürfen wir nicht seine uranfängliche Kraft
vergessen, die uns geheimnisvoll treibt.

Man kann nicht leugnen, daß der Gedanke der »Kristallisation« auf den ersten Blick sehr bestechend aussieht. Es geschieht in der Tat häufig genug im Lauf unserer Liebeserlebnisse, daß wir uns auf einem Irrtum er-
tappen. Wir haben in der Geliebten Schönheiten und Lie-
benswürdigkeiten vermutet, die ihr abgehen. Muß man
Stendhal nicht recht geben? Ich glaube nicht; es kann geschehen, daß jemand nicht recht hat, einfach weil er zu
viel Recht hat. Wir irren uns auf Schritt und Tritt in
unserem Umgang mit der Wirklichkeit und sollten einzig
in der Liebe unfehlbar sein? Wir projizieren immerfort
Elemente unserer Phantasie in das reale Objekt hinein.
Die Dinge sehen – wieviel mehr sie werten! – heißt bei

dem Menschen immer, sie ergänzen. Schon Descartes bemerkte, daß er eine Ungenauigkeit beging, wenn er beim Öffnen des Fensters Menschen auf der Straße zu sehen glaubte. Was sah er eigentlich? »Chapeaux et manteaux; rien de plus.« (Eine wunderliche Beobachtung, würdig eines impressionistischen Malers, welche uns an die Petits Chevaliers von Velázquez aus dem Louvre erinnert, die Manet kopierte.) Genaugenommen sieht niemand die Dinge in ihrer nackten Wirklichkeit. Der Tag, an dem das geschähe, wäre der Jüngste Tag der Welt, die Stunde der großen Offenbarung. Inzwischen halten wir die Wahrnehmung des Wirklichen für getreu, wenn sie uns inmitten eines phantastischen Nebels wenigstens das Gerüst der Welt, ihre großen tektonischen Linien erfassen läßt. Viele, die meisten kommen nicht einmal so weit: sie leben von Worten und Suggestionen, sie traben wie im Traum durch das Leben, in ihrem Wahn gefangen. Was wir Genie nennen, ist nur die wunderbare Kraft irgendeines Menschen, diesen Nebel ein wenig auseinanderzuschieben und durch ihn hindurch, vor Nacktheit fröstelnd, ein neues, echtes Stück Wirklichkeit zu entdecken.

Was an der Kristallisationstheorie zutrifft, geht demnach über das Problem der Liebe hinaus. Unser ganzes geistiges Leben ist in wechselndem Ausmaß »Kristallisation«. Sie ist durchaus nichts der Liebe Eigentümliches. Man könnte höchstens vermuten, daß die Kristallisation im Fall der Liebe ungewöhnlich zunimmt. Aber auch das ist vollkommen falsch, wenigstens in dem Sinn, den Stendhal meint. Die Wertungen des Liebenden sind nicht weniger unzuverlässig als die des politischen Parteigängers, des Künstlers, des Kaufmanns usw. Man ist in der Liebe ungefähr ebenso stumpf oder ebenso scharf, wie man es für gewöhnlich in seinem Urteil über den Nächsten ist. Die meisten Leute sind schwerfällig im Erfassen des Menschen, der ja in der Tat der undurchsichtigste und heikelste Teil der Schöpfung ist.

Um Stendhals Theorie abzutun, genügt es, auf die Fälle hinzuweisen, in denen offenbar keine Kristallisation vorliegt. Es sind dies gerade Musterbeispiele der Liebe, in denen beide Partner klaren Geistes sind und, innerhalb der menschlichen Grenzen, nicht irren. Eine Theorie der Erotik muß mit der Erklärung ihrer vollkommensten Formen beginnen, anstatt sich von vornherein an der Pathologie des zu untersuchenden Gegenstandes zu orientieren, und Tatsache ist, daß der Mann in jenen guten Fällen, anstatt erdichtete Vollkommenheiten in die Frau hineinzuprojizieren, vielmehr sogleich Tugenden ihm bis dahin unbekannter Art in ihr vorfindet. Es handelt sich ja gerade um weibliche Eigenschaften. Wie können diese, wenn sie ein wenig originell sind, vor aller Wirklichkeit im Geist eines Mannes existieren? Oder umgekehrt um männliche Vorzüge, welche die Frau in ihrer Phantasie antizipiert hätte? Das Quantum Wahrheit, das in der Möglichkeit einer Vorwegnahme und gleichsam Erfindung von Tugenden liegt, denen man in der Wirklichkeit noch nicht begegnet ist, hat nichts mit dem Gedanken Stendhals zu tun. Wir werden über diesen schwierigen Punkt noch sprechen.

Stendhals Theorie enthält vor allem einen kapitalen

Beobachtungsfehler. Sie hält es offenbar für ausgemacht, daß die Liebe eine erhöhte Tätigkeit des Bewußtseins mit sich führt. Die Kristallisation scheint auf einen Überfluß an geistiger Energie, eine Bereicherung und Erhöhung hinzudeuten. Nun wohl; man muß es beherzt aussprechen, die Verliebtheit ist ein Zustand seelischer Armut, der das Leben unseres Bewußtseins verengt, verödet und lähmt.

Ich habe gesagt die »Verliebtheit«. Bei Strafe, einige weitere der üblichen Ungereimtheiten zum Thema der Liebe vorzubringen, müssen wir unsere Terminologie etwas verschärfen. Mit dem Wort »Liebe«, das so einfach ist und mit so wenigen Buchstaben zu schreiben, werden unzählige, unter sich derart verschiedene Erscheinungen bezeichnet, daß man zweifeln könnte, ob sie überhaupt etwas miteinander gemein haben. Wir sprechen von der »Liebe zu einer Frau«, aber auch von »Gottesliebe«, »Vaterlandsliebe«, »Mutter- und Sohnesliebe« usw. Ein und derselbe Laut deckt und nennt die vielgestaltigste Gefühlsfauna.

Gibt es irgendeine wesentliche Ähnlichkeit zwischen der »Liebe zur Wissenschaft« und der »Liebe für eine Frau«? Wenn wir die beiden Seelenzustände einander gegenüberstellen, finden wir, daß fast alle ihre Elemente verschieden sind. Dennoch stimmen sie in einem Bestandteil überein, den eine sorgfältige Analyse uns in jeder der beiden Erscheinungen zu isolieren gestattet. Haben wir ihn frei und abgetrennt von den übrigen Faktoren vor uns, welche in die beiden Seelenzustände eingehen, so werden wir erkennen, daß den Namen »Liebe« im engeren Sinn einzig dieser allen Abwandlungen der Liebe gemeinsame Kern verdient. Nur vermöge einer praktischen, aber ungenauen Erweiterung wenden wir ihn auf den gesamten Seelenzustand an, obgleich dieser vieles enthält, was nicht eigentlich »Liebe«, ja nicht einmal Gefühl ist.

Die Liebe – das heißt die Liebe allein, nicht der totale Seelenzustand des Menschen, welcher liebt – ist ein reiner Gefühlsakt, der auf irgendein beliebiges Objekt, eine Sache oder eine Person, geht. Als *Gefühls*akt ist sie einerseits geschieden von allen erkennenden Akten – wahrnehmen, beachten, denken, erinnern, vorstellen –, andererseits von dem Wunsch, mit dem sie häufig verwechselt wird. Man wünscht ein Glas Wasser, wenn man durstig ist; aber man liebt es nicht. Gewiß entstehen Wünsche aus der Liebe, aber die Liebe selbst ist kein Wünschen. Wir wünschen dem Vaterland, daß es gedeiht, und wünschen, in ihm zu leben, »weil« wir es lieben. Unsere Liebe ist früher als diese Wünsche, die aus ihr entstehen wie die Pflanze aus dem Samen.

Als Gefühls*akt* unterscheidet sich die Liebe von den *Zuständen* des Gefühls wie Freude oder Trauer. Diese sind gleichsam Färbungen unserer Seele. Man ist traurig, oder man ist fröhlich in einem reinen Sichbefinden. Die Fröhlichkeit an sich enthält kein Tätigkeitsmoment, wenn sie auch zum Tun führen kann. Die Liebe dagegen ist nicht einfach ein Sosein, sondern eine Bewegung auf das Geliebte hin. Und ich meine damit nicht die physischen oder geistigen Bewegungen, welche die Liebe hervorruft, sondern daß die Liebe selbst, ihrem Wesen nach, ein hinüberströmender Akt ist, in welchem wir dem Geliebten entgegenstreben. Auch wenn wir in Ruhe und tausend Meilen von ihm entfernt sind, ja ohne daß wir an ihn denken, geht, wenn wir ihn lieben, ein unnennbarer Strom von Wärme und Bejahung von uns zu ihm. Das wird klar, wenn wir der Liebe den Haß gegenüberstellen. Jemanden oder etwas hassen ist kein passives Sosein wie das Traurigsein, sondern es ist in gewisser Weise Tun, ein furchtbares, verneinendes Tun, eine ideelle Vernichtung des Gegenstandes. Diese Erkenntnis, daß es Gefühlsakte gibt, die sich von allen körperlichen und allen anderen geistigen Akten, wie den erkennenden, strebenden, wollenden, abheben, scheint mir von entscheidender Bedeutung für die Feinpsychologie der Liebe. Wenn man von der Liebe spricht, beschreibt man fast immer ihre Folgen oder Begleitumstände, ihre Entstehungsursachen oder ihre Leistungen. Fast niemals erfaßt man die Liebe selbst in dem, was ihr an Eigentümlichem und Unterscheidendem gegenüber der sonstigen psychischen Fauna zukommt.

Jetzt erscheint es möglich, daß die »Liebe zur Wissenschaft« und die »Liebe zu einer Frau« etwas Gemeinsames haben. Dieser Gefühlsakt, diese unsere warme, jasagende Teilnahme an einem anderen Sein um seiner selbst willen, kann ich ebensogut auf ein Stück Erde (das Vaterland) wie auf eine andere Person oder eine Gattung menschlicher Beschäftigungen (den Sport, die Wissenschaft usw.) richten. Und wir sollten hinzufügen, daß alles, was nicht reiner Gefühlsakt, alles, was in der »Liebe zur Wissenschaft« verschieden ist von der »Liebe zu einer Frau«, nicht Liebe im eigentlichen Sinn ist.

Es gibt viele »Lieben«, in denen alles vorhanden ist außer der echten Liebe: Begehren, Neugier, Trotz, Besessenheit, ehrliche Gefühlstäuschung, nur nicht jene warme Bejahung des anderen Seins, gleichgültig, wie es sich zu uns verhält. Aber auch in die »Lieben«, in denen dieses köstliche Ingrediens tatsächlich enthalten ist, gehen, das darf man nicht vergessen, viele andere Elemente neben der Liebe sensu stricto ein.

Wir pflegen im weiteren Sinn die »Verliebtheit« Liebe zu nennen, einen höchst verzwickten Seelenzustand, worin die eigentliche Liebe die zweite Rolle spielt. Stendhal meint die Verliebtheit; aber er nennt sein Buch »De l'amour« in mißbräuchlicher Verallgemeinerung, welche die Beschränktheit seines philosophischen Horizontes verrät.

Nun wohl; von dieser »Verliebtheit«, welche die Kristallisationstheorie uns als eine erhöhte Tätigkeit der Seele hinstellt, wollte ich sagen, daß sie eher eine Verengung und Lähmung unseres Bewußtseins ist. Unter ihrer Herrschaft sind wir weniger und nicht mehr als im gewöhnlichen Dasein. Im weiteren Verfolg dieser Behauptung werden wir dazu kommen, die Psychologie der erotischen Ergriffenheit in großen Zügen zu entwerfen.

Die »Verliebtheit« ist in erster Linie ein Phänomen der Aufmerksamkeit.

In jedem beliebigen Moment, in dem wir den Ablauf unseres Bewußtseins überraschen, finden wir sein Feld von einer Vielfalt innerer und äußerer Gegenstände besetzt. Diese Objekte, die jeweils unseren geistigen Raum erfüllen, bilden nie einen wirren Haufen. Sie tragen immer ein Mindestmaß von Ordnung, eine Hierarchie. Wir sehen immer irgendeines von ihnen unter den übrigen herausgehoben und bevorzugt, besonders erhellt, als ließe es der Brennpunkt unserer Seele in seinem Glanz aufleuchten, es von dem Rest absondernd. Es gehört zum Wesen unseres Bewußtseins, etwas zu beachten. Aber es ist ihm nicht möglich, auf eines zu merken, ohne anderes unbemerkt zu lassen, das dann wie ein Chor oder ein Hintergrund in einer Gegenwart zweiter Ordnung verharrt.

Da die Anzahl der Objekte, aus denen sich die Welt eines jeden Menschen zusammensetzt, sehr groß und das Feld unseres Bewußtseins begrenzt ist, besteht unter ihnen eine Art Kampf um die Eroberung unserer Aufmerksamkeit. In dieser Zone größter Helligkeit spielt sich unser seelisches und geistiges Leben im eigentlichen Sinn ab. Das übrige – das Gebiet des Bewußten, aber Unbeachteten und darüber hinaus das des Unterbewußten usw. – ist nur ein Leben der Möglichkeit nach, gleichsam Vorbereitung, Rüstkammer oder Speicher. Man kann das beachtende Bewußtsein als den eigentlichen Raum unserer Persönlichkeit ansehen. Es ist darum dasselbe, wenn wir sagen, daß wir einen Gegenstand beachten, wie wenn wir sagen, daß dieser Gegenstand einen bestimmten Raum in unserer Persönlichkeit innehat.

Normalerweise nimmt das beachtete Objekt jenes bevorzugte Zentrum nur für einige Augenblicke ein und wird alsbald daraus verdrängt, um einem anderen seine

Stelle zu überlassen. Die Aufmerksamkeit wendet sich im allgemeinen von einem Gegenstand zum anderen, indem sie je nach seiner Lebenswichtigkeit länger oder kürzer bei ihm verweilt. Nun stelle man sich vor, daß eines schönen Tages unsere Aufmerksamkeit gelähmt würde und an einem Gegenstand hängenbliebe. Die übrige Welt wäre ausgeschaltet, fern, wie nicht vorhanden, und da jede Vergleichsmöglichkeit fehlte, nähme der anomal beachtete Gegenstand ungeheure Maße für uns an. Solche Maße, daß er eigentlich unseren geistigen Horizont völlig erfüllte, daß er allein uns die ganze Welt bedeutete, die uns dank unserer radikalen Unaufmerksamkeit abhanden gekommen wäre. Es geschähe dasselbe, wie wenn wir unsere Hand vor die Augen halten und sie, so klein sie ist, uns die Landschaft verdeckt und unser ganzes Gesichtsfeld einnimmt. Das Beachtete hat für uns ipso facto mehr Realität, ein kräftigeres Dasein als das Unbeachtete, das als blasser Hintergrund und fast wie ein Phantom an der Peripherie unseres Geistes wartet. Da es mehr Realität hat, ist es klar, daß es höhere Schätzung erfährt, mächtiger und wichtiger wird und den verdunkelten Rest des Universums ersetzt.

Wenn sich die Aufmerksamkeit länger und häufiger als normal an einen Gegenstand heftet, sprechen wir von »Besessenheit«. Der Besessene ist ein Mensch mit gestörter Aufmerksamkeitsfunktion. Fast alle großen Männer waren Besessene; nur daß uns die Folgen ihrer Manien, ihrer fixen Ideen, nützlich oder bewundernswert scheinen. Als man Newton fragte, wie er seine Himmelsmechanik entdeckt habe, antwortete er: »Nocte dieque incubando«,

Tag und Nacht brütend. Das ist die Erklärung eines Besessenen. In der Tat, nichts charakterisiert einen Menschen so gut wie das Verhalten seiner Aufmerksamkeit. Sie nimmt in jedem Individuum andere Gestalt an. So ist für den Nachdenklichen, der gewöhnt ist, bei jedem Thema zu verweilen, um ihm seinen verstecktesten Reiz abzuringen, die Leichtigkeit, mit welcher die Aufmerksamkeit des Weltmanns von Gegenstand zu Gegenstand gleitet, schwindelerregend. Den Weltmann dagegen ermüdet und lähmt die Langsamkeit des Denkers, dessen Aufmerksamkeit wie ein Schleppnetz den rauhen Boden der Tiefe abschürft. Ferner ist da die Verschiedenheit in bezug auf die Lieblingsgegenstände der Aufmerksamkeit, durch welche recht eigentlich die Grundzüge des Charakters bestimmt werden. Mancher verfällt in Grübelei, als wäre er in einer Versenkung verschwunden, wenn in dem Gespräch eine wirtschaftliche Bemerkung fällt. Bei anderen wendet sich die Aufmerksamkeit spontan der Kunst oder sexuellen Gegenständen zu. Man sollte das Sprichwort dahin variieren: Sage mir, was du beachtest, und ich will dir sagen, wer du bist.

Nun wohl; ich glaube, daß die »Verliebtheit« ein Phänomen der Aufmerksamkeit ist, eine Anomalie der Aufmerksamkeit, die bei normalen Menschen auftritt.

Schon der Beginn der »Verliebtheit« zeigt das. In der Gesellschaft sehen sich viele Frauen vielen Männern gegenüber. Im neutralen Zustand gleitet die Aufmerksamkeit jedes Mannes und jeder Frau gleichmäßig über die Vertreter des Gegengeschlechts hin. Aus Gründen alter Zuneigung, naher Verwandtschaft usw. mag die

Aufmerksamkeit einer Frau ein wenig länger bei diesem als bei jenem Mann verweilen; aber das Mißverhältnis zwischen der Beachtung des einen und der Nichtbeachtung des anderen ist nicht groß; und abgesehen von diesen kleinen Unterschieden stehen alle Männer, welche die Frau kennt, gewissermaßen in gleicher Beachtungsdistanz zu ihr, in gerader Linie. Aber eines Tages ist es mit dieser Gleichverteilung der Aufmerksamkeit aus. Die Aufmerksamkeit der Frau zeigt eine Neigung, von selbst bei einem dieser Männer zu verweilen, und plötzlich kostet es sie eine Anstrengung, ihre Gedanken von ihm zu lösen, anderen Menschen oder anderen Dingen ihre Teilnahme zuzuwenden. Die gerade Linie ist durchbrochen: einer der Männer ist hervorgetreten und steht jetzt in geringerer Beachtungsdistanz zu dieser Frau.

»Verliebtheit« ist in ihren Anfängen nichts als dies: ein anomales Verweilen der Aufmerksamkeit auf einem anderen Menschen. Weiß dieser seine privilegierte Lage zu nutzen und eine solche Bindung klug zu nähren, so rollt das übrige unaufhaltsam wie ein Mechanismus ab. Er wird immer weiter vor die Reihe der anderen, der Gleichgültigen, hinausrücken und immer mehr Raum in der gebannten Seele einnehmen, die den Blick von diesem Bevorzugten nicht mehr abzuwenden vermag. Die anderen Menschen und Dinge werden allmählich aus ihrem Bewußtsein verdrängt. Wo die Verliebte sich immer befindet, welches auch ihre scheinbare Beschäftigung ist, ihre Gedanken werden vermöge ihrer eigenen Schwere auf jenen Mann zufallen. Und umgekehrt kostet es sie große Gewalt, ihre Aufmerksamkeit einen Augenblick aus dieser Richtung herauszureißen und auf die Bedürfnisse des Lebens zu richten.

Es ist also keine Rede von einer Bereicherung unseres Seelenlebens. Ganz im Gegenteil. Die Dinge, die uns vorher beschäftigten, werden in wachsendem Maße ausgeschieden. Das Bewußtsein verengert sich und enthält nur noch einen Gegenstand. Die Aufmerksamkeit ist gelähmt; sie gleitet nicht mehr von einem Objekt zum anderen. Sie ist unbeweglich, starr, von einem einzigen Wesen eingefangen. ϑεῖα μανία, göttliche Besessenheit, sagt Plato. (Wir werden noch sehen, woher dies befremdende und übertriebene »göttlich« kommt.)

Der Verliebte jedoch hat den Eindruck, daß das Leben seines Bewußtseins reicher geworden ist. Seine Welt verdichtet sich, indem sie sich beschränkt. Alle seine Seelenkräfte streben gegen einen einzigen Angriffspunkt, und das gibt seinem Dasein fälschlich den Anschein außerordentlicher Steigerung.

Zugleich bringt diese Ausschließlichkeit der Aufmerksamkeit an dem bevorzugten Objekt herrliche Eigenschaften zutage. Nicht daß ihm Vollkommenheiten angedichtet würden. (Ich habe schon gezeigt, daß dies geschehen kann, aber weder notwendig noch wesentlich ist, wie Stendhal irrtümlich meinte.) Nur sieht der Liebende sein Objekt deutlicher als der Gleichgültige. Es rückt für ihn in ein Licht, in dem es seine verborgensten Vorzüge offenbart. Der Gegenstand einer so gespannten und hartnäckigen Aufmerksamkeit muß für das Bewußtsein eine unvergleichliche Wirklichkeitskraft gewinnen. Er ist immer da, uns zur Seite, seiender als irgend etwas anderes. Alles andere müssen wir suchen, mühsam unsere Aufmerksamkeit darauf richtend, die doch von dem geliebten Wesen gefesselt ist.

Schon hier stoßen wir auf eine große Ähnlichkeit zwischen der Verliebtheit und der mystischen Begeisterung. Die Mystik spricht von der »Gegenwart Gottes«. Das ist keine Phrase; es steht eine echte Tatsache dahinter. Kraft des Gebets, der Meditation, der Hinwendung zu Gott erlangt Gott für die Mystiker eine solche gegenständliche Festigkeit, daß er nie aus ihrem geistigen Blick verschwindet. Er steht immer darin, eben weil die Aufmerksamkeit ihn nie losläßt. Jede Andeutung einer Bewegung läßt sie an Gott stoßen, das heißt zu der Vorstellung Gottes zurückkehren. Es gibt nichts, was diese dauernde Gegenwart, die Gott für den Mystiker hat, nicht vollbringen könnte. Der Gelehrte, dem Jahre und Jahre im Nachdenken über ein Problem vergehen, oder der Dichter, der die Sorge um seine erfundenen Personen beständig mit sich herumträgt, kennt die gleiche Erscheinung. So Balzac, wenn er eine geschäftliche Unterredung mit den Worten abbricht: »Eh bien, kehren wir zur Wirklichkeit zurück. Sprechen wir von César Birotteau!« Und ebenso ist für den Verliebten die Geliebte immer und überall gegenwärtig. Die ganze Welt ist gleichsam in sie eingesenkt. Im Grunde ist für den Verliebten die Welt überhaupt nicht vorhanden. Die Geliebte hat sie verdrängt und ersetzt. Darum sagt der Liebende in einem irischen Lied: Geliebte, du bist mein Teil Welt.

Lassen wir die romantischen Gesten und erkennen wir in der »Verliebtheit« – ich wiederhole, daß ich nicht von der Liebe sensu stricto spreche – einen untergeordneten Geisteszustand, eine Art vorübergehenden Schwachsinns. Ohne eine geistige Versteifung, ohne eine Reduktion unserer gewöhnlichen Welt können wir uns nicht verlieben.

Diese Beschreibung der »Liebe« ist, wie man sieht, der Stendhalschen entgegengesetzt. Anstatt viele Dinge (Vollkommenheiten) mit einem Objekt zu verknüpfen, wie die Kristallisationstheorie annimmt, isolieren wir einen Gegenstand auf anomale Art und vergessen über ihm die Welt, gebannt und gelähmt wie das Huhn vor dem Kreidestrich, der es hypnotisiert.

Damit soll die gewaltige Erscheinung der Liebe, die so wunderbar durch die Geschicke der Völker und Menschen wetterleuchtet, nicht herabgesetzt werden. Liebe ist eine Schöpfung edelster Art, eine herrliche Leistung der Seelen und Körper. Aber es läßt sich nicht leugnen, daß sie sich zu ihrer Entstehung auf eine Menge untergeordneter, automatischer Vorgänge ohne echte Geistigkeit stützen muß. Die Voraussetzungen der Liebe, welche so köstlich ist, sind jede für sich herzlich dumm und laufen, wie gesagt, mechanisch ab.

So gibt es keine Liebe ohne Geschlechtsinstinkt. Die Liebe macht von ihm Gebrauch wie von einer rohen Gewalt, wie ein Segler vom Wind. Die »Verliebtheit« ist ein anderer dieser geistlosen Mechanismen, die immer bereit sind, blind loszugehen, und von der Liebe benutzt und geritten werden, als guter Reiter, der sie ist. Man ver-

370

gesse nicht, daß das ganze höhere geistige Leben, das in unserer Kultur so sehr in Ansehen steht, unmöglich ist ohne den Dienst zahlloser subalterner, automatischer Vorgänge.

Wenn uns einmal dieser Zustand geistiger Verengung, der »Verliebtheit« heißt, diese psychische Angina, befallen hat, so sind wir verloren. In den ersten Tagen können wir noch kämpfen; aber wenn das Mißverhältnis zwischen der Aufmerksamkeit, die wir einer bestimmten Frau widmen, und dem Interesse, das wir für die anderen und den Rest des Universums übrig haben, ein gewisses Maß übersteigt, liegt es nicht mehr in unserer Hand, den Vorgang aufzuhalten.

Die Aufmerksamkeit ist das vornehmste Werkzeug der Persönlichkeit; sie ist die Vorrichtung, welche unser geistiges Leben reguliert. Wenn sie gelähmt ist, läßt sie uns nicht die geringste Bewegungsfreiheit. Wir müßten, um uns zu retten, unser Bewußtseinsfeld wieder erweitern und zu dem Zweck neue Gegenstände darin aufnehmen, die dem Geliebten seine Vorzugsstellung entreißen. Wenn wir im Krampf der Verliebtheit das Geliebte plötzlich in der normalen Perspektive unserer Aufmerksamkeit zu sehen vermöchten, wäre seine Zauberkraft gebrochen. Aber dazu müßten wir uns jenen anderen Gegenständen zuwenden, das heißt aus unserem eigenen Bewußtsein hinausgehen, das ja ganz durch den geliebten Gegenstand ausgefüllt ist.

Wir sind in einen hermetisch geschlossenen Bereich geraten, der undurchlässig ist für die übrige Welt. Nichts Äußeres kann hineindringen und uns durch den Spalt, den es öffnet, die Flucht erleichtern. Die Seele des Verliebten riecht nach dumpfem Krankenzimmer, nach eingeschlossener Luft, die von denselben Lungen gespeist wird, die sie atmen sollen.

Daher trägt jede Verliebtheit den Keim einer Besessenheit in sich. Sich selbst überlassen, steigert sie sich automatisch bis zur äußersten Möglichkeit.

Das wissen die »Eroberer« beider Geschlechter sehr gut. Ist die Aufmerksamkeit einer Frau einmal durch einen Mann fixiert, so ist es diesem sehr leicht, alle ihre Gedanken zu erfüllen. Es genügt das einfache Spiel des Haltens und Lassens, des Verwöhnens und Vernachlässigens, der Gegenwart und Ferne. Das Auf und Ab dieser Technik wirkt auf die Aufmerksamkeit der Frau wie eine Saugpumpe und entleert sie schließlich von der ganzen übrigen Welt. Wie treffend heißt es auf spanisch »sorber los sesos«, den Verstand aussaugen. Der größte Teil aller Liebesverhältnisse beschränkt sich auf dieses mechanische Spiel mit der Aufmerksamkeit des Partners.

Den Verliebten rettet nur ein heftiger Stoß von außen, eine Behandlung, zu der ihn ein Freund zwingt. Man begreift, daß Entfernung, Reisen eine gute Kur für Verliebte sind. Sie sind Heilmittel für die Aufmerksamkeit. Die Entfernung des geliebten Objekts entzieht der Vorstellung ihre Nahrung; sie verhindert, daß neue Eindrücke von ihm das Interesse wach halten. Durch Reisen werden wir gezwungen, aus uns selbst herauszugehen und tausend kleine Probleme zu erledigen; sie lösen uns aus unserer alltäglichen Fassung heraus und bringen uns mit tausend ungewohnten Gegenständen in Berührung;

so sprengen sie den magischen Ring und öffnen Breschen in dem verkapselten Bewußtsein, durch die mit der frischen Luft die normale Perspektive eindringen kann.

Jetzt werden wir einem Einwand zu begegnen haben, der dem Leser gewiß bei der Lektüre des vorigen Kapitels aufgestoßen ist. Wie wir die Verliebtheit als eine Fixierung der Aufmerksamkeit auf einen anderen Menschen definierten, trennten wir sie nicht genügend von all den Fällen des Lebens, in denen ernste und dringende Angelegenheiten etwa politischer oder ökonomischer Natur unser Interesse in außergewöhnlichem Maße fesseln.

Der Unterschied ist jedoch fundamental. In der Verliebtheit heftet sich die Aufmerksamkeit von selbst an das andere Wesen. Bei den geschäftlichen Obliegenheiten dagegen verweilt sie gezwungen und gegen ihren eigenen Geschmack. Daß wir ihnen nicht entgehen können, ist beinah das Übel aller Übel. Wundt war der erste, der vor wenigstens sechzig Jahren zwischen der aktiven und passiven Aufmerksamkeit unterschied. Passive Aufmerksamkeit liegt vor, wenn zum Beispiel auf der Straße ein Schuß ertönt. Das ungewohnte Geräusch drängt sich in den freien Ablauf unserer Bewußtseinsvorgänge ein und erzwingt sich Aufmerksamkeit. Dem dagegen, der sich verliebt, drängt sich nichts auf; seine Aufmerksamkeit geht von selbst auf das Geliebte.

Eine behutsame psychologische Analyse dieses Problems hätte hier eine wunderlich zwiespältige Situation zu beschreiben, in der unsere Aufmerksamkeit zugleich aus Neigung und mit Zwang gebunden ist. Recht verstanden, können wir sagen, daß jeder, der sich verliebt, sich verlieben will. Das trennt die Verliebtheit, die letzten Endes eine normale Erscheinung ist, von der Besessenheit, die krankhaft ist. Der Besessene hängt an seiner fixen Idee nicht aus eigener Neigung. Das Schreckliche an seinem Zustand besteht gerade darin, daß diese seine Idee in seinem Bewußtsein mit dem Charakter einer gewaltsamen Auferlegung von außen erscheint, als sei sie aus einem anonymen, nicht existierenden »anderen« entsprungen.

Außer der Verliebtheit gibt es nur noch einen Fall, in dem unsere Aufmerksamkeit sich aus eigenem Willen an eine andere Person heftet; das ist der Haß. Haß und Liebe sind in allem zwei feindliche Zwillinge, gleich und entgegengesetzt. Wie es ein Sichverlieben gibt, so gibt es, und nicht weniger häufig, ein Sichverhassen.

Beim Auftauchen aus einer Liebe haben wir ein ähnliches Gefühl wie beim Erwachen, das uns aus der Schlucht herausführt, in der sich die Träume drängen. Dann kommt es uns zum Bewußtsein, wieviel weiter und luftiger die normale Perspektive ist, und wir erkennen die ganze Verkapselung und Verarmung, die unsere Seele in ihrer Leidenschaft litt. Eine Zeitlang sind wir noch unsicher, empfindlich und trübe wie Genesende.

Ist der Prozeß der Verliebtheit einmal im Gang, so läuft er mit verzweifelter Eintönigkeit ab. Alle, die sich verlieben, verlieben sich auf die gleiche Art – die Klugen und die Dummen, die Jungen und die Alten, die Bürger und die Zigeuner. Hierdurch bestätigt sich sein mechanischer Charakter.

Das einzige daran, was nicht ganz mechanisch ist, ist

374

sein Anfang, der unsere Neugier als Psychologen darum am meisten reizt. Was fesselt die Aufmerksamkeit einer Frau an einen Mann oder die eines Mannes an eine Frau? Welche Eigenschaften geben einer Person diesen Vorteil über die gleichgültige Reihe der anderen? Zweifellos liegen hier die interessantesten Fragen; aber sie sind zugleich außerordentlich verwickelt. Denn wenn alle Verliebten sich auf die gleiche Art verlieben, so verlieben sie sich doch nicht in das gleiche. Es gibt keine Vollkommenheit, die alle entzückt.

Aber bevor wir auf dieses heikle Thema eingehen, welche Eigenschaften Liebe wecken und welches die verschiedenen Typen der erotischen Bevorzugung sind, wollen wir die überraschende Ähnlichkeit der Verliebtheit, in ihrer Eigenschaft als Lähmung der Aufmerksamkeit, mit der Mystik und, was schwerwiegender ist, mit dem hypnotischen Zustand zeigen.

Die Hausfrau weiß, daß ihr Mädchen verliebt ist, wenn sie es auf Vergeßlichkeiten ertappt. Das arme Ding kann seine Aufmerksamkeit nicht frei beweglich auf seine Umgebung richten. Es ist wie benommen und versunken und betrachtet in seinem eigenen Innern das Bild des Geliebten, das ihm gegenwärtig ist. Diese Versunkenheit gibt den Verliebten den Anschein von Traumwandlern, von Mondsüchtigen, von »Bezauberten«. Und in der Tat, die Verliebtheit ist eine Bezauberung. Tristans Zaubertrunk ist immer ein suggestives Symbol für den psychologischen Prozeß der »Liebe« gewesen.

Die Wendungen der Umgangssprache, in denen sich tausendjährige Beobachtungen niedergeschlagen haben, bergen Schätze einer höchst treffenden und noch unausgebeuteten Seelenkunde. Was Liebe weckt, ist immer »bezaubernd«. Und dieser Ausdruck aus der Technik der schwarzen Kunst, der auf das Liebesobjekt angewandt wird, zeigt uns, daß der anonyme Schöpfergeist der Sprache den Ausnahmezustand erkannt hat, in den der Verliebte unabwendbar gerät.

Die ältesten Verse waren Zauberformeln, die cantus und carmen hießen. Die magische Handlung und ihr Ergebnis war die incantatio. Von incantatio kommt das spanische encanto = Entzücken und von carmen das französische charme.

Aber seien die Beziehungen zwischen Zauberei und Verliebtheit wie immer, es existiert nach meiner Meinung zwischen ihr und der Mystik eine viel tiefere Ähnlichkeit, als man bisher geglaubt hat. Der Umstand, daß die Mystiker zu allen Zeiten in erstaunlicher Übereinstimmung erotische Worte und Bilder gebrauchen, hätte längst auf die Fährte dieser Wesensverwandtschaft führen sollen. Alle, die sich mit dieser religiösen Erscheinung beschäftigten, haben es bemerkt; aber sie meinten, genug getan zu haben, wenn sie erklärten, daß es sich nur um Metaphern handle.

Es geht mit der Metapher wie mit der Mode. Die Leute glauben, daß sie eine Tatsache nur als Metapher oder Mode zu kennzeichnen brauchen, damit sie erledigt ist und weiter keiner Untersuchung bedarf. Als wären Metaphern und Moden nicht Erscheinungen wie andere auch, von demselben Wirklichkeitsgehalt und ebenso strengen Ursachen und Gesetzen unterworfen wie die Himmelskörper auf ihren Bahnen.

Aber wenn die Häufigkeit erotischer Vokabeln bei den Mystikern allen Forschern auf diesem Gebiet bekannt war, so hat man doch die komplementäre Tatsache nicht bemerkt, die jener erst ihr volles Gewicht gibt. Ich meine den Umstand, daß umgekehrt der Verliebte gern religiöse Ausdrücke verwendet. Für Plato ist die Liebe ein »göttlicher Wahnsinn«, und jeder Liebende »betet« die Geliebte an, fühlt sich an ihrer Seite »wie im Himmel« usw. Dieser sonderbare lexikalische Austausch zwischen Liebe und Mystik legt den Gedanken einer tief verwurzelten Gemeinsamkeit nahe.

377

Und in der Tat, das mystische Erlebnis ist als seelischer Mechanismus der Verliebtheit ähnlich. Es gleicht ihr so sehr, daß es selbst in der Einzelheit, ermüdend eintönig zu sein, mit ihr übereinstimmt. Wie alle Verliebten sich auf gleiche Weise verlieben, so haben die Mystiker aller Zeiten und Länder sich auf den gleichen Bahnen bewegt und genaugenommen dieselben Dinge gesagt.

Man nehme irgendein mystisches Buch – ein indisches oder chinesisches, alexandrinisches, arabisches, deutsches oder spanisches. Immer ist es ein Führer ins Jenseits, ein Wegweiser der Seele zu Gott. Und die Stationen und Gefährten sind immer die gleichen, abgesehen von äußerlichen und zufälligen Verschiedenheiten.[1]

Ich begreife und teile den Mangel an Wohlwollen, welchen die Kirchen immer für die Mystiker bewiesen haben, als fürchteten sie, daß diese Abenteurer der Seele dem Ansehen der Religion Schaden täten. Der Ekstatiker ist nichts viel anderes als ein Rasender. Ihm fehlt Maß und Klarheit des Geistes. Er gibt dem Verhältnis zu Gott einen orgiastischen Zug, welcher der ernsten Heiterkeit des wahren Priesters widerstrebt. In der Tat empfindet, mit merkwürdiger Übereinstimmung, der konfuzianische Mandarin dieselbe Verachtung für den taoistischen Mystiker wie der katholische Theologe für die erleuchtete Nonne. Die Schwarmgeister jeder Art werden die Anar-

---

[1] Der einzige, zuweilen bedeutungsvolle Unterschied ist der, daß einige Mystiker »überdies« große Denker waren und uns an Hand ihrer Mystik ein manchmal geniales Gedankensystem entwickeln. So Plotin oder Meister Eckehart. Aber ihre »Mystik« als solche ist dieselbe wie die der gewöhnlichsten Schwärmer.

chie und den Rausch der Mystiker immer der klaren und geordneten Vernunft der Priester, das heißt der Kirche, vorziehen. Es tut mir leid, aber ich kann ihnen auch hierin nicht beistimmen. Was mich hindert, ist eine Frage der Wahrhaftigkeit. Und zwar folgende: Mir scheint, daß jede beliebige Theologie uns mehr von Gott vermittelt, mehr Ahnungen und Erkenntnisse des Göttlichen, als alle Ekstasen aller Mystiker zusammengenommen. Denn anstatt mit Skepsis an den Ekstatiker heranzutreten, müssen wir ihn beim Wort nehmen, empfangen, was er uns aus seinen jenseitigen Versenkungen mitbringt, und dann sehen, ob seine Ausbeute die Mühe lohnt. Und die Wahrheit ist, daß er uns, wenn wir ihn auf seiner erhabenen Reise begleitet haben, nichts von Bedeutung zu sagen weiß. Ich glaube, daß die europäische Seele einer neuen Gotteserfahrung nahe ist, neuen Einsichten in jene ungeheure Realität, die wichtigste von allen. Aber ich zweifle sehr, daß dies auf den unterirdischen Wegen der Mystik geschieht und nicht vielmehr auf den hellen Bahnen des diskursiven Denkens. Theologie, und nicht Ekstase.

Aber kehren wir zu unserem Thema zurück!

Auch die Mystik ist ein Aufmerksamkeitsphänomen. Das erste, wozu uns die mystische Technik anhält, ist die Fixierung unserer Aufmerksamkeit auf etwas. Worauf? Die weiseste, vornehmste und strengste ekstatische Technik, die des Yoga, enthüllt unbefangen den mechanischen Charakter von allem, was weiter geschieht. Sie antwortet: auf irgend etwas. Das Erlebnis wird also nicht von dem Gegenstand bestimmt und getrieben; dieser dient vielmehr nur als Vorwand, um die Seele in eine ungewöhnliche Haltung zu bringen. Man soll sich auf etwas richten, rein als Mittel, um die ganze übrige Welt auszuschalten. Am Anfang der via mystica steht die Entleerung unseres Bewußtseins von der Vielfalt der Dinge, die es gewöhnlich enthält und die der Aufmerksamkeit ihre normale Beweglichkeit geben. So ist bei San Juan de la Cruz der Ausgangspunkt für jeden weiteren Schritt vorwärts das »beruhigte Haus«. Die Gelüste und Neugierden einschläfern: »ein großes Fahrenlassen aller Dinge« – sagt die heilige Therese –, »ein Losreißen der Seele«; das heißt die Wurzeln und Taue unserer vielfältigen weltlichen Verbundenheit durchschneiden, um in ein Einziges »eingesenkt« (Santa Teresa) zu sein. Ebenso stellt der Hindu an den Eingang zur Mystik die Bedingung: nanatvam na pasyati, keine Vielheit, Verschiedenheit sehen.

Eine solche Verscheuchung der Dinge, unter denen sich unsere Seele für gewöhnlich bewegt, wird einzig durch die Fixierung der Aufmerksamkeit erreicht. Kasina nannte man in Indien diese Übung, die sich eines beliebigen Objekts bedienen kann. Der Denker stellt sich zum Beispiel eine Lehmscheibe her, setzt sich daneben und starrt sie an. Oder er sieht von einer Anhöhe dem Lauf eines Baches zu oder betrachtet den Widerschein des Lichts in einem Wassertümpel. Oder er macht ein Feuer, stellt einen Schirm davor und bohrt ein Loch hinein, durch das er auf die Flamme blickt. Und so weiter. Immer handelt es sich darum, die Wirkung der vorhin erwähnten Saugpumpe zu erreichen, dank derer die Verliebten sich einander den »Verstand aussaugen«.

Es gibt keine mystische Entrückung ohne vorherige Leere der Seele. »Darum« – sagt San Juan de la Cruz – »befahl Gott, daß der Altar, auf dem das Opfer dargebracht wurde, innen hohl sein sollte, damit die Seele begreife, wie leer von allen Dingen Gott sie wünscht.«[1] Ein deutscher Mystiker drückt diese Abwendung von allem, was nicht das Eine – Gott – ist, noch kraftvoller aus, wenn er sagt: »Ich bin entboren.« Und San Juan selbst sagt wunderschön: »Yo no guardo ganado«; das heißt, ich habe jede Sorge abgetan.

Und nun kommt das Überraschendste. Ist die Seele einmal von allen Dingen entleert, so versichert uns der Mystiker, daß er Gott vor sich hat, daß er voll von Gott ist. Das heißt, daß Gott eben in dieser Leere besteht. Darum spricht Meister Eckehart von der »schweigenden Wüste Gottes«, und Juan de la Cruz von der »dunklen Nacht der Seele«; dunkel und dennoch voll Licht, so voll, daß das Licht, da es nur Licht gibt, an nichts stößt und Finsternis wird. »Das ist der Besitz des geläuterten und für alle besonderen Neigungen und Erkenntnisse erstorbenen Geistes, daß er, wenn er nichts im Besonderen genießt noch begreift, wenn er in seiner Leere, Dunkelheit und Finsternis weilt, alles mit großer Bereitschaft umfaßt, damit sich an ihm vollende, was der Apostel Paulus sagt: Nihil habentes et omnia possidentes.« (Sie haben nichts und besitzen alles.) An einer anderen Stelle benennt San Juan de la Cruz diese erfüllte Leere, diese

---

[1] Man vergleiche das vorzügliche Buch von Jean Baruzi: Saint Jean de la Croix et le problème de l'expérience mystique, 1924.

lichte Dunkelheit mit einer entzückenden Wendung; es ist, sagt er, »la soledad sonora«, die tönende Einsamkeit.

Wir haben gesehen, daß der Mystiker, gleich dem Verliebten, seinen anomalen Zustand herstellt, indem er seine Aufmerksamkeit auf einen Gegenstand konzentriert, der zunächst nur dazu dient, diese von allem anderen abzuziehen und die Leere der Seele möglich zu machen.

Denn es ist noch nicht das heimlichste »Haus« (morada) und der höchste Gipfel des mystischen Weges, wenn der Mystiker, von allem anderen absehend, allein auf Gott blickt. Dieser Gott, den man anschauen kann, ist nicht wahrhaft Gott. Der Gott, welcher Grenzen und Gestalt hat, der vermittels dieser oder jener Eigenschaft gedacht wird, kurzum der Gott, der ein Gegenstand für die Aufmerksamkeit sein kann, gleicht als solcher allzusehr den innerweltlichen Dingen, als daß er der echte Gott sein könnte. Daher die Lehre, die uns immer von neuem widerspruchsvoll aus den Büchern der Mystiker entgegentritt und uns versichert, das Höchste sei, »auch nicht« an Gott zu denken. Der Grund dafür ist klar: Rein vermöge des An-Ihn-Denkens, des In-Ihn-Versunkenseins kommt ein Augenblick, da er aufhört, etwas der Seele Äußerliches und von ihr Verschiedenes, ihr außen Gegenübergestelltes zu sein. Das heißt, er hört auf, objectum zu sein, und wird injectum.[1] Gott dringt in die Seele ein, vermischt sich mit ihr, oder umgekehrt ausgedrückt: die Seele löst sich in Gott auf, sie fühlt ihn nicht mehr als ein von ihr verschiedenes Wesen. Das ist die »unio«, nach welcher der Mystiker strebt. »Es wird

[1] Vgl. Otto, West-östliche Mystik.

die Seele, ich meine der Geist dieser Seele, eins mit Gott«, sagt die heilige Therese in der »Morada Septima«. Aber man glaube nicht, daß diese Vereinigung als etwas Vorübergehendes empfunden wird, nun gewonnen und alsbald verloren. Der Ekstatiker erlebt sie mit dem Charakter der Endgültigkeit und der Dauer, so wie der Verliebte aufrichtig ewige Liebe schwört. Die heilige Therese unterscheidet nachdrücklich zwischen den beiden Arten der Verschmelzung: Die eine ist, »wie wenn zwei Wachskerzen sich aufs äußerste näherten, so daß alles Licht eines wäre ... aber nachher kann die eine Kerze sich wohl von der anderen trennen, und sie bleiben zwei Kerzen«. Die andere dagegen ist, »wie wenn Wasser vom Himmel in einen Fluß oder einen Brunnen fällt, wo alles Wasser ist, so daß man das Wasser des Flusses nicht mehr von jenem trennen oder sondern kann, das vom Himmel fiel; oder wie wenn ein kleines Bächlein ins Meer mündet, und es kein Mittel gibt, es auszuscheiden; oder wie wenn in einem Zimmer zwei Fenster sind, durch die das Licht einfällt, und obgleich es getrennt einfällt, alles ein Licht wird«.

Sehr schön spricht Eckehart die relative Untergeordnetheit eines jeden Zustandes aus, in dem Gott noch Gegenstand der Seele bleibt. »Das wahrhafte Haben Gottes ist in der Seele, nicht indem man gleichmäßig und dauernd an Gott denkt. Der Mensch darf nicht bloß einen gedachten Gott haben, denn wenn der Gedanke aufhört, würde auch dieser Gott aufhören.« Die höchste Stufe der mystischen Laufbahn ist es daher, wenn ein Mensch mit Gott vollgesogen ist, ein Schwamm der Gottheit.

Dann kann er in die Welt zurückkehren und sich wieder um irdische Sorgen kümmern, denn nun wird er wie eine Marionette Gottes sein. Seine Wünsche, Begegnungen und Handlungen in der Welt werden nicht mehr ihm gehören. Was er auch tut und was ihm zustößt, es wird ihn nicht anfechten, denn »er« ist nicht auf der Erde, nicht in seinem eigenen Wünschen und Tun, er ist gefeit und undurchdringlich für alle Eindrücke. Seine wahre Person ist zu Gott ausgewandert, in Gott eingeströmt, und übrig bleibt nur noch eine mechanische Puppe, ein »Geschöpf«, das von Gott bewegt wird. (Die Mystik berührt sich auf ihrem Höhepunkt immer mit dem Quietismus.)

Auch diese extreme Haltung findet ihr Gegenstück in dem Prozeß der »Verliebtheit«. Wenn der andere antwortet, tritt eine Periode der »unio«, des Hinüberströmens, ein, in der ein jeder die Wurzeln seines Seins in den Partner verlegt und nicht von sich selbst, sondern von ihm her lebt, denkt, wünscht, handelt. Auch der Verliebte hört auf, an den Geliebten zu denken, da er ihn ja in sich hat. Das verrät sich, wie alle inneren Zustände, in der Symbolik der Ausdrucksbewegungen. Der Periode der Fixierung, des verzückten, ausschließlichen Hinblickens auf die Geliebte, die noch außerhalb des Verliebten ist, entspricht die Haltung der Versunkenheit und Konzentration. Die Augen werden unbeweglich, der Blick starr, der Kopf zeigt eine Neigung, auf die Brust zu sinken, der Körper zieht sich, wenn er kann, zusammen. Alles scheint dahin zu streben, aus der menschlichen Gestalt etwas Konkaves und gleichsam in sich Zurückgebogenes zu machen. In dem hermetisch verschlossenen Hohl unserer Aufmerksamkeit brüten wir über dem Bild der Geliebten. Aber wenn die Liebesekstase hereinbricht und die Geliebte unser ist, besser: wenn sie ich ist und ich die Geliebte, erscheint in den Mienen jenes reizende épanouissement, in dem sich die Seligkeit ausdrückt. Die Augen sänftigen ihren Blick und gleiten elastisch über die Dinge hin, freilich ohne recht bei einem zu verweilen, sie weniger sehend als gnädig liebkosend. Im Einklang hiermit sind die Lippen halbgeöffnet zu einem universalen Lächeln, das unaufhörlich von den Mundwinkeln tropft. Es ist die Geste des Toren – und die des Betörten. Da es kein äußeres und inneres Objekt hat, um sich darauf zu richten, verliert unser Bewußtsein seine Zucht und Haltung. Wir fühlen uns locker und schweifend, und alle unsere Tätigkeit beschränkt sich darauf, es geschehen zu lassen, daß aus unserer Seele, wie von der Oberfläche eines ruhenden (quietistischen) Wassers, Nebelschwaden zu der saugenden Sonne aufsteigen.

Das ist der »Zustand der Gnade«, der dem Verliebten mit dem Mystiker gemein ist.[1] Dieses Leben und diese Welt berühren sie weder im Guten noch im Bösen; sie haben aufgehört, eine Frage für sie zu sein. Im normalen Zustand werden für uns die Dinge, die wir tun und leiden, da sie uns im Innersten angehen, zu Problemen, die

---

[1] Ich spreche hier, wie man bemerken wird, durchaus nicht von dem religiösen »Wert«, welcher dem »Zustand der Gnade« entspricht. Das Wort dient mir ausschließlich zur Bezeichnung eines Seelenzustandes, der allen Mystikern aller Religionen gemeinsam ist.

uns ängstigen und bedrängen. Darum empfinden wir unser eigenes Dasein als ein Gewicht, das wir mühsam balancieren. Aber wenn wir diesen innersten Lebenskern in ein anderes Sein und eine andere Sphäre außerhalb der Welt verlegen, so wird, was uns in dieser geschieht, entkräftet und seiner Wirkung auf uns beraubt, als wäre es eingeklammert und aufgehoben. Wenn wir uns unter den Dingen bewegen, fühlen wir uns schwerelos. Als gäbe es zwei Welten mit verschiedenen, aber einander durchdringenden Dimensionen, so lebt der Mystiker in der irdischen nur scheinbar; sein wirkliches Leben verläuft in der anderen, einer Sphäre für sich, die er allein mit Gott bewohnt. »Deum et animam. Nihil aliud? Nihil omnino«, sagt Augustin. Und ebenso geht der Verliebte unter uns umher, ohne daß wir ihm etwas anderes bedeuteten als eine leichte Berührung an der Oberfläche seiner Empfindung. Er hat sein Leben unabhängig davon und, wie er glaubt, für immer entschieden.

Im »Zustand der Gnade«, sei er mystisch oder erotisch, verliert das Leben seine Schwere und Bitterkeit. Mit der Großmut eines großen Herrn lächelt der Glückliche allem zu, was ihn umgibt. Aber die Großmut des großen Herrn ist wohlfeil und setzt keine Anstrengung voraus. Sie ist eine sehr wenig großmütige Großmut und entspringt genau genommen der Verachtung. Wer sich von höherer Art dünkt, ist freundlich zu den Wesen niederen Ranges, die ihm nicht schaden können, einfach weil er nicht mit ihnen umgeht, nicht mit ihnen zusammenlebt. Es ist der Gipfel der Verachtung, wenn wir uns nicht herbeilassen, die Fehler unserer Mitmenschen zu rügen, sondern sie von unserer unzugänglichen Höhe in dem günstigen Licht unseres eigenen Wohlbefindens sehen. So ist für den Mystiker und den erhörten Liebhaber alles schön und liebenswürdig. Denn wenn er nach einer Periode der Entrücktheit zur Betrachtung der Dinge zurückkehrt, sieht er sie nicht, wie sie sind, sondern gespiegelt in dem einzigen, was es für ihn gibt: in Gott oder der Geliebten. Und was ihnen an Schönheit fehlt, fügt der wunderbare Spiegel hinzu, in dem er sie betrachtet. So Eckehart: Wer auf die Dinge verzichtet hat, empfängt sie wieder in Gott; wie einer, welcher der Landschaft den Rücken dreht, sie körperlos abgespiegelt findet in der glatten Zauberfläche des Sees. Oder die berühmten Verse unseres Juan de la Cruz:

> Mil gracias derramando,
> Pasó por estos sotos con presura,
> Y yéndolos mirando
> Con sola su figura
> Vestidos los dejó de su hermosura.

> Denn Gnade rings verschwendend
> Ging raschen Schrittes er durch diese Haine,
> Und nur den Glanz hinwendend
> Aus seiner Miene Reine
> Verschönte jedes Ding der große Eine.

Der Mystiker, ein Schwamm Gottes, drückt sich ein wenig gegen die Dinge; dann quillt Gott hervor und gibt ihnen Glanz. Ebenso der Liebende.

Aber es wäre ein Irrtum, wollten wir dem Mystiker oder dem Verliebten für diese Großmut danken. Er preist die Wesen, weil sie ihn im Grunde kalt lassen. Er geht durch sie hindurch zu seinen Dingen. Genau genommen belästigen sie ihn ein wenig, wenn sie ihn allzusehr aufhalten, wie den großen Herrn die Huldigungen des Volkes. San Juan de la Cruz drückt das herrlich aus; er sagt:

> Apártalos, amado,
> Que voy de vuelo.

> Entferne sie, Geliebter!
> Mein Gang ist Flug.

Die Wonne des »Zustands der Gnade«, wo immer er auftritt, beruht darauf, daß der Mensch außer der Welt und außer sich ist. Das ist die wörtliche Bedeutung von ek-stasis: außer- (sich und der Welt) sein. Und es ist hier der Ort, darauf hinzuweisen, daß es zwei Grundtypen von Menschen gibt: die einen, denen das Glück als ein Außer-sich-sein erscheint, und die andern, die sich im Gegenteil in der Fülle fühlen, wenn sie bei sich sind. Vom Branntwein bis zur mystischen Verzückung kennen wir die verschiedensten Mittel, um außer uns zu gelangen. Ebenso wie ihrer viele sind – von der Dusche bis zur Philosophie –, die das Beisichsein erzeugen. Diese beiden Klassen von Menschen trennen sich auf allen Gebieten des Lebens. So besteht für die Verfechter der ekstatischen Kunst der ästhetische Genuß in der Erregung der Seele. Anderen dagegen scheint für das echte Kunsterlebnis die Wahrung der Geistesruhe notwendig, die eine kühle und klare Betrachtung des Gegenstandes selbst gestattet.

Baudelaire gab auf die Frage, wo er am liebsten leben würde, die Antwort eines Ekstatikers, indem er sagte: »Überall, überall ... nur nicht in der Welt.«

Der Drang, aus sich herauszugehen, hat alle Formen des Orgiasmus hervorgebracht: Trunkenheit, Mystik, Verliebtheit usw. Ich sage damit nicht, daß alle gleichwertig sind; ich stelle nur fest, daß sie alle vom gleichen Stamm sind und mit einer Wurzel in die Orgie hineinreichen. Man möchte von der Schwere des Beisichseins ausruhen, indem man sich in ein anderes Wesen flüchtet, von dem man Schutz und Führung erhofft. Darum ist es auch kein Zufall, daß Mystik und Liebe übereinstimmend das Bild des Raubes und der Entführung gebrauchen. Entführt werden heißt, daß man nicht auf seinen eigenen Füßen geht, sondern sich von jemandem oder etwas fortgetragen fühlt. Der Raub war die ursprüngliche Form der Liebe; er ist in der Mythologie unter der Gestalt des Kentauren aufbewahrt, der die Nymphen jagt und sie auf seinen Rücken hebt.

Ein Rest der alten Entführung hat sich in dem römischen Ehezeremoniell erhalten. Die junge Frau trat nicht mit eigenen Füßen in ihr Haus ein, sondern wurde von dem Gatten aufgehoben, damit sie die Schwelle nicht berührte. Eine letzte symbolische Sublimierung hiervon sind die Entrückung und das Aufschweben der mystischen Nonne und die versagenden Sinne des Verliebten.

Aber diese überraschende Analogie zwischen Ekstase und »Liebe« bekommt ein ernsteres Ansehen, wenn wir beides mit einem anderen anomalen Zustand der Person vergleichen, mit der Hypnose.

Immer wieder hat man auf die außerordentliche Ähnlichkeit zwischen Mystik und Hypnose hingewiesen. Hier wie dort kommen Trancezustände, Halluzinationen, ja sogar die gleichen körperlichen Folgeerscheinungen wie Unempfindlichkeit und Katalepsie vor.

Ich vermutete andererseits immer eine sonderbare Verwandtschaft zwischen Hypnose und Verliebtheit. Doch wagte ich nie, diesen Gedanken zu äußern; denn mein Grund dafür ist, daß mir auch die Hypnose ein Aufmerksamkeitsphänomen zu sein scheint. Doch hat, soviel ich weiß, noch niemand die Hypnose unter diesem Gesichtswinkel untersucht, obgleich es so sehr auf der Hand liegt, daß der Schlaf, seiner psychischen Seite nach, von dem Zustand der Aufmerksamkeit abhängt. Vor vielen Jahren bemerkte Claparède, daß wir den Schlaf herbeiziehen in dem Maße, wie es uns gelingt, gleichgültig für die Umwelt zu werden, unsere Aufmerksamkeit abzustellen. Jede den Schlaf fördernde Technik beruht darauf, daß wir unsere Aufmerksamkeit auf irgendeinen Gegenstand oder eine mechanische Tätigkeit, etwa das Zählen, sammeln. Der normale Schlaf ist ebenso wie die Ekstase gewissermaßen eine Autohypnose.

Aber einer der scharfsinnigsten Psychiater der Gegenwart, Paul Schilder, hält die Annahme einer engen Verwandtschaft zwischen Hypnose und Liebe für unumgänglich.[1] Ich will versuchen, seine Gedanken darzustellen. Zwar entspringen sie Gründen, die von den meinigen sehr verschieden sind; aber sie schließen den Kreis,

---

[1] »Das Wesen der Hypnose«, Berlin 1922.

den diese Untersuchung zwischen Verliebtheit, Ekstase und Hypnose geschlagen hat.

Eine erste Reihe von Übereinstimmungen zwischen Verliebtheit und Hypnose ist folgende:

Die Manipulationen, die den Eintritt des hypnotischen Schlafs begünstigen, haben eine erotische Bedeutung: das sanfte, gleichsam liebkosende Streichen der Hände, das eindringliche und zugleich beruhigende Sprechen, der bannende Blick, zuweilen eine gebieterische Gewalt von Geste und Stimme. Bei hypnotisierten Frauen kommt es häufig vor, daß der Hypnotiseur im Augenblick des Einschlafens oder gleich nach dem Erwachen jenen gebrochenen Blick empfängt, der so bezeichnend für die sexuelle Erregung oder Befriedigung ist. Oft erklärt der Hypnotisierte, daß er während der Trance ein wunderbares Gefühl von Wärme und Wohlsein im ganzen Körper gespürt habe. Nicht selten kommt es zu ausgesprochen sexuellen Empfindungen. Die erotische Erregung richtet sich auf den Hypnotisierenden, der gelegentlich unverhüllt das Objekt von Liebeswünschen wird. Zuweilen rinnen die erotischen Phantasien der Hypnotisierten zu falschen Erinnerungen zusammen, und sie klagt den Hypnotiseur an, sie mißbraucht zu haben.

Der tierische Hypnotismus liefert einige verwandte Tatsachen. Bei einer fürchterlichen Spinnenart, der galeodes kaspicus turkestanus, sucht das Weibchen die Männchen, die es umwerben, zu verschlingen. Nur wenn es dem Männchen gelingt, den Bauch des Weibchens mit seiner Schere an einer bestimmten Stelle zu ergreifen,

391

läßt das Weibchen den Geschlechtsakt in völliger Reglosigkeit vollziehen.

Man kann den Vorgang der Lähmung des Weibchens im Laboratorium wiederholen, wenn man es nur an dieser Stelle berührt. Es verfällt dann sofort in einen hypnotischen Schlaf. Doch ist der Umstand bemerkenswert, daß man dies Ergebnis nur in der Brunstzeit erhält.

Nach diesen Beobachtungen schließt Schilder: Dies alles läßt vermuten, daß die menschliche Hypnose auch eine Hilfsfunktion der Sexualität ist. Und dann steuert er auf die unvermeidliche Psycho-Analyse los, womit er auf jede klare Deutung der Beziehungen zwischen Hypnose und »Liebe« verzichtet.

Aufschlußreicher sind für uns die Angaben, mit denen er den Seelenzustand des Hypnotisierten beschreibt. Nach Schilder handelt es sich um einen Rückfall in einen kindlichen Zustand des Bewußtseins. Der Hypnotisierte genießt es, völlig an ein anderes Wesen hingegeben zu sein und in seiner Autorität auszuruhen. Ohne eine solche Beziehung zu dem Hypnotiseur wäre dessen Einfluß unmöglich. Alles, was dazu beiträgt, die Autorität des Hypnotisierenden zu steigern – Ruhm, soziale Stellung, würdiges Aussehen –, erleichtert daher seine Arbeit. Andererseits kann die Hypnose an einem Menschen nicht vollzogen werden, wenn sie nicht gewollt ist.

Alle diese Aussagen lassen sich vorbehaltlos auf die Verliebtheit übertragen. Auch sie ist, wie wir schon bemerkten, immer gewollt und schließt den Wunsch nach Hingabe und Ausruhen in dem anderen Wesen ein, einen Wunsch, der schon an sich beglückend ist. Was den Rückfall in einen verhältnismäßig kindlichen Geisteszustand angeht, so läßt er sich in Parallele setzen zu dem, was ich die »Verengung des Bewußtseins« nannte, eine Schrumpfung und Verarmung des Aufmerksamkeitsfeldes.

Es ist unbegreiflich, daß Schilder mit keinem Wort den Mechanismus der Aufmerksamkeit als die augenfälligste Ursache der Hypnose erwähnt, da doch die hypnotische Technik hauptsächlich aus einer Bindung des Aufmerkens an einen Gegenstand, einen Spiegel, eine Diamantfacette, ein Licht usw. besteht. Ein Vergleich zwischen den verschiedenen Persönlichkeitstypen hinsichtlich ihrer hypnotischen Eignung zeigt andererseits die weitestgehende Übereinstimmung mit der Skala, in der wir diese Typen in bezug auf ihre Liebesfähigkeit anordnen können.

So ist – ceteris paribus – die Frau ein besseres hypnotisches Medium als der Mann. Aber sie ist auch einer echten Verliebtheit zugänglicher als er. Und was für Gründe diese Tatsache sonst noch erklären mögen, jedenfalls ist es nicht zweifelhaft, daß hier vor allem die verschiedene Aufmerksamkeitsstruktur der Seelen beider Geschlechter im Spiele ist. Bei gleichen Bedingungen liegt für die weibliche Psyche die Möglichkeit einer Verengung näher als für die männliche; aus dem einfachen Grund, weil die Seele der Frau zusammengefaßter, mehr bei sich selbst und geschmeidiger ist. Wie wir schon sahen, ist es die Aufgabe der Aufmerksamkeit, der Seele ihren Aufbau und ihre Gliederung zu geben. Eine sehr vereinheitlichte Seele setzt eine sehr einheitliche Weise des Beachtens voraus. Die Seele der Frau bewegt sich sozusagen

393

um eine einzige attentionale Achse, die in jeder Epoche ihres Lebens auf einem einzigen Gegenstand ruht. Um sie zu hypnotisieren oder verliebt zu machen, genügt es, daß man sich dieses einen Drehpunktes ihrer Aufmerksamkeit bemächtigt. Gegenüber der konzentrischen Struktur der weiblichen Seele hat die männliche immer Epizentren. Je männlicher ein Mann in einem geistigen Sinn ist, um so mehr ist seine Seele zerstreut und gleichsam aufgeteilt in getrennte Fächer. Ein Teil von uns ist völlig der Politik oder den Geschäften verschrieben, während ein anderer von geistiger Neugier und noch einer von erotischen Vorstellungen erfüllt ist. Uns fehlt die Tendenz zu einer Vereinheitlichung des Beachtens; ja, uns beherrscht die gegenteilige, die zur Zersplitterung treibt. Die Achsen unserer Aufmerksamkeit weisen in die verschiedensten Richtungen. Da wir gewöhnt sind, auf dieser vielfältigen Basis und mit einer Menge geistiger Felder zu leben, die unter sich in fragwürdigem Zusammenhang stehen, ist nichts damit getan, daß man unsere Aufmerksamkeit auf einem ihrer Gebiete abfängt, da wir uns auf den anderen weiter frei und ungehindert bewegen.

Es pflegt die liebende Frau zur Verzweiflung zu bringen, daß, wie sie wohl fühlt, der Mann, den sie liebt, niemals ganz und gar bei ihr ist. Immer findet sie ihn ein wenig abwesend, als hätte er, wie er zu ihr kam, Provinzen seiner Seele in der Welt zerstreut vergessen. Und umgekehrt hat es jeden feinfühligen Mann wohl mehr als einmal beschämt, daß er unfähig ist zu der unbedingten Hingabe, der restlosen Gegenwart, welche die

Frau in die Liebe legt. Darum weiß der Mann sich immer täppisch in der Liebe und ungeschickt für die Vollkommenheit, welche die Frau diesem Gefühl zu geben versteht.

Danach würde ein und dasselbe Prinzip die Neigung der Frau zur Mystik, zur Hypnose und zur Verliebtheit erklären.

Wenn wir jetzt zu der Untersuchung Schilders zurückkehren, sehen wir, daß er der Verwandtschaft zwischen Liebe und Hypnose eine merkwürdige und wichtige Tatsache somatischer Art hinzufügt.

Der hypnotische Schlaf ist letzten Endes nicht verschieden von dem normalen Schlaf. Darum ist ein schläfriger Mensch ein ausgezeichnetes hypnotisches Objekt. Nun scheint eine enge Beziehung zwischen der Funktion des Schlafens und einer Stelle der Gehirnrinde, der sogenannten dritten Hirnhöhle, zu bestehen. Störungen des Schlafvermögens, die Encephalitis lethargica, gehen mit Veränderungen dieses Organs einher. Schilder glaubt in ihm die somatische Basis der Hypnose zu finden. Aber die dritte Hirnkammer ist zugleich ein »Knoten der Sexualität«, von dessen krankhafter Veränderung eine Reihe sexueller Störungen herrühren.

Mein Glaube an die Lokalisationen im Gehirn ist nicht sehr stark. Es kostet keine Mühe, zu glauben, daß ein Mensch, dem man den Kopf abschneidet, nicht mehr denken und fühlen kann. Aber diese prächtige Evidenz nimmt zusehends ab, wenn wir ins einzelne gehen und zu jeder psychischen Funktion ihren Sitz im Zentralorgan suchen. Die Gründe, warum ein solches Unternehmen scheitern muß, sind zahlreich; aber der nächstliegende besteht darin, daß wir über die Verknüpfung der psychischen Funktionen, die Ordnungen und Abhängigkeitsverhältnisse, in denen sie arbeiten, nicht genügend unterrichtet sind. Wir können eine Funktion in der Beschreibung leicht isolieren und von »sehen«, »hören«, »vorstellen«, »erinnern«, »denken«, »aufmerken« usw. reden; aber wir wissen nicht, ob in das »Sehen« nicht bereits das »Denken« eingeht und beim »Aufmerken« nicht das »Fühlen« mitspielt, und umgekehrt. Es ist aber schwierig, Funktionen getrennt zu lokalisieren, deren Trennung nicht feststeht.

Diese Skepsis jedoch muß zu einer fortschreitenden, immer strengeren Erforschung anspornen. So müßte man in dem vorliegenden Fall nachsehen, ob die Fähigkeit des Aufmerkens irgendeine unmittelbare oder reflektierte Resonanz in jenem Teil der Hirnrinde hat, der nach Schilder in den gemeinsamen Dienst des Schlafes, der Hypnose und der Liebe gestellt ist. Die enge Verwandtschaft, welche nach dieser Untersuchung zwischen den genannten Zuständen und der Ekstase bestehen soll, läßt vermuten, daß die dritte Hirnkammer auch an der mystischen Verzückung beteiligt ist. Das würde endgültig die beharrliche Verwendung erotischer Vokabeln in den Bekenntnissen der Ekstatiker und mystischer Ausdrücke in Liebesszenen erklären.

In einem Vortrag, den er in Madrid hielt, wies der Psychiater Allers jeden Versuch zurück, die Mystik als eine Ableitung und Verfeinerung der Geschlechtsliebe zu betrachten. Seine Haltung scheint mir sehr richtig.

Die früher beliebten sexuellen Theorien der Mystik waren von abscheulicher Plattheit. Aber für uns liegt die Frage anders. Wir behaupten nicht, daß die Mystik aus der »Liebe« stammt, sondern daß beide gemeinsame Wurzeln haben und zwei Seelenzustände von ähnlicher Verfassung sind. Das Bewußtsein nimmt in beiden fast die gleiche Form an, und diese ruft die gleiche Resonanz im Gefühl hervor, zu deren Ausdruck die mystischen und die erotischen Wendungen gleicherweise dienen.

Am Ende dieses Abschnittes liegt mir daran, dem Leser ins Gedächtnis zurückzurufen, daß ich hier nur ein bestimmtes Stadium des großen Liebesvorganges beschreiben wollte, die »Verliebtheit«. Die Liebe ist eine sehr viel umfassendere, tiefere und ernstere, aber weniger heftige Leistung des Menschen. Jede Liebe geht durch die heiße Zone der »Verliebtheit« hindurch; dagegen gibt es »Verliebtheiten«, denen keine echte Liebe folgt. Verwechseln wir also nicht den Teil mit dem Ganzen!

Man mißt gern den Wert der Liebe an ihrem Ungestüm. Gegen diesen landläufigen Irrtum wurden die vorliegenden Seiten geschrieben. Die Heftigkeit hat nichts mit der Liebe als solcher zu tun. Sie ist eine Eigenschaft der »Verliebtheit«, eines untergeordneten, fast mechanischen Seelenzustandes, der ohne die tatsächliche Dazwischenkunft der Liebe entstehen kann.

Es gibt einen Mangel an Ungestüm, der von einer Schwäche der Person herrührt. Aber unter diesem Vorbehalt müssen wir sagen, daß ein psychischer Akt um so heftiger ist, je tiefer er in der Hierarchie der Seele

397

steht, je näher den blinden körperlichen Mechanismen, je ferner dem Geist. Und umgekehrt verlieren unsere Gefühle in dem Maße, wie sie mit geistigen Elementen durchsetzt sind, an mechanischer Heftigkeit und Gewalt. Das Hungergefühl des Hungrigen wird immer heftiger sein als der Gerechtigkeitstrieb in dem Gerechten.

I

Der entscheidende Kern unserer Individualität ist nicht
aus unseren Meinungen und Lebenserfahrungen gewirkt;
er besteht nicht aus unserem Temperament, sondern aus
etwas Feinerem, Unfaßbarem und diesem allem Voraufgehendem. Wir sind in erster Linie ein natürliches System
des Vorziehens und Verwerfens. Mit dem des Nächsten
mehr oder weniger übereinstimmend, tragen wir jeder
unser eigenes in uns, das, wie eine Batterie aus Neigungen und Abneigungen, geladen und bereit ist, uns
»für« oder »gegen« in Bewegung zu setzen. Das Herz,
die Maschine, die vorzieht und verwirft, ist der Träger
unserer Persönlichkeit. Bevor wir die Welt kennen, die
uns umgibt, treibt es uns in diese oder jene Richtung, zu
diesen oder jenen Werten. Wir sind dank dieses Umstands sehr scharfsichtig für die Gegenstände, in denen
die von uns bevorzugten Werte verwirklicht sind, und
blind für jene, die andere gleich hohe oder höhere, aber
unserer Fühlfähigkeit fremde Werte besitzen.

Man versteht, daß uns in unserem Zusammenleben
mit dem Mitmenschen nichts so sehr am Herzen liegt wie
die Ermittlung seiner Wertlandschaft, seines Schätzungssystems, welches die letzte Wurzel seiner Person und
die Grundlage seines Charakters ist. Ebenso muß der
Historiker, der eine Epoche verstehen möchte, vor allem

die Werttafel feststellen, welche die Menschen damals beherrschte. Sonst bleiben ihm die Tatsachen und Aussprüche jenes Zeitalters, die ihm die Dokumente überliefern, toter Buchstabe, Rätsel und Hieroglyphen, ebenso wie uns die Handlungen und Worte unseres Nächsten, solange wir noch nicht hinter sie gekommen sind und erkannt haben, welchen Werten seines verborgenen Grundes sie dienen. Dieser innerste Grund und Kern des Herzens ist in der Tat verborgen; er ist es zum guten Teil auch für uns selbst, die wir ihn in uns tragen – besser gesagt, die wir von ihm getragen werden. Er wirkt unterirdisch, in den dunklen Kellergeschossen der Persönlichkeit, und wir sehen ihn ebenso schwer, wie wir das Stück Erde wahrnehmen, das unsere Füße treten. Auch das Auge kann sich nicht selbst betrachten. Überdies besteht aber noch ein guter Teil unseres Lebens in einer wohlgemeinten Komödie, die wir uns selber vorspielen. Wir täuschen Seinsweisen vor, die nicht unsere sind, und wir täuschen sie ehrlich vor, nicht um die anderen zu betrügen, sondern um uns ein Ansehen in unseren Augen zu geben. Schauspieler unserer selbst, sprechen und handeln wir, bewegt von oberflächlichen Einflüssen, durch welche die soziale Umgebung und unser Wille unser Wesen bestimmen und zeitweilig unser echtes Leben verdrängen. Wenn der Leser einen Augenblick darauf verwendet, sich selbst zu analysieren, wird er mit Erstaunen – vielleicht mit Entsetzen – entdecken, ein wie großer Teil »seiner« Meinungen und Gefühle nicht ihm gehört, nicht spontan auf seinem eigenen persönlichen Boden gewachsen, sondern Allgemeingut ist, das aus der sozialen Umwelt in die Schale seiner Seele fällt wie der Staub des Weges auf den Fußgänger.

Taten und Worte also sind nicht das beste Mittel, um das Herzensgeheimnis unseres Nächsten zu ergründen. Die einen wie die anderen liegen in unserer Hand und können Heuchelei sein. Der Bösewicht, der verbrecherisch ein Vermögen aufgehäuft hat, kann eines Tages eine gute Tat vollbringen, ohne daß er darum aufhörte, ein Bösewicht zu sein. Mehr als auf Taten und Worte sollte man auf das achten, was weniger wichtig scheint: Gebärde und Ausdruck. Gerade weil sie nicht vorsätzlich sind, geben sie unversehene Kunde von dem Geheimnis der Tiefe, das sich normalerweise in ihnen mit Genauigkeit spiegelt.

Aber in gewissen Lagen und Augenblicken des Lebens verrät das menschliche Wesen, ohne es selbst zu merken, ein gut Teil seiner entscheidenden Artung, seines wahren Charakters. Eine dieser Lebenslagen ist die Liebe. In der Wahl der Geliebten enthüllt der Mann, in der Wahl des Geliebten die Frau ihren wesentlichen Seelengrund. Der Menschentypus, den wir in dem anderen Wesen bevorzugen, kennzeichnet die Beschaffenheit unseres eigenen Herzens. Die Liebe ist eine Flutwelle, die aus den unteren Schichten unserer Person aufwallt und, wenn sie an die sichtbare Oberfläche des Lebens gelangt, Algen und Muscheln der Tiefe heraufspült. Ein guter Naturkenner kann sich an Hand dieses Materials ein Bild von dem Meeresboden machen, aus dem es stammt.

Man wird mir hier die vermeintliche Erfahrung entgegenhalten wollen, daß eine Frau, die wir für einen vorzüglichen Charakter halten, nicht selten an einem dumpfen und gewöhnlichen Mann Gefallen findet. Aber ich fürchte, daß diejenigen, die so urteilen, fast immer einer optischen Täuschung unterliegen: sie sprechen ein wenig von weitem, und die Liebe ist ein Stoff von feinster Webart, den man nur aus großer Nähe gut sehen kann. In vielen Fällen ist eine solche Neigung nur scheinbar und in Wirklichkeit gar nicht vorhanden. Die echte und die falsche Liebe haben, von weitem gesehen, die gleichen Gesten. Aber setzen wir einen Fall echter Liebe voraus; was sollen wir davon halten? Eins von beiden: entweder daß der Mann wertvoller oder daß die Frau in Wirklichkeit weniger wertvoll ist, als wir dachten.

In Gesprächen und Vorlesungen (gelegentlich der Bestimmung dessen, was wir »Charakter« nennen) habe ich diesen Gedanken wiederholt auseinandergesetzt und dabei beobachten können, daß er mit einer gewissen Gesetzmäßigkeit eine erste Bewegung des Widerspruchs und der Abwehr hervorruft. Da die Idee an sich nichts Verletzendes oder Bitteres enthält – warum sollte es uns, als allgemeiner Satz ausgesprochen, nicht schmeicheln, daß in unserer Liebe unsere verborgene Art offenbar wird? –, kommt dieser unwillkürliche Widerstand einer Bestätigung ihrer Wahrheit gleich. Das Individuum hat das Gefühl, an einer deckungslosen Stelle überrascht zu sein, die es nicht gesichert hatte. Es verdrießt uns immer, wenn uns jemand nach einer Seite unseres Wesens beurteilt, die wir ihm unbedacht darbieten. Man hat uns ertappt, und das reizt uns. Wir möchten nach vorheriger Ankündigung beurteilt sein und auf Grund der Haltungen, die von unserem Willen abhängen, damit wir uns, wie beim Photographen, in Positur setzen können. (Die Angst vor der Momentaufnahme.) Aber es ist klar, daß es für den Erforscher des Menschenherzens besonders aufschlußreich ist, wenn er in den Nächsten eindringen kann, wo dieser es am wenigsten vermutet, und ihn in flagranti ertappt.

Wenn der Wille des Menschen seine Spontaneität vollständig ersetzen könnte, hätten wir keine Veranlassung, in die geheimen Gründe seiner Person hinabzutauchen. Aber der Wille kann die Gewalt des Spontanen nur für Augenblicke aufhalten. Auf die Länge eines ganzen Lebens ist das Eingreifen der freien Willkür gegen den Charakter praktisch fast wirkungslos. Unser Wesen läßt eine gewisse Dosis Verfälschung mittels des Willens zu; innerhalb dieser Grenzen sprechen wir billigerweise besser nicht von Verfälschung, sondern von Bereicherung und Vervollkommnung. Es ist der Daumendruck, mit dem der Geist – Verstand und Wille – unseren ursprünglichen Ton knetet. Dies göttliche Eingreifen der geistigen Potenz in allen Ehren; aber wir müssen unsere Erwartungen mäßigen und nicht glauben, daß ihr wunderbarer Einfluß jene Dosis überschreiten kann. Darüber hinaus beginnt die tatsächliche Verfälschung. Ein Mensch, der sein ganzes Leben lang gegen seine natürliche Neigung geht, neigt von Natur zur Falschheit. Es gibt Menschen, die ehrlich verlogen oder von Natur geziert sind.

Je mehr die gegenwärtige Psychologie in das Getriebe des Menschenwesens eindringt, um so deutlicher tritt es zutage, daß das Amt des Willens und des Geistes im allgemeinen nicht das des Schöpfers, sondern des Lenkers ist. Der Wille bewegt nicht, sondern er zügelt den einen oder anderen vorwillentlichen Impuls, der vegetativ aus unserem Seelenuntergrund aufsteigt. Sein Eingreifen ist negativer Art. Wenn es zuweilen nicht so aussieht, hat das den folgenden Grund: In der Verflechtung unserer Neigungen, Begierden, Wünsche geschieht es immerfort, daß eines davon als Hemmschuh auf ein anderes wirkt. Der Wille, indem er diese Hemmung aufhebt, erlaubt der vorher gebundenen Neigung, frei zu strömen und sich voll auszudehnen. Dann scheint unser Wollen eine aktive Kraft zu haben, während es genau besehen nur die Schleusen öffnet, die jenen schon vorher vorhandenen Impuls stauten.

Der größte Irrtum von der Renaissance bis auf unsere Tage war, daß man mit Descartes glaubte, wir lebten von unserem Bewußtsein, von jenem kleinen Teil unseres Wesens, den wir deutlich sehen und in dem unser Wille wirkt. Die Behauptung, daß der Mensch vernünftig und frei ist, scheint mir, so ausgesprochen, einem Irrtum recht nahezukommen. Denn wir besitzen wohl Vernunft und Freiheit; aber beide Vermögen bilden nur eine dünne Haut über dem Volum unseres Wesens, dessen Inneres weder vernünftig noch frei ist. Die Ideen sogar, aus denen unsere Vernunft sich aufbaut, kommen uns fertig und bereit aus einem ungeheuren dunklen Grund, der unter unserem Bewußtsein liegt. Ebenso erscheinen die Wünsche auf der Bühne unseres klaren Geistes wie Schauspieler, die schon kostümiert und ihre Rolle hersagend aus der geheimnisvollen Dämmerung der Kulissen treten. Und wie es falsch wäre, zu meinen, daß ein Theater gleichbedeutend ist mit dem Stück, das auf seiner erleuchteten Bühne aufgeführt wird, scheint es mir zum mindesten ungenau, wenn man sagt, der Mensch lebe aus seinem Bewußtsein, aus seinem Geist. In Wahrheit bewegt uns, abgesehen von jenem oberflächlichen Eingreifen unseres Willens, ein irrationales Leben, das in unser Bewußtsein mündet und der verborgenen Höhle, dem unsichtbaren Grunde, entstammt, der wir eigentlich sind. Darum muß der Psychologe zum Taucher werden und unter die Oberfläche der Worte, Taten, Gedanken des Mitmenschen hinabsteigen, welche bloße Inszenierung sind. Das Wichtige liegt hinter dem allen. Dem Zuschauer genügt es, zu sehen, wie Hamlet seine Neurasthenie über die Schloßterrasse von Helsingör schleppt. Der Psychologe erwartet ihn, wenn er von der Bühne abtritt, um im Schatten der Vorhänge und Schnüre zu erforschen, wer der Schauspieler ist, der den Hamlet gibt.

Darum ist es natürlich, wenn er die Ritzen und Versenkungen sucht, durch die er in die Tiefe der Person hinabgleiten kann. Eine dieser Versenkungen ist die Liebe. Umsonst bemüht sich die Dame, die für etwas Besonderes gehalten sein möchte, uns zu täuschen. Wir haben gesehen, daß sie Herrn Soundso liebte. Und Soundso ist plump, unzart und nur auf die Vollkommenheit seiner Krawatte und den Glanz seines Rolls Royce bedacht ...

II

Gegen den Gedanken, daß wir in der Liebeswahl unseren echtesten Grund offenbaren, lassen sich mancherlei Einwände machen. Vielleicht gibt es darunter einige, die hinreichen, um die Wahrscheinlichkeit der Behauptung ins Wanken zu bringen. Aber diejenigen, die tatsächlich vorgebracht zu werden pflegen, scheinen mir unzutreffend, wenig streng, voreilig aus dem Stegreif aufgestellt. Man vergißt, daß die Psychologie der Erotik nur mikroskopisch vorgehen kann. Je intimer der psychologische Gegenstand ist, der in Frage steht, um so größer wird der Einfluß des Details sein. Nun wohl, die Liebe ist einer der allerinnerlichsten. Wahrscheinlich gibt es nur ein noch tiefer liegendes Erlebnis als sie, dasjenige, welches das »metaphysische Gefühl« heißen könnte, oder der entscheidende, letzte, grundlegende Eindruck, den wir von dem Universum haben.

Das »metaphysische Gefühl« ist Grund und Stütze aller unserer übrigen Akte, welches sie auch seien. Jedermann hat es, nur daß nicht alle es mit gleicher Klarheit in sich tragen. Unsere ursprüngliche Haltung zur Totalität der Wirklichkeit entscheidet über den Geschmack, den Welt und Leben für uns haben. Der Rest unseres Denkens, Fühlens, Wollens bewegt sich schon auf dieser Grundhaltung, ruht auf ihr und ist von ihr gefärbt. Gerade in der Art unserer Liebeserlebnisse spricht sich jenes ursprüngliche Lebensgefühl am unmittelbarsten aus. Dank ihrer ist es uns möglich, zu vermuten, woran oder worein der Nächste sein Leben gesetzt hat. Und das lohnt sich am meisten herauszubringen: nicht Anekdoten über sein Dasein, sondern die Karte, auf die er sein Leben setzt. Wir alle wissen irgendwie, daß es sich in tieferen Schichten unseres Wesens als den vom Willen durchwalteten bereits entschieden hat, welchem Lebenstypus wir zugeteilt sind. Das Hin und Her von Erfahrungen und Überlegungen ist eitel; unser Herz hält mit dem Starrsinn eines Sterns an seiner vorbestimmten Bahn fest und kreist vermöge seiner eigenen Schwere um die Kunst, um politischen Ehrgeiz, um sinnliche Lust, um das Geld. Häufig geht das sichtbare Dasein des Individuums gegen den Strich seiner inneren Bestimmung und gibt Anlaß zu überraschendem Mummenschanz: der Geschäftsmann, hinter dem sich ein Genußmensch verbirgt, oder ein Schriftsteller, dessen Ehrgeiz in Wahrheit nur auf politische Macht geht.

Dem normalen Mann »gefallen« fast alle Frauen, die in seine Nähe kommen. Das erlaubt uns, den Charakter tiefer Wahl, den die Liebe besitzt, deutlich herauszuarbeiten. Wir müssen uns nur hüten, die Liebe mit dem Gefallen zu verwechseln. Ein schmuckes Mädchen reizt im Vorübergehen die Peripherie der männlichen Sensibilität, die – zu ihrer Ehre sei es gesagt – eindrucksfähiger ist als die der Frau. Diese Reizung bewirkt unwillkürlich eine erste Bewegung der Schönen entgegen. So unwillkürlich, so mechanisch ist diese Antwort, daß nicht einmal die Kirche sich vermaß, sie als Sünde zu betrachten. Die Kirche war früher eine ausgezeichnete Psychologin, und es ist ein Jammer, daß sie in den letzten beiden Jahrhunderten so rückschrittlich geworden ist. Denn sie erkannte mit klarem Blick die Unschuld aller »ersten Regungen«. So auch der des Mannes, der sich hingezogen, hingerissen fühlt zu der Frau, die vor ihm her stöckelt. Ohne das gäbe es auch alles andere nicht – weder Böses noch Gutes, weder Laster noch Tugend. Dennoch sagt der Ausdruck »erste Regung« nicht alles, was er müßte. Es sind »erste« Regungen, weil sie von der Oberfläche selbst ausgehen, an welcher der Reiz empfangen wurde, ohne daß das Innere der Person daran teilnähme.

Und in der Tat, dieser Anziehung, die fast jede Frau auf den Mann ausübt und die gleichsam der Weckruf ist, den der Instinkt an den tiefen Kern unserer Persönlichkeit richtet, folgt meist keine oder nur eine negative Antwort. Sie würde positiv in dem Augenblick, da in diesem persönlichsten Kern ein Gefühl der Hinneigung zu dem Wesen keimte, das uns oberflächlich anzog. Sobald ein solches Gefühl erwacht, bindet es das Zentrum oder die Achse unserer Seele an jene äußerliche Empfindung; oder anders ausgedrückt: wir werden nicht mehr nur an unserer Oberfläche angezogen, sondern wir gehen mit eigenen Füßen dieser Anziehung entgegen, wir legen unser ganzes Sein in sie hinein, kurz, wir sind aktiv beteiligt. Das eine ist vom anderen so verschieden, wie wenn jemand gezogen wird oder von selbst geht.

Dies aktive Beteiligtsein ist die Liebe; sie verarbeitet die unzähligen Anziehungen, die wir spüren, indem sie den größten Teil von ihnen ausscheidet und bei einer verweilt. Auf dem weitläufigen Feld des Instinktes, dessen Rolle hiermit erkannt und zugleich begrenzt ist, trifft sie also eine Auswahl.[1] Wenn wir das Gebiet der Erotik ein wenig erhellen wollen, müssen wir vor allem mit einiger Schärfe bestimmen, wie der Sexualinstinkt darin eingeht. Wenn es eine Torheit ist, zu sagen, die wahre Liebe zwischen Mann und Frau enthalte nichts Sexuelles, so ist es genau so töricht, wenn man meint, die Liebe sei Sexualität. Aus der Menge der Züge, welche beide unterscheiden, nennen wir einen fundamentalen, daß nämlich der Instinkt dazu neigt, die Zahl der Gegenstände, die ihn befriedigen, unbegrenzt zu erweitern, während die Liebe auf Ausschließlichkeit hält. Diese gegensätzliche Tendenz tritt klar zutage in der Tatsache, daß nichts den Mann unempfänglicher für andere sexuelle Anziehungen macht als die Liebesbegeisterung für eine bestimmte Frau.

So ist die Liebe ihrem eigenen Wesen nach Wahl. Und da sie aus dem Kern der Person, aus der Seelentiefe aufsteigt, sind die Auswahlprinzipien, die über sie entscheiden, zugleich die innersten und geheimsten Wertungen, die unseren individuellen Charakter formen.

Ich sagte, daß die Liebe von Einzelheiten lebt und mikroskopisch vorgeht. Der Instinkt dagegen ist makroskopisch und wird von einem Gesamteindruck entflammt. Man möchte sagen, daß Instinkt und Liebe in verschie-

---

[1] Daß der Sexualinstinkt an sich schon selektiv ist, war eine der großen Ideen Darwins. Die Liebe nähme alsdann eine zweite, weit strengere Auswahl vor.

denen Entfernungen zu ihrem Objekt stehen. Die Schönheit, die reizt, weckt selten Liebe. Wenn der Gleichgültige und der Verliebte vergleichen könnten, was für sie beide die Schönheit, den Reiz ein und derselben Frau ausmacht, würden sie sich über ihre Uneinigkeit wundern. Der Gleichgültige wird die Schönheit in den großen Linien des Gesichts und der Gestalt finden – in dem, was in der Tat gewöhnlich Schönheit heißt. Für den Liebenden sind diese großen Linien, der Gesamtbau der geliebten Person, der von weitem wahrnehmbar ist, schon verschwommen und nicht mehr vorhanden. Wenn er ehrlich ist, preist er an ihr kleine, unter sich unverbundene Einzelzüge: die Farbe der Iris, die Mundwinkel, den Klang der Stimme...

Prüft er seine Gefühle und verfolgt sie auf ihrer Bahn von seinem Innern bis zu dem geliebten Wesen hin, so wird er finden, daß sich die Liebe um jene kleinen Züge schlingt und in jedem Augenblick von ihnen nährt. Denn ohne Zweifel nährt die Liebe sich beständig; sie saugt sich voll mit Liebesursachen und -gründen, indem sie, wirklich oder in der Einbildung, die Schönheiten des Geliebten anschaut. Sie lebt in Form einer unaufhörlichen Bestätigung. (Die Liebe ist eintönig, beharrlich, schwerfällig; niemand ertrüge, daß man ihm auch den geistvollsten Satz viele Male wiederholte, aber daß die Geliebte ihn liebt, möchte der Liebende wieder und wieder hören. Umgekehrt, wenn jemand nicht liebt, bringt ihn die Liebe, deren Gegenstand er ist, zur Verzweiflung durch ihre unerträgliche Monotonie.)

Es ist wichtig, auf die Rolle hinzuweisen, welche die

Einzelheiten der Physiognomie und der Gebärde in der Liebe spielen, denn sie offenbaren am deutlichsten das wahre Wesen der Person, die wir in ihnen lieben. Die andere Schönheit, die aus der Entfernung sichtbare, hat, ohne daß sie völlig einer Ausdrucksbedeutung entbehrte und eine innere Seinsweise äußerlich darstellte, vor allem einen unabhängigen ästhetischen Wert, einen objektiven plastischen Reiz, auf den sich eben das Wort Schönheit bezieht. Und nach meiner Meinung ist es ein Irrtum, zu glauben, daß man sich für diese plastische Schönheit begeistere. Ich habe immer beobachtet, daß die ästhetisch vollkommensten Frauen wenig von Männern geliebt werden. In jeder Gesellschaft gibt es einige »offizielle Schönheiten«, auf die man sich im Theater und auf Festen aufmerksam macht wie auf öffentliche Denkmäler; aber sie sind fast niemals Gegenstand der persönlichen Leidenschaft eines Mannes. Diese Schönheit ist so ausgesprochen ästhetisch, daß sie die Frau zu einem Kunstobjekt macht und damit distanziert und fernrückt. Man bewundert sie – ein Gefühl, das Abstand voraussetzt –, aber man liebt sie nicht. Das Verlangen nach Nähe, welches die Vorhut der Liebe ist, wird von vornherein unmöglich.

Die Anmut, mit der sich eine gewisse Art zu sein ausdrückt, und nicht die Ebenmäßigkeit oder Vollkommenheit der Gestalt ist nach meiner Meinung die Eigenschaft, welche wirksam Liebe weckt. Und umgekehrt, wenn das Herz sich – aus Eigenliebe, aus Neugier, aus Verblendung – in eine falsche Liebe verstrickt hat, ist das dumpfe Gefühl des Widerstands gegen gewisse Eigenheiten der anderen Person das Zeichen dafür, daß es nicht liebt.

Aber die Unregelmäßigkeit oder Unvollkommenheit des Gesichts vom Standpunkt klassischer Schönheit beirrt, wenn sie nicht monströs ist, die Liebe nicht.

Unter der Idee der Schönheit hat man wie unter einer kostbaren Marmorplatte alle Feinheit und Fruchtbarkeit erdrückt, deren die Psychologie der Liebe fähig ist. Wenn man sagt, der Mann verliebe sich in die Frau, die er schön findet, glaubt man, alles gesagt zu haben, und hat doch strenggenommen nichts gesagt. Der Irrtum stammt aus der platonischen Erbschaft. (Es ist unabsehbar, bis in welche Schichten der abendländischen Menschheit Elemente der griechischen Philosophie eingedrungen sind. Der einfachste Mann gebraucht Ausdrücke und Begriffe Platos, Aristoteles', der Stoiker.)

Es war Plato, der Liebe und Schönheit für immer zusammenband. Nur daß für ihn Schönheit nicht eigentlich die Vollendung eines Körpers bedeutete, sondern der Name für jede Vollkommenheit war, die Form gewissermaßen, unter welcher sich den griechischen Augen alles Wertvolle darstellte. Schönheit war »Bestheit«. Dieser eigentümliche Wortgebrauch hat alle späteren Meditationen über die Liebe auf ein falsches Geleise geschoben.

Liebe ist etwas Ernsteres und Bedeutungsvolleres als das Entzücken über die Linien eines Gesichts und die Farbe einer Wange; sie ist die Entscheidung für eine gewisse Ausprägung des Menschlichen, die sich symbolisch in den Einzelheiten des Gesichts, der Stimme, der Gebärde ankündigt.

Liebe ist der Drang, im Schönen zu zeugen; τίκτειν ἐν τῶ καλῶ – sagte Plato. Zeugen gleich Schöpfung der

412

Zukunft; Schönheit gleich bestes Leben. Liebe schließt eine innere Verbundenheit mit einem gewissen Typus des menschlichen Lebens ein, der uns als der beste erscheint und den wir in einem andern Wesen vorgebildet, angedeutet finden.

Und das, meine gnädige Frau, mag abstrakt, verworren und wirklichkeitsfremd aussehen. Aber ich habe doch, geleitet von dieser Abstraktion, in dem Blick, den Sie eben Herrn X zuwarfen, entdeckt, ... was für Sie das Leben ist. Trinken wir noch einen Cocktail!

III

Der häufigste Fall ist, daß der Mensch mehrere Male in seinem Leben liebt. Das gibt Anlaß zu einer Menge theoretischer Fragen, abgesehen von den praktischen, die der Liebhaber auf eigene Rechnung lösen mag. Zum Beispiel: ist diese Aufeinanderfolge mehrerer Liebeserlebnisse wesentlich für die Natur des Mannes, oder ist sie ein Mangel, ein tadelnswerter Rest von Primitivität und Barbarei, der sich in ihm erhalten hat? Wäre es das Ideal, das Vollkommene und Wünschenswerte, nur einmal zu lieben? Besteht in dieser Beziehung irgendein Unterschied zwischen dem normalen Mann und der normalen Frau?

Wir wollen jetzt jedem Versuch einer Antwort auf so gefährliche Fragen aus dem Wege gehen und, ohne uns eine Meinung darüber zu erlauben, einfach die unbestreitbare Tatsache hinnehmen, daß der Mann fast immer mehrmals liebt. Da es uns um die rein ausgebildeten Formen dieses Gefühls zu tun ist, schließen wir die Mehrzahl des Nebeneinander aus und behalten nur die des Nacheinander im Auge.

Erwächst nicht aus dieser Tatsache eine ernsthafte Schwierigkeit für die hier aufgestellte Lehre, daß die Liebeswahl das Grundwesen der Person aufdeckt? Vielleicht; aber jetzt muß ich meinen Leser zunächst an die triviale Wahrheit erinnern, daß eine solche Vervielfältigung des Liebeserlebnisses von doppelter Art sein kann. Es gibt Menschen, die im Lauf ihres Lebens verschiedene Frauen lieben; aber sie sind alle mit unverkennbarer Beharrlichkeit Wiederholungen desselben weiblichen Typus. Mitunter geht die Übereinstimmung so weit, daß sie sich physisch alle innerhalb des gleichen Formats halten. Diese Art verkappter Treue, bei der unter der Gestalt vieler Frauen im Grunde gattungsmäßig nur eine einzige Frau geliebt wird, ist außerordentlich häufig und liefert den unmittelbarsten Beweis für die Idee, die wir verfechten.

Aber in anderen Fällen sind die Frauen, die ein Mann nacheinander liebt, oder die Männer, die eine Frau bevorzugt, in der Tat von sehr verschiedener Art. Von unserer Hypothese her betrachtet, würde das bedeuten, daß sich der Grundcharakter des Menschen mit der Zeit gewandelt hätte. Ist eine solche Veränderung bis an die Wurzeln unseres Wesens möglich? Die Frage ist bedeutungsvoll, vielleicht entscheidend in einer Wissenschaft vom Charakter. Während der zweiten Hälfte des 19. Jahrhunderts nahm man üblicherweise an, daß sich der Charakter von außen nach innen bilde. Aus den Erfahrungen

414

des Lebens, den Gewohnheiten, die aus ihnen entstehen, den Einflüssen der Umwelt, den Wechselfällen des Schicksals, den physiologischen Zuständen sollte sich wie ein Bodensatz das niederschlagen, was wir Charakter nennen. Es gab also danach kein Grundwesen der Person, keine innere Verfassung, die den Ereignissen des Daseins voraufging und von ihnen unabhängig war. Wie eine Lawine sollten wir aus dem Staub eben des Weges entstehen, den wir durchmessen hatten. Für diese Denkweise, welche die Existenz eines fundamentalen Kerns in der Persönlichkeit ausschließt, gibt es, das ist klar, auch das Problem fundamentaler Wandlungen nicht. Der sogenannte Charakter wäre in dauernder Veränderung begriffen; in dem Maße, wie der sich bildet, bildet er sich um.

Aber gewichtige Gründe, die herzuzählen hier nicht der Ort ist, machen mich dem entgegengesetzten Glauben geneigt, wonach es richtiger wäre, zu sagen, daß wir von innen nach außen leben. Bevor uns unsere äußeren Schicksale ereilen, ist unsere innere Person im wesentlichen schon geformt; die Zufälle des Lebens mögen sie etwas beeinflussen, aber viel größer ist der Einfluß, den sie auf jene ausübt. Wir pflegen erstaunlich undurchlässig für das zu sein, was über uns kommt, wenn es nicht zu jener eingeborenen Person stimmt, die wir im letzten Grunde sind. Aber dann – wird man sagen – können wir auch nicht von radikalen Wandlungen sprechen. Was wir bei der Geburt waren, werden wir in der Todesstunde sein.

Nein, nein. Gerade dieser Gedankengang ist geschmeidig genug, um sich den Tatsachen in all ihrer Holprigkeit anzupassen. Er erlaubt uns, die kleinen Veränderungen, welche die äußeren Ereignisse in unserer Seinsweise hervorbringen, zu unterscheiden von den tieferen Wandlungen, die nicht jenen Zufallsmotiven, sondern dem inneren Gesetz des Charakters selbst gehorchen. Ich würde sagen, der Charakter wandle sich, wenn man unter Wandlung eigentlich eine Entwicklung versteht. Und diese Entwicklung ist, wie die eines jeden Organismus, erzeugt und gelenkt von inneren Gründen, die der Natur des Wesens selbst gemäß sind, ihm eingeboren wie sein Charakter. Der Leser wird sich gewiß erinnern, daß ihm manchmal die Veränderungen seiner Mitmenschen leichtherzig und unberechtigt, wenn nicht aus ganz uneingestehbaren Gründen zu erfolgen schienen, während in anderen Fällen der Verwandlung alle Würde und aller Sinn eines Wachstums zukam. Dann ist es der Schößling, der zum Baum wird, der kahle Zweig, der Blätter treibt, die Frucht, die der Blüte folgt.

Ich antworte also auf den vorhin erhobenen Einwand: Es gibt Personen, die sich nicht entwickeln, verhältnismäßig unbewegliche Charaktere (im allgemeinen solche von geringer Lebensfülle; Prototyp der »gute Bürger«). Ihre Liebeswahl wird unveränderlich auf denselben Typus fallen. Aber es gibt Individuen von fruchtbarem Charakter, reich an Möglichkeiten und Bestimmungen, die in guter Ordnung die Stunde ihrer Entfaltung erwarten. Fast könnte man behaupten, daß dies der normale Fall ist. Die Persönlichkeit erfährt im Verlauf ihres Lebens zwei oder drei große Umwandlungen, die wie verschiedene Stadien ein und derselben moralischen Bahn sind. Ohne daß unser heutiges Lebensgefühl den Zusammenhang, ja die durchgehende Gleichbeschaffenheit mit dem von gestern verlöre, bemerken wir eines Tages, daß ein neuer Abschnitt, eine neue Abwandlung unseres Charakters begonnen hat. Und eben das – nicht mehr, aber auch nicht weniger – nenne ich eine einschneidende Veränderung.[1] Es ist, als drehe sich unser inneres Wesen in jeder dieser zwei oder drei Epochen einige Grade um sich selbst, verlagere sich in einen andern Quadranten des Universums und richte sich nach andern Sternbildern.

Ist es nicht ein ahnungsvoller Zufall, daß die Zahl der echten Liebesverhältnisse, durch die ein normaler Mensch zu gehen pflegt, dieselbe Ziffer trägt: zwei oder drei? Und daß überdies ein jedes davon zeitlich gebunden an eine dieser Epochen des Charakters auftritt? Darum erscheint es mir nicht zu kühn, wenn wir in der Mehrzahl der Liebeserlebnisse den bündigsten Beweis für die hier angedeutete Theorie erblicken. Der neuen Weise des Lebensgefühls paßt sich die Bevorzugung eines anderen Frauentypus genau an. Unser Wertsystem hat sich wenig oder viel verändert – immer in verborgener Einstimmigkeit mit dem alten –; Werte, die wir vorher nicht schätzten, vielleicht nicht einmal bemerkten, rücken in den Vordergrund, und ein neues Schema der Liebeswahl schiebt sich zwischen den Mann und die ihm begegnenden Frauen.

---

[1] Eine extreme und sehr merkwürdige Erscheinung ist die »Bekehrung«, die plötzliche, katastrophenhafte Umstimmung, welche die Person mitunter erleidet. Man gestatte mir, ein so schwieriges Thema jetzt unberührt zu lassen.

Nur ein Roman stellt die angemessenen Mittel zur Verfügung, um diesen Gedanken einleuchtend zu machen. Ich habe Bruchstücke von einem gelesen – er wird vielleicht niemals veröffentlicht –, der gerade dieses Thema behandelt: die tiefgreifende Entwicklung eines männlichen Charakters, dargestellt an seinen Liebeserlebnissen. Der Verfasser – und das ist das Interessanteste – ist gleichermaßen bestrebt, die durchhaltende Einheit des Charakters wie die verschiedenen Stufen seiner Wandlung zu zeigen, woraus die lebendige Logik dieser Veränderungen und die Notwendigkeit ihrer Entstehung erhellt. Und in jeder Epoche sammelt und bindet eine Frauengestalt die Strahlen jener sich entfaltenden Lebenskraft, gleich den Phantomen, die man mit Lichtern und Scheinwerfern in einer dichten Atmosphäre erzeugen kann.

IV

Dieser Gedanke, daß es eine Wahl in der Liebe gibt – eine Wahl, die weit wirksamer ist als alle, die bewußt, willentlich vorgenommen werden können – und daß eine solche Wahl nicht frei ist, sondern von dem Grundcharakter des Individuums abhängt, muß von vornherein unannehmbar erscheinen, wenn man bei einer psychologischen Deutung des Menschen beharrt, die ich für überlebt und ersetzungsbedürftig halte. Sie ist charakterisiert durch die Neigung, das Eingreifen des Zufalls und der mechanischen äußeren Ereignisse in das menschliche Leben zu überschätzen.

Vor etwa sechzig Jahren arbeiteten die Männer der

Wissenschaft diesen Gesichtspunkt mit Sorgfalt aus und schufen die mechanische Psychologie. Ihre Gedanken brauchten – wie es immer geschieht – eine Generation, um in das Bewußtsein des gebildeten Durchschnittsmenschen zu gelangen, und jetzt findet jeder neue Versuch, die Dinge schärfer zu sehen, die Köpfe mit dem alten Gerümpel ausstaffiert. Abgesehen davon, ob die hier skizzierte Ansicht wahr oder falsch ist, muß sie also schlechterdings mit allgemeinen Gedankenströmungen zusammenstoßen, die in entgegengesetzter Richtung gehen. Die Leute haben sich an die Vorstellung gewöhnt, daß die Ereignisse, deren Verwebung das Dasein bildet, keinen Sinn haben, weder guten noch bösen, sondern aus einer Mischung von Zufall und mechanischem Verhängnis entstehen.

Jede Theorie, welche die Rolle dieser beiden Elemente im Schicksal der Person herabsetzen und darin ein inneres Gesetz entdecken möchte, das seinen Grund im Charakter des Individuums hat, wird unbesehen zurückgewiesen werden. Ein Schwarm falscher Beobachtungen – in diesem Fall über die Liebesbeziehungen unserer Nachbarn oder unsere eigenen – stößt nieder und versperrt den Weg, auf dem die hier vertretene Ansicht in den Geist eindringen, begriffen und dann beurteilt werden könnte. Man füge dem die gewöhnlichen Mißverständnisse hinzu, die fast immer in eigenmächtigen Zutaten bestehen, die der Leser den Ideen des Autors unterschiebt. Von dieser Art sind die meisten Einwände, die ich zu hören bekomme. Der häufigste unter ihnen läuft seinerseits auf die Bemerkung hinaus, daß die Leidenschaft, wenn wir nur stets die Frau liebten, deren Person unsere innere Wesensart widerspiegelt, nicht so oft Unglück nach sich zöge oder selbst unglücklich wäre. Woraus hervorgeht, daß meine liebenswürdigen Leser mit der Idee einer Wahlverwandtschaft zwischen dem Liebenden und seinem Gegenstand, welche ich verfechte, willkürlich die eines daraus folgenden Glücks verbunden haben.

Ich hingegen glaube, daß das eine mit dem anderen nichts zu tun hat. Ein im tiefsten eitler Mann – wie es die Angehörigen der Blutaristokratie gewöhnlich sind, so heruntergekommen sie auch sein mögen – wird sich in eine Frau verlieben, die auch eitel ist. Aus einer solchen Wahl kann nur Unglück entstehen. Aber verwechseln wir nicht die Folgen der Wahl mit der Wahl selbst! Ich möchte jetzt zugleich mit diesem Einwand eine Reihe anderer sehr elementarer, sehr auf der Hand liegender und darum sehr häufig wiederholter Bedenken beantworten. Man sagt, daß sich in vielen Fällen einer der beiden Liebenden getäuscht habe: er glaubte, der Erwählte sei so, und nachher stellte sich heraus, daß er anders war. Ist dies nicht ein beständig gesungenes Lied in der landläufigen Psychologie der Liebe? Wollten wir ihm glauben, so wäre das quid pro quo, die Täuschung, fast der normale Fall. Hier trennen sich unsere Wege. Ich kann, außer auf schlagende Gründe hin, keine Theorie annehmen, wonach das menschliche Leben in einer seiner tiefsten und ernsthaftesten Angelegenheiten fast beständig eine reine Absurdität, Geschmacksverwirrung und Täuschung wäre.

Ich leugne nicht, daß dies gelegentlich vorkommen

kann, ebenso wie es in der sinnlichen Anschauung vorkommen kann, ohne daß darum die Gewißheit unserer gesunden Wahrnehmung entkräftet würde. Aber wenn man darauf besteht, die Täuschung als eine Tatsache von normaler Häufigkeit hinzustellen, muß ich sagen, daß ich eine solche Ansicht für falsch, für das Ergebnis einer unzulänglichen Beobachtung halte. In den meisten der vermeinten Fälle liegt in Wahrheit keine Täuschung vor: die Person ist, was sie von vornherein schien; nur daß wir nachher unter den Folgen ihrer Wesensart leiden, und das nennen wir dann unsere Täuschung. Zum Beispiel: es geschieht nicht selten, daß sich die junge Madriderin aus gut bürgerlichem Haus in einen Mann verliebt, weil seine Person eine gewisse Ungebundenheit und Verwegenheit ausstrahlt. Er ist jeder Situation gewachsen, immer mit Lösungen bei der Hand, von einer Unbekümmertheit und Sicherheit, die Bewunderung erregt und im Grunde aus einem vollständigen Mangel an Ehrfurcht vor allem Göttlichen und Menschlichen stammt. Man kann nicht leugnen, daß die Geschmeidigkeit ihres Wesens diesen Männern auf den ersten Blick eine Grazie gibt, die tieferen Charakteren gewöhnlich abgeht. Sie sind, kurz gesagt, der Typus des »Lebemannes«. Das Mädchen verliebt sich in den Lebemann, ehe er »gelebt« hat. Nachher versetzt ihr Mann ihren Schmuck und verläßt sie. Die Freundinnen trösten das unglückliche Geschöpf damit, daß sie sich »getäuscht« habe; aber im tiefsten Grund ihres Bewußtseins weiß sie sehr gut, daß dem nicht so ist, daß sie auf solche Möglichkeiten von Anfang an gefaßt war und diese Ahnung zu den Ingredienzen ihrer Liebe gehörte, zu dem, was sie an jenem Mann am meisten reizte.

Wir sollten, glaube ich, die landläufigen Ideen über dies wunderbare Gefühl allmählich reformieren, denn die Liebe ist, besonders auf unserer Halbinsel, dumm und dumpf geworden. Sie ist eine herrliche Quelle menschlicher Lebenskräfte – wie es letzten Endes nicht viele gibt – und sollte freigelegt und von trüben Beimischungen gereinigt werden. Machen wir also sparsamen Gebrauch von der Hypothese der »Täuschung«, sooft wir eines der häufigen Liebesdramen aufzuklären trachten.

Wir klammern uns gern an den Gedanken, daß man sich in die physische Erscheinung des anderen Wesens verliebe, so daß, da von der Physis nicht auf die Psyche geschlossen werden könne, Irrtümer entstünden und es unmöglich sei, von einer Wahlverwandtschaft zwischen dem geliebten Gegenstand und der inneren Art des Liebenden zu sprechen. Ich kann mich nicht zu einer solchen Trennung des Physischen und Psychischen verstehen, die auch eine der großen Besessenheiten der vergangenen Epoche war. Es ist grundfalsch, daß wir »nur« einen Körper sehen, wenn wir eine menschliche Gestalt vor uns sehen. Als fügten wir hinterher, vermöge eines neuen geistigen Aktes, durch Zauberei, man weiß nicht wie, zu dem materiellen Ding eine Seele hinzu, die wir, man weiß nicht woher, nehmen. Dabei kostet es uns im Gegenteil die größte Mühe, den Körper von der Seele zu trennen und gesondert zu denken, vorausgesetzt, daß es uns überhaupt gelingt. Nicht nur in der menschlichen Lebensgemeinschaft, sondern sogar im Umgang mit irgend-

welchen anderen lebendigen Wesen ist die äußere Wahrnehmung ihrer Gestalt zugleich innere Wahrnehmung
ihrer Seele oder Quasi-Seele. Im Winseln des Hundes
nehmen wir seinen Schmerz und im Auge des Tigers
seine Grausamkeit wahr. Darum unterscheiden wir den
Stein und die Maschine von der Form aus Fleisch und
Blut. Lebende Materie ist wesenhaft und konstitutiv ein
physischer Körper, geladen mit psychischer Elektrizität,
mit Charakter. Und der Umstand, daß zweideutige Formen vorkommen und wir manchmal in der Wahrnehmung der fremden Seele irren, kann, ich wiederhole es,
die normale Gewißheit nicht außer Kraft setzen. Wenn
wir einem anderen Geschöpf unserer Gattung gegenüber-
stehen, offenbart sich uns unmittelbar seine innere Natur.
Diese Erfassung unseres Nächsten ist tiefer oder ober-
flächlicher je nach dem Grad unseres angeborenen Scharf-
blicks. Ohne sie wäre das elementarste soziale Zusammenleben und jeder Umgang mit Menschen unmöglich.
Jedes Wort und jede Geste von uns wäre in Gefahr, unsern Partner zu verletzen. Und wie wir auf die Gabe des
Gehörs aufmerksam werden, wenn wir mit einem Tau-
ben sprechen, so bemerken wir die Existenz dieser unmittelbaren Anschauung, die der Mensch normalerweise
von seinesgleichen hat, wenn wir auf mangelnde Feinfühligkeit stoßen, auf einen Menschen ohne »Takt« –
ein vortrefflicher Ausdruck, der auf jenen Sinn der inneren Wahrnehmung anspielt, mit dem wir gleichsam die
fremde Seele abtasten, ihre Umrisse, die Rauheit oder
Weichheit ihres Charakters fühlen. Was den meisten
Menschen abgeht, ist die Gabe, zu »sagen«, wie der

423

Nächste ist, den sie vor sich haben. Aber daß man es nicht »sagen« kann, bedeutet nicht, daß man es nicht sieht. Etwas »sagen« heißt es in Begriffen ausdrücken, und der Begriff setzt eine analytische, spezifisch intellektuelle Tätigkeit voraus, in der sich wenige üben. Das Wissen, das sich in Worten ausdrückt, ist dem überlegen, welches sich damit begnügt, etwas nur vor Augen zu haben; aber ein Wissen ist auch dieses. Der Leser möge versuchen, mit Worten zu beschreiben, was er in irgendeinem Augenblick sieht, und er wird erstaunt sein, wie wenig er über das »sagen« kann, was er so deutlich vor sich hat. Und dennoch dient uns dies visuelle Wissen dazu, uns unter den Dingen zu bewegen, sie zu unterscheiden – zum Beispiel die verschiedenen unbenannten Schattierungen einer Farbe –, sie zu suchen oder zu meiden. In dieser ungreifbaren Form wirkt in uns die Wahrnehmung, die wir von dem Mitmenschen, und ganz besonders diejenige, welche wir von dem Geliebten haben.

Man sage also nicht so leichthin, als handle es sich um eine klare und einfache Sache, daß der Mann sich »physisch« in die Frau verliebt, oder umgekehrt, und es dann zu einem Zusammenstoß mit dem Charakter des geliebten Wesens kommt. Es mag geschehen, daß sich Männer oder Frauen in einen Körper als solchen verlieben; aber das verrät gerade ihre besondere Wesensart. Wer so liebt, hat eine sinnliche Natur. Und wir müssen hinzufügen, daß eine solche Veranlagung – ganz besonders bei Frauen – viel weniger häufig ist, als man gewöhnlich glaubt. Wer die weibliche Seele mit einiger Sorgfalt beobachtet hat, wird darum bezweifeln, daß sich im normalen Fall die

424

Frau für den »schönen Mann« erotisch begeistert. Man kann sogar voraussagen, welche Frauentypen eine Ausnahme von dieser Regel machen werden. Es sind die folgenden: erstens Frauen mit etwas männlicher Seele; zweitens diejenigen, welche von Anfang an ein schrankenloses sexuelles Leben geführt haben (Prostituierte); drittens normale Frauen, die ein voll befriedigtes Sexualleben hinter sich haben und sich dem reifen Alter nähern; viertens diejenigen, welche dank ihrer psychophysischen Konstitution als »grandes amoureuses« zur Welt kommen.

Diese vier Frauentypen haben einen gemeinsamen Zug, dank dessen sie in einer ausgesprochenen Schwäche für die männliche Schönheit übereinstimmen. Die weibliche Seele ist bekanntlich viel einheitlicher als die des Mannes; das heißt, daß in ihr die einzelnen Elemente weniger voneinander getrennt sind als in der männlichen. So sind bei der Frau sexuelle Lust und Zärtlichkeit oder Herzensneigung enger gekoppelt, und jene regt sich ohne diese nicht so leicht wie bei uns. Es muß irgendein ganz besonderes Motiv vorliegen, damit die weibliche Sinnlichkeit sich unabhängig macht und auf eigene Rechnung, nach ihrem eigentümlichen Gesetz, handelt. Nun wohl, in jedem dieser vier weiblichen Typen liegt ein Keim, aus dem eine solche Absonderung der Sinnlichkeit erwachsen kann. Beim ersten ist es der männliche Einschlag, der eine geringere Einheitlichkeit und eine natürliche Trennung zwischen den verschiedenen Vermögen mit sich bringt. (Die Männlichkeit der Frau ist eines der anziehendsten Themen der menschlichen Psychologie und verdiente ein Sonderstudium.) Beim zweiten wird dieses Auseinandertreten durch den Beruf selbst bewirkt. Die Prostituierte ist darum mehr als irgendeine andere Frau für den »schönen Mann« empfänglich (wenn sie nicht überhaupt einen höchst merkwürdigen Fall von Männlichkeit bei der Frau darstellen sollte). In bezug auf den dritten, der vollkommen normal ist, erinnere ich an die Tatsache, daß, wie man zu sagen pflegt, die Sinne der Frau spät aufwachen. Die Wahrheit ist, daß sie sich spät unabhängig machen und daß nur die Frau, die ein langes und kräftiges Sexualleben, wenn auch durchaus innerhalb der Normen, geführt hat, tatsächlich zu einer Selbständigkeit ihrer Sinne gelangt. Beim Mann kann sein Übermaß an Phantasie für die Entwicklung der Sinne dieselbe Wirkung hervorbringen wie die reale Ausübung. In der Frau pflegt, wenn sie nichts Männliches hat, die Einbildungskraft ganz kümmerlich zu sein, und diesem Mangel muß zum guten Teil die übliche Keuschheit des Menschenweibchens zugeschrieben werden.

Vielleicht hat die Natur es in weiser Voraussicht so gewollt, daß der Frau das freie Spiel der Phantasie nicht zu Gebote steht; denn wäre dem nicht so, verfügte die Frau über eine ebenso lebhafte Imaginationskraft wie der Mann, so hätte die Wollust längst den Planeten überflutet, und die Menschheit wäre verschwunden, in Wonne vergehend.[1]

---

[1] Die Wollust ist kein Instinkt, sondern eine eigentümliche menschliche Schöpfung − wie die Literatur. Der wichtigste Faktor in beiden ist die Phantasie. Warum untersuchen die Psychiater die Wollust nicht unter diesem Gesichtswinkel − als eine literarische Gattung, die ihre Quellen, ihre Gesetze, ihre Entwicklung und ihre Grenzen hat?

V

Wenn die Liebe in der Tat auf so entscheidende Weise Wahl ist, wie ich glaube, besitzen wir in ihr zugleich eine ratio cognoscendi und eine ratio essendi des Individuums. Sie dient uns als Wegweiser und Zeichen bei der Beurteilung des moralischen Untergrundes der Person, wie nach dem Gleichnis des Äschylos die zwischen dem Schaum schwimmenden Korken das Netz ankündigen, das am rauhen Meeresboden treibt. Andererseits wirkt sie bestimmend auf die Lebensgeschichte des Individuums ein, indem sie Menschen eines bestimmten Typus an entscheidender Stelle in sie hineinstellt und die übrigen ausscheidet. Die Liebe formt so das persönliche Schicksal. Ich glaube, wir machen uns keine hinreichende Vorstellung von dem ungeheuren Einfluß, den unsere Liebesbeziehungen auf den Lauf unseres Lebens haben. Denn zunächst denken wir nur an die oberflächlichen Einwirkungen, die allerdings den dramatischeren Anblick bieten, an die »Tollheiten«, die ein Mann für eine Frau oder eine Frau für einen Mann begeht. Und da unser Leben meist, wenn nicht ganz, von solchen augenfälligen Tollheiten frei ist, neigen wir dazu, die Macht dieses Einflusses zu unterschätzen. Aber er kann, besonders der einer Frau auf das Leben eines Mannes, eine andere ungreifbarere Gestalt annehmen. Die Liebe verbindet die Individuen in einer so engen und allseitigen Gemeinschaft, daß sie ihnen keinen Abstand läßt, um die Veränderungen zu bemerken, die der eine an dem anderen hervorbringt. Vor allem der Einfluß der Frau ist atmosphärisch und darum allgegenwärtig und unsichtbar. Es gibt keine Möglichkeit, ihm vorzubeugen und auszuweichen. Er dringt durch alle Ritzen der Vorsicht und wirkt auf den Mann wie das Klima auf die Pflanze. Die Grundweisen der Lebensauffassung der Geliebten drücken leicht und unaufhörlich auf die Linien seines Geistes und prägen ihm zuletzt die ihr eigentümlichen Züge auf.

Diese Zusammenhänge führen uns dazu, in dem Gedanken, daß die Liebe eine Wahl des tiefen Herzens ist, Perspektiven von Bedeutung zu entdecken. Denn wenn wir unsere Theorie, anstatt sie auf ein einzelnes Individuum anzuwenden, auf alle Individuen einer Epoche – einer Generation zum Beispiel – beziehen, werden sich, wie immer, sobald man von Massen spricht, die extremen, rein persönlichen Unterschiede aufheben, und es bleibt ein bestimmter Durchschnittstyp des Verhaltens, in diesem Fall ein bestimmter Durchschnittstyp der erotischen Wahl zurück. Das heißt, daß jede Generation einen Allgemeintypus Mann und einen Allgemeintypus Frau oder, was auf dasselbe hinauskommt, eine gewisse Gruppe von Typen in den beiden Geschlechtern bevorzugt. Und da letzten Endes die Ehe zahlenmäßig die wichtigste Form der erotischen Beziehung ist, können wir sagen, daß sich in jeder Epoche die Frauen eines gewissen Typus leichter und in größerer Zahl verheiraten als die der übrigen.

Ebenso wie das Individuum verrät jede Generation in ihren Liebeswahlen die unterirdischen Strömungen, von denen sie geformt wird, so daß eine Geschichte der nacheinander bevorzugten weiblichen Typen vielleicht sogar einen der aufschlußreichsten Gesichtspunkte liefern würde, unter dem man die menschliche Entwicklung betrachten kann. Und wie jede Generation, so bildet jede Rasse allmählich einen Prototyp der Weiblichkeit heraus, der nicht auf einmal entsteht, sondern langsam im Lauf der Jahrhunderte kraft der einstimmigen Bevorzugung seitens der meisten Männer geprägt wird. So würde eine sorgfältige und unbestechliche Analyse der typischen spanischen Frau erschreckende Lichter in die verborgenen Höhlen der iberischen Seelen werfen. Natürlich müßte man ihr Profil umreißen, indem man sie mit der typischen Französin, Slawin usw. vergleicht. Fruchtbar ist hierbei wie bei allem anderen, daß man nicht glaubt, Dinge und Wesen sind, was sie sind, schlichtweg und vermöge reiner Selbstzeugung. Nein, alles, was ist, alles, was da ist, was eine Form hat, sei sie wie immer, ist das Erzeugnis einer Kraft, die Spur einer Energie, das Wahrzeichen eines Tuns. In diesem Sinn ist alles »geschaffen« worden, und es ist immer möglich, die Macht zu ermitteln, die es schuf und in ihrem Werk für ewig ihre Spur zurückließ. In dem moralischen Profil der spanischen Frau ist die Bildnerarbeit unserer ganzen Geschichte aufbewahrt wie die Hammerschläge des Künstlers im Reliefwerk eines Pokals.

Aber wichtig an der Liebeswahl einer Generation ist vor allem ihre Wirkung. Denn von dem Frauentypus, den ein Geschlecht bevorzugt, hängt offenbar nicht nur sein eigenes Dasein, sondern auch das der unmittelbar folgenden Zeit ab. Im Hause herrscht stets das Klima, das die Frau mitbringt und ist. Mag der Mann immerhin

»gebieten«, in das Familienleben greift er doch nur gelegentlich, oberflächlich und offiziell ein. Aber das Haus
ist das wesenhaft Tägliche, Stetige, die endlose Reihe gleicher Augenblicke, die gewohnte Luft, welche die Lungen
zähe einatmen und ausstoßen. Die häusliche Atmosphäre
geht von der Mutter aus und umhüllt von vornherein
die Generation der Kinder. Diese können von Temperament und Charakter so verschieden wie möglich sein;
sie haben sich unausweichlich unter dem atmosphärischen
Druck ihres gemeinsamen Geburtsniveaus entwickelt, der
sie wie ein beharrlich wehender Wind alle nach derselben
Seite biegt. Ein winziger Wechsel im Lebensgefühl der
von den heutigen Männern bevorzugten Frau ergibt, da
er sich vervielfältigt vermöge der Konstanz des weiblichen Einflusses und der großen Zahl von Haushaltun-
gen, in denen er sich wiederholt, auf eine Sicht von dreißig Jahren betrachtet, eine gewaltige historische Umwälzung. Ich behaupte durchaus nicht, daß dies der einzige
geschichtsbildende Faktor, wohl aber daß es einer der
wirksamsten ist. Man stelle sich vor, daß der Allgemeintypus der Frau, den die heutige Jugend bevorzugt, ein
wenig, ein klein wenig lebensvoller ausfällt als der, den
die Generation unserer Väter liebte. Die Kinder werden dann von vornherein auf ein kühneres und unter-
nehmenderes Dasein, reicher an Wünschen und Wag-
nissen, hingewiesen werden. So klein die Änderung der
vitalen Tendenz sein mag, über den Lebensdurchschnitt
der ganzen Nation erstreckt, muß sie unvermeidlich einen
gewaltigen Umschwung in Spanien herbeiführen.

Man vergesse nicht, daß der entscheidende Faktor in

der Geschichte eines Volkes der Durchschnittsmensch ist. Von seiner Beschaffenheit hängt die Konstitution des Volkskörpers ab. Damit möchte ich den auserlesenen Einzelnen, den überragenden Figuren, beileibe nicht eine mächtige Einwirkung auf die Geschicke der Rasse abstreiten. Ohne sie gäbe es nichts, was der Mühe wert wäre. Aber so ausgezeichnet und vollkommen sie sein mögen, sie können historisch nur in dem Maße wirken, wie ihr Beispiel und Einfluß den mittleren Menschen ergreift. Was sollen wir dabei tun! Die Geschichte ist ohne Gnade die Herrschaft des Mittelmäßigen. Der größte Genius zerschellt an der unbegrenzten Gewalt des Gewöhnlichen. Der Planet ist offenbar geschaffen, damit der Durchschnittsmensch auf ewig herrscht. Darum hängt alles davon ab, daß das mittlere Niveau so hoch wie möglich ist. Und was die Völker groß macht, sind in erster Linie nicht ihre großen Männer, es ist die Höhe der unzähligen Mittelmäßigen. Es ist klar, daß sich das mittlere Niveau niemals heben wird ohne das Vorhandensein von überlegenen Wesen, von Vorbildern, welche die träge Masse hinaufziehen. Darum ist das Eingreifen der Großen nur sekundär und mittelbar. Die historische Realität sind sie nicht, und es kann geschehen, daß ein Volk geniale Einzelne besitzt, ohne daß darum der historische Wert der Nation größer würde. Das tritt immer ein, wenn die Masse sich diesen Vorbildern nicht fügt, ihnen nicht folgt und sich nicht vervollkommnet.

Es ist merkwürdig, daß sich die Historiker bis vor kurzem einzig mit dem Außergewöhnlichen, den überraschenden Tatsachen, beschäftigten und nicht merkten, daß dies alles nur einen anekdotischen oder bestenfalls einen partiellen Wert hat, während die Wirklichkeit in der Geschichte gerade das Alltägliche ist, jener ungeheure Ozean, worin sie alles Seltene und Hervorragende begräbt.

Nun wohl, wo das Tägliche herrscht, ist ein Faktor erster Ordnung immer die Frau, deren Seele in höchstem Maße alltäglich ist. Der Mann neigt mehr zum Außergewöhnlichen; wenigstens träumt er von Abenteuern und Umwälzungen, von spannenden, schwierigen neuen Situationen. Die Frau dagegen findet einen unbegreiflichen Genuß in der Alltäglichkeit. Sie schmiegt sich wohlig in althergebrachte Sitten, und wenn sie kann, macht sie aus dem Heute ein Gestern. Mir ist das »Souvent femme varie« immer töricht erschienen; es spiegelt die Meinung, die sich ein Verliebter vorschnell bildet, mit dem die Frau ein Weilchen spielt. Aber der Gesichtspunkt des Liebhabers hat einen sehr engen Horizont. Sobald man die Frau aus größerer Entfernung ruhigen Auges, mit dem Blick des Zoologen, betrachtet, sieht man überrascht, daß sie in höchstem Maße dazu neigt, in dem Bestehenden zu verharren, sich in dem Brauch, der Idee, dem Geschäft, worein sie einmal gestellt ist, zu verwurzeln; kurz, aus allem eine Sitte zu machen. Und es ist erschütternd, das hartnäckige Mißverständnis zu sehen, das in dieser Beziehung zwischen den beiden Geschlechtern herrscht: der Mann kommt zur Frau wie zu einem Fest und einem Rausch, wie zu einer Ekstase, welche die Eintönigkeit des Lebens durchbrechen soll, und findet ein Wesen, das nur bei einer regelmäßigen Beschäftigung glücklich ist, handle

432

es sich nun darum, Wäsche zu stopfen oder zum Tanztee zu gehen. Die Ethnographen zeigen uns, natürlich mit großer Verwunderung, daß die Arbeit von der Frau erfunden wurde; die Arbeit, das heißt die regelmäßige, geforderte Tätigkeit gegenüber der Unternehmung, der einmaligen sportlichen Anstrengung und dem Abenteuer. Darum ist die Frau die Schöpferin der Berufe; sie war der erste Ackerbauer, Sammler und Töpfer.

Wenn man in dem Täglichen die herrschende Macht der Geschichte erblickt, begreift man den ungeheuren Einfluß des Weiblichen auf die Geschicke der Völker und ist höchlich dafür interessiert, welcher Frauentyp in der Vergangenheit unseres Volkes überwog und welchen unsere Zeit vorzuziehen beginnt. Doch ich begreife, daß dies Interesse bei uns nicht häufig ist, denn wenn man von der spanischen Frau spricht, lösen sich alle Probleme durch den Hinweis auf die vermeintliche arabische Erbschaft und den Einfluß des Priesters. Wir wollen jetzt nicht entscheiden, wieviel Wahres eine solche Auffassung enthält. Mein Einwand gegen sie ist grundsätzlicher und geht davon aus, daß sich der Typus der spanischen Frau, wenn man nur diese beiden formenden Kräfte ansetzt, ausschließlich unter männlichem Einfluß gebildet hätte und daß darum diese These keine Ahnung von dem wechselseitigen Einfluß der Frau auf sich selbst und auf die Nationalgeschichte zeigt.

VI

Wie war der Frauentypus, der in Spanien von der uns voraufgehenden Generation bevorzugt wurde? Wie der, den wir geliebt haben? Welchen wird voraussichtlich die neue Generation wählen? Ein subtiles, delikates, heikles Thema, wie die Themen sein müssen, über die man schreibt. Denn wozu schreiben, wenn man aus dieser allzu leichten Operation, die Feder über das Papier zu führen, nicht das Wagnis einer Tauromachie macht und sich mit gefährlichen, gelenkigen, gehörnten Dingen befaßt? In diesem Fall handelt es sich überdies um eine außerordentlich wichtige Frage, und es ist unbegreiflich, daß sie und andere ähnliche nicht häufiger behandelt werden. Man diskutiert ausführlich ein Finanzgesetz oder eine Verkehrsordnung, aber die Gefühlsströmungen, auf denen das gesamte Leben unserer Zeitgenossen treibt, werden nicht analysiert und gedeutet. Und doch hängen die politischen Einrichtungen in nicht geringem Maß von dem herrschenden Frauentyp ab. Man müßte blind sein, wenn man nicht, zum Beispiel, eine enge Entsprechung zwischen dem spanischen Parlament von 1910 und dem Frauentypus fände, den die Politiker von damals in ihre Häuslichkeiten gesetzt hatten. Ich möchte über das alles schreiben, obgleich ich voraussehe, daß ich mich bei neun Zehnteln meiner Urteile irren werde. Aber das Opfer, sich in gutem Glauben zu irren, ist fast die einzige Bürgertugend, die der Schriftsteller als solcher seinen Landsleuten darbringen kann. Bevor ich jedoch versuche, eine Zeichnung von den während jener Epoche in Spanien herrschenden weiblichen Profilen zu entwerfen – ein Unternehmen, das ein besonderes Studium verdient –, möchte ich die Idee der Liebeswahl bis zu ihrer letzten Konsequenz von allgemeiner Bedeutung durchführen.

Beim Übergang vom Einzelindividuum zur Masse einer Generation verwandelt die Liebeswahl sich in Zuchtwahl, und unsere Idee mündet in den großen Gedanken Darwins von der sexuellen Zuchtwahl ein, jener ungeheuren Kraft, die zur Ausbildung neuer biologischer Formen beiträgt. Man beachte, daß dieser wunderbare Gedanke auf die menschliche Geschichte nicht fruchtbar angewandt werden konnte; er blieb auf den Stall, den Pferch und den Forst beschränkt. Ihm fehlte ein Rad, um als historische Idee wirksam zu werden. Die Geschichte ist ein inneres Drama; sie geht in den Seelen vor sich. Und der Gedanke der Zuchtwahl mußte erst auf dieses innere Forum übertragen werden. Jetzt sehen wir, daß die Zuchtwahl beim Menschen durch Liebeswahl geschieht und daß diese Wahl von tiefen Idealen gelenkt wird, die sich im innersten Kern der Person entwickelt haben.

An dem Gedanken Darwins fehlte dieses Rad und war ein anderes zuviel: in der Selektion wurden die am besten Angepaßten »seligiert«, vorgezogen. Diese Idee der Anpassung ist das Rad, das zuviel ist. Man weiß, daß es sich dabei um einen verschwommenen, unscharfen Gedanken handelt. Wann ist ein Organismus besonders gut angepaßt? Sind es nicht alle außer den Kranken? Kann man nicht andererseits sagen, daß es keiner ganz ist? Und so weiter, und so weiter. Ich möchte nicht in den Verdacht geraten, daß ich das Prinzip der Anpassung verwerfe, ohne das man in der Biologie nicht auskommen kann; aber man muß ihm eine weit vielgestaltigere und wendungsreichere Form geben, als Darwin dies tat, und man darf es vor allem nicht an die erste Stelle setzen. Denn es ist falsch, das Leben als Adaptation zu definieren. Ohne ein Mindestmaß davon kann ein Wesen nicht existieren; aber das Erstaunliche an der Natur ist, daß sie kühne, äußerst gewagte, anfänglich unangepaßte Formen schafft, denen es gleichwohl gelingt, sich mit einem Minimum günstiger Bedingungen einzurichten und am Leben zu bleiben. So daß eine jede lebende Spezies von zwei entgegengesetzten Gesichtspunkten verstanden werden kann und muß: als unadaptiertes Geschöpf einer verschwenderischen Laune und als sinnreicher Mechanismus der Anpassung. Das Leben stellt sich gewissermaßen in jeder Spezies ein scheinbar unlösliches Problem, um sich dann das Vergnügen zu machen, es doch, und meist mit Fülle und Eleganz, zu lösen. So daß man sich schon, wenn man die lebenden Formen studiert, in der weiten Welt umschaut und den verständigen Zuschauer sucht, um dessen Beifalls willen die Natur sich freudig all diese Arbeit macht.

Es ist uns vollständig verborgen, welches die Endzwecke sind, auf die in der menschlichen Spezies die Zuchtwahl hinwirkt. Wir können nur partielle Ziele entdecken und uns ein paar reizvoll indiskrete Fragen stellen. Zum Beispiel diese: Bevorzugte die Frau in irgendeiner Epoche normalerweise den besten in ihr vorhandenen Typus Mann? Kaum gestellt, enthüllt die

Frage schon ihre bedenkliche Zweideutigkeit: der beste Mann ist für den Mann nicht derselbe wie für die Frau, und es besteht schwerer Verdacht, daß er es niemals war.

Sagen wir es rund heraus: die Frau hat sich niemals für die genialen Männer begeistert, es sei denn, daß es per accidens geschah, das heißt, wenn sich mit der Genialität eines Mannes Charakterzüge verbanden, die mit ihr wenig verträglich sind. Tatsache ist, daß die Eigenschaften, die aus Gründen des Fortschritts und der Größe der Menschheit an dem Mann am meisten geschätzt werden, die Frau erotisch keine Spur interessieren. Kann man mir sagen, was einer Frau daran liegt, ob ein Mann ein großer Mathematiker, ein großer Künstler, ein großer Politiker ist? Und so fort; alle spezifisch männlichen Talente und Taten, welche die Kultur geschaffen und fortgebildet haben und die Begeisterung der Männer wecken, haben an sich keine Macht, die Frau anzuziehen. Und suchen wir die Eigenschaften, in die sich dagegen die Frau verliebt, so finden wir, daß sie für die allgemeine Vollkommenheit der Spezies völlig unfruchtbar sind und die Männer kalt lassen. Das Genie ist kein »interessanter Mann« in den Augen der Frau und umgekehrt interessiert der »interessante Mann« den Mann nicht.

Ein sonderbares Beispiel für die Gleichgültigkeit der Frau gegenüber dem großen Mann ist Napoleon. Wir kennen sein Leben Minute für Minute; wir besitzen die vollständige Liste seiner Annäherungsversuche an das weibliche Geschlecht. Es fehlte Napoleon nicht an körperlichen Vorzügen. In seiner Jugend gab ihm seine

schlanke Schärfe das zierliche Aussehen des feinen kor-
sischen Fuchses; später bekam er kaiserliche Fülle, und
sein Kopf ist für männliche Begriffe von ungewöhnlicher
Schönheit. Wenn sogar seine physische Erscheinung die
Begeisterung und die Phantasie der Künstler – Maler,
Bildhauer, Dichter – weckte, hätten sich die Frauen wohl
auch ein wenig erwärmen können. Aber nichts davon;
man kann mit großer Wahrscheinlichkeit behaupten, daß
Napoleon, der Herr der Welt, von keiner Frau geliebt
worden ist; alle fühlten sich beunruhigt, verstimmt und
unbehaglich in seiner Nähe; alle dachten, was Josephine,
die Ehrlichere, sagte. Während ihr der leidenschaftliche
junge General Juwelen, Millionen, Kunstwerke, Provinzen, Kronen in den Schoß warf, betrog Josephine ihn
mit dem erstbesten Tänzer, der ihr in den Weg kam,
und rief, als sie jene Schätze empfing, erstaunt aus: »Il
est drôle, ce Bonaparte!«, dabei über das r fortgleitend
und das l verdickend, wie es die französischen Kreolinnen
tun.

Es ist schmerzlich, zu sehen, wie wenig Frauenliebe die
großen Männer gewöhnlich genossen haben. Fast sieht
es aus, als schaudere die Frau vor dem Genius. Und ihr
Verhalten, das gar nicht fortzudeuten ist und durch die
Ausnahmen nur betont wird, wirkt noch verletzender,
da man es mit einem durch die Wirklichkeit selbst ge-
forderten Faktor multiplizieren muß. Ich meine das
Folgende:

An dem Liebesvorgang sind zwei Zustände zu unterscheiden, deren Verwechslung die Psychologie der Erotik
von Anfang bis zu Ende verwirrt. Damit eine Frau sich

in einen Mann verliebt, oder umgekehrt, ist es notwendig, daß sie zuvor von ihm gefesselt wird. Dies Gefesseltwerden ist nichts anderes als eine Konzentration der Aufmerksamkeit auf die Person, die dadurch ausgezeichnet und aus der allgemeinen Ebene herausgehoben wird. Eine solche Bevorzugung hat noch nichts von Liebe, aber sie gehört zu ihren Präliminarien. Ohne eine vorausgegangene Fixierung der Aufmerksamkeit kommt keine Liebe zustande, aber diese braucht jener nicht zu folgen. Immerhin ist damit eine so günstige Atmosphäre für das Keimen der Leidenschaft geschaffen, daß die Situation normalerweise gleichbedeutend mit dem Anfang einer Liebe ist. Es ist jedoch von höchster Wichtigkeit, die beiden Momente auseinanderzuhalten, denn in beiden herrschen verschiedene Prinzipien. Ein guter Teil aller Irrtümer in der Psychologie der Liebe rührt daher, daß man die Eigenschaften, welche »die Aufmerksamkeit erregen« und darum das Individuum vorteilhaft auszeichnen, mit jenen vermengt, die im eigentlichen Sinn Liebe wecken. Reichtum zum Beispiel ist nicht das, was an einem Mann geliebt wird; aber der reiche Mann ist durch seinen Reichtum für die Frau ausgezeichnet. Nun wohl; ein durch seine Talente hervorragender Mann besitzt eine erhöhte Chance, von der Frau beachtet zu werden; so daß sie, wenn sie sich nicht in ihn verliebt, schwer zu entschuldigen ist. Das ist der Fall des großen Mannes, der im Brennpunkt der allgemeinen Beachtung steht. Der Kaltsinn, den das weibliche Geschlecht für ihn hegt, muß also mit diesem wichtigen Faktor multipliziert werden. Die Frau verschmäht den genialen

Mann bewußt und nicht zufällig oder aus Unachtsamkeit.

Das bedeutet vom Standpunkt der menschlichen Selektion, daß die Frau mit ihrer Gefühlswahl nicht an der Vervollkommnung der Spezies mitarbeitet; wenigstens nicht in dem Sinn, in dem wir Männer davon sprechen. Sie neigt vielmehr dazu, die besten Individuen – vom männlichen Standpunkt aus –, die Erneuerer und die Unternehmer hoher Wagnisse, auszuscheiden, und legt eine entschiedene Vorliebe für die Mittelmäßigkeit an den Tag. Wenn man einen beträchtlichen Teil seines Lebens hindurch wachsamen Auges die Bewegungen der Frau beobachtet hat, kann man sich über die Norm ihrer Wertungen nicht leicht mehr einer Illusion hingeben. All ihr gelegentlicher guter Wille, sich für die besten Männer zu begeistern, pflegt traurig zu scheitern, und man sieht sie dagegen behaglich wie in ihrem eigenen Elemente schwimmen, sobald sie unter mittelmäßigen Männern lebt.

Das ist die Tatsache, wie die Beobachtung sie uns liefert; aber man glaube nicht, daß ihre Formulierung eine Kritik an dem normalen Charakter der Frau einschließt. Ich wiederhole, daß über den Absichten der Natur das allertiefste Geheimnis liegt. Wer weiß, ob diese Abneigung der Frau gegen das Beste nicht letzten Endes heilsam ist? Vielleicht ist ihre Rolle im Getriebe der Geschichte die einer retardierenden Kraft gegenüber dem ruhelosen Ungestüm, dem Drang nach Wechsel und Fortschritt, der aus dem männlichen Herzen bricht. Nimmt man die Frage in ihrer weitesten Bedeutung, gewissermaßen im zoologischen Sinn, so scheint es, als ginge die allgemeine Tendenz der weiblichen Liebeswahl darauf aus, die Gattung innerhalb mittlerer Grenzen zu halten, eine Selektion im Sinn des Besten zu vermeiden und dafür zu sorgen, daß der Mensch niemals aufsteigt zum Übermenschen oder zum Luzifer.

SCHWEIGEN,
DAS GROSSE BRAHMAN

I

Die Schüler fragten einmal den weisen Meister Indiens, welches das große Brahman sei – das heißt die höchste Weisheit. Der Meister antwortete nicht. Da sie glaubten, er habe sie nicht gehört, wiederholten sie ihre Frage. Aber der Weise fuhr fort zu schweigen. Sie frugen zum dritten- und viertenmal, ohne daß ihnen bessere Antwort wurde. Als sie des Fragens müde waren, öffnete der Meister den Mund und sagte: »Warum habt ihr eure Frage so oft wiederholt, wenn ich euch doch auf die erste antwortete? Wißt, die höchste Weisheit ist Schweigen.«

Im Sanskrit ist das Paradoxon noch zugespitzter, denn Brahma bedeutet zugleich Weisheit und Wort, Verkündetes, Ausdruck, etwas Ähnliches wie der Logos der Griechen. Und wie es immer geschieht: was im Mund des Inders ein ungeheures Paradoxon war, ein Starstich in die Seele, der sie vor plötzlicher Klarheit erbeben ließ, ist heute eine Binsenwahrheit. »Reden ist Silber, Schweigen ist Gold«, sagt die Alte aus dem Volk, ohne recht zu wissen, was sie sagt. Durch eine unausweichliche dialektische Notwendigkeit wird jede große Entdeckung schließlich ein Gemeinplatz und verliert dann ihre Wahrheit. Die bloße Wiederholung entkräftet sie. Der lebendige, seines eigenen Sinns bewußte Gedanke wird zur abgeleierten Wendung, auf der sich der Geist träge und blind gleiten läßt. Die Verschmähung des Redensart-

lichen stammt nicht aus einem ungerechtfertigten Kult
der Originalität und bedeutet nicht notwendig Snobis-
mus, sondern hat ihren guten Grund in der Beobachtung,
daß Gemeinplätze die Aufhebung, besser gesagt, die
Verdrängung des Gedankens sind.

Aber es ist uns jetzt nicht darum zu tun. Und wir
wollen auch nicht auf die Rede des Inders eingehen und
untersuchen, ob die höchste Erkenntnis in der Tat un-
aussprechbar ist. Die Menschen werden sich immer in
zwei Gruppen teilen: diejenigen, die in der Unaussprechbarkeit ein schlechtes Zeichen, ja einen Einwand gegen
die Wahrheit eines Gedankens sehen – sie nennen sich
selbst »Klassiker« –, und diejenigen, welche im Verstummen den Vorboten alles Erhabenen erblicken – es
sind die »Romantiker«. Uns will es scheinen, daß weder
die einen noch die anderen recht haben. Ob eine Erkenntnis aussprechbar ist oder nicht, hat nichts mit ihrem
Wahrheitswert zu tun, denn das Schicksal, unsagbar zu
sein, teilt das Höchste mit dem Niedrigsten. Weder Gott
noch die Farbe dieses Papiers können mit Worten beschrieben werden. Die Unaussprechbarkeit ist eine zufällige Linie, welche die Grenzen des Zusammenfalls
von Gedanke und Sprache bezeichnet. Sie läßt vielleicht
die großen Gipfel der Einsicht draußen; aber sie schließt
auch völlig bedeutungslose geistige Gebiete aus.

Interessanter als diese ist eine andere Art der Unaussprechbarkeit. Wenn der Inder schweigt, weil sein Wissen sich nicht in Worten ausdrücken läßt, ist das eigentlich kein Schweigen. Schweigen heißt: nicht sagen, was
man sagen kann. Und nur das ist die fruchtbare Stille –

nicht das einfach die Worte fehlen, sondern daß sie verstummen, daß sie verschwiegen, zurückgehalten werden. Wir üben nicht selten im Leben nach eigenem Gutdünken solch aktives Schweigen, indem wir, aus diesem oder jenem Grund, aus Erfahrung oder Laune, unterlassen, das zu sagen, was wir sehr gut sagen könnten. Aber auch in diesen Fällen ist unsere Schweigsamkeit von keinem besonderen theoretischen Interesse.

Doch gibt es eine Weisheit von außerordentlicher Bedeutung, die ihrer eigenen Verfassung nach zum Schweigen verurteilt ist. Ihr Dasein und die Notwendigkeit, sie zu verheimlichen, geht uns recht eigentlich erst auf einer gewissen Höhe des Lebens auf. Natürlich handelt es sich dabei um ein Wissen über das menschliche Leben, über das unserer Nächsten und über unser eigenes. Diese Erkenntnis ist nicht rein generell, wie es im einen oder anderen Sinn alle wissenschaftlichen Einsichten, einschließlich der historischen, sind; sie ist ein konkretes Wissen von diesem oder jenem einzelnen Menschen, das sich durch allgemeine Überlegungen bereichern kann, aber ursprünglich durch und durch individuell ist. Ja, von Ihnen, mein Freund, weiß ich viele Dinge, nicht Tatsachen Ihres Lebens, sondern wie Sie sind, Ihr eigenstes Wesen. – Und auch von Ihnen, gnädige Freundin und schöne Frau, weiß ich so viel, daß wir Stunden und Stunden darüber sprechen könnten, ohne es zu erschöpfen. Und dabei enthält mein Wissen von Ihnen keine Tatsachen, die mir von irgend jemandem erzählt wären. Wer von den anderen nur oder hauptsächlich das weiß, was man ihm erzählt hat – bestenfalls äußere Handlungen der Person –, weiß nichts von ihnen. Ich, Señora, weiß von Ihnen unvergleichlich viel mehr. Ich weiß gerade all das, was sich nicht erzählen läßt. Und das ist der Punkt, der mich hier beschäftigt. Denn soll ich mein Wissen von Ihnen definieren, so finde ich keine andere Eigenschaft als die, daß ich es verschweigen muß. Es ist eine Menge von Weisheit, die sich an der Menge von Stummheit mißt, zu der sie verpflichtet. Und wäre ich noch scharfsichtiger und wüßte noch mehr von Ihnen, so müßte mein Schweigen noch undurchdringlicher sein.

Ich wiederhole, es hieße das Thema verflachen, wollte man vermuten, daß sich diese schweigende Weisheit auf Handlungen des Mitmenschen bezieht, die im gewöhnlichen Verstand tadelnswert sind, deren Verbreitung daher einen sozialen Nachteil für ihn mit sich brächte. Nein, teure Frau, nein; wenn Sie und ich den Rest der Menschheit überlebten und auf dem verödeten Planeten einsame Zwiesprache miteinander hielten, müßte ich Ihnen meine Wissenschaft verheimlichen, bei Strafe, Ihnen schweren Schaden zuzufügen und, durch den Rückschlag, mich selbst zu verletzen, da unsere Freundschaft darüber zerbräche. Es ist niemandem gegeben, das Geheimnis dieses Wissens zu lüften, denn die Stille, die darüber verhängt ist, ist alt wie die Menschheit; wir sind gegen seinen ätzenden Tau nicht gerüstet. Man muß die folgenden Geschlechter allmählich erziehen, wenn man dahin gelangen will – und ich glaube, daß man dahin gelangen muß –, diese hermetisch abgeschlossene Wissenschaft ans Licht zu bringen, die wir einer vom anderen haben und alle verbergen.

Die Kenntnis des Mitmenschen entsteht langsam, Tag für Tag. Sie schlägt sich in dünnsten Schichten wie ein unangreifbarer Staub auf unserem Grund nieder. Da wir sie so langsam erwerben, merken wir nicht, wie sie in uns wächst. Sie muß sich in großer Menge angehäuft haben, so daß die feinen übereinanderruhenden Schichten ein Lager von beträchtlicher Dicke bilden, bis wir eines Tages, wenn das Leben schon vorgerückt ist, auf einmal ihr Gewicht spüren. Dann wenden wir den Blick auf diesen unerwarteten unterirdischen Schatz, und der plötzliche Reichtum ängstigt uns mehr, als er uns freut. Denn wie sollen wir ihn ausmünzen? Es handelt sich um äußerst individuelle Erkenntnisse, zu deren Formulierung es unzähliger Worte bedürfte. Und wäre es auch nur aus diesem Grund, der bloße Gedanke, sie mitzuteilen, ist tödlich. Wir erlahmen schon vor dem Versuch... und ziehen es vor, zu schweigen. Nur von Zeit zu Zeit, an unserem eigenen Überfluß erstickend, beginnen wir vielleicht mit unserem besten Freund, von dem wir am wenigsten Mißverständnisse und Verwechslungen befürchten, von unserer Menschenerfahrung zu sprechen; aber gleich verzagen wir wieder und sinken in unsere Stummheit zurück.

Indessen hat sich neues Wissen angesammelt, ohne daß das alte einen Auslaß fand; der Reichtum wächst und mit ihm der Grund zum Schweigen. Überdies ist der größte Teil unserer Weisheit, weil er nicht nach außen drang, unformuliert geblieben; ihm fehlen darum die klaren Umrisse, die das Wort dem Gedanken aufprägt. Wir bearbeiten diesen Stoff nicht, der uns von selbst zufiel; wir ordnen und systematisieren ihn nicht. Nur von Zeit zu Zeit entnehmen wir ihm von ungefähr irgendeine allgemeine Bemerkung über die Wesensart »gewisser« Männer, »gewisser« Frauen. Die ganze praktische Psychologie der gebildeten Gesellschaft beruht auf diesen winzigen und vagen Andeutungen, die uns zufällig entfahren.

Aber es gibt einen anderen, schwerwiegenderen und wesentlicheren Grund, der automatisch zum Verschweigen dieser Weisheit führt. Es ist offenbar notwendig, daß die Menschen, damit eine solche Erkenntnis des individuell Menschlichen zustande kommen kann, einen gewissen Grad der Individualisierung erreicht haben und die Intelligenz hinreichend verfeinert ist, um das Individuelle wahrnehmen zu können. Keines von beiden ist bei den wilden Völkern der Fall, bei denen das Menschenwesen noch kaum begonnen hat, sich zu differenzieren, und eher von einer anonymen, »standardisierten« Persönlichkeit her lebt. Die Bedingungen für die Entstehung eines solchen Wissens ergeben sich nur mit der Zivilisation. Aber die Zivilisation verhindert uns gerade als solche an der freimütigen Äußerung unserer Urteile über unseren Nächsten. Sie lehrt uns, einander nicht zu verletzen, unsere Eindrücke zum Tabu zu machen und die genauen Meinungen, die wir uns über unsere Mitmenschen gebildet haben, zu verhehlen. So verurteilt dasselbe soziale Klima, das eine solche Weisheit ermöglicht, sie automatisch zur Unterdrückung, zu dem, was bei Freud »Zensur« heißen würde.

In der Tat, unser Wissen um das Menschliche erfüllt

einen gewaltigen Teil unseres Geistes; aber wir halten es unter dem strengen Gebot des Schweigens, ungelüftet, und schleppen es traurig in uns herum wie einen geheimen Schatz, über den wir manchmal resigniert den Kopf beugen, darauf verzichtend, ihn vorzuzeigen. »Besser schweigen«, ermahnen wir uns, wenn es in uns emporsteigt von schwer aussprechbaren, unmöglich aussprechbaren Dingen, die wir jetzt, gerade jetzt dem Freund oder der Freundin zu sagen hätten.

II

Die Zensur, die wir automatisch an unserer besten Weisheit, an unserem Wissen von unserem Nächsten, üben, bringt es um seine volle Entfaltung. Wenn wir einen »Eindruck« von unseren Mitmenschen empfangen, geben wir uns, da wir ihn doch nicht mitteilen können, keine Mühe, ihn in Worte zu kleiden. So bleibt er roh, im Urzustand. Der verbale Ausdruck, wenn er auch nur »endofasia«, inneres Sprechen, ist, präzisiert und klärt jedes intuitive und wortlose Wissen. Er ist vor allem die Bedingung dafür, daß es später den großen Gedankenprozessen unterworfen werden kann, ohne die kein Wissen seine volle Bedeutung erlangt. Der wichtigste dieser Prozesse ist die Systematisierung. Man überlege sich, wie weit wir es in unserer Kenntnis des Nächsten bringen könnten, wenn wir uns nicht mit den »Eindrücken« begnügten, die wir von ihm empfangen, sondern sie weiter verarbeiteten und zum Gegenstand einer fortlaufenden, geordneten und methodischen Untersuchung machten.

Jede Ausgestaltung unseres Wissens vom Menschen muß dahinfallen durch die Zensur, die wir darüber verhängen.

Aber noch mehr. Man stelle sich vor, was die Physik heute wäre, wenn die Physiker ihre Beobachtungen beständig verschwiegen hätten, so daß ein jeder nur das wüßte, was er in eigener, einsamer Bemühung herausgebracht hat. Eine solche Robinson-Physik wäre nie über die Elemente hinausgekommen. Die Wissenschaft braucht Zusammenarbeit, in der sich das Wissen des einen durch die Entdeckungen des anderen bereichert. Das Blickfeld jedes Forschers ist begrenzt; jeder hat seinen besonderen Gesichtswinkel, der andere Einstellungen ausschließt und ihn darum für gewisse Ansichten der Tatsachen blind macht. Nur die Zusammenfassung vieler Sehstrahlen, die auf einen Gegenstand gerichtet sind, gibt diesem seine Rundheit. Wenn wir uns unsere Kenntnisse von dem Nächsten gegenseitig mitteilten und verschiedene Geister sich mit ihnen befassen könnten, kurz, wenn es möglich wäre, sie einer kollektiven Kultivierung, einer Kultur, zugänglich zu machen und sie nicht auf ein spontanes Gestammel beschränkt blieben – wie würde unsere Wissenschaft vom Menschen dann aussehen? Während das Wort »Anthropologie« heute eine rohe und lächerliche Disziplin bezeichnet, wäre es dann der Name des umfassendsten und reifsten Wissens. Wie Galilei zu seiner Stunde die nuova scienza, die Physik, ankündigen konnte – die typische Wissenschaft der modernen Zeit –, so könnten wir die Anthropologie als die nuova scienza, die strengste und Musterwirtschaft der Zukunft, ausrufen.

Damit verkennen wir nicht, daß das bisher beobachtete

Schweigen sein gutes Recht hat. Man erinnere sich, daß es sich um eine Kenntnis von den Individuen als solchen handelt. In den Epochen, in denen der Mensch zum Individuum wurde, in denen die Individualität entstand, durfte eine so empfindliche Entwicklung nicht gestört werden. Jede Geburt geschieht im Dunkeln und im Geheimen. Es ist nicht wahr, daß die Schöpfung mit dem Licht begann, das in ihr wurde. Das Licht ist immer das letzte, das Werk des Sabbats. So gewiß ist alle Geburt geheimnisvoll und stumm, daß das Wissen selbst nicht spricht, während es entsteht. Darum gleichen die Wissenschaften in ihrem Beginn einem geheimen Schatz, den man nicht verraten darf. Jede Erkenntnis geht durch eine erste, esoterische Epoche: sie ist ein Mysterium. Sie ist Tabu. In Griechenland selbst, das auf so geniale Art indiskret und plauderhaft war, das in dem Logos das Wort vergöttlichte, beginnt die Mathematik und die Philosophie – bei den Pythagoreern, bei Plato und Aristoteles – als eine Geheimwissenschaft. Gegen das Ende seines Lebens ergreift Plato den Griffel und schreibt den berühmten »Siebenten Brief«, um sich gegen das Gerücht zu verwahren, wonach er Jahre vorher dem Tyrannen Dionysius seine Ideen über die letzten Prinzipien der Natur enthüllt haben sollte. Und zum Beweis dafür, daß dies unwahr sei, zeigt er, daß solche Erkenntnisse nicht mitgeteilt werden können, sondern das Geheimnis eines jeden bleiben. Höchstens könne man sich gemeinsam vermittels strenger Prüfungen zum Empfang der endgültigen Erleuchtung bereitmachen. Das wahrhafte Wissen ist das Arkanum, das eine kleine Zahl erwählter

453

Männer in ihrem Busen bewahren. (341 E.) » Von meiner Hand wenigstens gibt es und wird es kein Werk über solche Gegenstände geben.«

Das werdende Wissen umgibt sich immer mit Geheimnis, so daß wir schon umgekehrt, wenn wir auf geheimnisvolle Gesten und Zeichen stoßen, großmütig irgendeine mächtige, verborgene Weisheit dahinter vermuten. Darum hat man zweieinhalb Jahrtausende hindurch Ägypten die tiefsten Erkenntnisse zugetraut, nur weil seine Schrift so rätselhaft war.

Aber wenn die neugeborene Weisheit die Zuflucht der Unzugänglichkeit und den Schutz des Schweigens braucht, so gilt doch nicht das gleiche für die gereifte. Im Gegenteil, es gibt eine Stunde in der Entwicklung einer Erkenntnis, in der sie laut werden muß, in der sie Ausbreitung und Mitteilung braucht. Dann nämlich, wenn sie »Wissenschaft« geworden ist. Die Wissenschaft ruft ihr ewiges »Heureka« in jedem Augenblick ihres Lebens. Sie darf, sie kann, sie will sich nicht zurückhalten.

Ebenso sollte man jetzt annehmen, daß die Menschen sich schon genügend daran gewöhnt hätten, Individuen zu sein, um ohne Schaden die Verbreitung des Wissens vom Nächsten ertragen zu können.

Es ist schade um den ungeheuren Schatz an Kenntnissen über ihre Nächsten und ihre Zeitgenossen, welche die letzten Generationen unausgesprochen ins Grab mitgenommen haben. Die Männer vor allem, die in der Wissenschaft ein hervorragendes Talent bewiesen – was für wertvolle Nachrichten hätten sie uns über ihre menschliche Umgebung hinterlassen können, über die

Personen, mit denen sie zusammenlebten, die Frauen, die sie liebten, die Kameraden, die an ihrer Seite kämpften! Wenn ich das Gewicht des Wissens erwäge, das ich selbst über die Menschen besitze, die in mein Leben eingegriffen haben, so entsetzt mich der Verlust dessen, was jene vortrefflichen Männer aufgespeichert haben müssen. Denn haben wir einmal erkannt, daß wir alle mehr oder weniger voneinander wissen, so ist es klar, daß wir auf diesem Gebiet, wie auf allen anderen, eine Rangordnung der besser und schlechter Begabten aufstellen können. Es ist überraschend, wie schwerfällig und ungenau die meisten Menschen in der Erfassung ihres Nächsten sind. Die Gabe, den anderen zu durchschauen, ist, ebenso wie der Verstand, eine Fähigkeit, die der Anlage nach allen Menschen zukommt, aber auf einer höheren Stufe ein besonderes, nur wenigen verliehenes Talent bedeutet.

Wie groß jedoch der Anteil auch immer sei, der uns von dieser Weisheit gewährt wurde, es tut uns leid, sie stumm ins Grab mitzunehmen, es tut uns leid, sie nicht für die anderen und für immer »ausgesprochen« zu hinterlassen. Schließlich und endlich geht sie auf das, was uns das Nächste war, sie ist unsere Kenntnis vom konkreten Leben, die Lebenswissenschaft par excellence; Jahr für Jahr haben wir diese Beute beiseite gebracht, in der wir den Reichtum des vergänglichen Lebens abschöpften. Wir schreiben Bücher über dieses und jenes, über die Sterne oder über die Azteken. Und wir schweigen von den Erkenntnissen, die uns das Leben schenkte, indem wir es lebten. Ich finde es wenig großherzig, das Leben nicht mit dem Leben zurückzugeben. Darum meine ich, es sollte ein jeder, der zum Denken berufen ist, außer seinen fachlichen Büchern auch eines schreiben, das von seinem Lebenswissen handelt.

Eine solche Befreiung von unseren zurückgestauten Einsichten brächte große Vorteile mit sich. Ich nenne einen davon: das Wissen, das wir von unserem Nächsten haben, umschließt das Wissen, das wir von dem Bild besitzen, das er sich von uns gemacht hat. Ja, mein Freund, ich kann Ihnen nicht nur sagen, wie Sie von innen sind, sondern auch, wie Sie mich sehen, wie meine Person vom Spiegel Ihrer Seele aufgefangen und zurückgeworfen wird. Wir wissen, nach welchen Gesetzen sich unsere Person in den anderen verzerrt. Meine Gleichung von Ihnen wird Ihnen schwerlich richtig erscheinen; aber wenn ich Ihnen das Bild entdecke, das Sie von mir haben, werden Sie sich wie in flagranti ertappt vorkommen. Dann werden Sie merken, daß wir wirklich füreinander durchsichtig sind. Und das ist eine Erkenntnis, von der ich viel für die Erziehung des Menschen erhoffe. Denn die meisten Fehler rühren daher, daß der Mensch das Geheimnis seiner Binnenwelt für undurchdringlich hält und seinen Körper wie eine Vermummung benutzt, um sein Inneres, sein wahres Wesen, zu verbergen. Als wäre das möglich! Wie oft sagten wir gern zu unserem Nächsten: »Warum machen Sie diese vergebliche Geste der Eitelkeit, wenn ich doch sehe, daß es nur eine Geste ist, daß Sie sich nicht für ein Genie halten, sondern im Gegenteil vor mir den Genialen spielen, damit ich Sie dafür halte und meine Überzeugung dann auf Sie übertrage?«

Mit allen Torheiten und Plumpheiten, die fast jedem gelegentlich unterlaufen und die sich von dem Glauben an die Undurchsichtigkeit der Person nähren, wäre es mit einem Schlag und für immer vorbei. Die meisten Irrtümer, die wir begehen, entspringen aus der Unkenntnis über unsere Stellung im Urteil der Welt. Wir selbst wissen gewöhnlich sehr wohl, was uns zukommt; das Gewissen mit seiner unterirdischen Stimme geht niemals fehl. Aber wir glauben, die anderen wüßten es nicht und wir könnten sie betrügen, indem wir ihnen vorspiegeln, daß wir einen höheren als den uns angemessenen Rang einnehmen. Und da die anderen uns nichts sagen, schließen wir, daß sie die Bewertung hinnehmen, die wir über uns selbst dekretiert haben.

Dies Schweigen, das wir wahren, hat ernste Folgen. Ich halte es für die Ursache der normalen, aber darum nicht weniger sonderbaren Tatsache, daß wir voneinander, je älter wir werden, um so weiter entfernt, um so abgründiger getrennt sind, bis zu einer schmerzlichen Vereinsamung. Uns scheidet von dem Nächsten, was wir von ihm wissen und ihm verschweigen. Je mehr wir wissen, um so tiefer schweigen wir und um so hoffnungsloser vereinsamen wir. Es türmen sich zwischen uns Gebirge des Schweigens. Junge Menschen dagegen leben einander näher, weil sie noch keine Meinung übereinander haben. Eine Annäherung an den alten Jugendfreund ist nur möglich, wenn eine »Aussprache« zwischen uns stattfindet. Und die Aussprache besteht darin, daß jeder zu einem winzigen Teil das Geheimnis dessen lüftet, was er von dem anderen weiß.

Oder wäre es ein Übel, ein schwerer, nicht wiedergut-
zumachender Schaden für die Menschheit, wenn man die
Lehre der Durchschaubarkeit der anderen verkündete
und danach handelte? Ich weiß es nicht; die Zukunft
wird es entscheiden. Das jedoch scheint mir jedenfalls
klar zu sein, daß unser Wert sich bestimmt nach dem Gewicht an konkretem Wissen, das wir in uns tragen, nach
der Menge dessen, was wir verschweigen müssen.

Es sollte uns nachdenklich machen, daß Gott so
schweigsam ist. Wie gut wahrt er sein Geheimnis! Vielleicht ist er so dramatisch stumm, weil er zu viel über
unser Inneres weiß und ein einziges Wort, welches ent-
hüllte, was er von uns denkt, uns vernichten würde. Wir
aber können uns ihm auf keine andere Weise nähern als
dem Freund – vermittels einer »Aussprache«. Und diese
besteht darin, daß ein jeder sich selbst etwas von dem
sagt, was ihm Gott sagen könnte, aber höflich ver-
schweigt: daß wir uns die Wahrheit über uns selbst be-
kennen. Das Symbol hierfür ist die Konfession, und es
überrascht uns nicht, daß die »Confessiones« des heiligen
Augustin nichts anderes sind als eine Beschreibung seines
Weges zu Gott.

Noch muß das große Brahman weiter verschwiegen
werden. Wenn wir es heute verstohlen zeigen – unsere
Meinung über den Freund oder die Freundin –, erscheint
das so ungewöhnlich, daß es als Feindschaft verstanden
und mißverstanden wird.

Aber warum sollten wir nicht langsam, nach und nach,
mit dieser neuen Kultur, dieser »novissima scienza« beginnen? Zuerst wäre darüber nachzudenken, welche Aus-

drucksform die angemessenste ist: Der Dialog? Die Memoiren? Oder vielleicht der Roman? Hat die Menschheit vielleicht den Roman erfunden als eine Sprache, die in der Schule der Kunst reifen müßte, um eines Tages die erste Ausdrucksform des großen Brahman zu werden?

CIP-Kurztitelaufnahme der Deutschen Bibliothek

Ortega y Gasset, José:
Die Hauptwerke / José Ortega y Gasset. –
Berlin; Frankfurt/M; Wien: Ullstein
(Ein gelbes Ullstein-Buch)

NE: Ortega y Gasset, José: [Sammlung ‹dt.›]

Der Aufstand der Massen / [Autoris. Übers. von Helene Weyl].
Über die Liebe: Meditationen / [Unter Mitw. von
Ulrich Weber aus d. Span. übers. u. hrsg. von Helene Weyl]. –
1983.
Orig.-Ausg. u. d. T.: Ortega y Gasset, José:
La rebelión de las masas
ISBN 3-550-06021-1